*21*世纪高等院校会展管理精品教材

会展项目管理
理论、方法与实践
（第二版）

江金波　编著

清华大学出版社
北京

内 容 简 介

本书以现代项目管理原理为指导,重点介绍会展项目基本知识、理论与方法,突出我国会展项目管理的焦点与热点问题,深入阐释会展项目的识别和启动、组织管理、计划、实施与控制、筹资与成本管理、沟通与冲突管理、现场管理、管理创新、风险管理以及评估等。本书摒弃了传统会展项目教材对于一般项目管理的知识与理论的简单嫁接做法,凸显会展产业的特性及项目管理的个性,理论性与系统性强,会展色彩突出,强调对会展项目自身规律的把握,通过大量的数据和案例,充分吸纳最新研究成果和最新素材,博采众长,强化项目及其管理在会展产业发展中的重要性认识,立体展示会展项目管理过程及其涵盖的知识领域,使读者全面掌握会展项目管理基本理论与方法,系统培养读者对会展项目有效控制和科学评估等能力。

第二版在对第一版勘误的基础上,借助国内外会展项目研究前沿和成功案例,大幅压缩了内容,增删或修改了相关部分理论、案例和文献,使得本书文字更加精练,思想观点更加鲜明。全书立足中国会展业实践,并借鉴西方现代化项目管理的理论体系,既具有国际前沿视野,又吻合我国会展行业的实际需要,以期指导我国会展项目的科学发展及其管理实践。适合本科会展经济与管理专业、旅游管理专业等的教学需要,同时兼顾会展行业与旅游行业培训的实际需要,并可作为会展行业管理、会展公司项目发展、会展项目经理及其团队的实用案头参考书。

本书封面贴有清华大学出版社防伪标签,无标签者不得销售。
版权所有,侵权必究。举报: 010-62782989, beiqinquan@tup.tsinghua.edu.cn。

图书在版编目(CIP)数据

会展项目管理:理论、方法与实践/江金波编著. —2版. —北京:清华大学出版社,2020.8(2024.8重印)
21世纪高等院校会展管理精品教材
ISBN 978-7-302-54921-5

Ⅰ.①会… Ⅱ.①江… Ⅲ.①展览会—项目管理—高等学校—教材 Ⅳ.①G245

中国版本图书馆 CIP 数据核字(2020)第 025320 号

责任编辑:	陆浥晨
封面设计:	吕 菲
责任校对:	宋玉莲
责任印制:	沈 露

出版发行:清华大学出版社
网　　址: https://www.tup.com.cn, https://www.wqxuetang.com
地　　址: 北京清华大学学研大厦A座　　邮　编: 100084
社 总 机: 010-83470000　　邮　购: 010-62786544
投稿与读者服务: 010-62776969, c-service@tup.tsinghua.edu.cn
质量反馈: 010-62772015, zhiliang@tup.tsinghua.edu.cn
印 装 者: 北京同文印刷有限责任公司
经　　销: 全国新华书店
开　　本: 185mm×260mm　　印　张: 22　　字　数: 504 千字
版　　次: 2014 年 2 月第 1 版　2020 年 8 月第 2 版　　印　次: 2024 年 8 月第 5 次印刷
定　　价: 59.00 元

产品编号: 081284-02

第二版 前言

自2014年初首次面世以来，本教材已经使用整整五年了。感叹时光流逝之快，更感叹社会变革之大！这五年，是中国经济社会发展历经巨变，"创新、协调、绿色、开放、共享"五大发展理念全面深入贯彻落实的五年；这五年，是会展业要素优化、创新驱动、国内外交流合作、改革成效突出的五年；这五年，更是会展业内涵式高质量发展，会展项目迭代、品牌推陈出新、纵深拓展，会展业广泛融入国家发展战略的黄金五年。

进入新时代的中国会展业，其政策环境持续优化，为推动会展项目创新注入新动能。如2015年10月，商务部牵头建立了促进展览业改革发展部际联席会议制度，将展览业作为发展现代服务业的重要组成部分。同年，国务院公布《关于进一步促进展览业改革发展的若干意见》，首次从国家层面明确提出要全面深化展览业管理体制改革，加快展览业发展。2016年《国务院关于第二批取消152项中央指定地方实施行政审批事项的决定》取消省级商务主管部门进行审批的"地方负责的境内对外经济技术展览会办展项目审批"。同年年底，商务部印发《展览业统计监测报表制度》，规范、引导和推动行业有序健康发展。诸多省市也加快出台了多项措施，推动会展产业融合升级、品牌建设和人才培养等。例如北京鼓励展览与会议融合，对于展会期间举办国际性行业年会或行业发展论坛，组织推广行业新技术、新产品，发布行业发展报告等活动，活动规模达到200人以上的展会，给予主办方不超过30万元奖励。上海市商务委编制出台《上海市建设国际会展之都专项行动计划（2018—2020年）》，将打造国际会展之都作为构建"上海服务"品牌、加快构筑新时代上海发展战略优势的重大举措之一。

会展业标准化方面成绩斐然。制定并颁布《会展中心（会议中心）服务规范》《会展设计搭建服务规范》《商贸类展览会等级分类标准》《会议分类与术语》《会展业节能降耗工作规范》等一批国家标准、行业标准；浙江、广西、山东、四川等省区也制定颁布了一系列地方性会展行业标准，为会展项目的科学管理和行稳致远奠定了良好基础。

近年来，新技术、新材料等对于会展业的促动十分明显。突出表现为线上会展、智慧展会空前增长，双线（线上线下）会展、生态会展发展模式深入人心。"互联网+"作为推动会展业新一轮转型的外在动力，引发传统会展业持续性变革，推动会展模式和服务质量不断创新。自贸区建设加速为会展业提供国际化的新舞台，南京空港会展小镇全面开工建设，首提"会展+"发展理念。这一切都极大地推动了中国会展项目管理的纵深改革和高质量发展。

在会展项目策划、组织和管理创新等方面，大胆承办了G20峰会（杭州）、2019年世界军人运动会（武汉）、金砖国家领导人第九次会晤、中国北京世界园艺博览会等，新增"一带一路"国际合作高峰论坛、中非合作论坛、中国国际进口博览会等，充分彰显中国办会办展能力，也充分展示了中国良好的大国形象以及各行业发展的良好态势。主场的品牌展会项目如博鳌论坛、世界经济论坛新领军者年会（夏季达沃斯）等市场日渐成熟，凸显中国会展品牌化的坚实脚步。成功举办世界机器人大会、世界政党大会、中国国际大数据产业博览会、首届世界5G大会、伟大的变革——改革开放四十年展览等，涵盖高新科技、党务、商业、社会等诸多领域，为全球会展业创新发展提供中国智慧和中国方案，在世界经济低迷背景下燃起一盏明灯，为世界经济提振信心和各国责任行为做出了自己的贡献。会展业成为构建现代市场体系和开放型经济体系的重要平台，也已成为有识之士的普遍共识。

作为中国进出口商品交易最为重要的综合性平台，2019年第126届中国进出口交易会（简称广交会）到会采购商186 015人，来自214个国家和地区。其中，"一带一路"沿线国家和地区采购商到会稳中向好，有效助力企业开拓更加多元化的国际市场，优化全球市场布局，进一步拓展了中国外贸朋友圈。出口成交总体平稳，外贸高质量发展步伐加快，累计出口成交2 070.9亿元（折合292.88亿美元）。在主办中国国际航空航天博览会、中国国际高新技术成果交易会、广东21世纪海上丝绸之路国际博览会、中国加工贸易产品博览会等主场品牌展会之外，大力参与中国—东盟博览会、中国国际进口博览会等国内以及境外商品展览会等重大展会，同时，积极承办财富全球论坛，"读懂中国"首次走出北京，将于2019年10月底在广州举办，充分显示广东会展项目发展的创新活力。显然，作为国家战略的粤港澳大湾区规划建设，为粤港澳三地会展业发提供历史契机，全球"第一会展湾区"的会展业区域协同创新发展战略被提到前所未有的高度。

本次修编总体思路是瘦身和精练。压缩教材的篇幅，重新梳理各章节段落关系，删除浅白文字段落，重新提炼相关内容，使其更加紧凑精练；删除陈旧过时并增补更为新近的素材、案例和中外文献，努力保持学术理论及研究方法的前沿性；同时，更新相关政策文件，广泛吸纳近五年会展业的国家和地方相关政策，突出新时代中国各级政府对会展项目管理的开创性探索，使本书呈现鲜明的中国特色和中国气派。

感谢高克昌博士在展会信息化方面提供的宝贵见解与素材。感谢博士生郭祎、王明森等提供的部分新近论文检索工作。感谢全国各地高校使用单位，它们在各自的教学实践中，对本教材的充分肯定和存在诸多问题的提醒，既增强了作者对本书修编的信心，使本人对此教材在教学实践中的适应性有了更加清晰的认识，也让此次修编有了更加明晰的定位和方向。

"长风破浪会有时，直挂云帆济沧海"。会展业作为中国的新兴产业，作为现代城市建设的加速器和城市发展的助推器，其项目管理及发展，固然深受世界政治经济形势的影响，但其以平台性、融合性和体验性等突出优势，终将克服重重困难，迎来更快更好的发展！值此本书二版付梓之际，衷心祝愿借助现代项目管理的理论与方法，中国会展业在下一个五年成长更加稳健和成熟！

江金波
2019年12月8日
于广州大学城华南理工大学工作室

目 录

第一篇 会展项目管理概论

第一章 会展项目管理概述 ··· 3
第一节 会展项目与会展项目管理 ··· 3
第二节 会展项目管理的过程 ··· 16
第三节 会展项目管理的方法 ··· 27

第二章 会展项目启动与报批 ··· 33
第一节 会展项目的识别与启动 ··· 33
第二节 会展项目需求建议书及可行性研究 ································· 44
第三节 会展项目的立项与报批 ··· 50

第二篇 会展项目的过程管理

第三章 会展项目的组织管理 ··· 57
第一节 会展项目组织 ··· 57
第二节 会展项目经理 ··· 67
第三节 会展项目团队 ··· 79
第四节 会展项目人力资源管理 ··· 90

第四章 会展项目计划 ··· 105
第一节 会展项目计划概述 ··· 105
第二节 会展项目范围计划 ··· 111
第三节 会展项目进度计划 ··· 116
第四节 会展项目资源计划 ··· 138

第五章 会展项目实施与控制 ··· 145
第一节 会展项目控制概述 ··· 146
第二节 会展项目跟踪和信息系统 ··· 157
第三节 会展项目控制系统的设计 ··· 165

第四节　会展项目的调整……………………………………………………… 170

第六章　会展项目筹资与成本管理 …………………………………………… **180**

第一节　会展项目筹资………………………………………………………… 180
第二节　会展项目成本管理概述……………………………………………… 188
第三节　会展项目成本估算…………………………………………………… 196
第四节　会展项目成本预算…………………………………………………… 202
第五节　会展项目成本控制…………………………………………………… 207

第七章　会展项目的沟通与冲突管理 ………………………………………… **217**

第一节　会展项目的沟通概述………………………………………………… 217
第二节　会展项目的沟通管理………………………………………………… 222
第三节　会展项目的冲突概论………………………………………………… 227
第四节　会展项目的冲突管理………………………………………………… 231

第八章　会展项目的现场管理 ………………………………………………… **237**

第一节　会展项目现场管理的意义…………………………………………… 237
第二节　会展项目现场管理的原则与内容…………………………………… 239
第三节　现场管理的方法与措施……………………………………………… 246

第九章　会展项目的管理创新 ………………………………………………… **251**

第一节　会展项目的人性化管理……………………………………………… 252
第二节　会展项目的网络化管理……………………………………………… 256
第三节　项目设计及展览手段的创新………………………………………… 259
第四节　动态管理与综合绩效创新…………………………………………… 262
第五节　会展项目的集成管理………………………………………………… 265

第三篇　会展项目的风险与评估管理

第十章　会展项目风险管理 …………………………………………………… **275**

第一节　会展项目风险管理概述……………………………………………… 275
第二节　会展项目风险识别…………………………………………………… 286
第三节　会展项目风险评估…………………………………………………… 292
第四节　会展项目风险控制…………………………………………………… 298

第十一章　会展项目的评估 …………………………………………………… **303**

第一节　会展项目评估概述…………………………………………………… 303
第二节　会展项目评估方法…………………………………………………… 314

第三节　会展项目评估的内容 ……………………………………………… 319
　　第四节　会展项目评估的过程 ……………………………………………… 327
　　第五节　会展项目评估报告 ………………………………………………… 330

附录 A　项目管理过程组与十大知识领域 …………………………… 333

附录 B　我国项目管理师职业资格认证简介 ………………………… 334

图 目 录

图 1-1　项目涉及的要素 …………………………………………………………… 5
图 1-2　会展项目结构示意图 ……………………………………………………… 8
图 1-3　项目管理知识体系示意图（据戚安邦，2008．有改动）………………… 9
图 1-4　展览会利益相关者关系（庞嘉文据 Kay（2007）整理．实线代表强关系，
　　　　虚线代表弱关系）………………………………………………………… 10
图 1-5　会展项目管理知识体系 …………………………………………………… 15
图 1-6　会展项目管理过程 ………………………………………………………… 16
图 1-7　网络计划法示意图 ………………………………………………………… 23
图 1-8　S 形曲线比较法（粗线代表计划进度，细线代表实际进度）…………… 23
图 1-9　香蕉形曲线法 ……………………………………………………………… 24
图 1-10　会展项目管理阶段性及其主要工作内容示意图 ………………………… 26
图 1-11　会展项目管理过程的阶段交叉性 ………………………………………… 27
图 1-12　PDCA 循环系统在目标管理法中的应用 ………………………………… 31
图 3-1　纯项目组织结构 …………………………………………………………… 60
图 3-2　职能型组织结构 …………………………………………………………… 60
图 3-3　矩阵型组织结构（对应各职能主管部门的数据为该部门分配给项目的
　　　　人数）……………………………………………………………………… 61
图 3-4　情境领导 …………………………………………………………………… 75
图 3-5　项目经理角色的转变（据王起静．会展项目管理，2011：112）……… 78
图 3-6　会展项目团队发展阶段及其特征 ………………………………………… 81
图 3-7　会展项目人力资源管理工作的核心内容（据戚安邦，2008）…………… 93
图 3-8　人力资源柱状图 …………………………………………………………… 94
图 3-9　会展项目人力资源甘特图 ………………………………………………… 97
图 3-10　会展项目的人力需要资源负荷图 ………………………………………… 97
图 3-11　时标网络图 ………………………………………………………………… 98
图 3-12　人力资源需求曲线 ………………………………………………………… 98
图 4-1　会展项目目标及会展项目计划工作的层次性 …………………………… 106
图 4-2　会展项目计划的"4W2H" ……………………………………………… 107
图 4-3　树形结构的 WBS ………………………………………………………… 119
图 4-4　列表形式 WBS …………………………………………………………… 119
图 4-5　气泡图形式 WBS ………………………………………………………… 120
图 4-6　某会展活动的 6 级工作分解结构模型 …………………………………… 121
图 4-7　顺序图法中结束－开始关系 ……………………………………………… 126
图 4-8　顺序图法中开始－开始关系 ……………………………………………… 126
图 4-9　顺序图法中结束－结束关系 ……………………………………………… 126

图 4-10	顺序图法中开始—结束关系	126
图 4-11	四种逻辑关系举例	127
图 4-12	某会展项目的顺序	127
图 4-13	某会议项目的箭线图	127
图 4-14	会展现场布展节点图	129
图 4-15	会展现场布展关键路线	129
图 4-16	某会展展台施工项目计划进度甘特图	134
图 4-17	××展会甘特图（用 Office Project 2007 软件绘制）	135
图 4-18	某会议项目进度计划	136
图 4-19	校乒乓球比赛的资源需求网络图	141
图 4-20	校乒乓球比赛筹备的资源需求甘特图	141
图 4-21	校乒乓球比赛筹备的经资源平衡分析的资源需求甘特图	141
图 4-22	资源甘特图	143
图 4-23	某节事活动市场部人力资源负荷图	143
图 4-24	某活动具体项目投入的人力资源安排	144
图 5-1	展览专业观众下降原因的鱼刺图	151
图 5-2	客户数与销售额的帕累托曲线	151
图 5-3	会展项目控制类型	156
图 5-4	会展项目管理信息的处理程序	160
图 5-5	会展项目管理信息系统	163
图 5-6	会展项目管理信息系统建立步骤	163
图 5-7	会展项目控制管理流程	166
图 5-8	控制系统	170
图 5-9	项目变更控制流程	174
图 5-10	项目变更的总体控制示意图	177
图 5-11	项目管理动态控制原理	178
图 5-12	系统动力学视角下的项目管理系统结构模型	179
图 6-1	成本管理体系中各部分之间的相互关系	193
图 6-2	某项目的原始凭证分割单	196
图 6-3	成本估算的过程	197
图 6-4	普通项目费用的分解	197
图 6-5	工作分解、进度与预算的关系	203
图 6-6	工程项目成本构成	210
图 6-7	项目成本控制的流程	211
图 6-8	鱼骨图模板	214
图 6-9	挣值评价曲线	216
图 7-1	沟通的基本模型	218
图 7-2	不同沟通方式的丰富度	221

图 7-3 项目经理的沟通职责 ………………………………………………… 225
图 7-4 项目生命周期不同阶段的冲突强度变化 …………………………… 229
图 8-1 展位平面图 …………………………………………………………… 241
图 8-2 会展概念示意 ………………………………………………………… 242
图 8-3 展台搭建施工管理的内容 …………………………………………… 244
图 8-4 现场管理组的项目架构 ……………………………………………… 247
图 9-1 会展与客户合作双赢模式 …………………………………………… 255
图 9-2 会展产业关联结构体系 ……………………………………………… 263
图 9-3 项目时间、质量和成本三要素的集成方法模型 …………………… 269
图 9-4 项目范围、时间、质量和成本四要素的集成方法模型 …………… 269
图 9-5 项目范围、时间、质量、成本、资源和风险等要素的集成模型 … 269
图 9-6 项目四要素分步集成技术方法示意图 ……………………………… 270
图 9-7 物流功能集成结构图 ………………………………………………… 271
图 9-8 会展物流的供应链结构 ……………………………………………… 272
图 10-1 损失概率和偶然性程度 …………………………………………… 277
图 10-2 ISO 31000 的风险管理过程 ……………………………………… 281
图 10-3 风险管理过程 ……………………………………………………… 282
图 10-4 6 级 RBS ………………………………………………………… 286
图 10-5 用 RBS 对会展项目风险分解结构图 …………………………… 286
图 10-6 项目风险识别过程图 ……………………………………………… 287
图 10-7 决策树 ……………………………………………………………… 296
图 10-8 一个会展项目进度日程的蒙特卡洛模拟法 ……………………… 296
图 10-9 等风险图 …………………………………………………………… 297
图 11-1 会展项目评估的程序 ……………………………………………… 328

表 目 录

表号	标题	页码
表1-1	项目与日常工作的比较	5
表1-2	会展项目分类	13
表1-3	会展项目管理的主要任务	16
表2-1	几届奥运会开幕式的创新点	36
表2-2	AUMA所归纳的展会目标	39
表2-3	项目生命周期各个阶段目标的转变	42
表2-4	国家标准化指导性技术文件项目建议书	45
表2-5	会展项目的SWOT分析简表	49
表2-6	一般会展的报批程序表	51
表3-1	不同类型会展项目的组织结构特征及其选择的主要影响因素	62
表3-2	项目经理与上层管理和职能经理间的协商机制	65
表3-3	质量安全部部门工作职责	66
表3-4	任务导向团队建设的八条原则	84
表3-5	团队价值观共识的五大方面	84
表3-6	团队角色及其行动与特征	85
表3-7	会展项目利益相关者权利分析	86
表3-8	会展项目团队形成的判断标准	88
表3-9	主要项目关系人	88
表3-10	以几何图形表示的某城镇节日庆典活动项目责任矩阵	96
表4-1	项目范围检查表	112
表4-2	天津ABC房交会项目说明书	114
表4-3	项目描述表	118
表4-4	深圳国际消费电子展的工作描述	122
表4-5	项目工作列表	122
表4-6	责任分配表（××论坛会议筹备）	124
表4-7	某展会展台施工活动清单	128
表4-8	关键节点和关键工作	129
表4-9	里程碑计划表	135
表4-10	会展项目进度计划表	136
表4-11	会展项目进度计划编制方法的优缺点比较	137
表4-12	中华菌菇文化交流大会暨新技术、新产品展销展示博览会项目组工作进度安排表	137
表4-13	资源矩阵	142
表4-14	资源数据表	142
表5-1	进度分析示例表	149

表 5-2	某会议项目费用状态报告	155
表 5-3	标准成本的差异分析	155
表 5-4	会展项目进展报告	168
表 5-5	某会展项目周进度报告	169
表 5-6	变更申请模板	174
表 5-7	项目变更控制审查表	175
表 5-8	项目变更日志模板	176
表 6-1	某展会 2007 年至 2011 年展位销售量与资金需求量表	183
表 6-2	回归方程有关数据计算表	183
表 6-3	某项目领用文具登记表节选	195
表 6-4	20××年重庆某展会展厅制作材料费用表	199
表 6-5	某汽车试乘试驾云南大客户会议方案预算	205
表 7-1	主要沟通方式的效果对比	220
表 7-2	阶段性项目评审会议程表	223
表 9-1	实体会展与虚拟会展的比较	258
表 9-2	项目集成管理的具体内容	267
表 10-1	与每一个项目知识领域相关的潜在风险	288
表 10-2	某设备不能正常使用的风险记录	291
表 10-3	风险登记手册进程表	292
表 10-4	主观估计风险的可能性	294
表 10-5	常用风险评估方法优劣分析	298
表 10-6	会展场馆风险应急计划方案	301
表 10-7	不同情景下的风险应对策略	302
表 11-1	展览会项目评估指标体系及其计算方法	317
表 11-2	会议项目评估表	321
表 11-3	会议项目的评估内容	322
表 11-4	品牌展览会评价指标体系	326
表 11-5	节事项目评估的内容	327

第一篇

会展项目管理概论

第一章

会展项目管理概述

> **关键术语**

- 会展项目(projects of MICE)
- 项目范围(scope of projects)
- 项目生命周期(projects life cycle)
- 项目利益相关者(project stakeholders)
- 会展项目管理过程(project management process of MICE)
- 会展项目管理方法(project management method of MICE)

> **学习目的**

- 熟悉项目概念、特征及其要素与分类,项目的层次划分及其管理特点。
- 掌握会展项目的定义、特征与分类。
- 通过与一般项目管理的比较,充分了解会展项目管理及其任务。
- 系统掌握会展项目管理流程、各环节关系及其主要的工作内容。
- 熟悉会展项目管理的常见方法及其各自特点与适应性。
- 结合典型案例分析,了解会展项目管理的重要性及其管理流程与方法。

第一节 会展项目与会展项目管理

"在当今的社会中,一切都是项目,一切也都将成为项目。"美国项目管理专业资质认定委员会主席保罗·格雷斯(Paul Grace)如是说。的确,纵观人类社会的发展,古今中外的重大工程、社会改革乃至文化活动,无一不以项目形式出现,这些项目或长或短,或大或小。一定程度而言,世界经济社会发展正是以重大项目为推手的发展历程。伴随市场化步伐的加快,世界各国亦加快了项目化的步伐,使得现代项目呈现出细密化、大小型交织、多部门高度协同等特点。这从20世纪美国的登月计划、新时期我国的航母项目可见一斑。

项目对于现代经济社会发展而言,其存在是十分普遍的。因此,对于项目的管理也就被提到重要的议事日程。

一、项目与项目管理

(一) 项目概述

1. 项目定义

杰克·吉多(Jack Gido)和詹姆斯·P.克莱门斯(James P. Clements)定义项目(project)是"以一套独特而互相联系的任务为前提,有效地利用资源,为实现一个特定目标做所的努力"[1],强调了项目的目的性和差异性。"特定"一词表示其差异性,这与中文"项"和"目"词汇特指人体的"颈上"部位,而体现出明显个体差异的语义一脉相承。

美国项目管理学会(Project Management Institute,PMI)将项目定义为"一种被承办的旨在创造某种特殊产品或服务的临时性努力"[2],在目标性的前提下,以"临时性"的限定强化其周期性,并将之与常规的作业(operation)相区别。实际上,英文单词的"project"即有"一次性抛出或者投出"的含义,表明项目的不可重复性。

英国项目管理协会(Association of Project Management,APM)给出的定义为"是为了在规定的时间、费用和性能参数下满足特定目标而由一个人或组织所进行的具有规定开始和结束日期、相互协调的独特的活动集合"。该定义被国际标准化组织(International Standard Organization,ISO)采用(ISO 10006)。此定义明确提出项目的时间界定、费用要求和其他参数条件等要素,完善了项目内在的特殊规定性。

综合以上较为权威的概念,可以将项目理解为,围绕特定目的,在一定的人财物保障以及确定时间段等的条件基础上,实施的有组织性的系列活动。也就是说,项目是指一定资源条件和具体目标要求下,作为系统的被管理对象的单次性任务,这一任务由多项具体活动合成。

2. 项目特征

尽管项目涉足领域广泛,项目的性质千差万别,但其一般具有如下的共性特征。

(1) 目标性

目标性也称目的性,即项目结果是一种产品或特定的服务,这是任何项目的基本属性。然而制定目标绝非易事,需遵循具体性(specific)、可测量性(measurable)、可以实现性(attainable)、相关性(relevant)和期限性(time-based),也称为 Traceable(可跟踪的)即 SMART 原则进行制定[3]。诚然,由于项目大小及其复杂程度不一,项目的目标性也有单一目标和多项目标等差异。

(2) 临时性

临时性是指项目存在于一段特定的时间,也就是说项目具有特定的开始时间和结束时间,不是永无止境的活动。或者说,项目均有其时间规定性,是一种临时存在的任务。不论项目的时间长短,从短至数十天的调研项目到长达数十年的国家级建设工程,项目终

---

[1] 杰克·吉多,詹姆斯·P.克莱门斯.成功的项目管理[M].张金成,译.北京:电子工业出版社,2008:4.
[2] 刘国靖.现代项目管理[M].北京:中国人民大学出版社,2004:17.
[3] Drucker P. The practice of management[M]. Harper Collins,1954.

究是一个临时性活动,因而一旦结束,项目的前提条件即各种配备要素也随之消失。

(3) 周期性

周期性指项目历经"起始—实施—终结"三大阶段的周期性过程。这是由项目的时间规定性所决定的,也是项目内在的突出特征。必须指出的是,项目的周期性并不等于重复性,实际上,任何项目哪怕是同类项目,均没有内容完全重复的周期性,这是项目严格区别于日常化工作(作业,operation)的重复性的关键所在(见表1-1),也由此体现项目的生命周期特征。其中,项目的起始阶段包括项目规划、安排部署,实施阶段包括组织项目的实施、达到项目目标的过程,而终结阶段包括项目的总结和评估等。

表1-1 项目与日常工作的比较

项 目	日 常 工 作	项 目	日 常 工 作
后现	先有	开放和不确定环境下	封闭和确定的环境下
独一无二	重复进行	资源需求多变	资源需求稳定
有限时间	无限时间	临时性、柔性组织	稳定、刚性组织
带来突变	带来渐变	面向目标	面向任务
资源不均衡	资源均衡	注重效果	注重效率
目标不均衡	目标均衡	不确定性、高风险性	标准化、程序性强
团队性组织管理	直线职能制管理	回收创新性成果	回收投入及盈利

(据刘国靖.现代项目管理[M].北京:中国人民大学出版社,2004.)

(4) 约束性

作为一种任务,项目受边界条件的约束,即完成项目需要提供的各种条件,包括时间、要素、质量等。这些条件与要求深刻影响项目的进程和完成,尤其是项目的投入要素(如人力、财力和物力等)对项目发展及其质量的影响至深。

(5) 整体性

根据项目作为"系统的被管理对象"的含义,项目自身具有客观的系统性和整体性。其内在含义就是项目的各类要素互相联系成为一个整体,项目的各个环节(阶段)始终围绕目标构成统一整体,同时,项目的时间规定和内容要求也是一个完整统一体。

3. 项目要素

项目基本要素,是指为了实现目标,项目(管理)需要考虑和把握的基本内容(见图1-1)。

(1) 范围

此处的范围并非物理空间范围,而是指抽象的工作内容的多少,类似于责任范围。项目范围(project scope),也称工作范围(work scope),主要体现为满足客户需要的所有工作内容,即为了现实项目目标所需完成的所有工作。一般通过定义交付物及其验收标准确定。例如科技开发项目,以特定开发的单项或多项

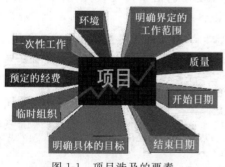

图1-1 项目涉及的要素

拥有具体指标性能的技术及其专家评估为其验收标准作为项目的范围。换言之，项目范围就是对"完成了哪些工作，项目即可结束"或者说"完成哪些工作，即能实现项目目标"的工作内容的界定。项目范围的明确既是项目合作的前提，也是实施其目标管理的重要环节。此处的"范围"为抽象的工作范围概念，类似于职责范围的"范围"内涵。

（2）组织

项目的组织是指实施项目的组织机构，主要体现为组织形式、人员配备、工作职责、管理流程以及组织文化等。固然，由于项目的临时性，项目组织也具备临时性特征。然而，项目组织却是十分重要的项目要素，表现为从人力资源保障和对项目的组织管理两大层面确保项目的顺利进行。良好的组织形式，精干的人员备置，明确的职能分工乃至于科学管理流程和高效的组织文化，往往成就优秀的项目。

（3）时间

时间即项目所需时间阶段，由明确的起止时间点确立，事关项目进度控制及项目周期，常用项目进度计划（schedule）描述。项目进度计划不仅具有时间历程及其分段的概念，也具有确定的日期概念，并且与项目范围、资源数量、质量进程等产生对应分配关系。

（4）成本

成本指完成项目所需支付的费用，以预算为基础，依据拟完成的项目资源成本估计而确定。就成本支出看，通常包括原材料成本、人力资源成本（项目组成员的薪水）、设备租金、部分子项目的分包费用和咨询费用等。

（5）质量

不同于项目的范围在项目开始前的规定性，项目的质量既是项目前期的规定，也是项目后期检测的要素，是项目达到利益相关者要求性能的程度。一般地，项目的质量通过定义项目工作范围中的交付物标准进行确定，包括各种特性以及这些特性需要满足的具体要求，甚至对项目过程作出明确要求，如遵循的规范和标准等[1]。

（6）环境

环境主要是项目所在的区域政治、经济、社会、技术等条件，可分为宏观（社会）环境和微观（行业）环境。其中宏观环境构成项目发展的背景，而微观环境，从行业市场、行业技术等方面，决定项目的效率和成熟度。

4．项目分类

项目可以按照不同角度进行分类，主要的分类视角包括项目规模类型、复杂程度类型、成果类型、行业类型、周期类型及风险类型等。

（1）规模类型——大型项目、中型项目和小型项目

规模类型依据主要是项目的投入规模、持续时间（周期）、投资额度等，不同国家具有不同的标准。但一般地，大型项目往往是国家级宏观层次的项目，中型项目具有中观层次，区域级别或者大型企业合作层次，而小型项目多为地方微观层次或企业层次。不同规模层次的项目，其投入和持续时间差距很大。例如作为我国跨世纪大型项目之一的三峡

---

[1] 刘国靖．现代项目管理[M]．北京：中国人民大学出版社，2004：20．

大坝建设，其总投资954.6亿元人民币，建设历时达12年。

(2) 复杂程度类型——高度复杂项目、一般复杂项目和简单项目

复杂程度类型主要根据项目的技术复杂性划分。高度复杂项目具有技术尖端、技术攻关难度大等特点，简单项目则技术含量低，技术攻关难度低，一般复杂项目介于两者之间。项目的复杂程度与项目规模往往具有一定的联系，一般而言，大型项目多为高度复杂项目。

(3) 成果类型——有形成果项目（产品）、无形成果项目（信息、专利、品牌等）

项目的结果不外乎两大类：有形产品和无形服务。其中无形服务包括信息、专利和品牌等。在强调知识产权的现实环境中，越来越多的项目成果高度重视无形成果，即使是以产品为成果形式的，其无形成果也被视为重要产出。例如，对于仪器设备的改进项目，就同时拥有有形产品和无形的改进技术双重成果。

(4) 行业类型——农业项目、工业项目、教育项目、旅游项目、会展项目等

按照所属的行业部门分类，项目可分为农业项目、工业项目、教育项目、旅游项目、会展项目等。每个大行业类型又可细化为更具体的类型，如农业项目划分为种植业项目、水利项目、林业项目、养殖业项目等。

(5) 周期类型——长周期项目、中等周期项目和短周期项目

短周期项目可以短至数天之内，而长周期项目可长达数十年，介于之间的称为中等周期项目。大多数项目的周期为数周至数年。项目的周期与其规模和复杂程度关系密切，周期越长的项目，其规模和复杂程度也越大。

(6) 风险类型——高风险项目、中度风险项目和低风险项目

按照风险性分类，项目可分为高风险项目、中度风险项目和低风险项目三类。复杂程度高的项目常常具有较高的风险，因而也对项目管理要求较高。成功的项目管理不仅要做到资源效益最大化，也要求最大化地降低项目风险。

此外，根据来源或属性分类，项目还可分为技术工程项目、技术开发、引进项目、外包项目、企业项目、文化项目、政府项目等。每类再下分为不同类型，如技术工程项目分为建设工程、公共设施、国防工程、系统集成等项目。企业项目分为产品开发、市场推广、品牌建设项目等。另有学者将项目划分为封闭性项目和开放性项目，业务项目和自我开发项目，企业、政府和非营利机构的项目，公共项目和私营项目等等[1]。

5. 项目层次

(1) 项目的结构层次

从图1-2可以看出，以会展项目为例，项目、任务和工作包的树形层次十分明显，体现出项目独特的结构层次。一般地，作为多项活动构成的单次任务，项目不等同于组织——尽管它需要特定的组织完成，但并非组织自身，而是完成目标的努力，是活动的集合；其次，项目也不等同于成果，某种具体的产品或者服务，成果只是项目的目标或结果。就此例而言，会展项目不等同于展会的举办，还包括为此展会举办所做的种种前期准备以及事

---

[1] 戚安邦.项目管理学[M].北京：科学出版社，2008：10-12.

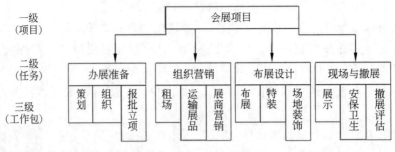

图 1-2 会展项目结构示意图

后工作。

(2) 项目的内容层次

大型项目、项目群(program):由若干内在联系的项目组成的群体。例如大型体育赛事项目由场馆建设、吉祥物设计、开幕式、运动会、闭幕式等具体项目组成。

项目:是一般研究的重点。作为项目群的相对独立的单元,具有完整的生命周期和独立的交付物。例如奥运会的开幕式。

任务或活动(task or activity):是指构成项目的主要任务或活动。例如展销会的布展设计、现场管理等任务。

工作包(work package):任务或活动的下级工作层次,是定义在工作分解结构(WBS)中同一层次上的一组相关工作。例如学术会议准备活动(任务)中的组织准备。

工作单元(work unit):为项目最基础单位,是工作包的组成部分。例如会展项目中策划工作包就包括项目定位、市场调研、竞合分析、策划报告等工作单元。

(二) 项目管理概述

1. 项目管理的概念

美国学者戴维·克兰德(David Cleland)指出:在应付全球化的市场变动中,战略管理和项目管理将起到关键性的作用。项目管理是一种管理方法体系,是一种已获得公认的管理项目的科学的管理模式,而不是任意的一次管理过程。项目管理的对象是一系列的临时性活动或任务,目的是实现项目的预定目标。项目管理的职能与其他管理的职能完全一致,都是对项目的资源进行计划、组织、领导和控制。对项目管理的认识,伴随项目自身的重要性而日渐加深。

(1) 认识的演进

根据戚安邦的研究①,项目管理学科的发展历经两个主要阶段,即传统的项目管理阶段和现代项目管理阶段。传统的项目管理可以追溯到中国古长城和埃及金字塔等世界著名古代工程项目,甚至追溯到人类最早的各种有组织的社会活动。

传统的项目管理可以分为两个阶段,即工业革命前的古典项目管理阶段和工业革命后至新技术革命(20世纪80年代)的传统项目管理阶段。传统项目管理阶段,从凭直觉

---

① 戚安邦.项目管理学[M].北京:科学出版社,2008:1-5.

和经验管理到发展传统项目管理理论与方法。现代项目管理则是近二三十年发展的管理学科的新领域,其理论与方法是有关现代社会活动中的各种现代项目的管理理论和方法。开始出现有关项目集成管理、项目范围管理、项目风险管理和项目沟通管理等项目专项管理的理论与方法。

纵观项目管理发展历程,可以总结为早期的项目管理,偏重对于项目工程的组织管理,其实质是管理项目;后期的项目管理,强调将项目作为一种管理手段,发展为通过项目进行管理;而21世纪以来,各类组织越来越多地将项目管理日常化,将项目管理内化为组织科学管理的一部分,步入项目化管理时代,也即按照项目实施组织的全程化动态发展管理。

(2)项目管理的定义

项目管理是一种科学管理,在领导方式上,它强调个人责任,实行项目经理负责制;在管理机构上,它采用临时性动态组织形式——项目小组;在管理目标上,它坚持效益最优原则下的目标管理;在管理手段上,它有比较完整的技术方法[①]。

PMI定义项目管理是"通过应用和综合诸如驱动、规划、实施、监控和收尾等管理过程而展开的",并为此提出一整套现代项目管理知识体系,如图1-3所示,由集成(整合)管理、范围管理、时间管理、成本管理、质量管理、人力资源管理、沟通管理、风险管理、采购管理和干系人管理十大部分组成[②]。国际标准化组织定义项目管理为"为达到项目目标而对项目的各个方面进行的规划、组织、监测、控制、报告和激励"[③]。

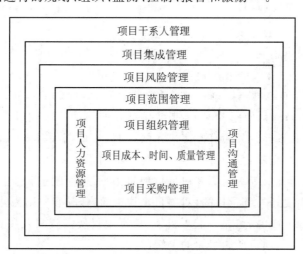

图1-3 项目管理知识体系示意图
(据戚安邦,2008. 有改动)[④]

综上所述,项目管理(project management)就是在有限的资源约束下,通过项目经理

---

① 左美云,周彬. 实用项目管理与图解[M]. 北京:清华大学出版社,2002:3.
② PMI. 项目管理知识体系指南[M]. 5版. 卢有杰,王勇,译. 北京:电子工业出版社,2013:60.
③ BS ISO 10006-2017. Quanlity management-guidelines for quanlity management in projects.
④ 戚安邦. 项目管理学[M]. 北京:科学出版社,2008:26.

和项目组织的努力,运用系统理论和方法对所涉及的项目资源进行计划、组织、控制、沟通和激励,以实现特定目标的管理方法体系和管理过程。简言之,项目管理就是把知识、技能、工具和技术应用于项目各项工作之中,实现或超过项目利害关系者对项目的要求和期望的管理过程。

(3)项目管理的目标与手段

明确项目管理的目标与手段必须从项目利益相关者及项目管理的主体和客体说起。

借鉴利益相关者研究权威弗里曼(Freeman,1984)的研究,项目利益相关者就是指围绕项目发展,构成利益关系的相关组织和个人,如图1-4所示,主要包括以下几种。

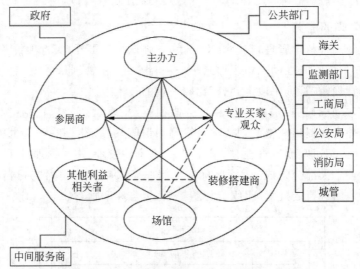

图1-4 展览会利益相关者关系

(庞嘉文据Kay(2007)整理. 实线代表强关系,虚线代表弱关系)

客户(customer),亦称使用者,即将来使用项目产品的个人或组织,客户可有多个层次。依据与项目的关系远近分为直接客户和间接客户,依据项目内外的来源分为内部客户和外部客户。例如会展项目的直接客户为会展项目的投资者或发起人;间接客户包括参展商、采购商、普通观众等。内部客户是指项目由系统组织内部承担,其委托的上级即为内部客户,项目由委托外部承担,对项目承约方而言,其客户则为外部客户。

发起人(project sponsor),是发起项目者,负责项目所需资料及项目安排等。可以是客户、投资者,也可以是项目所属组织的上级部门。

投资者(project investor),也称业主,是以投资形式为项目发展提供资金和实物,并寻求回报的个人或组织。可以是主办方,也可以是独立的其他单位法人。

承约商(project contractor),是项目的直接承担者,一般通过中标获得项目承接任务。根据业主要求,承约商负责项目的启动、规划、实施和收尾工作。

项目团队(project team),是在项目经理领导下服务承约商,负责项目的临时性专门组织,在市场上,与承约商具有风险共担、盈利共享的密切关系。

供应商(project supplier),是为项目承约商提供场地、原材料、设备、工具等的服务,获取盈利的个人或者组织,其信誉和供给保障直接影响项目进展与质量。

诚然,作为利益相关者的政府及其相关部门,在中国任何会展项目特别是展览会中都起着十分重要的作用。对此 Kay 早有相关研究①。

项目管理的主体是项目管理者,可以是项目投资者本身,但在社会分工精细化的今天,项目管理的主体更多的是受聘的专业经营管理者,即项目承约商。

项目管理的客体就是项目管理对象,也就是项目全过程的所有工作、任务和活动。

项目管理必须始终围绕项目的目标进行,因此,项目管理的目标就是项目自身的目标,是最大化满足项目相关利益主体的要求和期望。

项目管理的根本手段则是常规管理手段基础上的项目专项管理手段,重点是项目的时间、质量、成本、范围、风险等专门化管理的知识、技能、方法和工具等。

2. 项目管理的特点

(1) 复杂性

项目管理涉及项目论证、项目规划、项目实施、项目控制、项目评估等诸多环节,需要合理地配置各种资源,因此说它是一项复杂的工作,具有复杂性。具体表现有如下几点。首先,项目管理是在一个规定时间和规定资源条件下的特殊管理,成本、技术性能和进度等刚性的多约束条件决定其管理的缜密性与复杂性;其次,项目管理是基于团队合作的集成式管理,需要多组织的协作,面临高度复杂的协调工作;最后,项目管理涉及的知识技能多,需要运用所学科知识协同作战。现代项目管理知识体系,由集成管理、范围管理、时间管理、成本管理、质量管理、人力资源管理、沟通管理、风险管理、采购管理及干系人管理组成,有学者更是加入了决策管理和组织管理②,这就使项目管理面临十分复杂的知识管理问题;此外,客户和业主要求高,项目管理的经验积累少,市场风险高等原因,也增加了项目管理的复杂性。

(2) 专业性

不同于一般的生产、服务的运营管理,也不同于常规的行政管理,项目管理体现了高度的专业性。表现在:①需要借助专业化集权领导和专门的组织机构实施管理,以合理分工,提高管理绩效;②需要大量专业人才,尤其是专业技术及项目管理人才,项目经理发挥高度的协调作用;③项目管理拥有许多自己独特的管理理论与方法。例如,项目计划管理中所使用的关键路径法、工程项目设计管理中的三段设计法、项目造价管理中的全造价管理方法等。

(3) 目标性

诚如前述,项目管理需要紧紧围绕项目目标,实现其满足各利益相关者利益最大化目标。总目标必须分解为子目标,并在规定时间和资源条件下,按层次下达至相关部门或承担人。此外,在利益最大化的驱动下,项目管理的目标性还表现在通过项目管理活动去保证满足或超越那些业已提出并规定的项目目标,同时通过项目管理去识别并满足、超越那些尚未识别和明确的潜在需要。会展项目管理中,通过发掘新的会展市场需求,超越既定

---

① 庞嘉文.中外展览公司合资过程及其影响评估研究——以广州美博会、广州国际照明展为例[D].广州:中山大学,2010:39-40.
② 戚安邦.项目管理学[M].北京:科学出版社,2008:26.

目标的事例比比皆是。

（4）创新性

项目的一次性内在属性决定了项目管理的创新性。因为任何项目只有同类性，绝对没有重复性（不然不成其为项目），这就使得项目管理中较之常规管理更加凸显管理创新。这就要求对于任何项目的管理都必须遵循其所在的市场环境，按照其特有的时间、资源规定，采取个性化管理方法，寻求创新的管理模式，以实现其特有的项目目标。

二、会展项目及其管理

会展项目在世界经济社会发展进程中，正占据越来越重要的地位。伴随新兴产业的产生，传统产业的纵深发展，产业间融合的不断深化，会展项目也如雨后春笋般涌现。借助会展平台发展会展经济，同时推动区域经济社会发展成为全社会的高度共识。会展项目及其管理的重要性和深远意义由此展现。

（一）会展项目概述

1. 会展项目的概念

会展项目是以展会为对象和内容的新型项目形式，是一种现代服务业的项目类别。与传统的项目有着明显的区别，体现出服务产品特征，其范围、组织、成本、环境等要素均显示其自身特征。例如会展项目费用一般较大，甚至可达数千亿元人民币。例如，北京 2008 年奥运会项目总投资超过 3 000 亿元人民币。

一般地，人们将"一次性"作为项目的基本特征，但这一基本特征对于会展项目却并不突出，因为，实际上会展项目尤其是例展、例会，其客户市场的共享性很大，而且往届会展项目的其他信息如合作方、供应商等对于下次会展项目成功举办提供十分重要的借鉴。经营数十年的品牌展会，尽管从经营的环境变化而言，每次均可认为是一个项目或项目群，但显然不同于真正意义上一次性完成的项目或项目群，不妨称之为品牌项目。同时，从大量新展会的涌现以及很多展会的创新发展看，依然符合项目的定义。

2. 会展项目的分类

（1）分类概述

马勇等学者根据会展主题的不同，将会展项目划分为不同类型，主要有科技展示型项目、产品交易型项目、综合博览型项目和会议洽谈型项目。根据会展项目的规模可以把会展项目分为：①大型会议，例如，奥运会、世界妇女大会；②中小型会议，例如，论坛、高峰会议；③大型博览会，例如，世界博览会；④中小型展示活动，例如，汽车展、服装节。刘大可等人则指出会展项目可以根据会展项目管理内容的不同划分为会议、展览、特殊活动三种类型。其中，展览最具有代表性，展览是最传统、最古老的一种会展活动，而会议和特殊活动是现代经济中出现的新的会展形式；会议形式包括诸如各种主题论坛、专题学术研讨会等；特殊活动包括诸如昆明世界园艺博览会等。尽管会展活动的基本概念还缺乏共同的认识，也没有统一的标准来划分会展。但是，这并不影响成功地管理一个会展活动。

（2）本书分类

根据会展活动的主题类型，会展项目一般可分为会议项目、展览项目、体育项目与节庆项目。

① 会议项目的分类。按照不同的标准分类,会议可分为不同的类型,主要有以下几种:按会议的组织形式可分为年会、代表会议、论坛、专题学术讨论会、讨论会、座谈会。按会议的内容可分为商务型会议、度假型会议、展销会议、文化交流会议、专业学术会议、政治性会议、培训会议。按会议的主办主体可分为协会会议、公司会议和政府会议。

② 展览项目的分类。按照不同的角度分类,展览可以分为以下几种:按展览的内容可分为综合展(博览会)和专业展。按展览的性质可分为宣传类展览会、贸易类展览会和虚拟展览会。按展览的行业可分为轻工行业展、石化行业展、纺织行业展、建材行业展、房地产行业展等各行各业的专业展览会。按展览的规模可分为单独展、多国展和国际博览会。按展览的地域可分为国内展、国际展和出国展。按展览是否盈利可分为盈利性展览和非盈利性展览。

以上关于会议和展览项目的分类属于会展活动的基本知识,关于每一类会展活动的基本内涵、特点,读者可参照有关会展活动的入门教材。由于体育比赛和节庆等一些特殊活动形式多种多样,特点也千差万别,详见表1-2,在此不对其作进一步的分类说明。同时,鉴于特殊事件的广泛性和交叉性,尽管事件管理作为一个学术领域和旅游发展的一个重要组成部分正在变得越来越强[①],本书也不将事件作为会展项目类别进行专门讨论。

表1-2 会展项目分类

会展项目大类	会展项目类型	例 子
会议项目	按组织形式:年会、代表会议、论坛、专题学术讨论会、讨论会、座谈会	单位年会
	按会议的内容:商务型会议、度假型会议、展销会议、文化交流会议、专业学术会议、政治性会议、培训会议	企业新员工培训会议
	按会议的主办主体:协会会议、公司会议和政府会议	旅游行业协会工作会议
展览项目	按展览的内容:综合展(博览会)和专业展	摄影作品展
	按展览的性质:宣传类展览会、贸易类展览会和虚拟展览会	出国留学交流会
	按展览的行业:轻工行业展、石化行业展、纺织行业展、建材行业展、房地产行业展	豪华汽车展销会
	按展览的规模:单独展、多国展和国际博览会	世界园艺博览会
	按展览的地域:国内展、国际展和出国展	中华文化艺术世界巡展
	按营利情况:营利性展览和非营利性展览	公共安全展

---

① Backman K F. Event management research: The focus today and in the future[J]. Tourism Management Perspectives,2018(25):169-171.

续表

会展项目大类	会展项目类型	例　子
体育项目	按规模：大型体育赛事、中小型体育赛事	奥林匹克运动会
	按项目：综合性体育赛事、专业性体育赛事	温布尔登网球锦标赛
	按举办主体：国际体育赛事、洲际体育赛事、国家体育赛事、地方体育赛事以及单位体育赛事	亚洲运动会
节庆项目	按节庆性质：单一性节庆、综合性节庆	情人节
	按节庆时代性：传统节庆、现代节庆	啤酒节
	按节庆内容：祭祀节庆、纪念节庆、庆贺节庆、社交游乐节庆	开渔节

3. 会展项目的特征

会展项目普遍地存在于人们的生产和生活之中，遍布各行各业的每一个企事业单位、政府机构和社会团体。会展项目作为一种新型的项目形式，是现代经济社会中主要的经济形式之一。它与传统的工程建设项目、科学研究项目等有着明显的特征差异。会展项目除了体现出项目普遍性特征外，还具有下述特性。

（1）服务的目标性

会展业属于第三产业，作为一种服务类项目，会展项目以提供客户服务为主要目标，无形产品多于有形产品。而会展项目的服务客户是包括参展商、采购商和普通观众等在内的各类人群，因此，会展项目更加重视对人的服务管理，体现其服务的有效性和目标性。

（2）客户的广泛性

会展组织涉及所有行业部门，甚至于军工产业和公益组织。而会展活动是以参展商、采购商（专业观众）为主要客户群体和主要服务对象的，若加上普通观众，具有广泛的客户群体。因此，会展项目的构思与启动要以充分调动这两大客户群的需求为基础。一个成功的会展项目还往往把会议、展览和文化、旅游等活动有机结合在一起，以丰富会展内容，借助扩大规模，形成更大的客户群。

（3）项目的关联性

有关会展产业链的关联带动效益，得到学者的研究证实与一致认同。王保伦将会展产业链定义为：围绕某一主题，借助场馆等设施，以所在区域的产业基础为依托，以人流、物流、资金流和信息流相互交融的价值链为内核，将会展业的主体方（招展商、代理商、场馆、参展商、参观者）和相关方（装修、广告、餐饮、运输、通信、旅游等行业）结合起来所形成的一个推动经济发展的产业关系[①]。由此可见，会展项目关联十分广泛。涉及城市交通、通信、建筑、旅游、餐饮、住宿、物流、广告、印刷、咨询、保险等诸多行业，能直接或间接带动一系列相关产业的发展。据有关测算，我国展览会对相关产业的联动系数为1∶9，国际

---

① 王保伦，王蕊.会展旅游产业链的本质分析[J]，北京第二外语学院学报，2006(5)：76-80.

会议约为1∶6①。

（4）效益的综合性

会展项目的关联性必然带给其效益的综合性。从效益上讲，会展项目既体现为用货币或者其他实物形式衡量会展产业链的经济效益，也体现为不能用物质衡量的信息化程度提高、居民文化素质提高、城市知名度提高、社会文明进步等②。因此，会展项目的投资收益是综合性的。会展项目应充分考虑在体现经济效益的同时，如何充分发挥会展项目的社会效益和环境效益。

（二）会展项目管理

1. 会展项目管理的定义

会展项目管理是项目管理基本理论、方法与技能，结合会展项目的管理特殊性，在会展项目实践的应用，是相关管理者按照会展项目运营客观规律，运用系统理论和方法，对会展项目进行的计划、组织、控制、沟通和激励的管理过程与方法体系。

会展项目管理的基本含义包括：其管理对象是会展项目全过程的所有工作、任务与活动，由此构成会展项目管理的客体；其管理主体是会展项目的管理者，多为会展项目的承约商；其管理的目标，就是会展项目自身的目标，即满足会展项目投资方、会展供应商、项目团队、参展商、专业观众等客户利益的最大化。

会展项目管理的根本手段则是在普通项目专项管理方式的基础上，突出服务性项目管理特征，围绕项目的成本、进度、质量、合同、风险等运用的专门化知识、技能、方法和工具等。

2. 会展项目管理的任务

（1）会展项目管理的知识体系

基于PMI关于项目管理知识体系的梳理，结合会展项目管理的特征，架构会展项目管理知识体系如图1-5所示。内层是会展项目目标管理，中层是会展项目的资源和条件管理，外层是会展项目的决策和集成管理，形成目标—资源利用—管理保障的内在有机关系，成为会展项目管理知识体系。

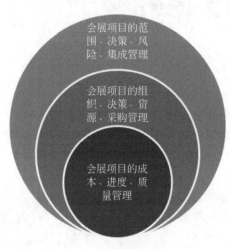

图1-5 会展项目管理知识体系

（2）会展项目管理的主要任务

尽管会展项目管理的知识体系涉及11个领域，但主要包括下述六大任务，如表1-3所示。

---

① 过聚荣.中国会展经济发展报告(2011)[M].北京：社会科学文献出版社，2011：3.
② 刘文君，邹树梁，王铁骊，等.会展产业综合效益评价指标体系初探[J].南华大学学报(社会科学版)，2005.

表 1-3　会展项目管理的主要任务

会展项目 管理任务	包含的具体任务	目　　　的
团队组织	组织关系和沟通渠道、组织形式、经理和团队、管理制度、信息管理系统	项目运行的组织保障
成本控制	成本计划、核算成本支出、分析成本变化、研究降低成本途径、采取成本控制方法	抑制项目成本
进度控制	进度方案决策、进度计划、把握进度	确保项目按期完成
质量控制	质量标准与预防、质量监督与验收、各项工作的质量问题处理	确保实现项目质量目标
合同管理	合同谈判、签订、修改、纠纷处理、索赔等	项目运营的法律保障
风险管理	风险识别、风险评估、风险防范和控制	使项目获得最大化安全

本书重点围绕上述六大主要任务,按照识别启动—团队组织—制订计划—实施控制—收尾评估等项目管理的基本流程,架设教材脉络体系,旨在强化会展产业的特性及其项目管理的个性。同时,借助西方现代化项目管理的理论体系,通过大量的数据、图表和丰富的案例,在突出理论博采众长的前提下,形成具有国际视野并符合我国会展行业实际需要,以指导我国会展业的项目管理实践的学科新体系。

第二节　会展项目管理的过程

一、会展项目管理的过程

(一) 会展项目管理过程的概念

根据 PMI,项目管理就是将知识、技能、工具应用于项目活动,以满足项目的要求。而过程是为了创建预设的产品、服务或成果而执行的一系列互相关系的行动和活动,即给项目带来某个结果的一系列活动。一般分为五大过程组,对应十大知识领域[①]。附录 A 展示项目管理过程组及其涉及的十大知识领域的一一对应关系,有益于指导会展项目过程的研究。

会展项目管理过程就是会展项目经由需求确定、项目选择,从识别启动,历经计划、执行、控制,最后走向收尾的整个管理过程,也就是组织项目工作的过程。简单而言,会展项目的管理过程就是围绕会展项目目标,制订计划—落实计划—检验计划及其效果的管理流程;主要包括项目启动、项目计划、项目执行(实施)、项目控制和项目收尾五个环节(阶段)(见图 1-6)。

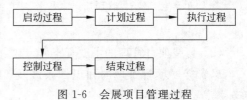

图 1-6　会展项目管理过程

---

① PMI.项目管理知识体系指南(PMBOK 指南)[M].5 版.北京:电子工业出版社,2013:48-60.

(二) 会展项目管理过程(阶段)

1. 启动

启动阶段是会展项目管理过程的起点,它建立于项目识别的基础之上。会展项目的识别包括调研分析、项目构思、可研论证三个阶段,之后便正式进入会展项目的启动阶段。

如果说,项目的识别是在市场中遴选并确定项目的话,那么,启动就是会展项目开始运作并纳入项目管理流程。会展项目的识别以会展定位和可行性论证为主要任务,详见会展策划与计划等相关参考文献。会展项目的启动以业主与承约商签订合同为标志,以会展项目团队组建和项目文件制作为主要工作。很大程度上,项目启动实际上已经属于项目的组织管理工作。

某一主题的会展项目通过可行性论证后,一般需要申报到政府有关部门进行核准并获得项目许可证书后才能启动,这是避免重复办展、保证项目质量的有效手段。

2. 计划

项目计划是为完成项目目标而进行的系统的任务安排,会展项目计划是指导项目实施,引导会展项目管理工作向目标方面发展的总体构想,这一过程主要包括制订会展项目计划(做什么、在哪做、何时做、花费多少)以及实施项目分解设计(如何做、谁去做)两个方面。会展项目计划一般分为会展项目的需求分析、目标确定、任务分解、资源规划以及项目各要素规划等环节。其中,最为重要的是项目各要素如会展项目范围、费用、进度、质量的规划。

3. 执行

启动和计划阶段被认为是会展项目管理的前期准备,从执行开始才是为完成会展项目而进行的管理活动[1]。项目的执行管理也可视为是对计划的执行,只有对周密计划的严格执行,才能使得项目达到应有目标。这一阶段需要消耗大量的资源,并借助各种管理手段和方法予以实施,其主要任务包括招商活动、组织论坛、文宣材料制作、现场管理、为参展商和观众提供配套服务等[2]。此阶段也称项目的实施阶段,人力资源问题,特别是冲突问题多见于此阶段。

4. 控制

计划永远跟不上变化。面临复杂动态的市场形势以及会展项目资源与进度等问题,在会展项目管理过程中,对会展项目的及时控制显得十分必要,对会展项目的计划执行从来就是与对其控制同步进行的。会展项目控制是对会展项目管理活动及其效果进行的衡量、监督和校正的过程,其目的是根据会展项目运行的实际情况,进行适当的调整,以确保项目计划按照既定的目标和预算得以顺利实施。

5. 结束

会展项目的收尾包括正常收尾和意外中断两种情况。其中意外中断的原因一般是投

---

[1] 王起静.会展项目管理[M].北京:中国商务出版社,2011:12.
[2] 王春雷,陈震.展览项目管理:从调研到评估[M].北京:中国旅游出版社,2012:12.

资方的资金断链,项目难以为继(如公司破产等),或者原计划推迟,项目时间管理严重滞后,或者客户对项目前期质量不满意而丧失对项目最终成果的信心,等等。

项目结束时,项目组成员转向新工作或新岗位,但结束期依然有其独特任务,主要包括资源清查、成果交付、质量验收、费用结算、合同清理、延伸服务和项目评估等工作。顺利收尾的项目,还可以某种特定的庆祝仪式宣告结束。

(三) 启动过程的主要工作内容

1. 任命项目经理

会展项目经理也称会展项目负责人,是会展项目主管和项目团队的领导者,承担协调分配资源,推动会展项目的顺利实施,按期按质完成项目任务的重责。因此,会展项目经理必须从严选择并在项目计划执行之前任命到位。

项目经理的职责主要包括团队领导和管理决策人、项目计划和项目分析师、项目组织者和共同合作者、项目控制者和预测评价者、项目利益协调人和促进者等[①]。因此,项目经理必须是熟悉行业的专业人士,富有会展项目管理经验并具有良好的沟通能力。会展项目经理的产生既可面向社会招聘,也可在会展项目组织内部挑选。

2. 组建项目团队

会展项目团队是在会展项目经理的领导下,具体实施项目的临时性组织。根据实际情况,可以在项目下属单位组建,亦可独立组建。其组织结构、人员构成和人员数量等,取决于会展项目的性质、规模、时间。选择团队人员的根本依据,一是项目认同感,即他们是否认同此会展项目的价值和使命,并愿意为此努力工作;二是时间保证,就是必须在项目需要的特定时间段全身心投入项目工作之中;三是合作意识强,能够与其他团队成员包括项目经理目标一致,竭诚合作;四是具备相关项目经验。

3. 制作项目文件等

项目启动的重点工作之一是为了获得项目解决方案,为此,项目发起人或委托人,必须制作"会展项目建议书"以及必要时提供"可行性研究报告"(项目识别时材料的沿用),报送相关主管部门或投资机构。同时,为市场招标制作相关文件、获得主管部门颁发的项目许可证书。招标文件包括工作说明书、需求建议书、可交付成果、立项单位(业主)供应条款、过程确认、付款方式、时间表、项目申请书等。项目申请书表明承约单位提交的申请书的格式及内容要求、期限及评价标准。

(四) 计划过程的主要工作内容

1. 计划分解和整合

计划分解和整合即进行工作分解结构(work breakdown structure,WBS),以形成各项工作的清单。所谓WBS,就是为了更好地管理项目并保证项目可操作性,将项目的整体任务通过多层次细化分解,而形成不同层级任务清单的过程。尤其需要注意各项工作

---

① 戚安邦.项目管理学[M].北京:科学出版社,2008:96-98.

之间的联系性,确保工作分解的同时,能够整合各项工作流程,保证项目整体的连贯流畅。将办展准备、组织营销、布展设计、现场与撤展等二级工作任务之下的相关各项工作包分解细化、衔接整合。

在会展项目计划的编制过程中,有的子过程存在明显的前后依赖关系,称为依赖性过程,如会展成本估算就是会展范围定义的后续子过程,此类子过程还有资源计划、项目时间估计、进度计划等。而诸如质量、组织、沟通、风险等的规划,与会展项目的具体性质关系密切,称为保证性过程[①]。

2. 实际操作

（1）需求分析

计划是谋划未来工作的有序化。因而,进行需求分析是明确计划目标的首要步骤。需求分析就是明确市场会展项目的需要和业主对项目的具体要求。会展项目不外乎两大类需求：基本需求和附加需求。基本需求包括会展项目的进度、规模、质量、效益等,附加需求包括会展项目的就业带动、社会影响、城市形象提升等。

（2）确定目标

确定项目目标就是将项目建议书或项目可行性报告中的目标进行深化,使之更加定量、可测量、面向结果和现实,即遵循第一节所述的 SMART 原则进行确定。会展项目目标是其任务分解的基础。

（3）任务分解

WBS 是项目团队现实目标的工作单元或项目等级树,通常针对每一个工作包确认组织或个人的责任。为实现会展项目的目标,还必须界定对应工作包所必须执行的具体活动内容[②],以提高估算成本、时间和资源规划的准确性,提供执行和控制的基准。

（4）专项规划

资源规划是会展项目计划中十分重要的工作内容,包括确定实施会展项目活动资源需求量、资源类型、资源流动及其分配、资源的使用效益等。

其他规划则包括规模规划、费用规划(与资源规划密切相关)、进度规划、质量规划、组织规划、沟通规划和风险规划等。

(五) 执行过程的主要工作内容

1. 执行子过程

执行子过程是项目的正式开始,是对计划的分步落实与有效推进。一般包括计划执行、质量保证、团队建设、信息分发、询价、选择供方、合同管理等子过程。计划执行是会展项目的各项计划逐步实施的子过程。会展项目管理的执行过程,不仅发生在会展活动的现场,也发生在会展活动的场外。

质量保证是依据质量进度及其要求,实施质量评价,以保证会展项目的分期质量标准。团队建设主要是会展项目团队的激励、沟通、技能、效率发展。由于执行过程涉及大

---

① 王起静. 会展项目管理[M]. 北京：中国商务出版社,2011：11.
② 杰克·吉多,詹姆斯·克莱门斯. 成功的项目管理[M]. 张金成,杨坤,译. 北京：电子工业出版社,2012：12.

量人流、物流与资金流,还需要及时跟踪收集相关信息,做到信息共享,减少项目进程中的信息漏失及其带来的项目进度和质量影响。询价是指通过市场咨询求得会展项目所需的展品运输、展示设计、租赁设施设备等的合理价格,同时选择信誉好、资质高的服务分包或原材料供应单位。

2. 执行准备

执行正式开始前,需要努力做好各项准备工作,为执行过程奠定良好基础。准备的重点是各项计划的核实,尤其是项目范围的核实;确认项目团队的权限情况;资源保障情况;任务(工作单元)分解到位情况;工作规范、计量标准、沟通方式;等等。例如一个城市节庆演出项目,其主要工作单元如下[①]。

宣传准备:报纸广告、张贴海报、售票等;

选择志愿者;

组织游戏:包括设立摊点和购买奖品;

承包娱乐设施,如旋转木马并取得必要的使用许可证;

确定娱乐演出人员,搭建舞台;

准备食物,包括制作食品和设立摊点;

组织所有的支持性服务活动,如停车、清洁工作、保安和休息设施等。

3. 管理要素

管理要素包括建立例会制度、独立审计执行效益、任务落实到人、项目记录详尽、营造良好的团队氛围、及时有效决策等。

(六) 控制过程的主要工作内容

会展项目的控制过程,是对会展项目全过程的整体调控过程,重点是与计划执行相配合,监控计划执行的异动并提出改善策略的过程。控制过程的目标就是通过测量会展项目的实际进程,并将之与计划进程比较,发现项目进展问题,及时采取措施使得项目回到正常轨道的监控过程。可见,对会展项目的有效控制,关键是定期及时测量会展项目的实际进程。

1. 控制子过程

会展项目控制的四个子过程如下。

① 确定固定的绩效报告期。绩效报告期的长短依项目工期的长短和项目的复杂程度决定。多以周或者月为报告期。每个报告期,需要收集的信息主要是实际绩效和项目相关要素的变更信息,如人事变动、进度、预算、质量甚至自然灾害等信息。

② 收集和公布绩效报告,包括项目进展现状、数据测试、未来预测等;如会展客户预订数量、管理信息系统运作数据测试、根据现有订单预测展览项目的收益等。

③ 将现实绩效与计划要求进行比对,得出现实进展与计划进度的差距,包括范围、质

---

① 杰克·吉多,詹姆斯·克莱门斯. 成功的项目管理[M]. 张金成,杨坤,译. 北京:电子工业出版社,2012:91-92.

量、进度、成本等方面的差距;例如会展项目的预算是否超支?进度是否滞后?等等。

④ 采取措施调控项目,权衡项目的各种要素,采取有针对性的措施,防止项目进一步偏离轨道,并朝预期目标迈进。需要特别强调的是,进度、质量和成本的权衡十分重要。因为,控制虚高的成本,就意味着降低原材料的质量,但也可能带来会展项目质量降低;控制(缩减)工期,可能需要投入更多的资源而虚高成本,或者缩减工作范围,但这样很可能无法满足客户的技术要求。

2. 控制的形式和类型

会展项目的控制是特殊的管理艺术,具有多种形式和类型,适合不同场所和不同项目使用,实际使用中,应各取所长,充分发挥它们的综合调控作用。

(1) 按照内容分类,控制可分为范围控制、质量控制、成本控制、进度控制、风险控制等

范围控制是指明确必要的工作和活动范围,质量控制是确保项目质量目标的有效控制,成本控制就是为实现成本目标而实施的一系列控制,进度控制则是为实现进度目标进行的控制,风险(安全)控制则是最大限度降低会展项目风险的一系列控制。各个控制内容之间存在对立统一的关系[1]。例如最佳风险控制可能带给项目高质量,但同时也可能提高成本费用。

(2) 按照规范性分类,控制可分为常规控制和非常规控制

常规控制是通过进度汇报、进度检查或项目进展报告进行,是正规场合的集体性控制行为。一般利用项目建立的管理系统进行,如会展管理信息系统、变更控制系统、工作核准系统等。

非常规控制是通过项目经理走动到管理现场,与相关部门人员了解情况、交流信息而发现问题。进而实施对项目的控制行为。对比常规控制的系统性、集体性、标准化,非常规控制显示其灵活性、速效性、专权化等特点。

(3) 按照方式分类,控制可分为预防性控制和更正性控制

预防性控制就是防患于未然的控制措施,是通过深刻地理解会展项目各项活动,预见可能发生的问题,制定出相应的措施,以预防项目出现偏差的事前管理模式,也称主动控制。制定规章制度、工作程序、团队成员培训等都属于预防性控制。

更正性控制是更为广泛使用的控制管理模式,是指执行会展项目过程中,通过发现问题进而采取措施、纠正偏差的控制过程。诚如前述,更正性控制往往借助信息反馈来实现,其关键是信息准确、及时、完整地送达到项目经理或其他决策者手中,也称被动控制。

(4) 按照先后过程分类,控制可分为预先控制、过程控制和事后控制

三者是会展项目全程控制的先后为继的环节。预先控制是在会展项目活动开始阶段时进行,通过同类项目经验的充分借鉴,规避不合理的项目开支,保证会展项目的投入满足规定的要求。过程控制就是一般而言的常规控制,通过会展项目计划执行过程的阶段

---

[1] 张家春.项目计划与控制[M].上海:上海交通大学出版社,2010:13.

式检查指导，获取与计划目标的比对信息，而达到项目的控制目标，一般在现场进行。但由于会展项目现场分散，时间长、空间大，如何做到时空的优化调控，是对项目经理智慧的极大考验。事后控制在会展项目活动阶段结束或临近结束时进行。事后控制，往往无法弥补项目偏差带来的损失，于事无补，因此，会展项目控制一般不宜采取事后控制。

（5）按照指向分类，控制可分为直接控制和间接控制

项目经理直接对会展项目进行的"一竿子"控制属于直接控制，相反为间接控制。直接控制着眼于产生偏差的根源，而间接控制则着眼于偏差本身。间接控制不直接对会展项目活动而是对项目班子成员进行控制，具体的会展项目活动由项目班子成员去控制。在实践中，应该根据会展项目的不同阶段、偏差程度及性质等决定采取直接控制还是间接控制。会展项目的执行前期、偏差较小或者偏差不至于影响全局时，一般需要采取间接控制，相反采取直接控制。

3．控制的方法

（1）管理方法

管理方法包括各种管理制度、规章等，是最为经济有效的控制方法，尤其适应于主动控制和事前控制。会展项目管理中的原材料采购制度就是有效控制成本的管理方法之一，而项目团队的人事管理规章则是优化资源配置进而保障项目质量的重要文件。

（2）合同方法

合同方法是指按照合同要求进行控制管理的方法。会展项目合同是会展项目控制的底线，比对合同条款往往成为业主和项目经理实施控制的有效手段，内容翔实的合同一般规定了会展项目进度及其质量要求。

（3）经济方法

经济方法是指对项目产生严重偏差予以经济处罚的方法，也是实现项目管理的很好措施。但其使用必须在实施前得到团队和合作方的认可，并作为个人或合作组织加盟会展项目的前提条件，以书面合约的形式执行。

（4）技术方法

技术方法主要包括网络计划法、S曲线法和香蕉线法等，适应于过程控制和事后控制。具体使用详见相关章节的内容介绍。

网络计划法是从需要管理的任务总进度出发，以任务中各项作业所需要的工时为时间因素，绘制出网络图（见图1-7），明确而直接地反映出该项任务的全貌，各项作业的进度安排、先后顺序和相互关系。同时，通过绘制检查时刻项目的实际进度前锋线，定期检查计划执行情况，作为监控报告基础。

S曲线法是以横坐标表示进度时间，纵坐标表示累计完成任务量，而绘制出一条按计划时间累计完成任务量的S形曲线（见图1-8），将施工项目的各检查时间实际完成的任务量与S形曲线进行实际进度与计划进度相比较的一种方法。实际进度点位居S曲线左侧，说明项目超前，否则落后，进度点位居S曲线上，说明项目进展与计划一致。

香蕉线法，也称香蕉形曲线比较法，是两条S形曲线组合成的闭合曲线，从S形曲线比较法中得知，按某一时间开始的项目计划，其实施过程中进行时间与累计完成任务量的

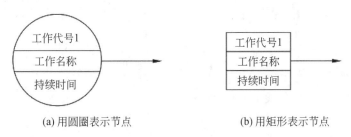

(a) 用圆圈表示节点　　　　　　(b) 用矩形表示节点

单代号网络图的工作的表示方法

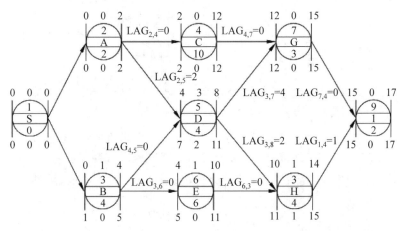

图 1-7　网络计划法示意图

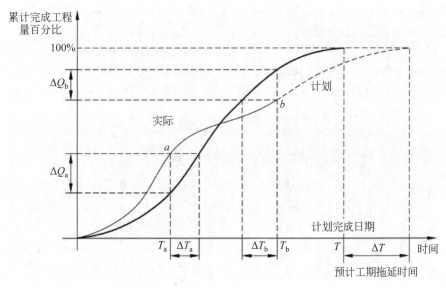

图 1-8　S 形曲线比较法（粗线代表计划进度，细线代表实际进度）

关系都可以用一条 S 形曲线表示。对于特定的会展项目而言，依照最早和最迟两种开始与完成时间，可以绘制出两条曲线：其一是计划以各项工作的最早开始时间安排进度而绘制的 S 形曲线,称为 ES 曲线;其二是计划以各项工作的最迟开始时间安排进度而绘制的 S 形曲线,称为 LS 曲线。两条 S 形曲线都是从计划的开始时刻开始和完成时刻结束,因此两条曲线是闭合的(见图 1-9)。一般情况下,其余时刻 ES 曲线上的各点均落在 LS 曲线相应点的左侧,形成一个形如香蕉的曲线,故称为香蕉形曲线。在项目的实施中进度控制的理想状况是,任一时刻按实际进度描绘的点应落在该香蕉形曲线的区域内。

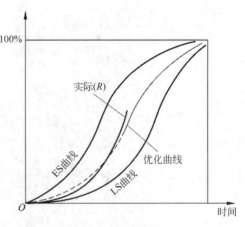

图 1-9　香蕉形曲线法

(七) 结束过程的主要工作内容

热闹过后终归平静,会展项目总有收尾时间,这既是项目本身的内在规定性,也是会展活动的必然结果。但会展项目的结束过程并非人们想象的简单、次要。会展项目的结束也是一个重要的环节,其重要性不亚于以上会展项目管理的其他环节。包括资源清查、资料归档、合同终结、费用决算、成果交付、质量验收、项目评估、延伸服务和庆祝仪式等。

1. 资源清查和资料归档

资源包括耗材资源、办公设备、其他设施资源等。对此的清查和转移是会展项目结束的基础工作,往往也与费用决算工作一道,租赁资源尽早归还,没有利用的资源需退费,如特装材料,可重复利用的材料或让市场回收或进入库存,从而节省部分开支。

会展项目结束时,应该提交或归档各种有关项目情况的资料。包括可行性研究报告及相关文件、项目评估与决策报告;项目的各种计划文件;各种合同文件;项目实施过程的进度、成本、质量记录;各种变更资料;质量验收报告;项目后评价资料;等等。交接双方应该共同对项目资料一一清点、验收、立卷、归档,交接工作完成后,共同在项目资料验收报告上签字确认。

2. 合同终结

合同终结是指整理并存档各种合同文件(严格意义上,合同文书也是资源的一种),包括合同书本身、各种表格清单、经过批准的合同变更、进度报告、单据和付款记录以及各种检查结果,完成和终结一个会展项目或会展项目各个阶段的合同,完成和终结各种商品采购和劳务合同,结清各种账款,解决所有尚未了结的事项,尤其是最后一笔付款,往往较大,还有所有已付分包款项和原材料款项,同时向承包商发出合同已经履行完毕的书面通知。

3. 费用决算

费用决算是指对会展项目全过程所支付的全部费用进行的结算与核定,并最终编制项目决算书(包括文字说明和决算报表)的过程。所有费用都必须谨慎结清,并保存好相关数据,包括成本核算记录、材料和资源清单、主要采购单、折扣单以及其他预算科目等。

4. 成果交付与质量验收

与一般项目不同的是,会展项目的质量以展览会会议组织的现场为其最为主要的成果,因此,其成果交付与质量验收十分直观,且需符合客户尤其是参展商和采购商的意愿。除了场地规划布置及其使用的材料以及环境装饰之外,更重要的是成果体现为客户数量和档次,乃至于通过项目成交数量和金额。均需依据先前自定的质量计划和相关的质量检验标准,进行评价与认可,并撰写质量验收评定报告。

5. 项目评估

会展项目评估的意义十分重大,不仅是重新审视项目自身的需要,而且对今后同类项目有借鉴作用。尤其对项目实施过程的评估显得特别重要。为此,需遵循如下原则:有效沟通、客观描述和问题意识①。即通过多方的有效沟通促进深度交流,以总结项目收益的关键点;通过多角度的客观描述,整理还原项目发生的顺序、问题源头和沟通的误解之处等;将重点放在问题上而不是过失上,并致力于总结项目解决问题的努力及其效果。客观评估会展项目,尤其要做到会展项目的经济效益评价、会展项目的社会效益评价和会展项目的综合评估。

6. 延伸服务

延伸服务包括票务服务、旅游服务、其他商务服务等。票务服务主要是为参照人员、与会者离开会议所在地会议期间旅游所提供的方便服务,一般设立票务处,通过安排专人与航空公司、火车站或旅行社联系实现。首先要提供最新时间的清晰的各类交通出发或换乘时间信息和价格信息,其次是通过专人代办预订各类交通票务,满足客户的行程要求。

旅游服务往往是会展项目后续的常规项目,很多时候成为会展项目组织者吸引人们参与会展的一个有效手段②。其主要工作是借助当地的旅行社或大型饭店的旅游部组团旅游。但需提供公开的资信,满足客户的选择,重点是旅游线路与报价信息、服务及收费标准,人数最低要求,旅游保险及退订的违约金,等等。

6. 庆祝仪式

对于成功或正常结束的项目,大多会安排一个庆祝仪式,作为结束的标志,其形式为非正式的晚宴或正式的活动,让客户组织的代表参加,为项目的执行者颁发证书或奖品。显然,利用这样的庆祝仪式,总结项目经验、适时表彰先进,对于扩大项目影响、提高团队凝集力甚至增加利益相关者的协作关系具有深远意义。

会展项目管理的过程,就是由上述五大子过程组成的有机整体,各个子过程有其自身的主要工作内容,但与此同时,各个子过程之间构成彼此承上启下的密切关系(见图1-10)。

---

① 杰弗里·K.宾图.项目管理[M].北京:机械工业出版社,2007:409.
② 武邦涛,柯树人.会展项目管理[M].北京:北京大学出版社,2010:144-145.

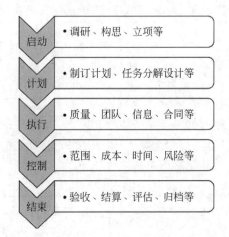

图 1-10　会展项目管理阶段性及其主要工作内容示意图

二、会展项目管理过程之间的关系

（一）各环节的交叉重叠性

上述会展项目管理的五大阶段性过程,各个基本过程的子过程通常不同。例如,启动过程可以有发起子过程、审批子过程;计划过程可以有范围规划、项目分解、进度计划、费用预算、资源规划、组织规划等子过程。多数会展项目的子过程有许多共同的内容,但一些特殊的会展项目往往会增加或减少某些子过程。例如,较小的会展项目不需要招标。每个过程或阶段在交接时都应有其各自的可交付成果、书面文件、图片资料或实物等。尽管如此,但它们彼此之间紧密相连,交叉重叠,界限并不分明(见图 1-6)。

除了启动阶段和结束阶段相对较为独立外,其他阶段重叠程度很高,特别是执行阶段和控制阶段作为项目管理过程的中间环节,不仅延伸到会展项目管理的全过程,而且存在很大程度的重叠,这是因为会展项目的控制是在执行之中,通过发现执行的现实表现及其偏差,并针对偏差而实施的。事实上,对于会展项目管理而言,其计划不只是开始的计划,而是大部分管理过程的计划,即计划跨越会展项目管理的启动、执行、控制甚至结束阶段,是名副其实的全阶段计划。此外,会展项目的多项目圈套的特殊性,使其每一个阶段都可能包含几个启动—计划—执行—控制—结束的循环。总之,会展项目管理过程相互作用并跨越阶段。会展项目管理过程的关系表现为各个子过程的高度交叉性。

（二）各环节投入程度的差异性

必须指出的是,会展项目管理的各个子过程,其时间、资金等投入水平都有所不同。一方面,这与各类会展项目属性有关,如会议项目与展览项目不同,展览项目往往投入更多的时间和资金在启动与计划上。但另一方面,就统计意义而言,各子过程也表现出中期大、两头小的特点。也就是说,执行和控制过程占据更多的项目时间与其他投入,实际上往往占用整个项目的 70%~80% 的投入,这是因为执行过程消耗的资源和时间最多,其次是计划过程,而启动和结束过程通常最短,所需的资源和时间也最少。

（三）发展趋势

面临激烈的市场竞争,现代会展项目的过程管理日益显示其对于会展项目效益的重要性。传统的会展项目管理重视执行和控制过程,其他三大阶段则是作为执行和控制阶段的配套(见图1-11)。

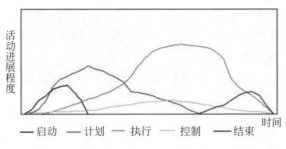

图1-11　会展项目管理过程的阶段交叉性

现代会展项目管理过程的发展趋势,突出表现为,一方面,降低了执行和控制阶段的"硬"管理比重;另一方面,加大启动、计划和结束等其他阶段的"软"管理投入。尤其是,计划阶段因其独特的预测性和科学性而倍加重视。现代会展项目的过程管理,旨在更多地通过计划管理获得更佳的执行管理效益,较少控制管理的成本,从而提高会展项目绩效。

案例分析

第三节　会展项目管理的方法

任何管理均需借助一定的方法,方法是管理者实施有效管理的重要手段。尽管不同的会展项目之间总是存在着一定的差别,但不论何种类型的会展项目都存在着一定的共性,都需要运用一定的管理方法与相关的工具和手段,以实施其项目的目标。会展项目管理除了具有一般项目管理的方法之外,还具有独特的方法。

一、会展项目管理方法的概念

会展项目管理的方法是指为实现会展项目管理的目标而采取的常用方式、途径和措施的总称。这些方法不同于会展项目的具体研究内容及其管理方法,如会展项目的范围管理及其方法、进度(时间)管理及其方法等均属于微观层次的管理方法,但此处所指会展项目管理的方法,更多的是指会展项目全过程的宏观层次的管理方法,最常用的有制度管理法、行政管理法、成本核算管理方法、项目全生命周期管理方法、定量管理方法和目标管理方法[①]。

二、会展项目管理的常用方法

（一）制度管理法

1. 制度管理法的含义

制度管理法即办展会的法律制度依据。具体而言是指根据国家各种法律、法令、条例等将会展项目中比较稳定的和具有规律性的管理实务，运用立法和制度形式规定下来，以保证会展项目正常进行的管理方法。简单而言，就是依法制定管理制度，以实施会展项目的有效管理。例如，涉外会展项目具有严格的审批制度，展会项目要符合国情、国法，展品必须是合法的商品，等等。

2. 制度管理法的特点

① 强制性，即必须遵守、执行，不以个人意志为转移，不以个人喜好均需要接受，违者必然会受到制裁。

② 权威性，即制度本身高度规范，任何人都必须遵纪守法，体现国家意志与权威。

③ 稳定性，即不因人、因地而异或朝令夕改，具有一定时期的固定性。

④ 预防性，即通过行为规范，制约人的行为，起到预防作用。

显然，制度管理法的优点是具有自动调节功能，调节会展项目的设置及其管理行为。但制度管理法的不足是缺乏弹性和灵活性，有时容易限制部门积极性和主动性的发挥。例如伴随市场经济的发展，人们越来越感觉到，会展项目繁复的审批制度，虽然规范了市场化可能出现的不良行为，但却严重抑制了会展项目的纵深发展。因此，深圳、东莞等地探索国内会展项目实施的等级制度受到广泛好评。

（二）行政管理法

1. 行政管理法的含义

行政管理法是指根据各级行政组织的行政命令、指示、规定和制度等有约束性的行政手段来管理会展项目的方法。各级贸促会（分会）、商务厅、经贸局等行政组织，其制定的会展相关规定和制度必须贯彻于会展项目管理的全过程，特别是会展项目的启动和计划阶段。

2. 行政管理法的特点

① 强制性，行政命令、指示等必须执行，不得拖延或违抗。

② 权威性，即行政权力使下级对上级的指令必须遵守并执行。

③ 垂直性，即行政方法直接作用于被管理者，一级管一级垂直进行，处理问题及时高效。

④ 无条件性，无论企业大小、会展项目大小均应该使下级对上级的指令无条件服从和执行。

---

① 王起静.会展项目管理[M].北京：中国商务出版社，2011：21-24.

在会展项目管理中使用行政管理法时,首先应根据会展项目的实际情况,建立合理的组织机构,形成合理的行政层次或等级;其次应按照行政管理的程序发布指令、贯彻执行、检查反馈和协调处理。行政管理法的优点是能使会展项目实行集中统一管理,但管理效果的好坏与管理人员的水平有密切关系。

(三)成本核算管理方法

1. 成本核算管理方法的含义

成本核算管理方法是指从成本效益角度,采取成本核算为预算约束,对会展项目进行管理的方法。会展项目作为现代会展的经济载体,具有明确的资金资源条件边界,面临一定的预算约束,必须及时核算产品实际总成本和单位成本,借以考核成本计划执行情况,综合反映企业的生产经营管理水平,这是会展项目采取成本核算管理方法的理论基础。

进行会展项目成本核算时,一般的费用构成主要包括直接费用(包括场地租金、营销费用、展品运输费等)和间接费用(管理费用、行政后勤人员工资、利息等)。一般来说,间接费用的大小与会展项目周期长短成正比,会展项目周期越长,间接费用越高,而直接费用则与会展项目周期没有必然联系。采用成本核算管理方法应考虑各种费用的特点。

2. 成本核算管理方法的特点

① 定量化:即采取定量手段,将各项成本费用进行分项核算,严格控制项目总成本,并最终将成本与效益联系,纵览项目的实施绩效。

② 资源分配约束性。在总体资源有限性条件下,将资源按照项目分期(周、月、季、年)进行约束性分配,分别计算各期产品的成本。

③ 控制性。立足项目过程的各项费用开支和各期费用开支的控制,根据会展项目的规模和质量,科学安排成本计算程序和方法,把各种成本计算方法结合运用,以期达到最佳的成本计算和最优的成本控制。

(四)项目全生命周期管理方法

1. 项目全生命周期管理方法的含义

会展项目的生命周期有狭义和广义之分。狭义的是指会展项目的建设期,即一个会展项目一次性地从启动到撤展的全部过程,广义的是指一个会展项目从建设、运营到拆除的整个过程,即一个项目从市场产生到市场推出的完整过程。本书所指的项目全生命周期,在没有特别说明的情况下,主要是指狭义的生命周期。

项目全生命周期的管理方法,是指以项目生命周期作为研究的依据,从项目的启动策划、项目的计划准备,到项目的实施控制,再到项目的后续评估对会展项目进行管理。在会展项目周期的每一个阶段,又有许多具体的方法。如启动阶段的可行性研究方法、财务评估法等,计划阶段的工作分解结构、甘特图、网络图方法等,实施控制阶段的关键路线法(CPM)、计划评审技术(PERT)、条线图及进度安排表、里程碑系统等,质量控制阶段的因果图法、控制图法、相关图法、直方图法等,风险控制方法包括风险识别、风险分析和评估、风险监视、风险规避方法等,后续评估阶段的定性和定量方法等。总之,项目全生命周期的管理方法是多种管理方法在项目周期的综合运用。

项目全生命周期的管理方法也日益运用于项目群管理和项目组合管理中。如通过探讨项目组合全生命周期阶段划分及各阶段内容规划,明晰了其作为管理工具的意义所在①。实践表明,适应精细化管理理念的全过程管理方法能够实现提高工程项目管理的综合效应,促进整体优化的目的②。同样地,会展项目鉴于其综合属性、多目标性,也必须采取全生命周期管理方法。

2. 项目全生命周期管理方法的特点

① 分阶段性,常分为启动、计划、执行、控制、结束等阶段,或者立项、构建、实施和验收期等,显示其采取分段式分步管理的特点。

② 多方法综合性,即在不同阶段有针对性地采取适当的方法实施科学管理。详细具体的方法可参考相关项目管理教材。显示其管理的多方法的综合性特征。

(五)定量管理方法

1. 定量管理方法的含义

是通过对管理对象数量关系研究,遵循其量的规定性,利用数量关系与定量模型进行管理的方法。其准确程度取决于定量方法和模型的合理性。一般具有准确可靠、反映问题本质、揭示项目规律等优点。

会展项目的管理目的,就是要投入尽可能少,取得尽可能多的效益,这就不仅要有定性的要求,而且必须有定量的分析。无论是质量标准,还是资金运用、物资管理以及人员组织,均应有数量标准。这一方法在会展项目管理的过程中日益受到重视。常用于资源分配、时间管理、质量标准、效益评测等项目方面。

2. 定量管理方法的特点

① 准确可靠性。通过量化分析,建构管理要素之间、不断管理过程之间的定量关系,能够准确可靠地反映会展项目管理中的各项环节的互相关系,给予定性分析科学支撑。

② 经济实用性。定量管理方法的实用性不仅在于快捷显示各种变量关系及其动态变化,而且在于让多主体客观地审视项目进展,取得更多的共识,提高对项目进度信息透明度,从而提高对项目绩效的信心。

③ 揭示项目内外本质属性。通过量化关系,可以揭示项目内外因素、成本—收益、项目进展与质量之间等本质属性,增强项目管理的科学性。

(六)目标管理方法

1. 目标管理方法的含义

目标管理法早在制造企业的生产项目流水线上得到广泛运用,采用目标管理方法的

---

① 丰景春,曹为民,程德虎,等.项目组合的全生命周期研究[J].项目管理技术,2009(7):18-23.
② 刘柯.从目标管理到全过程管理:工程项目管理走向精细化[J].华中人文论丛,2010,1(2):211-214.

典型企业有通用汽车、IBM公司、康佳彩电、海尔集团等。

对于会展项目而言,目标管理方法是一种将会展项目要达到的目标,同会展项目各项管理工作和参与会展项目的每个成员的任务与职责结合在一起的管理方法。它是根据会展项目的总方针,确定会展项目的总目标;然后将目标层层分解,逐级展开,通过上下协商,制订出各部门、各单位直至每个工作人员的目标;最后用总目标指导分目标,用分目标保证总目标,从而建立起一个自下而上层层展开、层层保证的目标体系,形成一种全员参与、全程管理、全面负责、全面落实的管理体系。可见,作为一种管理方法的目标,具有多层次概念,包括总体目标和分项目标、单一目标和多目标、经济目标和非经济目标等。项目目标管理过程归纳为以下几个过程:目标描述—目标分解—目标约束—计划编制—项目的交付基准等,而对目标控制的主要措施有组织措施、管理措施(包括合同管理)、奖罚措施、技术措施等[①]。

会展项目的实施过程实际就是一种追求预定展会目标的过程。因此,目标管理方法有利于每位工作人员明确目标与责任,主动、自觉地行动,使得项目工作能够有的放矢,进行自我控制,并快速高效率推进。同时有利于管理者对工作人员的实际贡献进行客观评价。

2. 目标管理方法的特点

① 主动性:将总体目标分解至相关部门和人员,并加大对具体目标的检查落实之中,掌握项目管理的主动权,分工协作,责任明确。

② 层级性:体现为目标的分层、分类,目标落实的分部门及其目标验收的分层级。

③ 自我控制性:借助明确的目标分解,让项目目标激发项目成员的积极性与创造性。通过自我控制工作进度和质量,极大提高工作效率。

值得指出的是,美国质量管理专家戴明博士提出了PDCA循环的概念(见图1-12),即通常所说的"戴明环"。实践证明,应用PDCA循环可

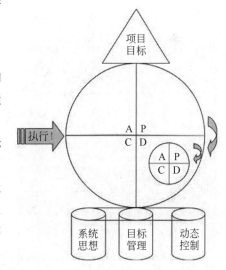

图1-12　PDCA循环系统在目标管理法中的应用

以提高产品、服务或工作质量[②]。借助该模型(见图1-7),目标管理得以形象化展示。其突出的改进在于将目标纳入动态的管理循环中,形成了目标规划(plan)、实施(do)、检查(check)和行动(action)——新的目标规划(plan)的往复循环、螺旋上升中。检查和行动相当于项目管理的控制过程。其次,该方法将子目标嵌入大目标之中,充分反映出目标管

---

① 陶楚萍,邹静,周华.实施项目中的目标管理[J].中国水运,2010,10(3):94-95.
② 尹湘培.PDCA循环在等级测评项目质量管理中的应用探析[C].第二届全国信息安全等级保护测评体系建设会议论文集,2012-08-09:7-9.

理的系统性,以系统思想、目标管理和动态控制为理论基础,极大增强了目标管理的有效性和实用性,是对目标管理方法的发展。

案例分析

第二章

会展项目启动与报批

关键术语

- 会展项目识别(recognition of MICE)
- 会展项目启动(project startup of MICE)
- 会展项目选择的方法(selective method MICE projects)
- 会展项目需求建议书(demand proposal of MICE)
- 会展项目可行性研究(feasibility study of MICE)
- 会展项目的报批(approval of MICE)

学习目的

- 熟悉会展项目识别与构思的方法。
- 掌握会展项目选择原则及其选择过程,了解会展项目选择的方法和影响因素。
- 全面认识会展项目启动的目标、准备与方式,掌握不同会展项目启动方式的差异。
- 系统掌握会展项目需求建议书的内容、会展项目可行性研究内容与步骤。
- 结合实例说明会展项目报批所需材料与程序。

第一节 会展项目的识别与启动

第一章中已经明确,会展项目管理的第一个子过程就是会展项目的启动。此过程对会展项目及其内外环境进行定义,围绕现实环境提供的机会确定项目并制定项目相关文件。虽然会展项目的主要费用发生于实施和控制过程,但是,识别和启动过程对总成本的影响很大,因为启动过程结束时,项目的90%费用已经确定[①]。可见,识别和启动过程对会展项目的成功起到关键的作用。

一、会展项目的识别与选择

(一) 会展项目的提出

一般而言,会展项目来源于各种会展市场的需求以及具体行业需要借助会展平台解决的实际问题。会展项目的提出基于下述原因。

---

① 陈文晖.项目管理的理论与实践[M].北京:机械工业出版社,2008:154.

1. 实体商品展示与销售的需要

实体商品包括各行各业的商品,尤其是制造业商品,小至生活日用百货,大到机械设备、汽车等,在这一市场化的时代,无一不被列为展示对象,它们广泛运用于人们的生产与生活实践中,成为会展项目的最为大宗的来源。

2. 服务产品展示与营销的需要

随着产业结构的不断优化升级,现代服务产品的展示和营销地位日渐突出,如旅游线路、留学交流、教育服务、科技咨询等的展示与营销等。此类服务产品的展示占据会展项目的比例正在不断扩大,正成为会展项目市场的新宠。

3. 各级政府组织宣传的需要

包括公益性集会、纪念性集会、福利性展销以及其他展示政府导向的活动等,此类会展项目强调社会性效益而不是其经济效益,彰显政府的政策导向和服务宗旨,也是各级政府组织的宣传窗口。

也可以按照会展项目的组织来源,将会展项目需求及其项目分为公共需求与公共项目,个体需求与个体项目。

(二) 会展项目的识别与构思

1. 会展项目的识别

根据人们的生产和生活需要以及各级组织的需求,发现和研究其潜在的会展项目机会与空间的过程,就是会展项目的识别过程。可以认为,会展项目的识别就是会展项目市场的识别,它起始于需求、问题或机会的产生,而结束于项目说明书的发布。需求多源自客户确定,也有时由承约商进一步明晰,因此,所谓项目识别也就是面对客户的需求(自己识别或由承约商进一步明晰化),承约商从备选的项目方案中选出一种可能的项目方案来满足这种需求的判断过程。

需要特别指出的是,清晰的需求是承约商规划与实施项目的基础。然而,项目识别与需求识别毕竟不同。需求识别是客户的一种行为,项目识别则是承约商在需求识别的基础上的行为。

2. 会展项目的构思

从满足社会需要和满足某个组织或个人利益两个方面进行构思。为了使会展项目利益最大化,需要努力实现两者的统一。例如商业性展览,尽量做到选择市场需求大的商品,满足社会对此类商品的稀缺要求。公益性会展项目则侧重于从其社会效益最大化方面进行构思。

3. 会展项目识别和构思的方法

① 会展市场的调研,是会展项目识别的最基本和直接的方法。组织会展专门市场的调研活动,获得第一手市场信息,是会展项目识别的基本途径。

② 头脑风暴法,也是会展项目构思的好方法。不少新颖的会展项目往往借助集体的头脑风暴获取项目构思并可能填补市场需求的空白。例如近年火爆的房展、户外用品

展等。

③ 经验借鉴法,日益成为兼顾市场风险和项目利益的会展项目识别与构思方法。经验可以源于本土既往项目库,也可以源自国外先进项目库。鉴于当下我国会展项目及其管理依然滞后,更多借鉴欧美市场会展项目的经验,就成为会展项目识别和构思的重要方法。

(三) 会展项目的选择

1. 会展项目选择的概念

会展市场的某种需求,可以通过多种不同的项目满足。例如新产品的市场宣传,可以选择参加新产品的展示会,也可以选择举办一次新产品发布会。前者投入小,受众面广,将新产品投入一个展示大平台与其他新产品统一展示,可以显示出该产品的优势与不足。后者则投入大,但主题突出,受众专业。

此外,个人和组织可能同时识别出多个项目。然而,可以利用的资源却最后限制了对于项目的选择,尤其是那些需要政府拨款投资的项目(搭上各级政府组织宣传项目的便车),竞争十分激烈。因此,必须综合考虑各方需求、投资来源、收益大小和项目风险等因素,权衡必要性和可能性,对会展项目设想进行筛选。其中心工作任务是,筛选淘汰那些成功希望率小或项目效益较低的项目设想,避免在此后阶段浪费人力和物力。

2. 会展项目选择的原则

(1) 可行性原则

可行性原则是指会展项目的选择,要求做到在宏观上保证物质条件和经济实力可达,并符合举办所在地的法律法规与文化习俗,同时在微观上具有组织和运作的可行性。确保会展项目的条件有保障,资金可行且内容为地方社会以及参与者所接受。

物质条件的可行,主要是指场馆及其设施设备的条件满足。经济实力的可行,是指承担项目方的财务资金实力是否满足会展项目的需要。会展项目尤其是国际性的会展项目通常涉及不同国家和地区的与会者和参展商,而不同国家和地区有不同的法律法规、文化道德、民俗民情,选择会展项目也必须考虑到这些问题,才能使会展项目被与会者和参展商所接受,从而使会展项目切实可行。

在微观运作上的可行性,主要体现为会展项目组织保障及其具体任务、工作单元等在实施过程中的具体条件是否得以满足。例如配套的宴会场所是否方便、新产品的示范舞台是否适合、交通便捷性和满足程度等。

举例而言,遵循可行性原则,某大学城举办二手商品展销,就需要考虑场地大小和展销时间问题。运动场等露天场所、体育馆等室内场所各有其利弊,但时间上不能与相关活动冲突。同时,在收集二手商品和展销之间,还需考虑商品仓储空间问题。经济上的可行则主要考虑承办方投入采购二手商品的资金满足程度。涉及法律法规与文化习俗方面,需要二手商品不触及我国违禁商品、有毒有害商品以及其他不符合我国主流意识形态的商品等。在微观上的可行,此项目的重点则是分析组织管理和运行中的项目营销等具体问题。

(2) 利益性原则

利益性原则的内涵是以盈利作为会展项目选择的重要目标,旨在通过所选择的会展项目为主办方创造利益。贯彻此原则,必须把握利益的广义性。即会展项目的利益既体现为经济利益,也包括社会利益;既体现为近期利益,也包括远期利益。而各种利益的综合获得才是评估会展项目利益的根本导向。因此,成功的会展项目选择,必然将各种利益统筹兼顾综合考虑。在实现其短期经济利益的同时,放大其长远的社会效益。

一年一度的"哈尔滨冰雪节"项目就很好地体现了利益性原则。"哈尔滨冰雪节"是黑龙江省盛大的民间活动,每年都吸引着无数国内外游客前来参加。别具匠心的项目策划者推出冰雪节的同时,以冰雪节为契机,又举办了冰雪交易会,与国内外客商进行贸易磋商,互通信息,取长补短。当地企业利用冰雪节展开全方位的促销攻势,向外商推销自己的产品,宣传优势产品,塑造企业文化形象。美国、日本、法国和东南亚各国的厂商,以及来自全国四面八方的客户云集冰城,促使成交额逐年上升。同时"哈尔滨冰雪节"还吸引了大量港澳台地区的厂商及游客,为吸引投资、开发科技项目、促进旅游事业的发展作出了不可磨灭的贡献。"哈尔滨冰雪节"实现了巨大的社会经济效益,可以说是一个成功的会展项目策划。

再例如,奥运会的策划也体现了会展项目策划的利益性。第23届洛杉矶奥运会,美国政府及洛杉矶市政府都表示不予提供经济援助,但是美国第一旅游公司副董事长尤伯罗斯实行了一系列策划方案,如出售电视转播权、以每千米300美元卖出火炬传递权、提升开幕式和闭幕式的门票价格、开发奥运会商品并经销各国纪念章、裁减奥运会工作人员、借用学生宿舍作为运动员的住处等,成功地改写了奥运会亏损的历史,并盈利2.5亿美元。尤伯罗斯首开体育项目盈利策划先河,高度体现了会展项目选择或策划的利益性原则[①]。

(3) 创新性原则

会展项目作为紧跟现实经济社会发展的一类项目,具有鲜明的时代性和社会性。创新性原则对于会展项目的选择十分必要。这是因为从根本上说,会展产业属于创意产业,需要良好的策划支撑,而要提高项目策划的成功率,创新性就是其基本要求。因此,会展项目的选择,就是选择那些具有高度创新创意的项目。此类项目以两种创新形式出现,即主题创新或流程(过程)创新。例如,每一届奥运会的举办方和策划者都会花费很多心血精心设计奥运圣火的点燃与传递仪式,每届奥运会开幕式的创新点和最引人注目之处也就在此(见表2-1)。

表2-1 几届奥运会开幕式的创新点

年份	届数	举办地	创新点
1984	23	美国洛杉矶	组委会第一次将商业运作用于火炬接力活动,奥运会首次盈利
1992	25	西班牙巴塞罗那	用火种点燃箭头,准确地射向70米远、21米高的火炬台
1996	26	美国亚特兰大	因帕金森症,阿里用颤巍巍的双手点燃火炬
2000	27	澳大利亚悉尼	海底火炬接力

---

① 王起静. 会展项目管理[M]. 北京:中国商务出版社,2011:34.

续表

年份	届数	举办地	创 新 点
2008	29	中国北京	首创高科技场馆"鸟巢"。高科技高难度,利用光影技术,将圣火传递的全过程都打在了背景布上
2012	30	英国伦敦	开幕式主题为"奇妙岛屿",灵感来源于英国文学标志性人物莎士比亚的戏剧作品《暴风雨》
2016	31	巴西里约热内卢	会徽由三双抽象人形手腿相连,组成了里约热内卢著名的面包山形象,高度体现了地方特色和奥运精神

第5届中关村电脑节就很好地体现了创新性原则。为了突出中关村的高科技优势,策划人员聘请了10位院士,利用指纹触摸电脑显示屏上按键的方式拉开了电脑节的开幕式。中关村之所以享誉海内外,是因为其拥有大批充满创造力和创新思想的优秀科技人才,而院士则是他们中的佼佼者。策划人员又进一步考虑了每个科学家与众不同的特质,正是这些特质让他们走向成功。但这些特质通过什么方式体现呢?在众多提议中,最终选定了每个人都与众不同的"指纹"这一特质。至此,10位院士输入指纹密码启动开幕式的想法就形成了,也正是这个点子,奠定了中关村电脑节开幕式的成功[1]。

会展项目策划的创新性既可以表现为会展主题的创新,也可以表现为会展活动过程中任何一个具体环节的创新。

(4)灵活性原则

会展项目的市场环境变化多端、项目在进展过程中有难以预测的风险危机,使得会展项目在选择之初就需要贯彻灵活性原则,以项目设置的弹性思维和多种应对策略,应对会展项目变化的环境与市场,保持项目发展的灵活度和一定的转向空间,化不利为有利,化消极为积极,最大限度降低市场环境变化带来的显性或隐性损失。

2003年的上海车展因SARS肆虐需要提前闭幕。组展方内部及时召开了一次展商会议和一次具体撤馆会议,拟定退票须知,具体落实各项细节,决定在第一时间内通过市府新闻办将车展提前闭幕的消息发给上海的新闻单位,告知公众。各新闻媒体同时刊发了退票须知,使观众及时得到准确信息,办理了退票手续。当有的展商在撤馆时遇到具体问题的时候,他们安排专人看管展品,使展商放心。个别观众没看清退票须知,很远赶来退票,个别情况个别处理,减少了矛盾的发生。另外,提前闭幕使很多已购票的观众无法参加,主办方事先准备了充足的现金确保观众全额退票,同时赠送1张汽车光盘,让他们有机会一睹世界名车的风采。这种积极的反应态度为展商、观众和展览企业的根本利益寻求了一个很好的结合点[2]。

(5)信息性原则

对于会展项目,信息就是机会,就是财富。会展项目选择,是从信息的收集、加工、整理、利用开始的。依据陈旧的信息、失真的信息作出的会展项目选择,往往孕育极大的项目危机,因此,信息性原则是会展项目选择或策划的基础性原则,也是关键性的原则。

---

[1] 王起静.会展项目管理[M].北京:中国商务出版社,2011:34-35.
[2] 周丹青.会展危机管理中的RCRR模型分析[J].经济师,2009(5):10-12.

贯彻信息化原则，要求会展项目选择者在海量的信息世界，借助收集和调研等手段，对信息实施有效分类、过滤，充分掌握宏观环境、市场环境、竞争环境的中的各类信息，最终获得会展项目所需的有效信息。信息是会展项目选择和策划的起点，所依据的信息应该满足以下几项要求。

① 收集原始信息力求全面。不同地区、不同部门、不同环节的信息分布的密度是不均匀的，信息生成量的大小也不相同，因此，在收集原始信息时，范围要广，防止信息的短缺与遗漏。

② 收集原始信息要可靠真实。原始信息一定要可靠、真实，要经过一个去伪存真的过程。脱离实际的浮夸的信息对会展项目的选择和策划毫无用处，会展项目选择必须建立在真实、可靠的原始信息的基础之上。

③ 信息加工要准确、及时。市场是变化多端的，信息也是瞬息变化的，选择或策划会展项目时必须掌握信息的时空界限，及时地对信息加以分析，为选择或策划服务。

案例分析

3. 会展项目选择的过程

(1) 会展项目构思的产生和选择

会展项目或产生行业产业平台对于其产品展示及发布的期望，或产生于各级政府或组织的特殊需要，或及时取得产品的市场效益，等等。面对会展项目日益丰富的市场，尤其是会展项目的多样性功能与目标，会展项目构思和选择可以通过许多途径与方法实现，构思和选择必须紧紧围绕综合效益，并经过权力部门认可，以便进一步研究。

可以说，良好的会展项目构思源于现实市场需求或上级特别指令，而其最终选择则又增加了项目专业组织的综合判断。例如，目前十分时尚的婚博会项目，不断迎合当代青年个性化婚礼的需求。其用品展示远远超出了传统的婚礼用品范畴，提供从婚礼策划、婚礼摄像、婚礼饰品、新娘跟妆、婚礼场地布置等全方位的婚礼服务，让所有到场的准新人们都可以一站式地完成整个婚礼的全部所需。这种构思不仅视野广阔，而且放大了其综合效益。

(2) 会展项目的目标设计及其定义

项目目标及其定义是项目选择的关键所在。主要是通过对专业市场的深入研究，提出会展项目的目标因素，进而构成项目的目标系统，通过对目标的书面说明形成项目定义。主要的工作包括以下几点[①]。

市场分析及其问题研究。对市场进行调研，列示其中存在的需求盲点，确定问题的原

---

① 陈文晖.项目管理的理论与实践[M].北京：机械工业出版社，2008：156.

因及其关键,发现会展项目潜在市场空间。

项目目标设计。针对上述问题,提出目标因素,建立项目目标系统。即通过新项目解决的系列实际问题,包括填补展会需求盲点、展示产品、产品现场体验营销、提高会展企业经营业绩、传播新的政府管理理念等。

项目定义。项目包括项目的构成和界限划分,项目的说明。亦即项目目标、范围和输出。

(3) 项目的审查

项目的审查包括对项目目标系统的评价、目标决策,提出项目建议书。

例如,德国展览协会(AUMA)根据市场营销理论将展出目标归纳为基本目标、宣传目标、价格目标、销售目标和产品目标五类(见表2-2)。

表2-2 AUMA所归纳的展会目标

基本目标	了解市场/寻找出口机会/交流经验/了解发展趋势和平共处/了解竞争情况/检验自身的竞争力/了解公司所处行业的状况/寻求合作机会/向新市场介绍公司和产品
宣传目标	建立个人关系/增强公司形象/了解客户的需求/收集市场信息/加强与新闻媒介的关系/接触新客户/了解客户情况/发掘现有客户的潜力/训练职员调研及推想技术
价格目标	试探定价余地/将产品和服务推向市场
销售目标	扩大销售网络/寻求新代理/测试减少贸易层次的效果
产品目标	退出新产品/介绍信代理/了解新产品销售的成果/了解市场对产品系列的接受程度/扩大产品系列

4. 会展项目选择的标准与方法

(1) 会展项目选择的标准

会展项目选择的标准包括项目产品的价值及企业战略问题。项目产品的价值是选择的基本标准,企业战略问题则是项目选择的高端要求。价值标准涉及会展项目的价值导向、经济效益和社会影响等。企业战略标准则要求所选项目建构与企业整体使命和愿景之上,吻合企业长远发展目标,与企业其他项目具有整合协调发展的作用。

(2) 会展项目选择的方法

会展项目选择的方法一般分为定性选择方法和定量选择方法。两者可以单独使用,也可以结合使用。

定性选择方法即非数值型选择法,无须依靠数值输入,决定项目选择的方法;定量选择方法又称数值型选择法,需要数值输入以确定会展项目的选择。具体介绍如下:

① 非数值型选择法。上级提议——就获得上级支持而言,这种提议值得高度重视。尤其是主要涉及社会效益的会展项目,上级组织和官员往往更有远见与卓识。因此,此类选择方法被称为"印度圣牛",充分肯定了高级管理者的才智和他们数年积累的宝贵经验[1]。

---

[1] 小塞缪尔·J.曼特尔,杰克·R.梅瑞迪斯,斯科特·M.谢弗,等. 项目管理实践[M]. 林树岚,邓士忠,译. 北京:电子工业出版社,2005:10.

收益对比法——具体做法一般是组成专家组,要求每位专家将一组潜在项目按等级排序。组织方提供参考方法,但也允许专家根据自身的标准进行判断,以收集更多专家的意见。为了在诸多项目遴选中,提高效益,往往使用 Q 分选法进行分组排序,而后得出整体排序。

经营/竞争的需要——这种方法适应于项目结束后转入生产运营的项目。对于会展项目,一是核心项目出于维持特色经营的需要。即便没有市场效益,它也可能成为企业保留甚至继续发展项目。二是出于维持市场的竞争地位的需要。输入新项目,发展新业务,保持和提升会展企业的市场竞争力。

② 数值型选择法。财务评价法——较多采用回收期法和折现现金流量法。回收期法对现金预算很有价值,但它忽略了回收期之外其他回报以及货币的时间价值。折现现金流量法则充分考虑了货币的时间价值、通货膨胀率、企业对项目所要求的最低预期投资收益率。统计出年现金流入和流出量,使用所要求的收益率(最低预期投资率或切断率),将其折现成净现值(NPV)。

$$NPV = I_0 + \sum_{i=1}^{n} \frac{F_t}{(1+k)^t}$$

其中,I_0 为初始投资(因为是流出,为负值);F_t 为在 t 阶段的净现金流量;k 为所要求的收益率或最低预期收益率。

如果考虑通货膨胀或通货紧缩的潜在影响,则折现部分 $(1+k)^t$ 变为 $(1+k+p_t)^t$,这里 p_t 是 t 阶段预计的通货膨胀或通货紧缩率。如果所需收益率为 10%,预计的通货膨胀率为 3%,则此期间的折现系数为 $(1+0.10+0.03)^t = 1.13^t$。

项目早期,通常流出大于流入,NPV 为负值。如果项目所有时段的净现金流量的现值相加,就得到项目的 NPV 值。如其值为正,表明收入大于所要求的收益,则项目可以接受。

正确使用折现现金流量法的关键在于合适折现率的确定。该方法的缺陷是忽略其他非货币因素,选项系数带有偏见而倾向短期项目。

评分法——克服简单财务评价法的缺陷。特别是针对注重单个标准的缺陷。最简单的评分法是非加权 0—1 系数法。考虑到标准的不等性,采取加权系数方法,最后积累总分。一般数学形式为

$$S_i = \sum_{j=1}^{n} S_{ij} W_j$$

其中,S_i 为第 i 个项目的总分;S_{ij} 为第 i 个项目在第 j 条标准上的分数;W_j 为第 j 个标准的权数或重要性。

5. 会展项目选择的重要因素

选择会展项目的依据固然很多,但从主要因素看,关键的不外乎是时代背景、产业情况、市场发育以及自身能力。

(1) 时代背景

伴随信息社会的形成,世界经济一体化的进程加速,会展项目应紧紧抓住时代脉搏,体现鲜明的时代特色,为参与者提供增广见识、互动交流、合作发展的平台。

会展项目的时代烙印无处不在、无时不在。例如近半个世纪以来，全球环境问题和社会问题的会展剧增，改革开放以来人才交易会发展迅速，10年前中国入世及其影响主题的会议，近年来房博会、车博会、婚博会等的勃兴，等等，都具有深刻的社会基础和鲜明的时代背景。时代因素对于会展项目选择的影响十分广泛。政治经济、社会、战争等问题，无一不与所处的时代背景有关，政治对话、经济全球化、消除贫困、全球生态治理、时尚消费、文化交流、网络消费等，均是很好地反映时代特色的会展项目选题。

（2）产业情况

会展项目说到底主要是为产业搭建发展平台的种种活动。因此，产业因素是其会展项目选择的重要依据。首先，该产业必须是主办者或管理者非常熟悉的，主办者或管理者要对相关产业的市场状况、市场结构、竞争情况有相当的了解，以便做到项目发展的事半功倍；其次，该产业应该是处于变化或转型期，市场空间较大，产业发展迅速，据此有望成为品牌展会；最后，该产业应该能代表未来产业的发展方向，具有良好的市场发展前景。

（3）市场发育

会展项目必须有市场需求，市场因素是决定会展项目能否成功的关键因素。展会的市场需求分为两个层次：一是要有大量参展商、参会者参加展会；二是要有大量的观众，包括专业观众和普通观众。市场因素需重点分析会展项目举办地的产业发展水平、经济发展水平、人均收入水平等内容。

（4）自身能力

会展项目的举办需要大量的人力、物力和财力，选择会展项目一定要结合项目主办者自身的条件因素进行分析。自身因素应该包括以下几个方面：人员因素，即项目管理小组成员的素质是否能达到会展项目的要求；管理因素，即主办者或承办者是否具备所选择会展项目的管理经验和水平；财力因素，即主办者是否有充足的资金支持所举办的会展项目。当然，对于一个开放的市场经济环境，会展外包服务日渐发达，自身因素的约束是有限的，具有一定的可替代性。但是，扬长避短较之舍近求远总是更容易取得项目的成功。

案例

需求驱动会展项目

展览会可分为产地驱动型、需求驱动型和环境驱动型三种，成都糖烟酒展览是产地驱动型展览，郑州农机展览是需求驱动型展览，北京、上海的服装、汽车展览是环境驱动型展览。不过，业内人士普遍认为，强大的需求驱动是辐射能力不强的二、三线城市发展展览业的必备条件。目前，香港讯通展览公司在全球有30多个工业展，中国广东是其重要的展会基地。但是在东莞的展览规模和效益要远远好于广州的展览，因为东莞有15万家中小机械企业，具备需求优势。会议行业也是如此，有市场需求，就能开。北京市每年都有三个著名的心脏方面的会议，虽然题材有所重合，但并不影响各自收益。因为抓住了市场需求，即现代人饮食条件好了，但运动减少，患心脏病的或担心患心脏病的人不断增多。

（搜狐财经，http://business.sohu.com/20110221/n279442835.shtml.）

二、会展项目启动方式及前期准备

(一) 会展项目启动及其目标

1. 会展项目启动的概念

项目启动(initiation)是正式授权开始一个新项目或一个已存在项目可以进入下一阶段的过程。狭义的会展项目启动,一般是指会展项目获得批复,正式运作的最初过程(阶段),它以定义会展项目内外部环境和会展项目目标为其阶段性的主要工作内容。广义的会展项目启动,则是指整个项目的开始阶段以及各阶段的开始环节。也就是说,各个阶段性的启动包括进入项目的最初启动,就是广义的项目启动。

2. 会展项目启动的目标

项目启动过程在不同的阶段有着不同的目标(见表2-3),主要包括以下四项工作。

表2-3 项目生命周期各个阶段目标的转变

目标	启动	计划	执行	结束
项目内外部环境和项目目标	主要	回顾、评审		
制定项目的实施模型	起草	主要	回顾、评审	
管理方法、实现途径		起草	主要	回顾、评审
试运行、交付客户	准备		起草	主要

(据陈文晖.项目管理的理论与实践,2008.有改动)

① 定义项目内外部环境、项目目标。这是为了使大家对遴选之后的具体项目形成较为一致的认识,形成团队的共识,确保项目发展方向。

② 定义项目的工作范围、项目组织及其边界约束。进一步使项目组织形成对项目的高度集体认同及其责任意识和合作意识。

③ 采取合适的操作方式、建立良好的沟通渠道。以致达成项目团队高效协同工作的效果。

④ 更新项目目标认识和理解。这包括实现项目目标的途径和方法。

(二) 会展项目启动的前期准备

1. 会展项目的定义

项目定义是项目选型结束后启动项目的第一个步骤,它将项目工作与客户的商业目标直接联系。会展项目定义,必须紧紧围绕客户需求,确定展览或会议所需完成的工作范围。定义具体包括会展项目的目标、范围和输出三个方面。

(1) 会展项目的目标

会展项目的目标是对通过会展项目实现商业需求或社会需求的清晰说明。会展项目目标多为产品展示,借此推动产品的宣传和销售,并建立与销售渠道的密切联系。会展项目目标,应该服从于所属会展企业的战略目标,并有助于会展市场发展,有助于增进会展产业结构优化,乃至于促进举办地城市形象,等等。为了清晰表达会展项目目标,应运用定性和定量度量指标。其中,定性度量多为会展项目的对企业、市场、社会的正面影响,而定量度量则主要强调对于业绩增长贡献、市场拓展贡献、产品品牌项目等。

例如,2008年上海世博会的三大目标:一是全世界在同一个主题下以不同的方式来诠释、来对话,发表自己的观点。全世界有180个国家和44个国际组织确认参展,全世界将在同一主题下诠释上海世博会"城市,让生活更美好"的主题。二是这一届世博会我们向世界展示的是一个稳固的三角,分别是展览、论坛和活动。三是推出网上世界博会。网上世界博览会将通过互联网、虚拟现实等多种先进技术的有机结合。将实体世界博览会的精彩内容呈现在网上,同时营造一个能够进行实时性互动的网络平台,让更多的参观者通过不同的角度,远距离参与上海世界博览会,实现"永不落幕的世界博览会"。上海世博会的举办地——上海市和周边城市发生了四个特别重大的变化:一是长三角城市未来发展的目标会更为明确。长三角肯定会由于世博会的举办,树立起迈向国际都市群的一个坐标。二是由于世博会的举办,长三角的工业和产业结构必须面临急速的调整。三是伴随着世博会的筹备和举办,催促会展业是都市旅游业、城际交通业发展。四是世博会的成功举办,将更有力地推动长三角人才自由、迅速、便捷的流动,尤其是教育资源的共享①。

再如,2004年雅典奥运火炬在北京传递活动。其项目目标,一是贯彻奥运会的宗旨。庆祝奥运会回到其发祥地,传播奥林匹克理想,广泛宣传奥林匹克精神,等等。二是展示与宣传中国。展示中国悠久的历史和灿烂文化;宣传中国改革开放和新北京、新奥运的建设成果。三是为举办2008年北京奥运会做准备。在2008年前对广大群众普及奥林匹克基本知识和参赛规则的晋级性教育与宣传;演练一次举办2008年奥运会的准备工作;锻炼奥运队伍的互相配合和整体协作能力,为2008年奥运会火炬传递积累经验②。

(2) 会展项目的范围

会展项目的范围是对如何实现项目目标所做具体工作内容的概括性说明。如果将项目目标看作有待解决的问题,那么项目范围就是项目所包括的工作内容本身。有效的会展项目总是对应具体的会展项目工作内容的,具体包括:会展项目目标需要完成的工作(项目移交之前)、移交之后的工作、与其他项目的接口。一般而言,移交前需要完成的工作包括策划、营销与组展、展览搭建、撤展代运、商务旅游等方面;移交之后主要考虑参展商、采购商等的信息汇总、项目总结与报送,等等。如果与其他项目之间需要对接,还需明确与对接项目之间的接口定义。例如,大型展览与同时举办的会议,两个项目的接口就存在定义时间、场地、人员分拨、资源分配等的接口问题。

(3) 会展项目的输出(质量)

会展项目的输出是用于判断会展项目完成程度和质量高低的定量与定性的度量标准,是对会展项目产品质量要求的限定。重点是为会展项目所承揽的服务产品及其有形的搭建产品等提供参数与标准。例如,服务的标准化、布展空间科学性、装饰材料的环保标准等。

---

① 人民网. http://unn.people.com.cn/GB/14748/8194148.html.
② 马旭晨. 项目管理:成功案例精选[M]. 北京:机械工业出版社,2013:389.

2. 会展项目模型

会展项目模型包括会展项目的时间、成本约束、产品质量规格以及反映会展项目进度、成本的概览性指标。所谓会展项目模型，其实是会展项目的设计架构，重点是围绕上述边界条件和项目质量，力图搭建会展项目发展的理论模式。其中的有关指标如进度和成本等需可行性研究之后完善，使理论模型成为实现依据。

3. 会展项目组织

会展项目组织承担会展项目的实际操作，是项目成败的关键所在。不论项目组织来自场馆、投资商、发起方等原有组织的内部还是外部，确定项目组织的过程就是通过协商讨论，展示项目对各方的利益，赢得大家对项目认同的过程[①]。

首先是选择项目经理，其素质与能力要求详见本书相关章节。尽早确定并任命项目经理，可使其尽早参与制定管理项目，以达成对项目管理的最大限度的认同。

其次是组成好项目团队。按照项目认同、荣誉共识、技术专长等原则，组成结构合理、效率高的团队。

最后是采取职责表进行描述，明确各方职责，确保团队的制度创新和绩效卓越。

（三）会展项目启动的方式

项目不同，其启动方式也可能不同。一般分为正式启动和非正式启动，多数项目采取正式启动方式。正式启动又分为启动专题会和评审报告两种方式。

1. 项目启动专题会

项目启动专题会又称项目定义专题会。需明确主题会的目标、日程和被邀请参会人员。重点是发布项目概况介绍、项目目标、项目起止时间等。

2. 项目评审报告

项目评审报告是在阶段性结束时准备的报告。用于核查启动阶段或者上一个阶段所做工作的评估分析结果，以便开展下一阶段工作，常采取一些针对性的帮助支持和引导项目团队。包括内部专业人员、外部顾问、类似项目或从前项目中的成员。必须指出的是，会展项目启动应该尽可能地发掘历史经验，并用于项目的定义中，以减少不确定性。为此从类似项目或从前自身项目启动找寻有益借鉴十分重要。

3. 其他启动方法

其他启动方法包括案例学习、教育培训课程和视频等媒体方式等。

第二节 会展项目需求建议书及可行性研究

需求建议书就是从客户的角度出发，全面、详细地向承约商陈述、表达为了满足其已识别的需求应做哪些准备工作。也就是说，需求建议书是客户向承约商发出的用来说明

---

① 陈文晖．项目管理的理论与实践[M]．北京：机械工业出版社，2008：160．

如何满足其已识别需求的建议书。这是会展项目选择（识别）完成后，并在可行性分析之前的重要工作，具有承上启下的特殊意义。

一、会展项目需求建议书

（一）会展项目需求建议书的目的

① 引入会展项目的概念。立足市场需求，从具体的会展项目的角度，解决市场需求问题。

② 引导项目关系人的支持。通过凝练会展项目的概念吸引项目关系人关注；从成本和盈利概略分析出发，引导项目关系人对会展项目的支持。

③ 为可行性分析奠定基础。会展项目需求建议书的中心话题和简洁构想，成为可行性研究分析的基础。

（二）会展项目需求建议书的内容

会展项目需求建议书一般包括会展项目背景、项目需求及项目目标等内容。同时提出大概需要的成本和可能获得的利润。有时需要提供可行性分析范围、目标、职权范围、可能需要的成本甚至实施者等建议。但鉴于基础地位，一般不宜将概念复杂化，应该集中讨论中心话题，即项目目标与需求。尤其应避免对计划及执行机制进行不必要的说明①。国家标准化指导性技术文件项目建议书如表 2-4 所示。

表 2-4　国家标准化指导性技术文件项目建议书

项目名称（中文）				项目名称（英文）	
采取国际标准				采标号	
采用程度	IDT	MOD	NED	采标名称	
采用快速程序		FTP		快速程序代码	
标准类别				ICS 分类号	
技术委员会				全国 TC/SC 号	
（或）技术归口单位					
起草单位					
主管部门					
计划起始年		年		完成年限	年
目标、意义					

---

① 陈文晖. 项目管理的理论与实践[M]. 北京：机械工业出版社，2008：160.

续表

项目名称(中文)		项目名称(英文)	
范围和主要技术内容			
国内外情况简要说明			
备 注			

会展项目更多的是软科学范畴,此指导性项目建议书不能全盘照搬使用。应针对会展项目的行业标准,改造为适应会展项目特性的内容与格式。

二、会展项目可行性研究

(一) 会展项目可行性研究的概念与作用

1. 会展项目可行性研究的概念

作为一种投资决策的系统化分析方法,可行性研究广泛运用于投资决策、工农业生产管理、科学实验、新产品开发、产业规划等领域。

会展项目可行性研究是在会展项目投资决策前,通过对经济、社会、技术等条件的综合分析研究,形成多种可能的操作方案,并对这些方案进行比较论证,借此说明各个方案的优势和劣势,最后确定会展项目方案的科学分析方法。会展项目的可行性研究,解决会展项目是否需要发展、如何发展的问题,为投资方提供决策依据。可见,可行性研究是会展项目前期工作的最重要内容。

2. 会展项目可行性研究的作用

(1) 会展项目投资决策的依据

会展项目是否可行,投资效益多大,均取决于社会、经济、技术等多种环境因素。会展项目可行性研究提供了研究结果,同时提出多个方案进行比较,从而为规避盲目投资风险,正确判断会展项目投资指明了科学方向,是会展项目投资决策的主要依据。

(2) 会展项目设计的依据

虽然会展项目可行性研究及其设计文件的编制分别进行,但是会展项目设计要严格按照标准的可行性研究报告进行,不得随意改变可行性研究报告中已确定的规模、方案、标准及投资额等控制性指标。因此,会展项目的可行性研究是会展项目设计的重要依据。

(3) 会展项目实施的依据

经过可行性研究的会展项目,就被认定为是技术可行、条件可达、经济合理的项目,才能被列入政府或企业的投资计划,并投入各种资源确保其实施。也就是说,会展项目的实施凭借可行性研究结果而展开,其中可行性研究的市场、选址、投资额、进度、资金筹措等是会展项目实施的主要依据。

（二）会展项目可行性研究的技术团队及其任务布置

1. 会展项目可行性研究团队的组建

可行性研究是一种智力投资，是项目发展准备阶段最有价值的工作。因此，必须由专家团队承担。最好聘请具有会展专业知识和经验的职业顾问或管理顾问开展研究。研究团队应仔细设计职责说明书，行业经验固然重要，但是还应该重视专家的专业技术，并高度重视来自环境、生态、社会或行业范围的阻力。

2. 会展项目可行性研究任务的布置

会展项目的可行性研究，其成效取决于布置任务的质量，故应以书面授权形式开始可行性研究工作。布置任务内容主要包括项目概念及需求初始评估、项目背景（引介项目建议书）、项目范围、可行性研究目标、团队组成及个人职责范围、预算分析、工作授权、信息源（地点、人、过程、场所等）及信息通达途径、项目约束和限制、技术需求、政治、社会及环境评估、报告格式、提交对象及份数等。

（三）会展项目可行性研究的内容

完整的会展项目可行性研究，其内容主要包括会展项目的背景分析，会展项目的市场调研及分析，会展项目建设条件及其发展分析，会展项目的风险识别、评估与管理，会展项目发展的建议五大部分。

1. 会展项目的背景分析

会展项目的背景分析重点包括三大部分内容：一是会展项目可行性研究的范围，包括项目大小、类别、地域等；二是会展项目的立项意义和必要性；三是宏观环境的背景分析，包括区域经济环境、政治安全环境以及社会对会展关注程度。

宏观环境的背景分析中，经济环境分析的重点是经济结构、经济水平、经济体制、经济政策等的分析，特别是会展项目举办地的产业结构分析、经济规模与经济发展速度等。政治安全环境分析重点是，根据政治安全环境对会展项目影响的直接性、不可预测性和不可抗拒性，研究近期世界性和局部密切相关的重大政治安全事件及其对即将举办的会展项目的不利或有利的影响。政府和社会对会展项目的关注程度重点是分析公益性会展项目的社会反响、公益性项目涉及的社会领域以及未来潜在公益性会展的发展方向等，以公益性会展带动会展项目的市场化。

2. 会展项目的市场调研及分析

会展项目的市场调研及分析包括市场环境、竞争环境、举办地的条件分析、自身因素的分析等。

其中市场环境分析包括市场化规模的调研分析、市场前景的预判、市场进入壁垒等。市场竞争环境分析重点包括同类竞争、别类竞争分析，现实竞争、隐性竞争分析，等等。举办地的条件分析即地域会展条件分析，主要是其经济水平和产业体系分析、基础设施和社会服务系统分析、会展中心的规模和服务水平分析等。自身因素的分析主要是项目管理团队、项目财务约束条件、既往自办的同类项目情况经验分析等。

3. 会展项目建设条件及其发展分析

会展项目建设条件及其发展分析包括资源如原材料、人力资源等,财务分析及资金筹措、项目进度安排、经济社会效益分析等。可利用资源包括预期参展商确定的展览地点及规模、战略合作伙伴、项目组织、时间及团队成员、平面、网络等媒体营销渠道等。财务分析包括预算估计、预期利润及收益、资金筹措计划、投资使用计划等。项目实施进度包括项目实施的各阶段、进度表和阶段费用分配等。

4. 会展项目的风险识别、评估与管理

会展项目作为一种临时性活动,需要在可行性研究中尽可能多考虑其风险问题,以保证其实施安全,获得应有的经济效益。

风险识别首先是风险来源分析,包括:项目自身来源,如技术风险、战略风险;意外风险,如事故、火灾、蓄意破坏等;政治风险,对项目不利的政治因素等;项目结果风险,包括工期超时、项目质量不达标、费用超支等。均要一一考虑,深入分析,科学识别。中国香港的研究人员通过对引起工期延长和费用增加原因的研究,发现了从"不充分的、错误的设计信息",到"各分包商之间缺乏良好的协调"等一系列根本的问题[①]。

其次是采取科学的风险识别技术,包括历史信息研究技术、检查点列表、事后审查技术、项目模拟、头脑风暴等。

风险评估工作包括分析可能存在的风险的特点,风险发生的可能性,风险造成的后果以及降低、筛选风险的方式方法、成本和后果等。

5. 会展项目发展的建议

会展项目发展的建议主要是会展项目发展的几种方案,以及对这些方案的优势和劣势的分析比较,最后对项目发展提出最优方案,并对项目发展提出合理的对策与措施。

(四) 会展项目可行性研究的步骤

采取国际通行的"六步法",结合会展项目的实际,具体的步骤及其工作内容如下。

1. 可行性研究开始阶段(对应可研内容1)

此阶段确定可行性研究的范围,包括会展项目的大小、类别、地域等;进行项目宏观环境的背景分析;明确会展项目主办者的要求与目标。

2. 调查研究阶段(对应可研内容2、3)

此阶段主要是前述的市场环境、竞争环境、会展举办地条件分析以及自身环境分析等。

3. 优选方案阶段(对应可研内容3、4)

此阶段围绕项目要素目标,将会展项目的市场、资源、投入、产出等方面进行组合,设计出各种可供选择的方案,然后对备选方案进行详细讨论、比较,要定性与定量分析相结合,最后推荐一个或两个备选方案,提出各个方案的优缺点,供决策者选择。相当

---

① 陈文晖. 项目管理的理论与实践[M]. 北京:机械工业出版社,2008:166.

于机会分析和初步可行性分析阶段。这一阶段惯常采取的方法是会展项目的SWOT分析(见表2-5)。

表2-5　会展项目的SWOT分析简表

内部因素＼外部因素	机会(opportunity)	威胁(threat)
优势(strength)	Ⅰ最大成功的可能性,短期内能够实现	Ⅱ需要防范的活动
劣势(weakness)	Ⅲ大力加紧弥补缺陷	Ⅳ最小成功可能性,长期打算

4．详细研究阶段(对应可研内容5)

这是可行性研究最为核心的阶段。需对最优方案进行详细的分析研究,进一步明确项目的具体范围,并对项目的经济与财务情况作出评价。其中,目标市场定位的深入分析十分重要。定位时需考虑会展类型、产业标准、地理细分、行为细化等因素。同时进行风险分析,表明不确定因素变化对会展项目经济效果所产生的影响。在这一阶段得到的结果必须论证出项目在政策可通过审核(最好是鼓励性项目)、在技术上的可行性、条件上的可达到性、进度的可保障性、资金的可筹措性和风险的可化解性。相当于详细可行性分析阶段。

5．编制可研报告阶段

可行性研究报告的编制内容,国家有一般的规定,如工业项目、技术改造项目、技术引进和设备进口项目、利用外资项目、新技术产品开发项目等都有相关的规定。

会展项目的可行性研究报告,目前国家并没有统一规定,所以会展项目可行性研究报告应该参照其他类型会展项目的可行性研究报告的内容和体例,并根据自身的特点来编写。

会展项目可研报告格式基本篇章如下。

总论(引言)——会展项目背景、主题等。

会展项目目标和范围——主要目标、多项目标、范围大小、举办意义等。

市场经济社会分析——全国性或区域性宏观经济社会资料、统计数据、增长业绩等分析。

行业市场分析——供应、需求、销售渠道、目标群体、市场趋势、国内外竞争分析等。

会展项目的实施可行性——会展地址、规模、合作、团队组织、营销手段、资源、时间与质量规划等。

备选方案分析——确定若干备用方案,分析各自的优势与劣势,进行综合评估。

投资效益分析——成本计算、销售额、利润与收益预测等(针对最优方案)。

风险分析与评估——分析风险来源、性质、发生的项目阶段特征,评估风险的危害及其等级,提出风险规避方法。

结论和建议。

6．资金筹措计划阶段

会展项目的资金筹措在项目方案选优时,已经做过研究,但随着项目实施情况的变化,也会导致资金使用情况的改变,这都要编制相应的资金筹措计划。同时,优选方案的资金计划应更为翔实可行。

第三节 会展项目的立项与报批

经过可行性研究的会展项目,尚需向政府主管部门提交立项申请,经备案或审批方能真正启动。出于政府宏观调控的需要,并为了更好地避免重复办展,保证办展质量,我国会展业长期采取计划经济体制下的审批制,境内举办的各种涉外和非涉外展览会以及到境外举办展览会都要经过审批,而且是多个部门审批。但随着市场经济的推进,我国已于2010年废止《商品展销会管理办法》,取消商品展销会备案登记制度。

一、会展单位资格

（一）国内商品展销会举办单位资格

即便废止《商品展销会管理办法》,取消了商品展销会备案登记制度,但是政府对会展市场的监督管理并未松懈,也不能松懈。工商行政部门对展销会的监管重点由对展销活动的准入把关转向对展销活动的行为监管。在工商管理部门颁发的营业执照中的经营范围内,注明有主办或承办会展内容的企业,均有资格申报举办会展项目。

（二）国内具备对外技术经济展览会的主办单位资格

根据《国务院关于取消第二批行政审批项目和改变一批行政审批项目管理方式的决定》(国发〔2003〕5号文)规定,在我国境内举办对外经济技术展览会的主办和承办单位的资格审批均已取消。面积在1 000平方米以下的对外经济技术展览会,各单位可自行举办,但须报有关主管单位备案,海关凭主管部门备案证明办理相关手续。同时,需符合地方政府制定的举办相关展会的资格要求。

（三）出国(出境)举办经济贸易展览会的主办单位资格

根据《出国举办经济贸易展览会审批管理办法》的修订版规定,出国办展是指符合本办法规定的境内法人(组展单位)向国外经济贸易展览会主办者或展览场地经营者租赁展览场地,并按已签租赁协议有组织地招收其他境内企业和组织(以下称"参展企业")派出人员在该展览场地展出商品和服务的经营活动。

组展单位应向中国国际贸易促进委员会提出申请,经批准后实施。组展单位的条件要求为:依法登记的单位法人,注册3年以上,具有与出国办展相应的经营(业务)范围;具有相应的经营能力,净资产不低于300万元,资产负债率不高于50%;具有向参展企业发出因公临时出国任务通知书的条件;法律法规的其他规定条件。

二、报批程序及材料

（一）申请部门

立项申请原则上应提前12个月向商务部或政府审批部门提交。商务部关于在境内举办对外经济技术展览会管理暂行办法中强调同类展览,原则上在同一省、自治区、直辖市及副省级市每年不超过 2 个。因此在进行项目选择的时候一定要考虑同类展会在本省、本地的举办情况和办展计划。规模大、影响大、定期举办的展览以及具有行业优势的展览会得到优先批准。一般会展的报批程序如表 2-6 所示。

表 2-6 一般会展的报批程序表

会展类别	会展审批	经 贸 类		科 技 类	
		国 家	地 方	国 家	地 方
国际展		商务部	市外经委	科技部	市科委
国内展（登记）		工商总局	市工商局	工商总局	市工商局
国际会议		外交部	市外事办	科技部	市科委

（二）申请立项及登记材料

1. 向主办单位的主管部门申报立项及其材料

① 招商、招展方案和计划；
② 合作单位证明材料（主办单位与承办单位、主办单位与协办单位等），联合或委托办展证明材料（境外机构联合或委托境内单位举办的需报）；
③ 办展可行性报告（首次举办的需报）；
④ 责任承诺书；
⑤ 场地租用情况证明材料；
⑥ 安全防范工作方案。
⑦ 上年度办展的总结和会刊；
⑧ 其他相关材料（请注明）。

2. 向会展举办地的工商管理行政机关申报登记及其材料

随着《商品展销会管理办法》的取消，展会主办单位直接与场馆签订租用合作即可。但主承办单位自主办理，展馆协助办理相关手续，即工商、消防、公安、税务等批文办理，一般包括布展前办妥批文（国际展必备），办妥消防、治安手续和其他（如广告、餐饮报批等）批文。

此外，应该遵循会展项目所在省市的相关规定，按其规定的时间提出项目申请，并提供相关的材料。例如 2010 年《广州市展会管理条例》规定，举办内容、名称相同或者相类似的展会，前后间隔时间应当不少于 15 天。2011 年 6 月 1 日起施行的《南宁市展会管理条例》强调申报等级中的"有关知识产权保护措施的方案"材料等。按照《遵义市会展业管理办法（试行）》（遵府办发〔2011〕18 号）规定，主办单位在预定展期 30 日前提交相关材料办理备案，并应在预定展期 20 日前向公安机关提出安全许可申请，公安部门根据《大型群众性活动安全管理条例》和《大型群众性活动举办前消防安全检查意见书》对会展活动进行审批，出具安全许可。

3. 其他

2017 年中华人民共和国国家民族事务委员会（简称国家民委）办公厅下发第 45 号文

件《国家民委办公厅关于进一步规范展会、节庆、论坛、研讨会活动管理的通知》,要求今后原则上不再以国家民委名义举办新的展会活动,因工作确需举办的,应提前1年向党中央、国务院报批。已经批准的需再次举办的,应当提前6个月由相关业务司局承办,以国家民委名义向全国清理和规范庆典研讨会论坛活动工作领导小组办公室(商务部)提出书面申请。委机关内设机构原则上不再主办展会活动,也不以协助、支持、指导、赞助等方式参与展会举办活动。确需举办的,报委领导审批。

三、审批

(一)国内普通商品展销会的登记备案

由于政策管制的放宽,目前在国内举办全国性非涉外经济贸易展览会已经不再实行审批制,只需要展馆物业出租方到举办地工商管理局登记备案即可。

(二)在我国境内举办对外经济技术展览会的审批

根据《国务院办公厅关于在我国境内举办对外经济技术展览会审批程序有关事项的复函》(国办函〔2002〕93号)对目前执行的《国务院办公厅关于对在我国境内举办对外经济技术展览会加强管理的通知》(国办发〔1997〕25号)的相关内容所作部分调整以及《海关总署、商务部关于在我国境内举办对外经济技术展览会有关管理事宜的通知》(2004年2月),对展览面积在1 000平方米以上的对外经济技术展览会,实行分级审批管理,海关凭主管部门批件办理相关手续。其中以国务院部门或省级人民政府名义主办的,报国务院审批;国务院部门所属单位及境外机构主办的,报商务部审批;地方单位主办的,由所在省、自治区、直辖市外经贸主管部门审批,报外经贸部备案;以科研、技术交流、研讨为内容的,由科技部审批;贸促会系统举办的,由贸促会审批并报外经贸部备案。面积在1000平方米以下的对外经济技术展览会,各单位可自行举办,但须报上述有关主管单位备案,海关凭主管部门备案证明办理相关手续。同时,对举办区域也有要求,即国务院部门及其所属主办单位可在境内办展。地方办展机构只能在所在省(市、区)内办展,不得跨省区办展。地方主办单位举办的对外经济技术展览会,原则上不得冠以"中国"字样,可以使用地方性展览名称,如"(地区名)国际××展览会"。符合下列条件的地方主办单位举办的对外经济技术展览会,由省级外经贸主管部门报外经贸部核准后,可冠以"中国"字样:连续举办两届以上;上届展览会展出面积超过10 000平方米;境外参展商(不包括境内外商投资企业)比例达到20%以上;国内参展企业来自除举办所在地省(市、区)以外的三个以上省(市、区),且其比例达到20%以上。

(三)出国举办经济贸易展览会的审批

我国有关出国办展的审批管理体制历经多次变革。2000年国务院办公厅发布的《关于出国举办经济贸易展览会审批管理工作的有关问题的函》(国办函〔2000〕76号)规定,自2001年1月1日起,外经贸部负责出展的宏观管理和出展资格的审核,各地区、各单位举办出国展览一律由中国贸促会审批。2001年2月15日,贸促会和商务部出台了《出国举办经济贸易展览会审批管理办法》(贸促展管〔2001〕3号),对出国办展单位、审批和备核的程序、审批的依据和要求、展览团的管理以及处罚措施做了明确的规定。根据中国国际贸易促进委员会、中华人民共和国商务部颁布的《出国举办经济贸易展览会审批管理办法》(贸促展管〔2006〕28号)对出国办展单位、审批和备核的程序、审批的依据和要求、展览团的管理以及处罚措施做了新的规定。

这与原有的行政性审批的性质有了很大的改变,不仅在审批的内容和范围较之过去减少,部分项目不再需要审批,实行自律管理;而且更加强调受理程序、展品和人员出境管理,高度重视审批工作的效率和为组展单位提供服务与协调作为。

(四) 对台经济技术展览会的审批

按照1998年年底制定的《在祖国大陆举办对台湾经济技术展览会暂行管理办法》,对台湾的经济技术展览会的审批事宜进行了严格规定。明确其审批部门为外经贸部和国务院台湾事务办公室,审批内容包括政治内容、展览会名称、展品内容、展出面积、时间、地点、筹组方案和计划等。提交文件主要是有关主管单位的批件、参展台湾厂商的名单(中文)、展品内容、展出面积,展览会的筹组计划和方案、可行性研究报告、参展企业及其展品的有关情况等。

1. 政治内容

举办对台湾经济技术展览会,不得出现"台湾独立""两个中国""一中一台"等政治问题。台湾厂商参展的宣传品、杂志、电子出版物等资料中不得有代表"中华民国"的字样、图片、音乐等。

2. 展览会名称、展品内容、展出面积、时间、地点、筹组方案和计划

中国大陆与台湾地区联合举办的经济技术展览会,应冠以"海峡两岸"的名称;各省(市、区)与台湾地区联合举办的经济技术展览会,则应分别冠以该省(市、区)与台湾地区之名(如"闽台××展览会""沪台××展览会"等)。展品应符合国家知识产权保护法和国家产业政策,具有先进水平,有利于扩大海峡两岸经贸交流与合作。

3. 申请报批的单位应按要求向商务部提交有关文件和资料

邀请台湾厂商参展的国际性及全国性展览会、博览会,应提交有关主管单位的批件、参展台湾厂商的名单(中文)、展品内容、展出面积等详细清单,并提前一个月申请报批;举办海峡两岸的经济技术展览会、对台湾出口商品交易会、台湾商品展览会,应提交展览会的筹组计划和方案、可行性研究报告、参展企业及其展品的有关情况等,并提前6个月申请报批。

第二篇

会展项目的过程管理

第三章

会展项目的组织管理

关键术语

- 会展项目组织(projects organization structure of MICE)
- 会展项目经理(project manager of MICE)
- 会展项目团队(project team of MICE)
- 沟通与冲突管理(communication and conflict management)
- 人力资源管理(human resource management,HRM)

学习目的

- 熟悉会展项目组织类型及其选择的依据,了解矩阵型组织特征及其在会展项目组织选择中的重要性。
- 了解会展项目经理的职责、权力与素质要求,明确会展项目经理对于会展项目团队的重要性。
- 掌握会展项目团队组建方法及其主要管理内容,学会具体分析会展项目的利益相关者,正确判断会展项目团队的发展阶段。
- 能够运用相关理论分析会展项目人力资源管理的主要问题。

第一节 会展项目组织

会展项目一旦确定,就需要采取一定的组织,以保障项目的计划制订、顺利实施和高效完成。会展项目组织管理主要包括组织规划与设计、会展项目经理的遴选、团队组建以及团队的人力资源管理等问题。显然,其中会展项目的组织规划与设计问题是首要问题。只有在科学的组织规划和组织设计之下,才能有效地组织管理会展项目。

会展项目组织是会展项目正常实施的组织保障。项目组织建设包括从组织设计、组织运行、组织更新到组织终结。项目管理要在有限的时间、空间和预算范围内将大量物资、设备、信息和人力组织在一起,按计划实施项目目标,必须建立合理的项目组织[①]。

[①] 吴虹.会展项目管理[M].重庆:重庆大学出版社,2007:168.

一、会展项目组织及其类型

（一）会展项目组织的定义和特点

会展项目的组织或组织机构包含两层含义：一是举办会展项目的组织（机构），二是具体负责实施会展项目的管理团队的组织（机构）。前者会影响具体负责会展项目团队和项目经理的工作，特别是项目经理调用组织内部资源的能力。例如北京奥运会，举办的组织机构是中国政府，而负责具体实施的组织机构是北京奥组委。本章阐述的会展项目组织主要是实施会展项目的管理团队组织。

1. 会展项目组织的定义

管理学定义的组织，是指为了共同理想而组合的一群人。会展项目组织就是为了完成会展项目而建立的组织，是为完成会展项目任务而由不同部门、相关专业人员组建的临时性特别组织。根据会展项目类型、规模等不同特征，会展项目组织可以是另外一个组织的下属单位或机构，也可以是单独的一个组织。会展项目组织的职责是会展项目规划、组织、指挥、协调和控制等。会展项目组织要对会展项目的范围、费用、时间、质量、风险、人力资源和沟通等多方面进行管理。

2. 会展项目组织的特点

会展项目组织不同于一般的职能型组织，它具有自身如下特征。

（1）独立性

会展项目组织服务于会展项目，存在于会展项目计划与实施的全过程。尽管会展项目组织的具体职责、组织结构、人员构成和人数配备等会因会展项目性质、复杂程度、规模大小和持续时间长短等有所不同，但是，其服务会展项目的专门性和针对性十分明确，具有独立地作用于会展项目而不是作用于多个项目或其他事物管理的突出特点。

（2）临时性

会展项目组织应会展项目而生，同样应会展项目的结束而撤销。因此，这就决定了会展项目组织的临时性特征。这一特征赋以该组织的有限时间内的紧密性特征。没有这种短期的组织紧密性和高效性，就绝不能实现会展项目的目标。因而，积极发挥会展组织的这种特征，是一种高超的组织艺术，尤其对于多数短期会议和中小型展览项目来说更是如此。

（3）要素流的横向性

传统的职能型组织，其组织要素沿着行政层次逐级由上而下形成纵向流动，而会展项目组织要素具有横向流动特征。各类资源、资金、人力、信息在横向的部门之间围绕会展项目的阶段性目标而横向分配。

（4）注重沟通和协调

由于会展项目的不确定性和风险性突出，会展项目组织特别注重组织内部甚至于跨职能部门的沟通与协调，以提高组织的效率，充分发挥集体决策，增强会展项目抵抗风险能力，提高会展项目的成功率。

(二)会展项目组织结构设置的原则

会展项目组织结构设置,既要符合组织设置的基本规则,更要遵循会展项目目标这一根本使命,还要适应市场变化以及原有组织关系的需要。

1. 管理跨度原则

管理跨度也称管理幅度,是指一个管理者直接管理的下属人数。管理跨度越大,管理者需要协调的关系就越多,反之,就越少。另外,管理跨度的大小决定了管理层次的多少。在组织规模一定的情况下,管理层次与管理跨度成反比。因此,应根据会展项目负责人和班子成员的能力与项目的大小进行权衡。

2. 精干高效原则

力求一专多能,一人多职,应着眼于多使用具有复合型素质的人才。由于会展项目在实现的过程中,不同专业、工作任务之间存在着大量交叉,这就要求项目组织形成一个有机整体,防止职能分工、权限划分和信息沟通相互矛盾或重叠。

3. 目的性原则

项目组织机构设置的根本目的,是产生组织功能去实现项目目标。从根本目的出发,就应因目标设事、因事设岗、因职责定权力。

4. 及时更新原则

会展项目的阶段性和一次性必然带来任务量、资源配置种类及其数量变化,这就要求组织结构随之调整、及时更新,以适应会展项目活动内容的变化。

5. 与企业组织一体化原则

项目组织往往是企业组织的有机组成部分,企业是它的母体,项目组织多由企业组建,其成员主要来自企业。项目组织解体后,其成员回企业相关部门,因此,项目的组织形式与企业的组织形式密切相关。即使项目班子本身是一个独立的组织,也会受到建立该项目的母体组织或多个母体组织的影响,带有其母体组织的痕迹,因此,在组织选择时应与项目母体组织一体化相适应。

(三)会展项目组织结构的类型

1. 两种传统组织结构的比较——纯项目型组织和职能型组织

(1)纯项目型组织结构

纯项目型组织的基本特征是:项目成员按照会展项目的需要分工,不存在固定的财务、人事、营销等职能部门;因针对项目需要进行组织设置,该组织结构能有效地对会展项目目标和客户需要作出反应;但其不足是不同项目之间缺乏信息交流,资源不能共享,成本高。因此,适合于同时进行多个会展项目或大型市场化项目(见图3-1)。

(2)职能型组织结构

职能型组织结构的基本特征是:按职能原则建立会展项目组织,把会展项目委托给某一职能部门,由职能部门主管负责,在本单位选人组成会展项目组织;由于其项目成员

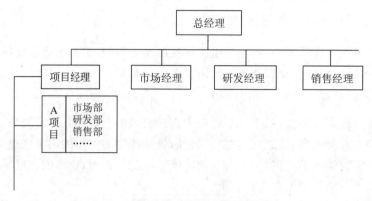

图 3-1 纯项目组织结构

在从事项目时还受到原有组织控制,因此,较为容易协调人事关系,项目启动较为迅速;但双重管理约束,使之不适应大会展项目需要,而只适用于小型的、专业性较强、无须涉及众多部门的会展项目,主要是公司内部的项目,而不是公司服务外部客户的项目(见图3-2)。

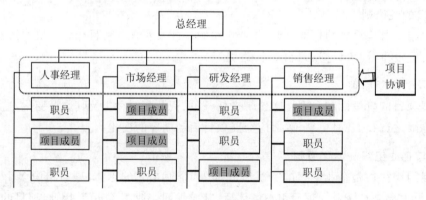

图 3-2 职能型组织结构

2. 矩阵型组织结构——一种更为适应会展项目的组织结构

为了吸收上述两种组织结构的优势,同时克服各自的不足,一种新的会展项目组织的结构形式产生了,那就是矩阵型组织结构。充分考虑专业职能部门永久性以及会展项目组织临时性,设立专门的项目责任部门,将纯项目组织叠加于职能型项目组织系统之上,借用各职能部门成员,实现包括人力资源在内的各个项目所需资源的跨部门整合(见图3-3)。

(1) 矩阵型会展项目组织的特征

① 会展项目组织与职能部门同时存在,既能发挥职能部门的纵向优势,又能发挥会展项目组织的横向优势。

② 职能部门负责人对参与会展项目组织的人员有组织调配和业务指导的责任。会展项目经理将参与会展项目组织的职能人员在横向上有效地组织在一起。

③ 会展项目经理对会展项目的结果负责,而职能经理则负责为项目提供所需资源,协作整合服务于项目发展。

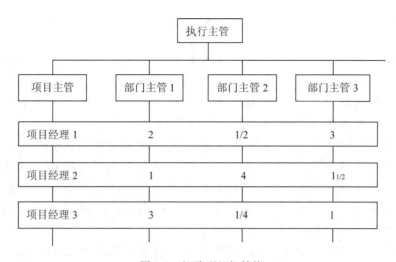

图 3-3 矩阵型组织结构
(对应各职能主管部门的数据为该部门分配给项目的人数)

(2) 矩阵型组织结构的适用范围

由于项目经理直接向最高领导负责,具有很大权力;依靠系统完成任务;适用于同时承担多个会展项目的企业和大型复杂项目。

(3) 矩阵型组织结构的优点和缺点

矩阵型组织结构的优点表现如下。

① 灵活地与原有组织接口协调,提高各个职能部门的项目贡献率;整合原有各部门的资源,实施人力和物力各项资源利用的最大化。

② 将职能与任务很好地结合起来,既可满足对专业技术的要求,又可满足对每一会展项目任务快速反应的要求。

③ 充分发挥企业内部熟悉的制度优势和隐性知识优势,促进交流学习,提高项目效率。

矩阵型组织结构的缺点表现如下。

① 双重汇报,多重领导的问题突出。

② 权责界定模糊,各会展项目间、会展项目与职能部门间容易发生矛盾。

③ 会展项目组成员不易管理。

(4) 矩阵型组织结构的分类

实际上,纯项目组织和职能组织的组合存在多种过渡情况。但是,一般地,根据各个职能主管部门分配的人数或其他资源的多少,将矩阵型组织结构分为强矩阵组织、平衡矩阵组织和弱矩阵组织三种类型。

强矩阵组织就是很多职员和资源均被分配至项目中,使得矩阵项目与纯项目较为接近;而如果职能部门只将资源分配给项目而很少将职员分配给项目,则矩阵被称弱矩阵组织;诚然,更多的情况是,会展项目可能既分配到一些人又分配到一些其他资源,这就是平衡矩阵组织。

弱矩阵组织结构并未明确对项目目标负责的项目经理,即使有项目负责人,他的角色只不过是一个项目协调者或监督者。项目人员的唯一直接领导仍是各自职能部门的负责人,项目的协调比较困难。

平衡矩阵组织结构强化项目的管理,从职能部门参与本项目活动的成员中任命一名项目经理,项目经理被赋予一定的权力,对项目总体与项目目标负责,但是由于只是某一职能部门的下属成员,得受本部门经理的直接领导,必然会受本职能部门利益的影响,其权力和工作也必然受到限制和影响,项目协调不充分。

强矩阵组织结构由系统的最高领导任命对项目全权负责的项目经理,项目经理直接向最高领导负责或者在系统中增设与职能部门同一层次的项目管理部门,直接接受项目最高领导的指令。项目管理部门再按不同的项目,委任相应的项目经理。在这种结构中,项目经理为了实施项目目标,有权联合各个职能部门的力量和协调各部门之间的关系,有效地支配和控制系统的资源,协调较为充分。

必须指出的是,实际的矩阵项目处于从强到弱的任意一点上,且在项目生命周期的不同阶段有所变化[①]。相应地,三种矩阵组织的负责人(项目经理)的产生及其权力亦不相同。

(5) 会展项目组织结构的选择

上述三种组织结构形式都有其优点、缺点和适用条件,并不存在一种万能的、所谓最好的会展项目组织结构形式。不同的会展项目,应根据其客户类型、内外部依赖程度、具体目标、会展项目环境等因素进行分析、比较,设计或选择最合适的组织结构形式(见表3-1)。

表3-1 不同类型会展项目的组织结构特征及其选择的主要影响因素

特征、影响因素	组织结构	纯项目型组织	职能型组织	矩阵型组织
特征	全职人员比例	85%~100%	0	25%~50%
	组织的独立性	独立	完全不独立	较为独立
	项目经理权限	很高甚至全权	很少或没有	中等权力
影响因素	所用技术	新	标准	复杂
	项目时间	长	短	中等
	项目规模	大	小	中等
	内(外)部依赖性	强(弱)	弱(强)	中等
	项目重要性	高	低	中等
会展项目例子		奥运会、广交会	多数大学举办的国际学术会议	1999年昆明园艺博览会

一般来说,职能型组织结构适用于会展项目规模小、专业面窄、以技术为重点的会展项目;如果一个组织经常有多个类似的、大型的、重要的、复杂的会展项目,应采用纯项目式的组织结构;如果一个组织经常有多个内容差别较大、技术复杂、要求利用多个职能部

---

① 小塞缪尔·J.曼特尔.项目管理实践[M].魏青江,译.北京:电子工业出版社,2005:53.

门资源时,比较适合选择矩阵式组织结构。同时,会展项目应根据人员与资源对原有组织的依赖程度等的实际情况,选择弱矩阵、平衡矩阵或强矩阵组织结构。

总之,会展项目组织的选择,应从技术水平、组织规模、组织战略等大处着眼,而从项目环境、项目原有组织以及项目目标等小处着手。

案例分析

二、会展项目的组织规划

(一) 总则

1. 组织规划的概念

项目的组织规划是根据会展项目工作分解结构,确定其组织结构及其形式,选择适合的人员,并分派责任、任务和报告关系的一系列筹划活动的统称。

具体地说,会展组织规划是根据会展项目的目标和任务,确定适当的组织结构,划分组织的相关部门,并使这些部门有机地相互联系和相互协调,共同为实现项目目标而各司其职又相互协作。组织规划并不等同于组织结构设计,还包括基于组织结构设计,深入的组织下属部门划分及其责任、任务分派和报告关系,因而,组织规划应该明确各部门及个人之间有非常明确的任务分工和管理职能分工,谁在何部门,谁该去做什么,谁要对何种结果负责,向谁汇报工作,得到工作绩效反馈。

此外,组织规划还要能提供反映和支持项目目标的控制、决策和信息沟通网络。组织规划总是和沟通规划(沟通规划的相关内容详见本书沟通管理部分)紧密联系的,因为项目组织结构会对项目的沟通需求产生重要影响。

2. 组织规划的原则

为了做好会展项目的组织规划工作,使之成为会展项目发展的良好组织保障,必须遵循如下规划原则。

(1) 部门契约约束的原则

部门契约约束即在各个与会展项目相关的部门之间建立明晰的规章制度,据此约束各个部门之间的行为,最大限度地消除由于分工含糊不清造成的执行中的障碍,协调彼此之间的关系。围绕一次会议或展览,搭建部门之间合作的良好机制和制度。

(2) 角色和责任明确的原则

水平层次上的契约建立之后,还需赋以组织内纵向不同层次的具体角色和责任,优化项目决策层、管理层至执行层的组织人员及其任务的配置。

(3) 报告结构简明的原则

鉴于组织中的报告关系是组织规划中除了责任、任务之外的重要内容,组织规划的原则之一就是要尽量采取人本化管理措施,使得工作报告结构简单明确,使得工作绩效得以及时畅通汇报并及时得到上级评价和反馈。

(二)组织规划考虑的问题

由于会展项目管理既要考虑个人的目标,又要考虑企业的目标,更重要的是考虑如何有利于实现项目的目标。因此,现代会展项目组织规划,要从传统的组织结构形式、组织行为学理论和项目实施的特点中寻求一种平衡[①]。故其规划主要内容是项目组织形式及其结构和工作流程设计。因而,首要考虑的问题是,从会展项目面临的环境层次上考虑组织规划问题。

1. 从项目环境的层次

项目管理的成功必须明晰项目参与各方的关系,并考虑政府管理性质的指令关系,依赖于各方的协调和合作。因此,项目组织问题并不能局限于项目管理组织本身的工作,而是应该立足于项目环境。项目经理不仅是组织项目班子的人员,还应组织各项目参与者共同为实现项目目标而工作。

(1) 项目决策层(项目建设的最高层次)

包括会展项目发起人、投资人、合资人和其他政府方面的主管部门等。主要负责确定和批准项目的总体计划、落实项目需要的资源、检查项目的进展而作出一些重要的决策,较少介入项目的实际工作。

(2) 项目管理层(最为关键的一个组织层次)

项目管理层起着承上启下的作用,是项目建设的枢纽和核心。它主要进行目标的规划,并根据项目决策层批准的目标在项目进展中进行目标的控制,以保证项目目标的实现,其核心任务是质量控制、进度控制和成本控制。如果大部分任务委托外来的组织实施,项目管理层的工作就偏重于组织协调。

(3) 项目实施层

承担实现项目目标所需要的具体工作和任务的组织层次,如设计单位、承包商、供货商等。项目实施中的工作可由企业组织内部的部门和人员完成,也可以委托外部组织来完成。

在项目环境的层次上,项目组织设计要考虑以下三大因素。

① 有一些与项目利益相关者的关系是项目经理所不能改变的,如贷款协议、合资协议、政府批文等,这些关系对项目的资源起着制约作用,同时项目规划中的关键部分,如目标的规划需征得有关方面的批准和认可,重大问题的决策也必须有他们共同参与。因此,项目组织设计中应考虑这一渠道的汇报和协调机制。

② 对于设计单位、咨询单位和施工单位等委托的项目实施单位,项目经理必须有能力对他们进行控制和协调,进行界面管理。此时,合同是确定双方关系和行为的依据,合同的结构形式对项目经理的组织和协调来说十分关键,合同的规划工作要为组织设计服

---

① 王起静.会展项目管理[M].北京:中国商务出版社,2011:73.

务,以保证控制和协调的有效性。

③ 要注意考虑一些不具有合同关系的组织也存在指令关系,如设计单位和实施单位。因此项目组织的设计应明确所有项目参与方纳入项目管理的范畴,明确各方在项目中的任务、责任、各方的组织关系和工作的流程等。

2. 从项目管理组织的层次

项目管理的组织并不是一个固定的班子,有些成员只是部分的为项目工作,其主要工作仍旧归属于其他部门,另外项目班子也不可能存在于企业之外,随着项目经理责任的增加,使得其所协调的任务也增加了。表 3-2 说明了企业中存在的项目经理与上层管理和职能经理间的协商机制。

表 3-2 项目经理与上层管理和职能经理间的协商机制

组织名称	总体目标规划	财务管理	资源分配、进度计划与协调——人员、材料、设备、资金	项目管理——规划、人事、协调、控制、领导	进度计划与技术要求
职高管理层	↕	↕	↕	↕	↕
协商区域			项目经理		
职能经理		↕	↕	↕	↕

从项目管理组织的层次来分析,对于成功的项目管理来说,以下三点是很重要的。

① 项目经理的授权和定位问题,即项目经理在企业组织中的地位和被授予的权力如何,这对项目管理组织的规划起着关键的作用。

② 项目经理和其他控制项目资源的职能经理之间良好的工作关系。

③ 一些职能部门的人员,如果也为项目服务时,既能纵向地向职能经理汇报,同时也能横向地向各项目经理汇报。

这三点对于企业内部的项目组织设计很重要,即项目组织设计中必须在目标控制和项目经理—职能经理的界面之间找到平衡。

3. 从项目实施组织的层次

要有利于项目组织管理对其控制和协调。即项目经理要通过项目实施层成员的共同努力来实现项目的目标,在项目组织设计中,项目实施组织的设计主要立足于项目的目标和项目实施的特点,同时也要有利于项目管理组织对其的控制和协调。项目实施层组织设计的依据是项目管理组织的控制系统。

(三) 项目组织设计的内容

组织设计无疑是组织规划的重要内容,主要研究一个项目系统的组织结构及其形式、组织内的任务分工、组织内部管理职能的分工。

1. 组织结构的概念

组织是硬件和软件共同构成的关系网络。其中,硬件是指组织成员和职位,软件则包括职责、关系、信息要素等。从此意义上讲,组织就是由多个成员及其职位或是一个个工作部门作为节点连接成的一个系统或结构的特定时期的关系网络。

组织结构是组织内部结构要素相互作用的联系方式或形式,是组织内的构成部分所规定的关系的形式。简单地说,组织结构就是系统内的组成部分及其相互之间的关系的框架,它是组织根据系统的目标、任务和规模采用的各种组织管理架构形式的统称。

2. 组织结构的设计要素

(1) 工作部门的设置

应根据组织目标和组织任务合理设置。确立一个工作部门,同时需确定这个部门的职权和职责,同等的岗位职务应赋予同等的权力,承担同等的责任,做到责任与权力相一致(见表 3-3)。工作部门设置的形式有专业化和部门化两种。

表 3-3 质量安全部部门工作职责

部门名称	质量安全部	直属上级	公司总工	下属分部门	无
关联部门	工程部		部门人员编制(人)		2
岗位职责	1. 负责收集、汇报、贯彻国家、行业、地方有关安全生产、环境保护、文明施工、质量要求的政策、规定、制度和要求; 2. 负责执行、贯彻公司及公司领导下达或安排的各项安全、质量、环保、文明施工管理工作和任务; 3. 监控项目部安全生产和质量控制工作实施情况; 4. 推动公司不断提高安全、质量、环境保护、文明施工生产综合能力(改善安全生产条件,提高安全生产业绩); …… 10. 负责了解主要施工现场安全情况,按计划进行安全生产检查,提出整改意见;					
岗位职责	11. 负责向上级进行质量、安全事故报告、统计和分析,按规定程序参与事故调查处理工作,对有关责任者提出处理意见。 其他: 1. 配合其他部门做好相关工作; 2. 做好领导交办的其他事项。					
部门组织架构	总经理 → 总工 → 工程部 → 质量代表、安全代表					

(2) 工作部门的等级

在一个组织中,分权和集权是相对的,采取何种形式,应根据组织的目标、领导的能力和精力、下属的工作能力、工作经验等综合考虑。

(3) 管理层次和管理幅度

一般组织的管理层次分为决策层、管理层和执行层等。管理幅度也称管理跨度,主要取决于需要协调的工作量,一般为5～6人。管理层次与管理跨度呈反向关系,即层次越多,幅度越小;层次越少,则幅度越大。管理层次和管理幅度取决于特定系统环境下的许多因素。

① 管理人员的工作能力、性格、人格权力及授权程度等。
② 工作的复杂性。
③ 信息传递速度的要求。
④ 下级的工作能力。
⑤ 工作地点的远近。

3. 组织结构的形式

大的方面而言,组织结构形式通常取决于生产力的水平和技术的进步。例如机械化技术解放了生产者,推动了组织管理的扁平化发展,矩阵型组织得到发展。此外,组织形式还受组织规模的影响,组织规模越大,专业化程度越高,分权程度也越高,纯项目组织得以发展。此外,组织所采取的战略(如组织创新方向)不同,所处的组织环境不同,其组织结构模式也不同。小的方面来说,一个系统采用何种项目的组织结构形式需根据项目的具体情况、项目的环境条件、系统原有的组织结构,尤其是应根据项目的目标作出决策(见表3-1)。

特别需要指出的是,会展项目的组织规划,其结果应当在项目全过程中经常性地复查,以保证它的持续适用性。如果最初的组织规划不再有效,就应当立即修正。其次,组织规划的输入包括项目层次(含组织、技术、人际三个层面)、人员需求和制约因素等,而其输出包括任务和职责的分配、人员管理计划、组织表以及详细说明等。实践表明,服务文化(SC)在众多因素中,对国际展览的成功起着至关重要的作用[①]。因此,激发和促进会展项目组织的 SC 提升成为检验其组织效度的根本所在。

第二节　会展项目经理

项目经理是项目团队组织的灵魂,处于会展项目的组织管理的中心位置,是项目成功与否的关键所在。会展项目经理除了对会展项目的计划、组织、实施、控制等发挥领导作用外,还应具备一系列技能尤其是良好的人际关系技能、积极的沟通技能以及管理时间的技能,以激励会展项目团队完成各自工作为己任。

一、会展项目经理的职责

长期以来,项目发起人、投资方和业主负责选择项目,对项目可行性进行决策,制定项目的目标、开发战略计划框架,然后任命项目经理。而项目经理的主要职责就是执行。项

---

① Wang L, Mundore N, Ye Y J. Service culture in international exhibition management—A case study[J]. International Conference on Management Science and Management Innovation (MSMI 2015): 25-30.

目经理受有关方面委托,对项目实行全面领导和统一指挥,通过严密地组织、详细地计划、有效地沟通、灵活地协调、按部就班地实施和对项目资金、进度、质量和其他方面进行及时、准确的控制,以实现项目的最终目标,满足会展项目有关各方面的要求和期望。然而,随着信息技术的迅猛发展以及现代管理项目制度的完善,项目经理往往面临更激烈的竞争,需要承受更大的压力,需要介入更广阔的业务。例如,参与项目的战略计划,对项目的可行性进行研究,制定项目管理的流程与制度,管理客户关系,等等。因此,现代项目经理的职责愈加重大。

(一)制订会展项目计划

好计划成就好项目。会展项目经理应将制订周密的会展项目计划作为其重要职责。会展项目经理的计划职责具体包括如下五个方面。

1. 确定会展项目目标

会展项目经理必须首先十分明确项目的目标,并就该目标与客户达成一致,取得管理层和客户的高度认可。

2. 制订会展项目计划

会展项目经理应就此目标,组织计划的编制,提出多种会展项目实施方案和计划,在分析比较后确定最优会展项目计划,就具体计划进行交流,以便达成共识,获得管理层的批准。特别需要说明的是,项目经理不可包揽计划的制订,计划的具体制订还是需要依靠任务的实施者,使得任务实施者通过计划的制订,深化对任务和目标的理解。

3. 确定会展项目所需资源

充分考虑内部条件和外部条件,确定会展项目所需的各类资源、材料、设备或工具以及经费等,并进行一定的风险预测。

4. 制定会展项目所用的技术与规章

围绕项目计划的落实,建立面向特定目标的技术路线、方法技能、行事程序以及规章制度,将计划运行纳入规范化轨道。

5. 建立管理信息系统

从项目计划开始即建立起项目信息管理系统,将为会展项目的实施尤其是促进项目内外部沟通打下坚实的基础。项目经理既是指令的发布者,又是外部信息及基层信息的集中点。因此,他有责任建立一个完善的信息管理系统,确保项目组织内部横向与纵向的信息联系,使项目组织与外部信息联系畅通无阻。

(二)组建会展项目团队

会展项目经理的执行力很大程度取决于其组织能力,而会展项目团队的组建正是会展项目经理施展其组织能力的主要平台。会展项目经理的组织职责,就是组建会展项目团队,其具体职责可以分解为如下几个方面。

1. 组建会展项目小组

项目经理是项目的组织者。必须把组织职责放在首位,在项目内部建立一个领导核心，实现项目班子的最佳组合和有效领导。进而，成立会展项目小组，让其成为特定展会的研发机构。对于项目小组的具体工作，项目经理要获得小组成员各自的承诺。

2. 建立会展项目管理机构

会展项目经理应根据会展项目的所处环境及项目自身特征，综合选择合理的组织形式和组织结构，使会展项目团队运转顺畅。

3. 制定会展项目管理责任矩阵

利用项目管理组织，确定其管理结构、配备人员、制定规章制度、明确岗位责任，建立项目内部、外部的沟通渠道等。有服务外包的，对于承包商的工作，项目经理需要与对方界定各自的职责范围并达成协议。

4. 促进内外部有效沟通

组织工作的成功标准是项目组织能够高效率运转和能够实现有效的领导。沟通和协调是项目组织工作的重要内容。因此，项目经理还要营造一种团结紧张、严肃活泼的工作环境，使各方面的人员都能高效地工作。

5. 配备各种资源

项目经理应该明确会展项目团队中各部门的费用、进度和质量的控制者及其责任，使会展项目的控制落到实处；还应对会展项目团队不同部门之间的关系进行协调。总之，会展项目经理必须将所有应当用于本项目的资源置于自己的控制之下。

（三）指导会展项目活动

项目经理是项目组织的最高决策者，会展项目经理需要把握项目的方向，需要指引小组成员有效地完成项目目标，因此，会展的现场或场外的及时决策是会展项目经理的重要职责。会展项目经理需要亲自决策的问题包括实施方案、人事任免及奖惩、进度计划安排、计划调整、合作伙伴选择、合同签订和执行等，要根据会展项目的规模、性质和特点及时作出决策。但是，相对于采购、招投标、财务等确定性决策而言，发生在会展项目的组织和实施过程中的问题决策与矛盾决策显然更加重要。这就决定了会展项目经理对会展项目的指导十分必要。项目经理指导职能具体体现如下。

1. 指导项目计划的各项活动

指导项目计划的各项活动重点包括项目范围、项目进度和项目资源等。

2. 提供阶段性的进度报告及相关信息

给上级主管部分或业主定期提供会展项目阶段性进展报告，以文字、图表、样板、模型等多元化信息载体呈现。

3. 定期评价项目进展，调整组织机构

根据会展项目计划，结合阶段性进展报告和结项报告，定期评价会展项目进展状况和最终绩效。必要时对项目计划、资源备置乃至组织机构进行及时调整。

4. 处理冲突，化解矛盾，减少风险

及时发现项目冲突，追查冲突产生根源，采取有效措施，积极化解矛盾，最大限度减少项目的风险与危机。

5. 促进项目团队建设

采取目标管理、制度约束和激励机制等手段,促进会展项目团队不断提高协作精神,不断提高组织工作效率。

6. 协调解决职能部门与项目小组之间的问题

不少会展项目依然采取职能制管理下的项目运作制度,这样会展项目成员存在双重管理角色的问题。为此,围绕团队成员的使用,职能部门和项目小组之间存在这样或那样的矛盾在所难免。会展项目经理必须发挥其作为项目团队协调人的角色,协调好两者之间的关系。

(四)控制会展项目过程

控制也是会展项目经理的重要职责之一。其主要任务是有效控制会展项目的费用、进度和质量。为此,会展项目经理应对会展项目实施过程进行同步跟踪、收集反馈信息,进行动态调整和控制,尤其是展前的招展、招商这些较为长时间的工作。

总之,项目经理必须根据项目内部和外部的各种信息反馈,不断地对项目计划进行调整与控制,以达到项目各有关方和母体组织的预期目标。具体的控制职能包括以下几点。

1. 确定项目活动的优先级

确定会展项目活动优先级,是为了使会展项目活动控制按照轻重缓急逐步得以控制。

2. 对项目的范围及其他变更进行评价

按照项目变更控制程序以及项目范围的要求,评价会展项目现状范围及其他变更变动情况。

3. 监控成本、进度和质量进展

对项目实施中的成本、进度、质量等情况进行跟踪,本着对项目高度负责的精神,洞察问题实质并采取措施整改,保证它们在有效的控制掌握之中。

二、会展项目经理的权力

一定的权限是确保会展项目经理承担相应责任的先决条件,也是项目管理取得成功的保证。为了履行项目经理的职责,必须授予其应有的权限,并以制度和合同的形式具体确定下来。

(一)职位权力

职位权力,也叫与职位相关的权力,是在某一岗位上履行职责所行使的合法的行为。会展项目经理的职位权力相对较弱,受种种因素的制约,其对团队员工的雇佣、解雇、纪律、晋升和增加工资的影响较小。

1. 资源支配权力

掌管、支配会展项目资源的权力也许是会展项目经理所能拥有的最有效的控制手段,如果能够控制预算,在财务制度允许的范围内,会展项目经理就有权安排项目费用的开支;有权在工资基金范围内决定会展项目团队组成人员的计酬方式、分配方法、分配原则和方案,推行刺激性的奖励制度。

2. 决策权力

会展项目经理有权按照项目总体目标,作出有关决策,如决定何时召开会议、怎样分配工作等。又如对于会展规模和展出内容,也有权在保证总目标不变的情况下进行优化调整。但这一权力十分有限,尤其是调整会展规模和展览内容的决策,需要得到业主的首肯。

3. 工作鉴定权力

这是会展项目经理唯一自主的权力。这一权力就是会展项目经理能够对会展项目组成员的工作进行鉴定和评价,当然,这种权力的有效性取决于其结果能否与项目组成员的加薪、升迁挂钩。

(二) 非职务权力

非职务权力是指由领导者的品质、作风、知识、能力、业绩以及榜样等非权力因素形成的个人权力。非职务权力在领导效能中所产生的效果和作用较之权力影响力更具有感染力、吸引力、凝聚力和号召力,常是职位权力影响力所远不及的,在一定范围和条件下,非权力影响力会超过权力影响力的作用。

1. 经验或专业技术方面的权力

每一个人在经验与专业技术方面都有自己的权力。即便你只是会展项目中的普通成员,你丰富的布展经验或独到的市场洞察能力很有可能会影响项目经理的决策,这就是其个人权力的体现。自然地,会展项目经理更能以其对会展市场敏感,以其成熟的项目管理经验,以其在某领域的专业技术,获得个人的这种权力,从而使项目小组成员愿意为其工作,建立起影响项目团队的权威。

2. 人格权力

这是一种基于人格权力化进程中产生的权力,或者说是与人格魅力带来的个人权力。而人格魅力则指一个人在性格、气质、能力、道德品质等方面具有的很能吸引人的力量。对于会展项目经理而言,这是基于其对会展专业倾心热爱的服务敬业精神,其为人热情、诚实、正直、公正等优秀品德以及其认真负责、勇于承担责任的工作作风等而显现出来的个人权力。人格权力往往具有较为持久的巨大影响力。

三、会展项目经理的素质

在会展业务中,项目经理"是充满活力的、带来生命力的元素"(德鲁克),他们是会展项目的核心人物,也是项目成功的关键。要成为合格的会展项目经理,取得会展项目管理的成功,会展项目经理必须在德、识、能、知和体五个方面不断地修炼。

(一) 品德素质

会展项目经理首先应具备"德"的素质,主要表现为在如下三个方面。

1. 责任感强

会展项目经理必须具有致力于以会展平台推动经济社会发展，造福于人民的观念，甘愿挑重担、敢于承担责任，具有高度的事业心和责任感。

2. 工作作风好

会展项目经理要有顽强的进取心和坚韧性；能顾全大局，不以权谋私，自觉地维护国家利益，正确处理国家、集体、个人三者的利益关系。

3. 为人正直诚实

通过踏实行事，正直为人，建构个人的人格魅力，赢取各方面的信任与支持，从而推动会展项目的顺利进行。

（二）创新素质

会展项目的创新性是其生命所在，成功的展会，无不以其鲜明的创新之处给人留下深刻的印象。这就要求具备良好的创新素质，简称"识"，是指敏捷的见识和创新的胆识。具体要求包括以下几个方面。

1. 识别新生事物

具备敏捷见识的项目经理，应能在会展项目进展过程中，敢于突破传统的社会障碍、思想方法障碍和习惯障碍，及时地发现问题和矛盾，准确地提出见解和解决的办法。

2. 果断决策勇气

在认准会展项目发展的正确方向后，能够汇集团队的集体智慧和力量，当机立断、坚决果断和毅然决然地去实现。

3. 革新现状胆识

勇于接受现实挑战，敢于大胆创新工作流程和工作方法，坚忍不拔地克服各种困难，始终不渝地实现项目目标。

（三）能力素质

会展项目经理首先是会展项目的管理者，其知识和经验固然重要，但是归根到底还是要靠其能力。项目经理应该具有娴熟的管理能力，主要包括以下几个方面。

1. 组织管理能力

组织管理能力重点包括熟悉会展组织结构，配备团队成员以及确定团队工作规范；具备制订项目计划并对项目全过程进行系统安排的能力；正确处理项目内外各方面关系，解决各方面矛盾的能力。一方面要有较强的能力协调团队中各部门、各成员的关系，全面实施目标；另一方面要能够协调项目与社会各方面的关系，尽可能地为项目的运行创造有利的外部环境，减少或避免各种不利因素对项目的影响，争取项目得到最大范围的支持。制定并实施系统的激励与约束制度，对员工的需求进行管理，调动团队成员的工作积极性。会展项目经理还要有质量管理能力，熟悉基本的质量管理技术，如制作和说明质量控制图。

2. 应对风险危机能力

一个会展项目经理最重要的特质就是辨识和解决问题的能力。这同时也决定了其风险与危机管理能力，能够在信息不完备的情况下做决定，预先进行风险确定、风险冲击分析以及风险应对计划，并在危机事件发生时正确进行处理[①]。

3. 社会活动能力

会展项目经理应成为社会活动家，奔走于各大会展市场、主要采购商和供应商之间。一方面猎取更多的会展项目信息服务于项目发展，另一方面为会展项目争取广泛的社会资源。

（四）知识素质

知识素质是指知识水平和知识结构。现代会展项目管理具有复杂、动态和系统的管理特点。会展项目经理只有不断提高知识水平，才能掌握现代管理的主动权。此类素质总体要求是具有较宽的知识面、较合理的知识结构。这里，相关专业知识的广度往往较之深度更为重要，借此会展项目才能与下属有效沟通并作出正确决策。主要涉及的知识领域包括以下几个方面。

1. 项目管理学知识

项目管理学知识包括工程管理学、项目管理学、心理学、系统论、控制论等相关知识。

2. 信息技术与外语知识

信息技术与外语知识是应对项目信息化和项目发展国际化所必需的。

3. 经济学科相关知识

经济学科相关知识包括宏微观经济学、市场营销、会计学、金融学、国际贸易学等方面的知识。

4. 法律学科相关知识

法律学科相关知识包括文书、合同、法律、法规等方面的知识。

（五）身体素质

会展项目管理是在一定的约束下要达到项目的目标，它的工作负荷要求项目经理有相应的身体素质。强健的身体和充沛的精力是会展项目经理的基本素质之一。强健的身体是现代管理者发挥德、识、能和知作用的基础，充沛的精力是现代领导者适应快节奏、高效率工作的重要前提。

身体素质不仅指生理素质，也指心理素质。一般项目经理应该性格开朗，胸襟豁达，能与各种人交往；应该有坚强的意志，能经受挫折和暂时失败；应该既有主见，又遇事沉着，冷静，不冲动，不盲从；应该既有灵活性和应变能力，又不失原则，不固执，不钻牛角尖；

---

① 杨顺勇，施宜.会展项目管理[M].上海：复旦大学出版社，2009：68.

等等。自然,瑕不掩瑜,对项目经理的性格也不能过于苛求。

四、会展项目经理的技能

技能是素质在实际工作中的体现。因此,对于会展项目管理的实战而言,会展项目经理在提高自身的素质同时,注重技能的发展显得尤为重要。

(一)项目管理技能

1. 熟悉五大管理过程

五大管理过程,即项目管理过程中的启动、计划、实施、控制、结束五个步骤。建立会展项目的阶段意识和全局意识。

2. 掌握八大管理内容

八大管理内容包括项目范围管理、进度管理、成本管理、质量管理、人力资源管理、风险管理、沟通管理、采购管理八个方面。做好会展项目的终极目标、分项目标和阶段目标管理。

3. 学会相关管理软件

相关管理软件主要是项目管理软件,如 project 2016 或者会展信息系统管理软件等。

(二)人际关系技能

会展项目经理的工作主要是跟人打交道,这些人包括项目政府官员、主管上级、客户(参展商、采购商)等以及职能部门的经理、项目组成员等。因而,应发展良好的人际关系技能,夯实人际关系作为会展项目管理的社会基础。主要的技能包括以下几个方面。

1. 熟悉项目的人际关系网络

项目经理应和主要干系人保持频繁的联系,使他们关注项目最新的进展,消除他们的忧虑,促其进行实地检查并把精力集中在项目上。熟悉会展项目的人际关系网络是获得各关系干系人充分信任的前提基础。

2. 掌握人际关系技能

熟悉对方需求、尊重对方、学会倾听、准确表达自己的愿望。只有这样才能正确处理与各种相关的人的关系,才能使项目顺利进行。此外,需要通过识别和发现团队成员的主导需要,正确选择和使用激励手段。

3. 建立良好的客户关系

会展项目经理主要技能之一就是对市场的把握,这就需要以构建良好的客户关系为基础。要通过识别客户需求,了解项目利益相关者期望,针对客户需求进行咨询,制订满足这些期望的解决方案。

(三)情境领导能力

美国学者肯·布兰佳(Ken Blanchard)提出的情境领导方面,即针对项目成员职业发展不同的阶段,实施有针对性的领导形态。如图 3-4 所示,横轴表示指导程度,纵轴表示支持程度。对于不同能力和意愿的人就可据此进行给予不同强度的指导与支持,这就是情境领导。由于项目组成员的能力和意愿差异,也就应采取不同的领导形态。

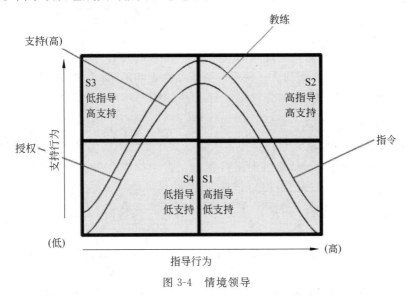

图 3-4　情境领导

1. 指令

指令适用于项目中工作热情(意愿高),但没有经验,不知怎么干(能力弱)的成员(例如大学毕业生),所谓指令,就是很详细地指导他该怎么做(高指导),而不用听他的或者给他鼓励(低支持)。

2. 授权

授权适用于具有丰富的工作经验(能力强),又愿意干(意愿高)的员工(例如会展项目的"老黄牛"),只需要提出要求,授权让他去干好了,而不必一步一步地教他怎么做(低指导),也不用给他鼓励(低支持)。

3. 教练

教练适用于不知如何做(能力弱),同时又不太乐意干(意愿低)的项目成员(俗称"老油条"),就需要既给予其详细的指导(高指导),又给予其鼓励(高支持),以充分调动其工作积极性。

4. 支持

支持适用于工作经验丰富(能力强),而工作意愿平平(意愿低)的员工(例如摆老资格者),就可采取支持其工作(低指导),但同时给其鼓励支持(高支持)。

(四) 谈判和沟通技能

项目经理需要具备良好的演讲与沟通技巧,及时地让高层管理者、客户、职能经理和项目成员知道项目的进展状况,并同时运用之于及时处理和化解项目的风险与危机。通过良好的沟通与谈判,有助于获得高管充分的肯定和继续支持,有助于获得客户和其他同人的理解与配合。这种技巧具体包括充满自信、确保良好形象、随机应变、语言组织与演讲等。

（五）战略决策技能

1. 运筹谋划

要求会展项目经理具备高瞻远瞩的战略眼光，能够超越自身项目的局限，完全理解项目与公司战略、客户目标之间的有机关系。善于站在更高的层面上思考问题，把思维定位在"万世之谋、全局之谋"上，不被各种纷繁复杂的具体矛盾和种种困难束缚。

2. 总揽全局

全局性是战略决策和战略思维的基本特征。要求会展项目经理始终站在工作的全局上，作出客观而准确的分析判断，进而进行谋划。善于调整会展项目设计的各种利益矛盾，处理好全局与局部的关系、当前与长远的关系、继承与发展的关系、经验与创新的关系、显性与隐性的关系、不为与作为的关系、需要与可能的关系。

3. 增强预见性

预见性是战略决策和战略思维的基本特征。项目经理只有对整个项目发展的过程、阶段和最终结局作出预见与估量，才能为制定阶段目标和总体目标提供科学依据。必须努力把握事物发展的客观规律，认真学习具体会展项目所涉及的各种专业知识，力求全面收集与此相关的各种信息，预见项目发展趋势和发展阶段，确定相应的战略目标和应对措施。培养超前思维能力，"思人之欲思而未思，言人之欲言而未言"，在预测和展望会展项目的趋势上推知未来，技高一筹，科学决策。

五、会展项目经理的选择与发展

由于会展项目经理的职位不只是一个不可缺少的职位，更重要的是，他们同管理层和技术人员一样，对企业的成功起着关键作用；会展项目经理不只是位置权力的行使者，不只是相关资源的分配者，更重要的是激发项目团队精神、提高团队战斗力的鼓动家，带领项目团队攻坚克难，顺利完成项目目标的协调者，还是风险与危机事件的化解者。因此，会展项目经理的选择须十分慎重，其发展至关重要。

（一）会展项目经理的选择

1. 选择的原则

（1）会展项目特征

不同层次、不同性质和复杂程度的会议项目、展览项目对其项目经理具有不同的要求，因此，会展项目特征分析是会展项目经理选择的首要原则。在实际工作中，要避免空闲位置优先的考虑，避免锻炼管理干部等的考虑，牢固确立适合带领会展项目团队发展的选人原则。

（2）候选人能力、素质及经验的综合

候选人能力、素质及经验的综合，就是将候选人的各方面素质与能力及其项目管理经验进行客观而全面的考察，甚至采取量化分析，综合确立最优项目经理人。考虑到金无足赤、人无完人,对于会展项目经理的人选,也不能过于苛刻。重点是考察其人品性格、知识视野、管理能力、人际网络和创新精神等,而无须拘泥于其专业知识的深度、生活习惯以及兴趣爱好等。

2. 选择的程序

① 会展项目特征分析,主要是指会展项目的来源、级别、性质、复杂程度、重要性等,作为选择项目经理的首要依据。

② 确定选聘标准,包括年龄要求、项目经验要求、素质与能力要求等。

③ 发布选聘信息,在企业内部或者全社会公开发布选聘信息,等于对即将启动的会展项目进行一次宣传。

④ 登记候选人,做好候选人的报名、材料收集及其登记联络工作。

⑤ 组织评审,成立评审组,采取演说、笔试、面谈等方式,以科学量化的方法进行评审,确定经理人选。

⑥ 候选人的录用,公布评审结果和录用信息,与确定的经理人签订使用合同。

3. 选择的方法

(1) 招聘上岗制

面向公司内外,采取上述严格的选拔制度产生会展项目经理。这种选择方法的优势是,对内给予企业内部人员的成长机会,对外等于一次免费的项目宣传活动。同时,将选拔过程和结果公开,有助于增强项目经理今后工作的责任心。但其不足是费时费力,工作成本较高,外来候选人不熟悉企业文化而导致项目推进滞后等。较为适用于大型复杂的会展项目,如世界性赛事、大规模国际会议等。

(2) 领导委任制

领导委任制的选择范围一般限于公司内部,经公司领导提名,人事部门考察委任使用。这是传统的行政管理人员的任命制在项目经理人选方面的运用,要求公司组织利人事部门做到程度公开、严格考核,知人善用。其优势是效率高,但由于选择范围过窄,存在一定的用人风险。适用于小型会展项目,如企业或单位内部举办的专业性展会。

(3) 基层推荐制

这种方式一般是由公司各基层推荐若干人选,然后由人事部门集中意见,经严格考核后,提出拟聘人选并上报上级批准。其优点是工作效率较高,选出的经理人的群众基础较好,有利于激发企业内部人才的成长,但其不足是思维受到一定束缚,难以避免人事使用的人情风。适用于中小型展会,如区域综合性展会。

近年来,随着网络信息的发展,外部招聘制还可借助广告、互联网、猎头公司和教育机构等的推荐进行选择。

(二) 会展项目经理的发展

广义地说,会展项目经理的发展,其对象不仅包括那些借助偶然机会或者某种外部力量接受了会展项目经理工作的人,还包括新提拔和新录用的项目经理以及那些有意愿与潜力成为项目经理的人。会展项目经理的发展不等同于其职业发展,实质是其会展项目管理业务能力的提高与发展。采取的发展途径不外乎如下四种。

1. 自我学习

自我学习是会展项目经理提高自身能力的重要方式。自我学习的方式有：阅读相关书籍和专业杂志。最近创办的非信息性杂志以及一些报纸的会展专刊是会展项目经理自我修炼的必读材料；选择你认为值得作为学习模范的人，主动拜访他，由他介绍你认识行业前辈，指引你的发展道路。经常上网、建立QQ群、微博、微信或相关BBS（电子公告牌系统）上交流，寻找新知识、新技术，对工作有很大的助益。总之，"终身学习"是会展项目经理的必然选择，否则就会在激烈的竞争中遭受淘汰。

2. 培训学习

培训学习主要是项目管理和综合管理知识的培训，涉及管理学、经济学、行为科学、系统工程、计算机、外语等基础学科，以及领导、沟通、激励、团队建设、风险管理等专门知识。通过培训，使其具备成为一个合格的项目经理所必需的知识素质和管理素质。可以通过在职培训、专业资格认证或学历教育等方式进行。

3. 技能实操

技能实操主要是通过特定典型的会展项目管理实践考察，引导项目经理将相关知识应用于解决会展项目的实际问题，以此丰富和发展项目经理在项目管理、人际关系、情境领导、沟通与谈判、客户关系和咨询以及克服风险与创新、战略眼光等方面的技能，培养既懂技术又懂管理的复合型项目经理。主要通过实操训练进行。

4. 职位晋升

优秀的组织一定会设置好员工晋升途径和职业前途。不然，借以时间，面对无望的前景，很难激发员工的行为表现和工作绩效，而这与项目化时代背景中项目突出位置也是不相适应的。一方面，可以引导技术出身的会展项目经理，更多地将时间置于会展项目管理中，而不再因为其项目管理公务，影响其技术发展而产生后顾之忧；另一方面，进一步帮助项目经理尽快转变角色（见图3-5）。将其更多的时间用于处理人际关系及管理工作，确保会展项目的成功，借助集体利益的实现，体现自身的管理价值。

图 3-5　项目经理角色的转变

（据王起静.会展项目管理[M].北京：中国商务出版社，2011：112）

案例

项目经理的素质与角色[①]

汤姆是一个目标管理的强烈支持者。他主张用目标的方式来定义所有的工作任务，

---

① 纪燕萍.中外项目管理案例[M].北京：人民邮电出版社，2002：53.

然后让下面相关的人来制定必要的过程和方法。工作问题可以找他咨询,但项目组的人发现他不愿意涉及工作的细节。汤姆当了一个月项目经理之后,其分部主管约翰发现情况明显不妙。两个项目任务没法按时刻表完成,一两个阶段的进度有可能滞后。分部主管走访了项目现场,与项目组中的两三个核心成员交谈后,得知项目组一致认为,汤姆不清楚他要监督的工作,没有担当好经理人员的角色,汤姆拒绝明晰目标是如何完成的,在特定的任务没有完成时,让员工个人来承担责任。由此,员工对缺乏指导感到很沮丧,而且怀疑汤姆的能力——即使他愿意提供指导。

项目经理在组织中扮演何种角色关系项目的成败。项目经理有多项职能。但最重要的职能就是保证组织的成功。对于已经确立的目标和计划,严格执行有必要的;而且项目经理不能仅仅在项目开始的时候履行领导职能,制定好目标和任务,然后就希望小组中的其他人按照最初的指挥去完成任务,在整个项目生命周期中,项目经理要对项目的情况有全面和深入的了解,分析和解决问题,才能监督和控制项目的进度,保证目标的无成①。

案例分析

第三节　会展项目团队

会展项目团队建设的目的在于借助团队平台及其管理,增进项目成员创造力,提高团队的工作效率,完成会展项目目标。会展项目团队要遵循科学的方法组建,并以冲突管理作为其管理的重要内容。

一、会展项目团队的概念和特征

(一)会展项目团队的概念

斯蒂芬·罗宾斯认为,团队是指一种为了实现某一目标而由相互协作的个体所组成的正式群体。这一定义突出了团队与群体不同,只有正式群体才能是团队。麦肯锡顾问卡曾巴赫(Katzenbach)则从团队的任务角度提出团队的含义:"团队就是由少数有互补技能、愿意为了共同的目的、业绩目标而相互承担责任的人们组成的群体。"侧重于将构成要素作为团队的根本性特质。

会展项目团队是围绕会展项目目标的实现而建立的具有共同规范,介于组织和个人之间的一种临时性的项目组织。可见,会展项目团队不同于会展项目组织,团队是更具体地执行会展项目的紧密型群体,而组织是在更大范畴的会展项目管理的相关机构。一般

---

① 纪燕萍.中外项目管理案例[M].北京:人民邮电出版社,2002:53.

地,组织(执行)一次会展项目,先要明确其所属的管理组织部门。在组织中寻求资源,也包括项目本身。而后围绕项目任务再组建团队。项目从何而来？固然是从市场中来。但十分重要的是,需要原有组织确认、重视、认可。因此,从会展项目管理而言,先有组织,后有团队。

会展项目团队组建对于会展项目十分重要。它不仅能迅速解决会展项目管理所需人力资源,而且使来源多样性的团队成员短时间内融合并形成一个整体,建立起会展项目发展的有效平台。会展项目团队的工作就是团队成员为实现会展项目目标而进行的协调、配合、沟通等方面的努力。因此,其形成应具备目标的一致性、成员之间的协作性以及利益的共享性等条件。

（二）会展项目团队的特征

会展项目团队成员来源广泛,通常情况下是一些从未在一起工作过的人员组成,与传统的项目团队相比,除了具有临时性、高效率等之外,还具有以下特征。

1. 成员来源的广泛性

会展项目团队成员来源较为广泛,特别是大型会展项目需要多个组织和成员的参与。例如1999年昆明世博会是我国政府承办的第一次国际大型活动。1996年,中国政府成立了以国务院副总理李岚清为主任,由云南省政府、外交部、国家旅游局等18个部门参加的组委会,并在昆明设立了组委会的执行机构和云南省政府的办事机构——云南省园艺博览局。

2. 成员工作的双重性

会展项目团队成员多为兼职者,除兼职会展项目的工作外,还有自己本身的工作。例如大型体育赛事活动有非常多的志愿者参与,包括医生、科技人员、学生等。

3. 成员工作的变动性

会展项目团队成员在会展项目周期所处的各个不同阶段变动较大。

4. 经理权力的有限性

会展项目经理对团队成员没有足够的正式行政权力,有些项目团队成员的级别比项目经理高。在这会展项目经理一节有详细说明,此不赘述。

二、会展项目团队的发展阶段

B. W. 塔克曼(B. W. Tuckman)提出了团队发展的四阶段模型,定义了团队发展的形成(forming)、震荡(storming)、规范(norming)和执行(performing)阶段[1]。有学者将会展项目发展阶段划分为组建、磨合、正规、成效、解散五个阶段[2],认为,每个阶段都具有自己的特点,团队成员应在会展项目经理的领导下,尽快适应工作。项目经理要根据不同阶

---

[1] 杰克·吉多,詹姆斯·P.克莱门斯.成功的项目管理[M].张金成,译.北京：电子工业出版社,2008：333-336.

[2] 吴虹.会展项目管理[M].重庆：重庆大学出版社,2007：180.

段的特点对项目成员进行领导。基于此,杰弗里·K.宾图(Jefdfrey K. Pinto)增加了名为"中止"(adjourning)的最后阶段。他认为该阶段是随着项目的完成或团队成员的重新分配而解散的最后阶段[①]。

本书根据会展项目团队的实际,将其发展阶段划分为初建、磨合、规范、实施和解散五大阶段,如图3-6所示。

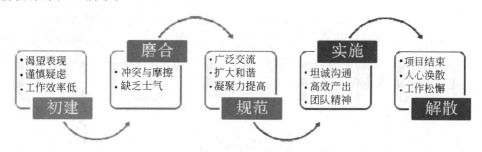

图3-6　会展项目团队发展阶段及其特征

(一)初建阶段

初建阶段是会展项目团队发展的起始阶段,它使个体成员变为团队成员。这时成员开始互相了解、互相认识,渴望表现和展示自己的能力,积极定位各自在团队中的角色,逐渐熟悉会展项目的目标和自身任务,同时对与其他成员和睦相处存在疑虑,工作效率较低。在此阶段,会展项目经理发挥着重要作用,需向团队成员介绍项目背景、目标和任务,说明项目团队的内部框架,解释团队与组织内各部门的关系,明确成员的岗位职责、承担的角色,并在团队成员的协助下确定团队内部的行为准则,指导项目班子成员工作,使每个人都对具体活动负责。

(二)磨合阶段

团队成员明确了项目的工作目标以及各自的职责后,开始执行各自分配到的任务。但在实际工作中,逐渐显露出冲突和摩擦。会展项目发展进入以解决这些冲突和摩擦为特征的磨合阶段。

在此阶段,随着项目目标更加明确,每个团队成员所扮演的角色、职责和权限进一步明确,团队开始缓慢地推进工作,同时各方面的问题逐渐暴露出来,如项目任务比预计更艰难、更繁杂,团队成员之间由于立场、观念、方法和行为等方面的差异,难免产生人际关系紧张、配合困难等问题。团队成员与周围的环境之间也会产生不和谐,如会展项目在运行过程中需要与项目其他部门协调各种各样的关系,在协调中会遇到各种各样的困难。此时,会展项目经理要进行正确安抚与引导,促使冲突及时化解,缩短磨合期,细化工作标准,在冲突与合作中寻找理想的平衡。

---

① 杰弗里·K.宾图,鲁耀武.项目管理[M].赵玲,译.北京:机械工业出版社,2010:172.

（三）规范阶段

经受磨合期考验之后，会展项目团队开始步入规范发展阶段。项目团队成员适应了工作环境，相互信任，学会包容，工作目标和任务更加明细，大量地交流信息、观点和感情，合作意识增强；同时，项目规程得以改进和规范化，项目管理制度极大完善。因而，团队成员之间、团队与项目负责人之间的关系趋于和谐，项目团队的凝聚力开始形成。

在此阶段，项目经理应鼓励团队建立一个创造性的工作模式，尽量减少对具体工作的干扰，采取措施鼓舞人心，以保持团队发展的势头，积极参与团队成员的活动，注意团队文化建设，责任划分及资源配置等问题。

（四）实施阶段

经过前面阶段，团队完全确立了行为规范和工作方式。团队成员有集体感、荣誉感和归属感，能够开放、坦诚、及时地进行沟通，能够集中集体智慧作出正确的决策、解决各种困难和问题，项目团队达到最佳状态，成为会展项目发展的良好保障。团队精神和集体的合力在这一阶段得到了充分的体现，每个团队成员在这一阶段的工作和学习中都取得了长足的进步与巨大的发展。相互的理解、高效的沟通、密切的配合、充分的授权，这些宽松的环境加上队员的工作激情使得这一阶段会展项目取得突出成绩。

在此阶段，项目经理应对团队成员授予充分的权力，鼓励团队成员发挥自己的主动性、积极性和创造性，在必要时对某些队员的工作任务进行指导。

（五）解散阶段

随着会展项目的结束，项目团队面临解散，团队成员人心涣散，各自谋划未来出路，这时必须改变工作方式，采取更加人性化的管理方式，项目负责人要告诉各成员还有哪些工作需要做完，促使各成员完成最后的任务。

在解散阶段，项目负责人最好采用措施收拢人心，稳住队伍，克服工作松懈的局面，保持工作效率，同时，也要考虑成员以后工作安排的问题；最后以会展项目总结会的形式，表彰先进，激励后进，建立今后项目成员联系方式。

必须指出的是，在会展项目团队发展的实际工作中，由于会展项目的特点，通常并没有很长的时间来支持团队的"形成"和"磨合"，需要一成立就高效、规范地开展工作，这就要靠两个方法来保证：一是在项目负责人和成员的选拔上（详见会展团队组建的方法），要考虑各自的组织背景、工作经验、职业背景、教育背景、年龄、性格和性别等，对有项目管理教育背景和工作经验的人优先考虑；二是通过灵活、高效的项目启动会议，尽快使项目团队进入规范化阶段。

三、会展项目团队的组建

（一）组建的原则

建立两个人的密切关系尚需时日，组建有效的会展项目团队更非易事。有效的会展项目团队绝非人们一般所想象的,只是将相关成员召集起来的简单工作,而应该以有效的协作作为其组建的根本导向。实际上,团队协作失败主要是由于缺乏协作的意识和知识,并非缺乏协作的决心所造成的。因此,确立会展项目团队组建的根本原则尤为重要。

1. 明确会展项目目标

有效的项目团队需以明晰化的项目目标为前提。故会展项目团队的组建,首先是遵循会展项目目标管理的原则。高度明确工作范围、质量标准、预算和进度计划,使团队成员从一开始就十分明确将要实现的目标,激发其责任感,并由此产生对项目目标的承诺,使团队成员对实现项目目标以及由此带来的益处产生共同期待。总之,建立团队协作应从定义团队目标并且概括完成目标所要求的各种角色和责任开始。

2. 制定共同的行为准则

团队是多人组成的集体,其维护必须以共同的行为准则为基础。制定共同的行为准则,不仅有利于提高项目团队的协作能力,更有利于提高团队成员的工作效率。在设定这些行为准则时要考虑如下方面:客户关系,公司财产的个人使用与保管,出勤率和工作时间,安全,质量标准,等等。

制定共同的行为准则,十分重要的是确定每位团队成员的角色和职责。让会展项目团队中每位成员参与制订会展项目计划,让其对所承担的工作有明确的认识,重视彼此的知识与技能,并能确定为实现该目标所付出的劳动,并要为该工作的完成承担应有的责任。

3. 高度互信与互助

有效的会展团队,其成员理解彼此之间的相互依赖性,承认团队中的每位成员都是会展项目成功的重要因素;有效的会展团队深信每位成员都希望做他们要做的和想做的事情,而且会按预期标准完成。因此,会展团队的组建,力图构建高度互信的氛围,充分鼓励自由地表达不同的意见,通过建设性的、及时的反馈积极地正视问题和解决问题。在团队环境中,相互尊重、共同促进,实现高度的合作互助。建立开放畅通、开诚布公的沟通机制,提高团队的协作效率。

4. 铸造团队精神与协作信念

会展团队是为了实现会展项目目标缔结的共同体,只有抱成一团,众志成城,方能克服困难,赢得成功。铸造团队精神与信念应该成为组建会展团队的尚方宝剑。为此,要克服由于各自职业和生活背景带来的"自我第一"意识,树立专业性紧密型团队发展理念;建构先进团队文化,让文化精神引领团队自强不息;永远不要让团队成员做他们不愿意做的事情;资源共享;营构团队浓郁的协作风气,激发团队成员创造力和活力。

(二)组建会展项目团队

会展项目团队该寻觅和使用怎样的人,方能以最高效率取得项目的成功?一方面需充分考虑团队使命与任务、围绕使命形成的共识、不同角色及其融合共事;另一方面需深入研究会展项目的利益相关者,在保障利益相关者的利益的同时,明确团队的责任。此外,为取得项目的成功,还需要最大限度消除阻碍项目的不利因素(反向利益相关者),最大限度促进项目与社区的合作。例如,2016年芝加哥申办奥运会的失败就与 No Games Chicago 组织密切相关[①]。

1. 会展项目团队的组建方法

(1) 任务导向法

该方法的逻辑思路是,明晰任务—研究任务需要的技能—具体目标和工作程序—物色团队人选。

这一建设途径,强调团队要完成的任务。按照这一途径,团队必须清楚地认识到某项任务的挑战,然后在已有的团队知识基础上研究完成此项任务所需要的技能,并发展成具体的目标和工作程序,以保证任务的完成。

卡特森伯奇(Katzenbach)及史密斯(Smith)强调,在表现出色的团队中,这一途径尤显重要。为此他们在现实组织环境中找出了建设高效团队的八条基本原则,建设以任务为导向的团队(见表3-4)。

表3-4 任务导向团队建设的八条原则

序 号	基 本 原 则
1	确定事情的轻重缓急,并确定指导方针
2	按照技能和技能潜力,而不是个人性格选拔团队成员
3	对第一次集会和行动予以特别关注
4	确立一些明确的行为准则
5	确定并且把握几次紧急的、以任务为导向的目标
6	定期用一些新的事实和信息对团队成员加以考验
7	尽可能多的共度时光
8	利用积极的反馈、承认和奖励所带来的力量

(2) 价值观共识法

许多人认为,团队建设的核心是,在团队成员之间就共同价值观和某些原则达成共识,因此,团队建设的主要任务是建立上述共识。魏斯特(West. M. A)提出了形成共识的五个方面(见表3-5),并以此作为组建团队的方法。

表3-5 团队价值观共识的五大方面

明确目标	必须明确建立团队的目标、价值观及指导方针,而且经过多次讨论
鼓动性价值观	这些观点必须是团队成员相信并且愿意努力工作去实现的
力所能及	团队共识必须是团队确实能够实现的——确定不现实或无法达到的目标是没有用的,因为这只会使人更想放弃

[①] Amy Rundio a, Bob Heere. The battle for the bid: Chicago 2016, No Games Chicago, and the lessons to be learned[J]. Sport Management Review. 2016(19): 587-598.

续表

取得共识	所有团队成员都支持这一观点是至关重要的,否则他们可能发现各自的目标彼此相反或无法调和根本冲突
未来潜力	团队共识必须具有在未来进一步发展的潜力。固定的、无法改变的团队共识是没有意义的,因为人员在变、组织在变,工作的性质也在变,需要经常重新审视团队共识,以确保它们仍然能够适应新的情况和新的环境

(3) 角色界定法

贝尔宾(Belbin)1981年提出一组8人角色,后来又对角色的名称做了修改,如"主席"换成了"协调者","公司工人"换成了"实施者",但是这些角色本身的意义基本没变。贝尔宾是通过一系列模拟练习得出上述角色的。贝尔宾证明说,成功的团队是通过不同性格的人结合在一起的方式组成的,另外,成功的团队中必须包括担任不同角色的人(见表3-6)。

表3-6 团队角色及其行动与特征

角 色	行 动	特 征
主席(协调者)	阐明目标,帮助分配责任和任务,为群众做总结	稳重,智力水平中等,信任别人,公正,自律,积极思考,自信
左右大局者	寻求群体讨论的模式,促成群体达成一致,并作出决策	稳重,智力水平中等,相信别人,公正,自律,积极思考,自信
内线人	提出建议和新观点,为行动过程提出新视角	个人主义,慎重,知识渊博,非中统,聪明
监测/评估者	分析问题和复杂事件,评估其他人的成就	冷静,聪明,言行一致,公开客观,理智
公司工人	把谈话和观念变成实际行动	吃苦耐劳,实际,宽容
团队工人	为别人提供支持和帮助	喜好社交,敏感,以团队为导向,不具决定作用
资源调查者	介绍外部信息,与外部人谈判	有求知欲,多才多艺,喜好社交,直言不讳,具有创新精神
实施者	强调完成规定程序和目标的必要性,并且完成任务	力求完美,坚持不懈,勤劳,注重细节,充满希望

(4) 人际关系法

人际关系法的逻辑思路是,心理学实验—良好交流、沟通实验、培训—发展高程度的理解和尊重。该途径通过在成员间形成较高程度的理解与尊重,来推动团队的工作,T-小组训练即是这类途径的早期方法。这类途径主要是在心理学的实验依据基础上通过开展良好的交流、沟通类型的实验与培训加以实现。

上述四种途径虽各有偏重,如价值观途径强调的是长期团队的培养,任务导向途径则适用于短期团队的培养。但它们的一个共同之处在于均是孤立地对团队建设进行研究,抛开团队环境研究团队建设。团队运行时必然是处在一定的组织(或群集)之中,团队建设不仅仅是团队自身的事情,作为组织间协调的参与者,它还要从组织(或群集)的角度考虑其建设问题,否则,其建设的结果未必适应组织(群集)的需要,从而也就失去其合作的最大价值并失去合作机会——这同样是团队建设的重大失败。组建会展项目团队,很重要的环境就是其广泛的利益相关者(这也是会展项目特征所在),只有与利益相关者密切合作,并形成利益共同体的会展项目团队,才能成为有所作为的团队。因此,对会展项目团队的组建,还必须充分理解利益相关者的诉求与权利,同时掌握项目利益相关者管理要素及其关键问题。

2. 利益相关者分析

由于具体的展会涉及组展商、中介机构、参展商以及产业支持系统等各方面因素,因此,任何展览项目都有其复杂的利益相关者。项目团队的工作职责之一,就是协调项目利益相关者的关系,促使项目利益的最大化和利益相关者各自利益优化。因此,进行利益相关者分析十分重要。

(1) 会展项目利益相关者及其权利

通过对国内外文献的梳理,得到了国内外学者认同度较高的多个利益相关者,即政府、组展公司、场馆企业、会展相关企业(如展台设计、运输和搭建企业)、酒店、餐饮、交通以及旅游企业、会展行业协会、组展公司竞争对手、参展商、参展观众、会展举办城市、媒体、社会公众、环保组织、宗教团体、教育机构。通过对身边接触的会展相关企业中高层管理人员、会展相关学者以及其他参加过会展的企业人员的咨询,大致得出了我国的九类最主要的利益相关者,分别是政府、会展公司、会展相关企业(如展台设计、运输和搭建企业)、酒店餐饮、交通以及旅游企业、场馆企业、会展行业协会、参展商、参展观众[1],九类利益相关者的分类及其权利分析如表 3-7 所示。此外,研究表明,了解东道主对节日影响的动态和多样的看法与态度,可以帮助策划者确保活动规划和管理的有效性[2]。

表 3-7 会展项目利益相关者权利分析

利益相关者类别	利益相关者	相关权利
核心层利益相关者	政府(工商、税务、安保、检疫等)	我国会展业现阶段处于政府主导的发展模式,没有完全以市场化模式发展。政府除了直接利益需求和权力拥有者,其间接作用和影响也非常大
	会展公司(策划、组展、管理等)	策划和组织展会,对各个会展利益相关者都有较全面的考虑,如对参展商的参展商品的限制,对参展商的摊位费用的合理制定等都说明其有较大的维护其利益的权力
	参展商	通过支付会展费用,从组展公司获得其相应的权力,也具有对其利益进行维护的较大的权力,显然也是关键利益相关者

---

[1] 张正义,贺佳雨. 我国会展业利益相关者界定与分类研究[J]. 企业研究,2010(12):91-92.
[2] Jing Hana, Wang W H, Zheng C H, et al. Host perceptions of music festival impacts: time and space matter? [J]. Asia Pacific Journal of Tourism Research, 2017(9):1-4.

续表

利益相关者类别	利益相关者	相 关 权 利
核心层利益相关者	参展观众	通过购买门票获得相应的权力转移
次核心层利益相关者	场馆企业	场馆企业和组展公司之间签订协议后就将企业的权力转移到组展公司,没有较大权力维护自身利益
支持性利益相关者	会展业相关企业(广告、展台设计、物流和搭建企业等)	同场馆企业一样,只拥有利益兴趣而无较大权力
	会展行业协会	具有较大的权力但没有直接的利益要求,属于权力大、利益兴趣小的利益相关者
边缘性利益相关者	社会公众	直接利益和权力都较小的利益相关者
	酒店餐饮	
	交通及旅游企业	

(据张正义,贺佳雨,2010.有改动)

(2)项目利益相关者的管理要素

识别:识别所有的项目利益相关者及其在项目中的利益。

参与的层次:明确利益相关者在会展项目中参与的层次和深度。

积极调查:确定利益关系及冲突来源。

化解冲突:迅速用一种双方可以接受的方法解决利害关系和冲突。

导入项目统筹:保持将项目置身于利益相关者和公众完全接受的情况下运行。这种积极的项目利益相关者管理有助于项目团队的发展。

(3)利益相关者管理的关键问题

总之,会展项目利益相关者多且对于项目团队发展极为重要,因此,在团队组建中应自觉融入利益相关者视角。对利益相关者管理的关键有如下四个方面。

明晰利益相关者主体——是谁,主次分别有哪些。

确立利益相关者的利益或权利——采取充分酝酿和协商的办法,构建会展项目的利益共同体。

细化项目团队的义务和责任——面对利益相关者,充分利用利益相关者优势,展现会展项目团队的作为和贡献。

项目团队如何协调利益相关者——协调方式、路径与机制等。

综上所述,会展项目团队形成的判断标准,就不仅仅是团队自身封闭式的组合问题,而是一个涉及团队成员来源与构成,并涉及项目所在的利益相关者的系统环境问题,会展项目团队不只是一个静态的一次性组建过程,而是伴随项目任务变化尤其是与利益相关者关系变化的多次往复的组建过程。这样,会展项目团队形成的判断标准就不仅需要考虑团队成员的关系,还需要深入综合地考虑组织环境、市场环境与会展项目利益相关者的关系协调等问题(见表3-8)。

表 3-8　会展项目团队形成的判断标准

		团　队	非　团　队
内部		所有成员具有强烈的集体意识。以团队成员身份为荣,具有强烈的归属感	成员不或者不完全把自己看作其中的一员
		所有成员均以会展项目的目标为自身工作的首要目标	成员之间按特定利益划分成多个小团队
		团队成员之间团结合作,彼此尊重,充分交流,信息共享	成员之间信任度不高,或互相猜忌,不互相信任,沟通不畅,信息难以共享
		团队成员发挥自己的作用,并在自己负责的工作中形成工作的核心角色	只有少数人担任工作的核心角色
		团队成员愿意在自己的权利和职责范围内作出决定与承担责任	团队成员害怕承担责任而尽量避免作出决定,一旦遇到问题就推诿或上交
		所有成员愿意在任何时候任何地点进行与项目有关的工作,愿意加班,愿意出差	接受工作讲究条件,上下班时间划分清楚
		团队成员共同的行为规则和规范	没有明显的行为规则与规范
外部		对相关组织的融入与对接;洞察市场环境变化,并采取团队组织的相应措施。例如增加技术人员等	僵化的团队组织,没有应对市场环境的有效对策
		利益相关者关系紧密,利益共享,构建项目以利共同体,利益相关者关系协调良好	偏向单方面的利益尤其是团队利益,与利益相关者协调不时出现问题

案例

昆明进出口商品交易会的利益相关者

经国家商务部批准,由重庆、四川、云南、贵州、广西、西藏、成都七方人民政府联合举办,海内外多家单位协办的 2006 年中国昆明进出口商品交易会(以下简称"昆交会")定于 2006 年 6 月 6 日至 10 日在昆明国际会展中心举行。

本届交易会以东南亚、南亚为重点,以进出口贸易与对外经济技术合作和招商引资展相结合。具体包括一般商品进出口、技术进出口、边境贸易、国内外招商引资及经济技术合作项目洽谈等。2006 年昆交会设烟草、信息产业、机电、建材及装饰材料、医药及保健品、农产品、化工矿业、纺织服装 8 个商品专业馆,同时设立东盟国家来展、南亚国家来展、招商引资、边境贸易 4 个专题馆。把该次交易会当作一个项目进行项目管理,通过分析,得到表 3-9 所示主要项目关系人。

表 3-9　主要项目关系人

项目关系人	对交易会的期望利益		对交易会的影响		管理措施（利益相关者管理）
	领　域	大小	领　域	大小	
参展商	交易会的影响力、观众数量	5	参加展览、对交易会的评价	5	大力推广、努力邀请国内外的投资人和采购商参加,阐明交易会的影响力
承办方管理层（云南省政府）	交易会的声誉、影响力、有效推动全省经济发展的促进作用等	3	决定项目能否实施,决定资金投入	3	阐明对云南省的好处,说服高层领导大力支持

续表

项目关系人	对交易会的期望利益		对交易会的影响		管理措施（利益相关者管理）
	领域	大小	领域	大小	
协办方	对本省经济发展的贡献,得到较多的交易会名额等	3	不积极组织本省有关单位参展	3	事先阐明协办方和主办方是利益共同体
新闻媒体	新闻题材	1	宣传力度和对交易会的评价	2	一定的经济支持,与记者的良好沟通
旅行社	为国内外的采购商提供旅游服务	3	旅游服务质量是交易会质量的一个重要方面	3	挑选旅游服务质量好的旅行社作为本次交易会的特约商,并向参展商和采购商推荐
进出口商品检验检疫局	所有的参展商品均符合规定	3	参展的商品不能展示	3	在邀请函中明确提出对参展商品的检验检疫的注意事项
举办地工商局	参展商和采购商符合国家规定	2	手续不全,不能参展	2	报名参加交易会的过程中邀请工商部门参与
税务部门	是否按照国家税法的规定缴纳有关税金	2	罚款或禁止参会	2	邀请税务机关参加报名过程及展会过程
交通运输部门	提高交易会期间的运输量	2	服务质量差引起的客人不满意	3	通过招标的方式采购,运输服务商(包括飞机、汽车)为交易会提供运输服务
饭店、宾馆	交易会期间提高入住率	2	服务质量差引起参加交易会的国内外客人对交易会不满意感	3	通过招标的方式采购不同级别的酒店为交易会提供服务
市政府	本市有关企事业单位积极参加交易会,推动本市经济发展	3	交易会配套不能很好地为交易会提供支持	3	阐明市政府和省政府是利益共同体
公安局大型活动保卫部门	交易会期间不能出现安全事故	3	有可能关闭交易会	3	提前与该部门商量安全保卫事宜,并向他们提供及时的交易会信息
公交系统	在交易会附近不发生严重的塞车现象	1	公共汽车在展览场地附近影响交易会的正常举行	1	要求展会保安派人专门负责交易会附近的交通疏导,并提前与公交公司通报交易会的举办时间、地点等信息
公安局出入境管理处	国外的采购商严格遵守我国出入境管理规定	2	采购商不能按交易会举办时间正常入境	3	在采购商邀请函中说明我国出入境管理规定
交易会组织管理者	体现个人和团队的能力,一定的经济报酬	2	直接管理者对项目的影响贯穿全过程	3	团队内部分工合作,有机协调,合理的经济和精神激励机制
会展场地附近居民	噪声、影响正常交通	1	通过相关部门进行干涉	1	通过宣传事先取得理解或忽略不管

续表

项目关系人	对交易会的期望利益		对交易会的影响		管理措施
	领域	大小	领域	大小	（利益相关者管理）
观众	票价高低	1	扰乱会场秩序	1	出售专门的一般观众门票，并安排专门的人员负责维持一般观众的秩序
场地出租者	经济利益	2	租赁费高低，对场地使用的限制	2	争取较低价格，签订租赁合同以防有变

（吴虹.会展项目管理.重庆：重庆大学出版社，2007：22-24.）

第四节　会展项目人力资源管理

人力资源管理是 20 世纪 70 年代以来被广泛关注和使用的一种管理职能。它要求一个组织通过不断地获得和提升人力资源，认识和开发人力资源的各种潜能，保持并激发他们对于组织的忠诚和贡献，为现实组织目标服务。

一、会展项目人力资源管理概述

（一）会展项目人力资源管理的概念

相对于人力资源的概念而言，项目人力资源管理的概念出现较晚，是最近几年才发展起来的。显然，项目人力资源管理也属于人力资源管理范畴，只是其管理的对象是项目所需人力资源。项目人力资源管理的主要内容，包括项目的人力资源规划、开发、合理配置、准确评估、适当激励、团队建设、人力资源能力提高及人力资源监督与控制等方面。这种管理的根本目的是充分发挥项目团队成员的主观能动性，实现既定的项目目标和提高项目效益[1]。

会展项目人力资源管理，就是根据会展项目目标，采取科学方法，对会展项目组织成员进行合理的选拔、培训、考核、激励，使其融合到会展团队中并充分发挥其潜能，从而保证高效实现会展项目目标的过程。

（二）会展项目人力资源管理的特点

通常项目组织以项目团队为最基本形式，团队全体成员必须通过互助合作才能完成任务和现实项目目标。会展项目团队的特性决定了会展项目人力资源管理与一般人力资源管理的差异性，突出表现如下。

1. 团队性

因为会展项目是以会展团队为组织形式完成的，会展项目绩效在很大程度上取决于团队精神和团队合作以及团队的工作与管理模式。因此，会展项目团队组建就是其人力

---

[1] 戚安邦.项目管理学[M].北京：科学出版社，2008：342.

资源管理的首要任务。会展项目人力管理中的组织规划设计和人员配置与开发,都应该充分考虑项目团队建设的需要。

2. 阶段性

会展项目从决策、实施到收尾,其任务是逐渐展开和结束的,所以项目团队的成员人数亦逐步增加或减少。围绕具体任务的需要,项目团队成员既不是同时到齐,也不是同时一起退出团队的。伴随会展项目从策划、组展、布展直至现场活动的环环展开,其人力资源管理也明显体现出阶段性,进行不同人力资源的配置,这与固定组织和团队的人力资源管理具有很大不同。应针对不同时段的任务性质及其要求,进行不同类型人力资源的安排与使用。例如,在设计阶段,项目的主要任务是控制设计的质量和进度、控制设计的概算和预算,需要较多的项目管理人员而较少的现场管理人员;项目进行到施工阶段以后,又需要补充和加强施工现场管理人员。

3. 灵活性

由于会展项目团队是一个临时性组织,在项目开始时成立,在项目结束后解散,决定了其人力资源管理灵活性的特征。因此,项目人力资源管理比较一般组织的人力资源管理具有更大的灵活性。团队初建阶段需侧重行为准则的制定,磨合阶段应以冲突化解为主要管理任务,规范阶段尤其需要扩大交流,实施阶段体现激励的作用,而解散阶段可更多体现人文关怀,等等。

二、会展项目人力资源管理的内容

天时、地利、人和一直被认为是成功的三大因素。其中,"人和"是主观因素,显得更为重要。在项目管理中"人"的因素也极为重要,因为项目中所有活动均是由人来完成的。如何充分发挥"人"的作用,对于项目的成败起着至关重要的作用。项目人力资源管理中所涉及的内容就是如何发挥"人"的作用。

与一般生产运营组织人力资源管理的内容有所不同,会展项目人力资源管理的基本内容包括如下四大方面[1]。

(一) 项目人力资源的规划

项目人力资源的规划,包括项目的组织规划和人员配备(管理)计划两大部分内容。此规划是会展项目整体人力资源的计划和安排,是按照会展项目目标通过分析和预测所给出的项目人力资源在数量上、质量上的明确要求、具体安排和打算。

其中,项目组织规划的具体工作包括项目组织结构设计、项目组织职务与岗位分析和项目组织工作的设计。项目组织设计主要是根据项目的具体任务需要(如项目工作结构分解),设计出项目组织的具体组织结构,如项目组织分解结构(OBS)职务与岗位分析则是通过分析研究确定项目实施与管理团队中的特定职务或岗位的责权利或角色、任务与责任三者关系;项目组织工作的设计是指为了有效地实现项目目标而对各职务和岗位的

---

[1] 戚安邦. 项目管理学[M]. 北京:科学出版社,2008:343-344.

工作内容、职能和关系等方面的设计。

人员配备(管理)计划则是在项目组织规划的基础上,进一步结合项目实施计划,对组织所需要的各种人力资源的获得与离开时间进行的总体规划和安排,是对人力资源的动态管理计划(详见本节的第三部分)。

（二）项目人员的获得与配备

项目组织通过招聘或其他方式获得项目所需人力资源,并根据所获人力资源的技能、素质、经验、知识等进行工作安排和配备,从而构建一个成功的项目团队(详见本节的第四部分)。项目人员的获得主要有两种方式：其一是内部招聘,这种方式采取工作调换或其他方式在会展项目组织内部如会展企业自身获得项目所需的人员；其二是外部招聘,这种方式通过广告和各种媒体宣传,人才市场和上网招聘等方式,从会展项目组织外部如其他会展企业获得项目所需的人员。由于项目的一次性和项目团队的临时性,项目组织的人员获得与配备和其他组织的人员获得与配备不同,呈现其多次性和阶段性特征。

严格地说,项目团队成员的获得是指通过各种途径获取完成项目所需要的人力资源并组成项目团队的过程,这是会展项目人力资源管理中非常重要的一项基础性工作。其目标是确保会展项目组织能够获得所需要的人力资源。而项目团队成员的配备是指赋以会展项目团队成员合适的工作和实现项目团队成员的科学配置,以保证会展项目团队成员互相匹配和协调。

（三）项目团队的开发与建设

这是在会展项目实施过程中,不断提升项目团队成员的能力,并致力改善团队成员间合作关系而开展的持续性活动。其工作的主要内容包括项目成员的培训(详见本节的第五部分)、项目人员及团队的绩效评估、项目成员的激励、团队沟通和协调及其创造性和积极性的发挥等(详见本书相关部分),其目的是项目成员的能力得以充分开发和利用。其中人员培训是能力的开发,而绩效评估和激励是主观能动性与积极性的开发。

这项工作是贯穿整个项目全过程的一项日常的人力资源管理工作,它需要针对具体的项目、具体的项目团队、具体的团队成员去开展实际有效的管理工作。

（四）项目团队的管理与控制

这是在项目实施过程中对项目团队的绩效进行跟踪监督与控制的工作,属于事中和事后控制范畴。其目的是通过监控,不断总结经验教训并解决组织中存在的各种问题。项目团队的管理与控制的工作内容主要包括团队成员工作绩效的跟踪评价、评价结果的反馈、解决当前在团队中存在的问题和制订人力资源管理变更计划等。由于人力资源具有能动性、社会性等其他资源所不具备的特殊属性,因此,人力资源自身及团队成员间的关系等都将随着项目的实施而变化,必须通过跟踪评价与控制才能保证和提高项目团队的工作绩效。

总之,可以形象地说,项目的人力资源规划可以看作战场上的"排兵布阵",就是确定、分配项目中的角色、职责和汇报关系,明晰两大任务,即组织计划(重在角色和职责分配)、人员配备管理计划,最后以组织机构图描述团队成员之间的工作汇报关系。项目人员的获得与配备可以比拟为会展项目的"招兵买马",也就是根据人员配备管理计划以及组织当前的人员情况和招聘的惯例来进行人员募集。短缺或特殊的人员需要和组织进行谈判才能够获得。项目人员的获得与配备的工作以获得项目团队清单和项目人员分配为其结束标志。而会展项目人力资源管理的后两项工作,也就是项目团队的开发与建设、项目团队的管理与控制的唯一目标就是为了达到"团结就是力量"的项目人力资源管理效果。

会展项目人力资源管理工作的核心内容如图3-7所示。

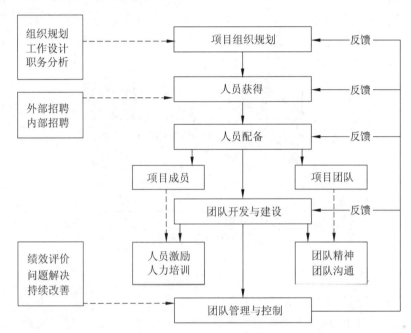

图3-7 会展项目人力资源管理工作的核心内容
(据戚安邦,2008)

三、会展项目人员配备计划

作为会展项目人力资源规划工作的内容之一,会展项目人员配备计划对于会展项目发展至关重要。合理配备项目人力资源不但有利于项目目标的实现,也有利于充分挖掘人力资源的潜力,降低人力资源的成本,不断地改进与完善项目组织的结构,提高项目团队的合作与协调。以下介绍会展项目人员配备计划的内容、原则、方法与工具。

(一)会展项目人员配备计划的内容

1. 人员招募计划

在计划招聘所需的项目成员时,项目管理团队必须回答很多问题。例如所需的人员来自组织内部还是外部?是否有足够多的人员拥有所需的能力或者是仍需培训?项目成员需要在固定地点工作或是远程分散办公?项目所需不同层次的专业技能成本如何?组织的人力资源部门能够提供给项目管理团队什么样的支持?可见,作为会展项目人员配备计划基础的人员招聘计划,除了明确成员来源即人力资源获得的途径之外,还涉及人员能力分析、工作方式、人力资源成本等十分深入而具体的问题。

2. 人力资源日历

人力资源日历是对会展项目日历在人力资源配置上的深化,是标明项目人员的可用时间的日历,即说明项目团队成员(个人或者集体)的时间安排,以及相关的招募活动何时开始。说明人力资源时间表的一种工具是人力资源柱状图或称负荷图如图3-8所示。这种柱状图表示出一个人、部门或者团队在每周或者每月需要工作的小时数。竖轴表示某个资源的每周工作的小时数。横轴表示该资源的日历,图中可以加入一条水平线,代表某种资源的使用上限(可以用小时数表示)。超出最大可支配时间的竖条表明需要对该资源进行平衡,如增加更多的资源或者将进度拉长。

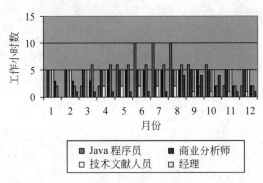

图3-8 人力资源柱状图

3. 人员遣散计划(人力资源释放安排)

事先确定项目团队成员遣散的时间和方法,对项目和组员都是有好处的。当已经完成任务的人员在适当的时候离开项目时,就不用再继续为其付人工费,从而降低项目的成本。提前将这些人员平稳地转移到新项目上也可以提高士气。

4. 培训计划

如果计划分配到项目中的人员不具备必需的技能,就必须制订出一个培训计划。这个计划也可以包含如何协助团队成员获得对项目有益的证书,从而促进项目的执行。培训计划是项目计划的一个分计划(详见以下相关内容)。

5. 表彰与奖励(激励制度)

明确的奖励标准和完善的奖惩系统将有助于推广与加强那些期望的行为。要想有效,表彰和奖励必须基于个人负责的活动与绩效。例如某人可以为达到成本目标而受到奖励,但同时他也应该对费用的支出决策有一定程度的控制权。在编制人力资源计划时,制订表彰及奖励计划作为它的一部分。表彰和奖励的实施是团队建设过程的一部分,最后要确保兑现奖赏。

6. 合规性(遵守的规定)

人员配备管理计划包括一些策略,以确保遵从相关的政府法律,如劳动法、规章、制度、劳动合同或其他与人力资源相关的法律法规和政策。

7．安全性（劳动安全措施）

针对安全隐患，为确保项目团队成员的安全而制定的政策和规定，应该列入人员管理计划和风险清单内。

（二）计划编制的原则

1．目标性的原则

这是会展项目组织人员配备的首要原则，即项目组织一切人员配备都必须为实现项目目标为中心。根据会展项目总体目标所需完成的工作需要，合理配置人员。与一般运营组织的人员配备不同，会展项目的人员配备不需要考虑组织的长远发展目标，而是更多地考虑会展项目本身的目标。

2．精简与高效的原则

项目组织在人员配备方面必须实现精简、高效的目标，即在项目组织人员配备上不允许为了多招人，必须以先进合理的定额和定员标准为依据，确定项目组织的人员配备，最大限度节省人力资源成本。会展项目组织中特别提倡兼职，一人一岗为主，多岗为辅，这是因为一个项目团队中的职能工作种类可能很多，但是每项职能工作的工作量可能较小。此外，在人员配备中还需要努力减少项目组织层次，精简项目组织机构，从而降低配备的人员数量，达到精简、高效和节约的目标。

3．比例合理的原则

比例包括专业技术工作人员和辅助工作人员的比例，管理人员和实施人员之间的比例关系，甚至男女性别的比例关系，等等。另外，对于一些特殊项目还需要合理地安排不同专业或工种的人员和不同管理人员的比例关系，从而使各个专业或工种之间的人员的比例也要实现合理的平衡，以减少和消除窝工和人力资源浪费的现象。

（三）制订人员配备计划的方法与工具

1．项目人员配备计划的主要方法

项目人员配备计划的主要方法有项目人力资源的需求预测、项目人力资源的供给预测以及项目人力资源的综合平衡等三种方法[①]。

（1）项目人力资源的需求预测

项目人力资源的需求预测是根据项目所需完成的任务、项目任务所需的组织结构、项目组织所需的各类职务和岗位等，最终预测得出项目的人力资源需求。项目人力资源需求的预测方法与一般运营组织的人力资源需求预测相比要简单一些（仅对小项目而言），除了像三峡工程这样的特大项目以外，项目人力资源的需求预测不用像一般运营组织的人力资源需求预测那样需要对人员的补充、提升、教育、退休、人才储备等各个方面都作出预测，因为项目组织是临时性的，所以它主要涉及的是当前项目人力资源需求的预测。

---

① 戚安邦.项目管理学[M].北京：科学出版社，2008：361.

(2) 项目人力资源的供给预测

项目人力资源的供给预测主要涉及两个方面：其一是项目组织内部的人力资源供给能力的预测，其二是外部环境为项目供给人力资源能力的预测。前者是关于现有企业或组织能够提供多少人的确定性预测，后者是有关外部环境人力资源供给方面的不确定性预测。这些预测最主要的方法是趋势外推法，即根据历史数据找出这两种人力资源来源的供给发展趋势，然后推断出项目需要的人力资源供给能力即可。同样，由于项目组织的临时性，它并不需要像一般运营组织那样去做未来生产工艺技术的发展预测和各类人员的长期供给能力预测等复杂的趋势预测。

(3) 项目人力资源的综合平衡

项目人力资源的综合平衡是指关于项目人力资源需求与供给的综合平衡。这种综合平衡的方法主要包括总量综合平衡的方法和结构综合平衡的方法。其中，总量综合平衡的方法用于从总体数量上综合平衡项目人力资源的供给和需求，但是不考虑项目管理人员与实施人员的平衡、不同专业或工种人员的综合平衡以及直接工作人员与辅助工作人员的平衡等人力资源构成结构方面的综合平衡。在总量综合平衡的基础上，人们就需要考虑使用结构综合平衡的方法使项目组织各项工作的人力资源实现局部的结构性的综合平衡。

2．项目人员配备计划的主要工具

(1) 责任矩阵

责任矩阵用于说明会展项目中的工作需要用到的人力资源及其责任（任务）。如表 3-10 所示，左边第二纵栏是以工作分解结构获得的工作单元，表的第一横栏是会展项目团队成员，而表内以不同符号表示出各个工作单元所对应的人员的工作责任，分为决定性决策、参与决策和执行工作三种责任，从而形成所谓的责任矩阵，十分清晰地表明了团队相关人员工作要求及其责任关系。

表 3-10　以几何图形表示的某城镇节日庆典活动项目责任矩阵

工作单元	刘　明 王建启 刘国强	王秀楠 李　健 申　利	侯　露 胡　军 白　莉	王　鸣 王大行 李之久	刘　可 苏　方	利　民 锁向国
文娱节目	●□	□	□	△	□	□
宣传	□		□	□△		
志愿者名单	△				●	
游戏			□□			△●
清洁		□		●	△	
保安			△●			
食品	□	●		△	□	
服务	□	△●	□			□□

注：△——决定性决策，●——参与决策，□——执行工作。

（2）人力资源甘特图

甘特图是美国学者亨利·L.甘特先生在 20 世纪初发明的一种最早的项目计划方法,这种方法使用棒图、条形图,通过活动列表和时间刻度形象地表示出任何特定项目的活动顺序与持续时间。由于甘特图形式简单,在简单、短期的项目中,甘特图都得到了广泛的运用。

尽管传统的甘特图常用于项目管理的进度计划和项目进度安排,但由于会展项目人力资源的使用也具有鲜明的阶段性,因此,借助甘特图,亦可反映人力资源在项目周期内各阶段用之于完成工作的使用分布情况,如图 3-9 所示。

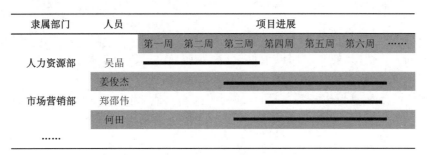

图 3-9　会展项目人力资源甘特图

（3）人力资源需要负荷图

人力资源需要负荷图给出项目周期内的各个阶段所需要的人力资料的数量。例如图 3-10 表示了某会展项目在会展举办的 5 天现场期间需要的人力资源情况,其中会展开幕式和撤展时需要的人员增多[1]。

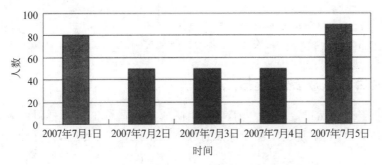

图 3-10　会展项目的人力需要资源负荷图

（4）人力资源需求曲线

人力资源需求曲线的绘制方法是以时间为横坐标,以人员数量为纵坐标,根据时标网络图中各项目工作的起止时间及各项目工作所需人力资源数量,统计出各时间段内所需的总人数,并用折线表示出来。

图 3-11 中字母 A、B、C、D、E、F、G、H 表示项目工作的代号,字母后面的数字表示该

---

[1] 杨顺永,施宜.会展项目管理[M].上海:复旦大学出版社,2009:71.

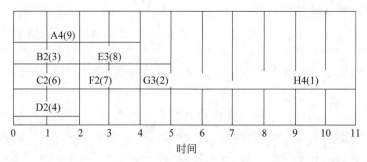

图 3-11　时标网络图

项工作持续时间,括号内数字表示该项工作所需人员数量。根据时标网络图中各项工作的起止时间,可统计出每个时间段项目所需要的人员总数,如在 0～1 这个时间段内,A、B、C、D 四项工作同时进行,将这四项工作所需人员数加总 9+3+6+4=22,即可得出该时间段所需人员数量为 22 人,在时间段 0～1 内画出纵坐标为 22 的横线。同理,可计算并画出 1～2 时间段,2～3 时间段,直到 10～11 时间段所需人员数量。该项目的人力资源需求曲线如图 3-12 所示。

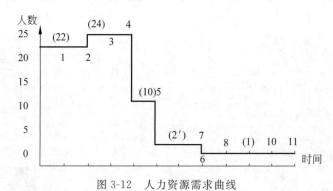

图 3-12　人力资源需求曲线

四、会展项目团队成员的选拔

会展项目经理固然重要,但是会展项目团队成员的选拔工作也是项目人力资源管理的一个重要环节,其实质是运用各种各样的方法和手段,使项目组织获得足够的、高质量的人力资源。

(一) 获取候选人信息

一个项目组织需要采用各种方法吸引内部和外部更多的人来应聘,以便使项目组织有更大的选择余地。否则会出现因内部和外部应聘人员过少而降低录用标准,或者根本就无法获得足够的人力资源的情况。同时在招聘过程中还要使应聘者更好地了解项目组织,减少因盲目加入项目组织,而后又离职的情况发生。

1. 通过招聘获得候选人信息

会展项目团队成员招聘是会展项目人力资源管理中团队成员选拔的一个重要环节,

其主要任务是采取内部和外部招聘的方式使项目组织获得所需要的人力资源,其主要工作内容和程序如下。

(1) 招聘计划的制订与审批

招聘计划是根据会展项目人力资源规划与会展项目组织设计的组织结构图、职务和岗位及其任职说明书与会展项目人员配备计划,并结合参与项目的组织环节和组织的历史信息制订的。该招聘计划需经上级相关部门审批通过。

(2) 招聘信息的发布

根据审批通过的人力资源招聘计划和会展项目组织所处的环境条件,确定发布招聘信息的时间、方式、渠道与范围。选择信息发布的依据是招聘规模、对象及其来源的差异等。例如主要面向会展项目所在的城市的小规模招聘,多采取该城市行业协会内刊或城市报纸等方式发布,避开该城市会展市场人力资源使用高峰,等等。

(3) 应聘者提出申请

这种申请多数是书面的,应聘的主要资料包括应聘申请、个人简历、各种身份证明(包括身份证、以前的聘书等)以及能力证明(证明自己的知识水平、能力水平、所取得的成就及获得的荣誉与奖励等)。

2. 直接获得候选人信息

直接获得候选人信息是指根据会展项目的需要,通过各种形式直接获得适合该岗位候选人信息的方式。根据信息来源渠道的不同,可分为内部的信息获取和外部的信息获取两种。

(1) 内部的信息获取

这是根据会展项目成员的条件要求,从组织现有员工中根据组织推荐或者书面材料的方式获取相关信息。这种获取方式较为便捷和有效,并且有利于调动内部员工的积极性。这种内部获取信息的方式很多,除了推荐之外,还包括调用档案材料、面谈等方式。

(2) 外部的信息获取

这是在组织内部无法找到合适人选情况下采取的一种方式。与内部获取信息相比较,具有选择余地大,信息丰富,但费用较高的特点。包括从就业中介或猎头公司获得候选人信息和从各种网络媒体获取候选人信息两种途径。

(二) 项目团队成员的选拔

项目团队成员的选拔一般采用初选、面试、笔试、体检、个人资料核实等方法,选拔和筛选出合格的人员,以供项目组织聘用。良好的会展项目成员的选拔不仅可为会展项目组织节省未来的人力资源管理费用,而且也可为应聘者提供公平竞争的机会。

1. 资格审查与初选

资格审查是对应聘者是否符合项目组织的职务或岗位说明与任职要求的一种初步审查,初选是对通过资格审查者的初步筛选。资格审查和初选的任务就是从应聘者中选出参加下一步选拔测试的人员。这一阶段的主要工作,其一是体检,包括对职业的特殊要求,如特装对于色彩的要求;其二是申请材料的核实。

2. 系列测试

测试可以分为心理测试和智能测试。心理测试主要是对应聘者进行价值观测试、心理承受能力、个性测试、情商测试等，其中最为注重的是有关合作精神、价值观和个性方面的测试，因为这是建设一个项目团队所需要的。智能测试主要是对应聘者的智力、技能和专业知识方面的测试，通常在会展项目组织人员选拔中更为注重会展专业知识、操作工具及其技能等方面的测试。

3. 面试

为了使会展项目组织对应聘者的信息有更深层次的了解，尤其是应聘者的综合素质和应变能力的信息，会展项目人员选拔中还需要进行面试。

面试可分为初步面试和最终面试、单个面试和小组面试、结构化面试和非结构化面试等不同方式与方法。会展项目团队成员的人选可根据其候选人的规模、之前对候选人信息掌握的多少以及可能的项目岗位的需要综合选择某种方式和方法。

4. 全面评估

在面试结束以后还需对应聘人员进行全面的评价，以反映出每个应聘者的特征和情况。根据全面评估的结果对全部应聘者进行综合比较。在项目组织的人员选拔中可运用多种方法进行全面评估，主要是加权平均法和层次分析法等综合评估方法。

5. 项目团队成员的甄选

这是会展项目人员选拔的最后一个步骤，也是最为重要的环节。根据业已确定的人员甄选标准，这是以职务或岗位描述和职务或岗位说明书为依据而确定的一些具体的选拔条件与标准，会展项目组织需要作出人员甄选的决策。通常有两种人员选拔的决策模式：其一是以单项评价为主的甄选决策模式，其二是以综合评价为主的甄选决策模式。其中，前者适用于一般性团队成员，后者主要用于选拔会展项目经理和核心成员。

（三）项目团队成员的录用

此项工作过程包括签订试用合同、安排试用和正式录用三个步骤。

1. 签订试用合同

签订试用合同的主要条款包括试用的项目职务或岗位、试用期限、试用期的报酬和福利、试用期应接受的培训、在试用期的工作绩效目标、试用期义务与责任和权利、转正的条件和要求等。

2. 安排试用

员工试用目的，其一是对招聘来的员工，从实际能力与潜在能力、个性品质与心理素质等方面所进行的进一步考核和审验；其二是验证招聘的项目团队成员（试用者）能否相互合作，从而组成一个和谐的项目团队。这两点也就成为正式录用与否的分水岭。

3. 正式录用

试用合格的应聘者应转为项目组织的正式成员。正式录用工作包括试用工作的考核鉴定、正式录用决定、签订正式录用合同、提供相应的待遇、提供必要帮助和安排正式岗位等。一些短时段的会展项目往往不通过试用而直接进入正式录用。

五、会展项目团队成员的培训与绩效评估

团队成员发展工作的首要任务是员工培训。这种培训多数是短期的和针对性很强的专业培训。绩效评估是通过对会展项目成员工作绩效的评价,去反映员工的实际能力及其对工作职位的适应程度。近年来,关于团队绩效评估的研究颇多,绩效评估体系研究尤其突出[1][2]。显然,绩效评估既是人力资源的管理工具,还是会展团队建设的重要途径,也是调动项目员工积极性和创造性最有效的手段之一。

(一) 会展项目团队成员的培训

1. 培训目的

培训的目的一方面是使培训对象获得目前工作所需的知识和技能,更好地完成本职工作。由于社会的发展和技术的进步,工作岗位的要求不断提高,几乎所有的成员,即使是那些在录用时高度合格的人,也需要一些额外的培训才能令人满意地完成他们的工作。另一方面培训是要使团队成员熟悉会展项目的工作程序和内部管理规范,借此提高团队的工作效率。总之,会展项目团队成员培训的根本目标是在提高工作绩效的同时,增强员工的工作满意度,将团队的项目业绩与个人的成长发展融为一体,从而减少人员的流动性。

2. 培训形式

项目团队成员的培训与一般运营组织的员工培训不但在内容上不同,而且在方式上也不同。项目员工培训主要是一些短期的培训,很少有长期的、使用正规教育体系的培训。项目员工培训的主要形式有两种:一种是岗前培训,另一种是在岗培训。

3. 培训计划

编制培训计划一般包括以下步骤:在确定培训范围的基础上,重点明确评估培训需要;确定培训目标;选择恰当的方法和手段;安排时间;确定培训效果评价的方式和时间;等等。

(1) 评估培训需要

国外培训需求分析形成 Goldstein 三层次模型、Terry L. Leap 和 Michael D. Crino 的前瞻性模型以及 McClelland 的胜任特征模型等[3][4][5]。但是国外的研究中,往往强调企

---

[1] 江平,姚若松. 当代绩效评估的影响及其作用机制[C]. 第十五届全国心理学学术会议论文摘要集,2012-11-30:162-163.

[2] 张伟. 研发团队绩效评估体系初探[J]. 改革与开放,2009(4):94.

[3] Noe R A, Hollenbeck J R, Gerhart B, et al. Human resource management [M]. 3rd edition. 北京:清华大学出版社,2000:212.

[4] 吴琼琼. 人力资源开发管理技能[M]. 北京:华夏出版社,2002:317.

[5] McClelland S B. Training needs assessment data gathering methods:Part 1,survey questionnaires[J]. Journal of European Industrial Training,1994a,18(1):22-26.

业的需求和绩效水平在需求中的影响,而对人的作用,也就是企业员工的发展重视不足[1]。

对于会展项目而言,当出现下列情况时可以认为存在培训需要:①工作不胜任,成员的知识或技能水平低于工作要求;②对新业务或新服务界面的不熟悉;③缺乏某个工作岗位的某种技能。

(2) 确定培训目标

培训目标为培训方案的设计提供依据,目标也是培训效果检验的标准,根据培训目标可以判断培训方案的有效性。培训目标要充分考虑项目业绩与个人的成长发展的双重目的。

(3) 选择恰当的培训方法

培训的方法有很多,如岗前培训、在岗培训、短期脱产培训、专题研讨、体验式培训等[2],应根据培训目标和要求,选择恰当的方法。

(4) 培训时间安排

合理安排各类人员的培训时间,以保证培训工作既不干扰项目工作的正常完成,又能够保证组织成员能及时达到岗位要求,轮流协调和不间断工作,有效地完成所承担的各项工作。

(5) 培训效果评价

要改变目前单次培训的即时效果的截面式效果评估方式,从动态过程角度研究培训效果。借助企业培训效果的既有研究成果,引入和界定参照系、培训效果、培训效果评估、竞争系数等概念,结合培训效果评估环,构建培训效果评估模式[3]。根据培训特点确定评估周期,依照培训性质分层次评估,关注培训的多重效用,健全培训评估机制,等等[4]。

(二) 会展项目团队成员的绩效评估

会展项目团队成员的绩效评估,是按照一定的标准,采用科学方法,检查和评定项目员工对职务或岗位所规定职责的履行程度,以确定其工作成绩的一种管理方法。

诚然,会展项目团队成员的工作绩效,受到成员自身以及项目组织内外部环境诸多因素的影响。除了团队成员的知识、经验等个人素质及其努力程度之外,项目的组织结构包含组织内部的指挥系统和信息沟通网络,也包含组织成员在不同层次的权责系统中的地位和相互关系深刻影响成员的工作绩效[5],而项目团队特征包括项目经理技能与素质、团队规模、任务类型、成员间的合作程度、项目团队文化以及外部环境等因素也是项目团队绩效的主要影响因素[6]。

---

[1] 杨颢.基于岗位培训需求分析培训计划的制定与探索[J].学理论,2011(12):81-82.
[2] 王佳,王征兵.体验式培训效果影响因素的实证研究[J].华中农业大学学报(社会科学版),2010(3):104-107.
[3] 高礼勤.企业培训效果评估模式研究[D].南昌:华东交通大学,2009:48-56.
[4] 赵步同,谢学保.企业培训效果评估的研究[J].科技管理研究,2008(12):395-397.
[5] 徐兴国.项目团队组织结构与项目绩效研究[D].成都:西南财经大学,2009:10.
[6] 汪志祥.项目团队绩效影响因素与激励机制研究[D].合肥:安徽大学,2012:33-41.

1. 绩效评估的作用和原则

(1) 绩效评估的作用

项目员工绩效评估对项目人力资源管理工作具有很重要的作用,绩效评估的作用具体有以下三个方面。

① 绩效评估是项目组织编制和修订项目工作计划与员工培训计划的主要依据,只有通过绩效评估才能科学编制和修订工作计划与培训计划。

② 通过绩效评估制定或修订工资报酬办法和奖励政策,进一步修订项目员工绩效标准以使它们更加符合实际。

③ 通过绩效评估对员工实际表现作出客观反映和评价,并以此为基础作出提职、惩罚、调配或辞退等方面的决定。

(2) 绩效评估的原则

① 公开原则,项目组织要公开绩效评估的目标、标准、方法、程序和结果,并接受来自各方面人员的参与和监督。应把评价的结果通报给每一位被评估的项目员工,有利于项目人员认清问题和差距,找到目标和方向,以便改进工作和提高素质[1]。

② 客观与公正原则,即在制定绩效评估标准时应该客观和公正,通过定量和定性相结合的方法,建立科学的绩效评估标准体系,以减少矛盾和维护项目团队的团结。

③ 全面评估的原则,就是要多方面、多渠道、多层次、多角度、全方位地进行立体考评。这是因为员工在不同时间和场合往往有不同的表现,因此在进行绩效评估时,应该多收集信息,建立多渠道、多层次、全方位的评估体系。

2. 绩效评估的内容

由于绩效评估的对象、目的和范围复杂多样,因此绩效评估的内容也比较复杂。一般绩效评估的基本内容包括以下四个方面。

① 工作态度评价。工作态度评价的内容主要包括工作积极性、遵纪守法自觉性、对待本职工作态度和责任感等几个方面。

② 工作能力评价。工作能力评价包括基本能力、业务能力和素质的评价,其中素质评价主要是对员工适应性的考察和评价。

③ 工作业绩评估。这是员工绩效评估的核心。其评估主要的内容有工作量的大小、工作效果的好坏、对部下的领导作用(管理者)以及在通过改进与提高而获得的创造性成果。

④ 工作协调性评估。这是项目绩效评估的突出特征,反映员工对团队协调合作的努力。重点考察团队成员与其他同事的配合及协作程度。

3. 绩效评估的工作程序与方法

(1) 绩效评估的程序

① 制订评估工作计划。其依据是评估目的和要求,计划安排好被评估的对象、评估的内容、考核的时间和考核方法等。

---

[1] 戚安邦.项目管理学[M].北京:科学出版社,2008:367.

② 制定评价标准。评价标准分为绝对标准和相对标准两类,绝对标准以数据为准,不考虑被评估者的具体情况,相对标准依据每个员工的情况确定评估标准。最终形成评价等级,诸如杰出、很好、好、需改进、不令人满意等。

③ 数据资料的收集。收集方法主要有工作记录法、定期抽查法、考勤记录法、工作评定法等。

④ 开展分析与评价。根据评价的目的、标准和方法,对收集的数据资料进行分析、处理和综合以及相应的绩效评估客观评价并给出结果。

⑤ 公告并运用绩效评估的结果。把绩效评估结果反馈给员工,实现绩效评估的公开化,为人事决策提供依据,修订项目管理政策和进一步提高人员的工作效率,等等。

(2) 绩效评估的方法

① 评分表法。这种方法用一系列工作绩效的构成指标(上述四大内容)以及工作绩效的评价等级,对每项评估指标进行打分,然后将得到的所有分数相加,最终得到工作绩效的评估结果。

② 工作标准法。这种方法把项目员工的工作与项目组织制定的工作标准相对照,从而评价并确定出员工的绩效。

③ 排序法。这种方法把一定范围内的同类员工,按照一定的标准进行评价,然后将评价结果采用由高到低,或者由低到高进行排序的方法给出项目绩效评估结果。

④ 描述法。使用一篇简短的书面鉴定给出绩效评估结果,这一方法的评估结果描述从内容、格式、篇幅、重点上是多种多样的,绩效评估者需根据情况予以确定。

案例分析

第四章

会展项目计划

关键术语

- 会展项目计划(project specification of MICE)
- 会展项目范围计划(project scope statement of MICE)
- 会展项目进度计划(project schedule of MICE)
- 会展项目资源计划(project resource planning of MICE)
- 工作分解结构(work breakdown structure,WBS)
- 项目说明书(project description)

学习目的

- 掌握会展项目计划的作用和主要内容。
- 熟悉会展项目计划的编制内容和基本程序。
- 理解定义会展项目的目标、可交付物、里程碑等范围以及定义范围的依据和项目定义的成果。
- 了解会展项目中各项工作开展的先后顺序以及相互间衔接的关系,进而掌握编制甘特图、里程碑计划、网络计划等方法。
- 熟悉会展项目资源计划所依赖的工作分解结构、工作进度计划等工具,学会采用专家判断法和头脑风暴法等编制资源计划,即具体工作的资源需求安排。

第一节 会展项目计划概述

一、会展项目计划的作用与内容

(一) 会展项目计划的概念

古语云,谋定而动。"谋"就是做计划,也就是做任何事情之前,都要先计划好。项目管理泰斗 Harold Kerzner(科兹纳)更是一针见血:不做计划的好处,就是不用成天煎熬的监控计划的执行情况,直接面临突如其来的失败与痛苦。可见项目计划在项目管理中的重要性。

会展活动是一个十分错综复杂的庞大系统,曾经有会展专家统计,一次展览会是由大大小小 3 600 多项事件构成的。因此,无论小型的会展项目,还是大型的世博会,虽然涉及人力、物力、财力是不同的,但所考虑的细节问题繁多,都需要在活动开始之前就制订好详细可行的执行计划,用计划来指导和规范项目团队的工作,同时,用计划检查和监督各部门各工作人员的工作。

会展项目计划是会展项目未来行动过程的预定路线,是根据项目策划选定的主题,确定会展项目目标,并制订为实现该目标的进度计划和预算安排。会展项目是一个系统工程,会展项目计划位于项目批准之后,项目实施之前,并存在一个逐层细化的过程。作为项目管理的一个职能,它贯穿于会展项目生命周期的全过程(见图4-1)。

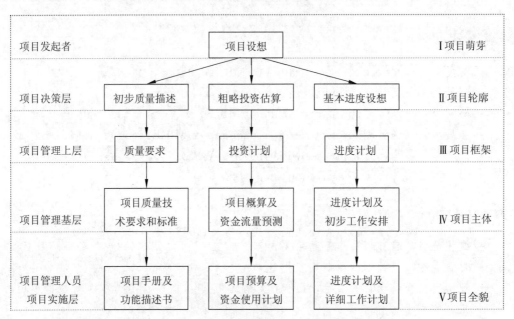

图 4-1 会展项目目标及会展项目计划工作的层次性

(二) 会展项目计划的内涵

会展项目计划主要解决"4W2H"的问题,如图 4-2 所示。

1. What(何事)—— 会展项目目标

会展项目要实现什么样的目标,以目标来指导会展项目组成员的工作任务。

2. How(如何)—— 工作分解结构图

如何完成任务?可通过工作分解结构(work breakdown structure,WBS),将会展项目分解为个体具体的可实现的工作任务,是项目组必须完成的各项工作清单,是会展项目计划工作的重要基础。

3. Where(何地)——项目工作地点

确定各项工作在什么地方、哪个城市进行以及具体的场馆举办。

4. Who(何人)—— 人员使用计划

确定承担工作分解结构中每项工作的具体人员。

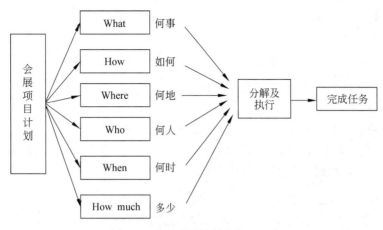

图 4-2　会展项目计划的"4W2H"

5. When（何时）—— 项目进度计划

确定各项工作的总需时以及开始和结束时间,确定各项工作所需的资源等,是会展项目计划工作的重点所在。

6. How much（多少）—— 项目费用预算（预算计划）

确定工作分解结构中各项工作的经费预算及项目总预算。考虑到费用成本的重要性,本书将用独章论述。

例如,某会展公司"2011第八届汽车用品展"项目组在开始工作之初,首先根据策划方案编制好项目范围计划、进度计划、资源计划,项目组各部门再根据这些计划下达任务和完成的时间,在规定的预算内编制出各部门的详细工作计划,之后,各部门工作人员在部门工作计划指导下开展各自的工作,整个工作安排有条不紊。

（三）会展项目计划编制的作用

尽管常说计划赶不上变化,但缺少计划,就好比军事作战中缺少战略战术将很难获得胜利。合理的计划不仅能实现对项目目标的规划和控制,也为项目的资源、成本等目标的拟订、规划和控制提供了依据。因此,会展项目管理一般都是从制订项目计划开始的,20%的计划决定80%的项目成果。

1. 明确会展项目目标

会展项目计划可以清晰表述会展项目的总目标和各阶段目标,并以书面的整个计划形式使项目团队清楚理解项目目标。

2. 确定各项任务

根据会展项目的总目标确定工作分解结构,并确定会展项目的各项任务,不遗漏主要任务。通过明确每一项任务的开始时间、所需时间和结束时间,从而控制每项任务的时间进度,以确保项目管理顺利进行,项目目标顺利实现。

3. 合理分配各项资源

凡事预则立,不预则废。会展项目计划可以确定各项任务所需的资源,包括人力、物力和财力资源,通过工作细分,把最合适的人员、物资和资金分配给最合适的工作。

4. 明确工作职责,调动成员工作积极性

根据会展项目计划的工作分解,可以确定需要由哪些人员组成什么样的部门来完成这项工作,使得项目成员提早明确自身工作职责,并且,有一部分项目的各项工作实际实施者也会参与到计划制订中,由于项目成员参与了项目计划的制订,就能调动他们的工作积极性,使其更主动地完成他们各自的任务。

5. 实现对项目有效的监控、跟踪及控制

在会展项目实施过程中,由于环境因素或人为因素的影响,项目进展需要以项目计划为基础和依据,保证会展项目运行不脱离项目目标,保证各项任务准时保质地完成。

(四)会展项目计划编制的内容

编制会展项目计划主要包括项目范围计划、项目进度计划、项目资源计划等,其中会展项目进度计划是整个会展项目计划的核心内容。

1. 项目范围计划

项目范围计划确定了项目所有必要的工作和活动的范围,在明确了项目的制约因素和假设条件的基础上,进一步明确了项目目标和主要可支付成果,进而编写项目说明书。主要的议题是沟通会展项目目标,使各方面的利益相关者对会展项目目标达成一致。

项目说明书说明了开展这个项目的原因,并形成项目的基本框架,使项目所有者或管理者能够系统地、逻辑地分析项目关键问题以及项目形成中的相互作用要素,使项目的有关利益人在项目实施前或项目有关文件书写前,能就项目的基本内容和结构达成一致。形成项目结果核对清单,作为项目评估的一个工具,在项目终止以后或项目最终报告完成以前使用,以此作为评价项目成败的依据;可以作为项目整个生命周期中监督和评价项目实施情况的背景文件,作为有关项目计划的基础[①]。

2. 项目进度计划

项目进度计划是在确保合同工期和主要里程碑时间的前提下,根据相应的工程量和工期要求,对各项工作的起止时间、相互衔接协调关系所拟订的计划,同时对完成各项工作所需的劳力、材料、设备的供应乃至营销资金作出具体安排,以达到合理利用资源、降低费用支出和减少施工干扰的目的。进度计划是项目控制和管理的依据,以时间安排为主导,以相关资源分配为辅助。以此区别项目资源计划,并成为物资、技术资源供应计划编制的依据。

3. 项目资源计划

项目资源计划是指通过分析和识别项目的资源需求,确定出项目需要投入的资源种

---

① 龚维刚.会展实务[M].上海:华东师范大学出版社,2007:69-70.

类(包括人力、设备、材料、资金等)、项目资源投入的数量和项目资源投入的时间,从而制订出项目资源供应计划的项目成本管理活动。

资源计划是一个决定项目要获得哪些资源、从哪里获得、何时得到它们及如何使用它们的过程。项目资源计划需要权衡两个方面:一方面在为了适应资源短缺所设计的各个进度计划方案的成本之间权衡;另一方面在使用各种资源方案的成本之间权衡。

必须特别说明的是,会展项目计划的三大内容存在密切的关系。范围计划是整个项目计划的基础,资源计划是保证,只有进度计划才是项目计划的核心内容;进度计划是会展项目实施与控制的依据和关键;以进度计划为主线,范围计划与资源计划为其服务。

二、会展项目计划的编制过程

1. 确定会展项目目标

项目目标不仅包括最终目标,也包括为达到最终目标而必须实现的阶段性目标。最终目标分为前期目标、中期目标和后期目标。确定会展项目目标是项目计划的首要任务。首先要明确以下几个问题:为什么要办展览?是否需要寻找适销市场和新客户?是否想要介绍新产品或提供新的服务项目?是否需要选择代理商或批发商?对办合资企业是否感兴趣?或者通过展览来研究和开发市场?

会展项目目标具有多目标性、优先性、层次性等属性,描述项目目标一般有以下几个原则,首字母合在一起为"SMART"①。

具体性(specific):项目有一个明确界定的目标,一个期望的结果或产品。一个项目的目标通常依照工作范围、进度计划和成本来定义。

可测量性(measurable):项目目标的结果都以具体到可测量的数据为基础的条件来限定。例如,2010年上海世博会门票收入目标为60亿元。

可实现性(achievable 或 attainable):项目的结果或产品应该是通过努力可以达到和完成的。

相关性(relevant):项目的实施要通过完成一系列相互关联的任务,也就是许多不重复的任务以一定的顺序完成,以便达到项目目标。

可跟踪的或期限性(traceable 或 time-based):项目的过程是可以通过文档、信息系统来监控和跟踪的。

案例

2016年杭州G20峰会的目标

2016年杭州G20峰会主题是"4个I",即创新(innovative)、活力(invigorated)、联动(interconnected)、包容(inclusive)。

为什么提出"4个I"主题?中国外交部G20事务特使王小龙解释说,为了延续土耳其安塔利亚峰会"3个I"的主题,中国提出"4个I"。提出"4个I"主题出于三方面考虑:首先是世

---

① 杨顺勇,施谊. 会展项目管理[M]. 上海:复旦大学出版社,2009:87-88.

界经济基本走出危机,但复苏高度脆弱,增长动力不足,主要经济体走势和政策更趋分化。其次是近年来,全球经济治理改革进展不畅,国际经济贸易规则加速演变。再次是G20峰会面临从危机应对向长效治理机制的转变,议题从短期问题向深层次和长期性问题延伸。

本次峰会的目标是:一是大家对解决当前世界经济中最突出问题、推动世界经济长期稳定增长达成积极共识,立即采取行动。二是20国集团机制得到发展和完善。三是各方本着相互理解、相互尊重的态度,妥善处理彼此分歧,对外传递20国集团团结协作的积极信号。

(https://news.china.com/focus/2016g20/11180309/20160726/23153370.html)

2. 项目工作分解

确定实现项目目标需做的各项工作,通常使用项目工作分解结构将整个会展项目分解成为便于管理的具体活动(工作)。例如,对于一个展览活动而言,其基本工作从最初的项目策划和启动工作开始,到前期的计划制定,再到前期的招商招展等准备,进而到现场管理,最后是展后评估工作的开展。所要做的各项计划中有些工作必须按照顺序进行,有些则是可以同时进行的。例如制定项目目标应该是项目计划最先做的工作,然后是进行工作分解,最后才是制订各种计划。这一顺序是不能变的,而确定参展商和制订营销计划二者则可以同时进行。

将工作进行细分后,要在各项具体活动之间建立逻辑关系。建立逻辑关系是假设资源独立,确定各项任务之间的相互依赖的关系。逻辑关系是项目计划安排各项目之间前后关系的前提。

3. 为各项任务确定时间

可以根据任务与经验,或者向具体工作的负责人员询问,以得知完成每一项任务所需的时间。

4. 资源分配

资源分配是为每项工作分配人力、物力和财力。分配资源时应当充分考虑每项工作的性质、工作量的大小、所需的人员应该具备的基本素质、所需的物力和财力。

5. 制订初步计划

在调研的基本之上制订项目资源分配计划和项目进度计划。

6. 听取意见并及时调整计划

通过召开会议听取各会展利益相关者关于会展计划的意见,并对所做计划进行调整。各个子计划经过汇总之后可能会出现一些冲突,这就需要在不同的子计划之间进行协调,反复征求各方意见,尽量使计划与客观实际相符合,从而有效顺利地实现会展项目目标。

7. 确定计划

最终计划是建立在大量调研和反复征求各会展利益相关者意见的基础之上的,最终计划应该编制成书面文件,并将其发给会展企业高层管理者和会展项目小组的成员,使和项目有关的每个人都能十分清楚该会展项目计划的内容。

第二节 会展项目范围计划

根据美国项目管理协会项目管理知识体系中的定义,项目范围是指项目的"产出物范围"和项目的"工作范围"的总和[①],其中前者即项目业主/客户所要的项目产出物,后者为项目实施组织或项目团队为提交项目最终产品所必须完成的各项工作。产出物范围也称产品范围,是某项产品、服务或成果所具有的特性和功能[②],而工作范围可以理解为狭义的项目范围,前者与后者的关系是结果与过程的关系。可见,项目范围包括项目的最终产品或者服务,以及实现该产品或者服务所需要执行的全部工作。项目范围明确规定项目的范畴,即确定了项目的哪些方面是应该做的,哪些是不应该做的。

项目范围计划的主要内容包括对于项目目标、项目产出物和项目工作范围等内容的全面说明与描述以及计划安排。

一、定义会展项目范围

会展项目范围是指为达到项目目标所要做的各项工作内容,包含了所交付的产品或服务应该具有什么样的特征和功能以及为了实现该产品或服务所需要完成的工作内容。确定会展项目范围可以提高项目费用、时间、资源估算的准确性,可以作为确定具体会展项目进度测量和控制的基准,有助于管理者清楚地分派责任。因此,项目范围管理基准就是整个项目范围管理的核心内容,其准确与否决定了项目范围管理是否有效[③]。美国项目管理专家拉德在其著作《项目管理实践标准:规范化的项目管理方法》中描述了范围管理基准的作用:"准确的项目范围管理基准能够协助项目的正确决策,帮助判断该工作是否属于项目范围之内。最重要的是,这种协助是完全且必须基于事实。"[④]

确定会展项目目标之后,应该明确确定为完成项目目标所要做的各项工作,也就是项目范围。一般来说,会展项目范围既包括服务对象的确定,也包括相关的服务管理工作本身。主要包括以下内容。

① 参会者、参展商的确定,即确定参会人员或参展商的类型、层次、数量。

② 观众商和普通观众的确定,即确定观展人员的类别、购买能力水平、决策能力、数量等;以上是从服务对象来界定范围。以下四方面则是从工作内容来界定项目范围。

③ 制定合适的营销战略,即通过一定营销方式的组合,实现会议和展览产品的顺利销售,确保会展组织者的收入来源。

④ 确定会展服务的范围,即与会展服务总承包商或分承包商签订合同,为参会者、参展商和观众提供各种服务,如展品运输、展台搭建、保险、清洁、餐饮、邮寄等各项服务。

⑤ 展会现场的管理工作,即在展会现场协调参展商、观众和服务商之间的关系,确保

---

① 詹姆斯·刘易斯.项目计划、进度与控制[M].北京:机械工业出版社,2012:9-12.
② 美国项目管理协会.项目管理知识体系指南(PMBOK 指南)[M]. 5 版.北京:电子工业出版社,2009:105.
③ 刘荔娟.现代项目管理[M].上海:上海财经大学出版社,2007:212-215.
④ 陈英瑜.会展项目范围管理研究——以明星学院活动项目为例[D].广州:中山大学,2010:9-11.

展会顺利进行。

⑥ 会展评估工作,即在会展活动结束之后要对展会环境、展览工作、展览效果进行评估。

例如,2011年西安世园会的项目范围包括为世园会运营提供的服务(包括对参展者、参观者、工作人员、要客、媒体活动和论坛等提供的各类服务)、管理(包括对安全、园区公共事务、门禁、物流、志愿者、场馆和停车场等各方面的管理)和商业化运作(包括票务营销、园区商业设施经营和管理等商业化运作)。

项目范围是将项目计划中的所有要素互联起来的基点。为了保证项目范围定义是完全的,可以采用项目范围检查表进行表示(见表4-1)。

表4-1 项目范围检查表

序号	要素	描述	序号	要素	描述
1	项目目标		4	技术要求	
2	可交付物		5	限制和排除	
3	里程碑		6	客户检查	

1. 项目目标

会展项目参与主体的众多性决定了其目标也具有多重性,要求既满足会展企业的目标,同时也满足会展活动参加者的目标。会展组织者和参加者的目标之间具有重叠性,如增加参展商和观众的数量既是组织者的目标,也是参加者的目标,因为这一目标的实现不仅能够帮助参加者扩大销售额、建立营销网络,而且也有助于展会组织者扩大展会知名度,提高会展项目的收益。

2. 可交付物

可交付物是指为完成某一过程、某一阶段或某一项目而必须交付的独特的并且可验证的成果、产品或所提供的特殊服务[①]。不同阶段所产生的可交付物是不同的。例如会展项目早期阶段的可交付物是关于此会展项目的各项计划、工作列表、时间安排等;第二阶段的可交付物是招徕一定数量的相关参展商和参会者;第三阶段的可交付物是举办会展活动;第四阶段的可交付物是评估和总结报告。一般而言,可交付物包括时间、质量和成本估计。

3. 里程碑

里程碑是会展项目具体时点上的重大事件,是项目中完成阶段性工作的标志,标志着上一个阶段结束、下一个阶段开始,将一个过程性的任务用一个结论性的标志来描述,明确任务的起止点。一系列的起止点就构成了引导整个项目进展的里程碑。里程碑定义了当前阶段完成的标准(exit criteria)和下一新阶段启动的条件与前提(entry criteria)。

---

① 美国项目管理协会.工作分解结构(WBS)实施标准[M].强茂山,陈平,译.北京:电子工业出版社,2008:12-14.

4．技术要求

会展服务水平要能够满足参展商或参会者对技术方面的一些要求。例如会议室要有配备齐全的视听设备和音响设备,展台上应该要有网络接口,满足参展商的特装及拆展要求等。

5．限制和排除

限制和排除就是把某些不应该做的事情排除在项目范围之外,因为如果没有限制和排除,就很有可能会导致资源被错误地浪费在工作上。

6．客户检查

客户检查即检查客户对可交付物的期望是否达到,项目定义是否明确了关键的成果、预算、时间及性能要求,限制和例外问题是否得到考虑。

二、定义会展项目范围的依据

1．项目产出物的描述

项目产出物是描述一个项目产出物的正式文件,具体说明了项目产出物的特征、项目的目标、开展项目的理由以及项目产出物与其他同类产品或服务的不同之处等。项目产出物的描述一般在项目的初期会比较粗略,在项目后期逐步细化。项目产出物的描述能够让项目客户和项目实施组织准确与统一地理解项目所生成的产品或服务的功能、特征和细节,因此它是选择和定义项目的根本依据之一。

2．项目方案的选择标准

项目客户在决定开发某个项目以解决所面临的问题或利用出现的机遇时,通常会提出一系列项目方案作为备选。然后再从这些备选方案中确定所要采用的最佳方案,因此需要建立一套项目评价和选择的标准来对各项目备选方案进行评价与选择。一般而言,项目方案评价与选择的标准根据项目产出物的要求进行编制,它涵盖了项目相关利益者对于项目的要求和期望,所以它也是选择和定义项目的重要依据。

3．相关项目的历史信息

相关项目的历史信息是指在以前的项目决策和项目选择中所产生或使用过的各种信息,以及关于以前相关项目实施的实际情况的描述文件和资料。在一个新项目的起始阶段,有必要参考和比照这些相关项目的历史信息。这一点对于会展项目尤其重要,当开始一个新的会展项目或项目阶段时,所有以前的相关项目的历史信息都可以作为选择和定义项目的重要依据。

三、会展项目(范围)定义的成果

(一)项目说明书

一般地,所谓项目定义就是其范围定义,多用项目说明书概括说明。其中包括限制条件和假设条件。

项目说明书是经项目业主(客户)等项目相关利益者正式确认的项目说明文件。项目说明书的主要内容包括项目产出物的说明、项目所能满足的商业需要,以及项目的总体描述等如表4-2所示。项目说明书的内容应编制成正式的专门文件,以便作为项目其他管理文件的依据或理由。

表4-2 天津ABC房交会项目说明书[①]

项目名称	ABC房交会	项目编号	
编制日期		负责人	
项目目标及成功标准: 1. 按时、成功举办ABC房交会;2. 实施房交会策划方案、活动方案和宣传推广方案;3. 销售规划展位、完成招展、招商工作;4. 完成大会服务工作			
不包括为下届房交会进行宣传推广			
主要约束条件: 1. 工期:2011年8月5日—9月26日,52天;2. 预算:3 180 000元;3. 已有资源:组委会成员720 000元资金,房交会策划方案;4. 资源约束:展馆面积12 000平方米,布展工期3天			
主要交付产品:1. 防污交易统计表、购买意向表、团购认购协议;2. 项目组各部门成员工作总结、项目组各部门工作总结、主办方市政府领导意见函;3. 媒体宣传推广资料			

(二)项目的各种限制条件

1. 工期限制

工期限制包括项目的开始日期与结束日期或项目主要阶段的开始日期与结束日期等。

2. 资源限制

资源限制最主要的是资金和项目的总预算的限制等。

3. 范围限制

范围限制包括项目需要完成的全部工作和其中哪些工作可以自行完成,哪些工作需要承包给他人,等等。

这其中任何一方面的限制条件发生变化都会对其他方面的限制条件产生影响,如缩短项目工期,就会导致项目资源的增加或项目范围的缩小。

当在时间(工期限制)、成本(资源限制)和性能(范围限制)三个方面的限制下追求满足或超过客户的期望时,会展项目就能获得最终成功。但这三者之间的关系在不同的项目之间是不一样的,各个限制的强弱关系也不一样,因此需要确定项目的优先级。在会展项目的各种条件限制中,时间往往是最强的限制条件,时间维度上的任何缺陷都必须靠牺牲成本或质量来弥补。

(三)项目的假设前提

定义项目必须明确一些假设前提条件,因为项目的选择和定义是依据这些假设前提

---

① 黄青. 会展项目管理在"天津ABC房交会"项目中的应用研究[D]. 长春:吉林大学,2012:32.

作出的。假设前提是非线性约束条件(NLP)概念及技巧的基础,是指那些为了选择和定义一个项目而不得不主观认定(假定)的项目条件,然而这些条件在选择和定义项目的时候还处于一种不确定状态,所以实际上只是一些尚未确定的假设、预算和估计。区别于项目的限制条件。在一个会展项目中,假设前提条件主要包括以下内容。

① 会展项目可用资源及其配备情况。
② 会展项目工期估算。
③ 会展项目的成本预算。
④ 会展项目的产出物。

四、会展项目范围计划的内容

会展项目范围计划编制是将完成展会活动需进行的项目工作进行逐步明确和归纳,并最终形成书面材料的过程。一般而言,会展项目范围计划的内容应包括三个方面。

(一)项目范围综述

项目范围综述是对会展项目范围的一个总体概括,全面说明和描述了定义与确认的项目范围,是后期开展项目工期、项目成本和项目资源等方面管理的基础性文件,是会展项目计划的主体内容。

会展项目范围综述中至少应包含以下内容。

① 项目理由,即对于为何开展会展活动及活动能达到何种需求而作的全面说明。
② 项目产出物,是关于项目产出物及其构成的清单和说明。
③ 项目目标,即完成项目所必须达到的标准和指标。会展项目目标包括项目成本、项目工期和项目质量等方面的具体要求。
④ 项目的工作分解结构,是对会展项目范围全面而详细的说明和描述,在项目范围中非常重要。

(二)项目范围综述的相关支持细节

项目范围综述的相关支持细节是指有关会展项目范围综述的各种支持细节文件,多以项目范围综述文件的附件形式出现,主要包括已界定和确认的项目范围、可能要面对的项目假设前提条件和必须面对的项目限制条件,也包括在确定和编制项目范围综述中所使用的各种信息与数据构成的细节文件,是以附件形式对范围综述的补充说明。

(三)项目范围管理计划

根据PMBOK(项目管理知识体系)的描述:"项目范围管理计划是项目或项目集计划的组成部分,描述如何定义、制定、监督、控制和确认项目范围。"[1]会展项目范围管理计划文件是描述如何管理和控制会展项目范围,以及如何对项目范围的变更进行管理的计

---

[1] PMI.项目管理知识体系指南(PMBOK指南)[M].5版.北京:电子工业出版社,2013:108.

划文件。会展项目范围管理计划还应包括对项目范围变更的预期和评估,以及相应的各种项目范围变更的应对措施。

案例分析

第三节 会展项目进度计划

确定了会展项目工作分解结构、活动排序以及时间估算后,就需要开始制订会展项目的具体进度计划了,以便对会展项目的进度实施控制,保证项目在规定的时间内能够完成。然而,一个会展项目,并非单纯地以时间长短来评价。显然,进度计划需要综合考虑时间、费用成本以及项目质量等因素。

一、会展项目进度计划的编制步骤

(一)会展项目进度计划的概述

1. 会展项目进度计划的概念

会展项目进度计划是表达会展项目中各项工作的开展顺序、开始和完成时间及相互衔接关系的计划。进度计划主要是安排具有里程碑意义的事件的执行时间,执行并完成每项里程碑事件所需的时间需要预先估计,最好是和执行该项任务的人员取得沟通,以获得最合适的时间。安排这些日期和时间的目的:保证按时获利以补偿已经发生的费用支出;协调资源;使资源在需要时可以利用;预测不同时间上所需资金和资源的级别,以便赋予项目以不同优先级,满足严格的完工时间约束[①]。

对于展览计划来说,里程碑事件可能包括展览中心的租用、招展的开始、营销方案的启动、与会展服务商签订合同、展台的搭建、展品的运输等。进度计划有利于对会展项目的进度实行控制。每一个里程碑事件的完成都应该有一个考核标准,所制定的标准是会展项目能够保质保量运行的关键。

2. 会展项目计划的类型

按进度计划所包含的内容分类,会展项目计划可分为总体进度计划、分项进度计划、年度进度计划等。总体进度计划是对整个会展项目的工作和资源进行安排,而分项进度计划则是对每一项工作做具体安排,如会展营销进度计划、招展进度计划、组展进度计划等。年度进度计划则是在会展项目期间较长时,对每一年的工作做具体安排的计划,如奥运会就需做年度计划。

---

① 常玉,刘显东,贾晓霞.技术创新项目的进度计划管理[J].管理工程学报,2002:216-217.

案例

第三届××博览会项目工作进度计划

（一）2008年工作进度安排

11月中旬　召开第三届××博览会组委会秘书处第一次工作会议，印发第三届××博览会方案（讨论稿），全面启动第三届××博览会筹备工作。

11月下旬　召开第三届××博览会筹备工作动员大会，对参与筹备的单位和部门作出安排与部署，动员各涉会单位全力以赴做好筹备、准备工作。全面启动招商、邀商和项目对接及招展、组展工作。

12月中旬　召开第三届××博览会组委会工作会议及组委会秘书处第二次工作会议，听取前期筹备情况汇报，研究部署下一步筹备工作。

（二）2009年工作进度安排

1月中旬　召开第三届××博览会深圳新闻发布会。

2月上旬　召开第三届××博览会组委会秘书处第三次工作会议和组委会第一次工作会议，通报筹备工作进展情况，研究确定各项活动方案，明确工作任务和需要解决的问题，安排部署下一步筹备工作；召开第三届××博览会上海新闻发布会。

3月上旬　召开第三届××博览会组委会秘书处第四次工作会议，通报前期筹备情况，安排部署下一步筹备工作；召开第三届××博览会北京新闻发布会。

4月上旬　召开第三届××博览会组委会秘书处第五次工作会议，全面听取各项重大活动筹备安排情况，统筹安排部署大会期间各项工作。

4月23日　召开第三届××博览会上海第二次新闻发布会。

4月27日　组委会、筹委会领导检查市容市貌、宣传广告、营造氛围情况，检查主要涉外宾馆大会接待情况。

4月28日　组委会领导检查文艺晚会、开幕式等重大活动现场准备情况。

4月29日　召开第三届××博览会组委会第二次工作会议，全面检查筹备工作落实情况；预展（组委会领导检查会展中心布展情况）。

5月2日　会议报到，欢迎晚宴、领导巡馆。

5月3—5日　开幕式、文艺晚会、高峰论坛、投资贸易展览、专项洽谈、项目签约、成果发布等活动。

（二）会展项目进度计划编制的基本步骤

通常情况下，会展项目进度计划的编制采取倒推方法进行预设，从项目到工作逐级深化，主要包括以下几个步骤：会展项目描述—会展项目分解—工作描述—工作责任分配表制定—确定工作先后顺序—工作时间估计—进度安排。以下将围绕此步骤逐一进行论述。

二、会展项目描述

会展项目描述将项目目标、项目的范围、项目如何执行、项目完成计划等内容以表格的形式列举出来。项目描述表如表 4-3 所示的主要内容有项目名称、项目目标、交付物、交付物完成准则、工作描述、工作规范、所需资源估计、重大里程碑、项目负责人及其审核意见等[1]。

表 4-3 项目描述表

项 目 名 称	
项目目标	
交付物	
交付物完成准则	
工作描述	
工作规范	
所需资源估计	
重大里程碑	
项目负责人及其审核意见	

项目描述是制作项目计划和绘制工作分解结构图的依据,而项目描述的依据是项目的立项规划书、已经通过的初步设计方案和批准后的可行性报告。

会展项目描述是项目进度计划的开端,是编制项目工作分解结构图的依据,具有承上启下的作用。

三、会展项目分解

(一)工作分解结构

会展项目目标确定以后,需要对项目进行分解以制订出完善的进度计划,把整个会展项目分解成为便于执行的各个具体的工作任务。项目分解是编制进度计划、实施进度控制的基础。

1. 深入认识 WBS

项目分解所采用的工具就是工作分解结构图。工作分解结构是一种面向可交付成果的项目元素分解,这个分解组织并定义了全部的项目工作范围,每降一级都表示一个更加详细的项目工作的定义。

工作分解就是把最终交付成果细分成更小、更容易管理的部分,直到可交付成果被足够详细地定义,以支持项目活动的发展。工作分解结构图将项目的各项工作及其内容确定下来,最后以表格的形式列出,即编制出一个项目工作列表或图,也是工作分解或工作定义的最终结果[2]。

---

[1] 王起静.会展项目管理[M].北京:中国商务出版社,2011:129.
[2] 王起静.会展项目管理[M].北京:中国商务出版社,2011:130.

2. WBS 的表现形式

会展项目计划的工作分解结构主要有以下三种表现形式。

(1) 树形形式

树形形式又称组织结构图形式,如图 4-3 所示。树形形式的 WBS 图层次分明、非常直观,但是既不容易修改,也比较难以展示项目的总体全貌,所以对于大型展会项目而言,整个图会变得非常复杂。

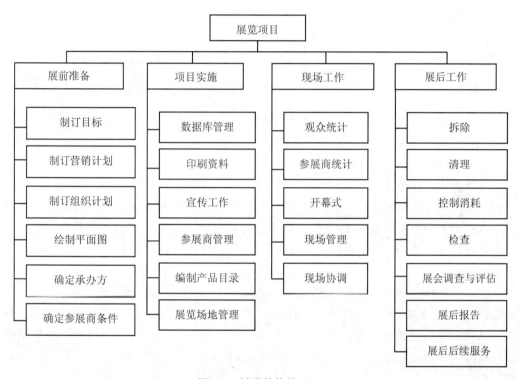

图 4-3 树形结构的 WBS

(2) 列表形式

列表形式又称缩进图形式,如图 4-4 所示。列表结构 WBS 图不够直观,但优点是能够反映项目全貌,是一种经常被采用的 WBS 表现形式。

```
0.  会议项目
1.  人员邀请
2.  茶歇
3.  会议
    3.1 流程设计
    3.2 会议材料、茶水
    3.3 环境布置
4.  项目管理
```

图 4-4 列表形式 WBS

(3) 气泡图形式

气泡图形式的优点是可以任意修改、添加，箭线可以随意弯曲，缺点是不够直观，如图 4-5 所示。

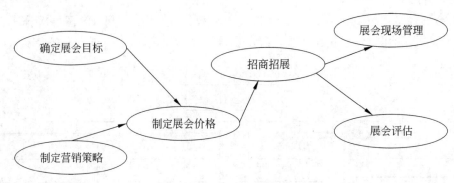

图 4-5　气泡图形式 WBS

3. WBS 的编码

会展项目是一个系统工程，由于不同项目复杂程度、规模不同，形成了 WBS 不同的层次。WBS 一般最多使用 20 个层次，多于 20 个层次就是分层过度了。一般只需分解到能作出所要求程度的准确估算，最低一级需要分解到可分配某个或某几个人具体负责的工作单元就可以了，这样，上级便于直接管理和监督，下级可以具体执行。一般较小的项目，4～6 级就可以。

WBS 中的每一项工作都要准确而唯一地确定一个编码。这个编码有两个信息：第一，这项工作的类属，编码上直接能够读出该工作分级等次，其往上各层的拖延关系；第二，编码是 WBS 系统内部各项工作逻辑关系的基本识别信息。WBS 编码采用的数字位数需视项目复杂程度而定，由项目层数来决定，如图 4-6 所示为某会展活动的 6 级工作分解结构模型。

（二）制定 WBS 的过程

制定 WBS 的过程非常重要，因为在项目分解过程中，项目经理、项目成员和所有参与项目的职能经理都必须考虑该项目的所有方面。制定 WBS 的过程如下。

① 根据会展项目目标召集与此项目有关的人员，集体讨论所有主要项目工作，确定项目工作分解的方式。

② 分解各项工作并逐级细化。如果有以前举办过此项会议或展览的样板，可以借鉴套用。如果是新开发的会展项目，则应该根据会展项目的具体情况制定新的样板，而不能盲目套用别的样板。WBS 分解工作的一般步骤是：总项目—子项目或主体工作任务—主要工作任务—次要工作任务—小工作任务或工作元素。

③ 画出相应的 WBS 结构分解图（树状、列表或气泡形式）。

④ 规划工作时间。对每个子项目进行描述，并确定每个子项目的生命周期。

⑤ 建立编码系统。在对各项工作进行分解并逐级细化后要进行反复讨论和严格认

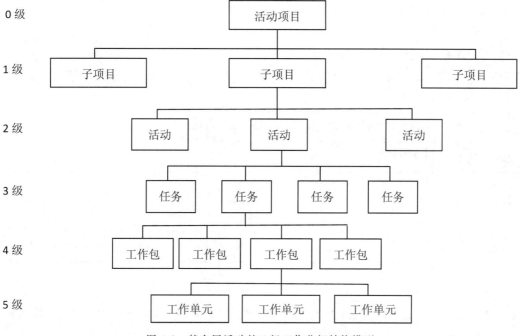

图 4-6 某会展活动的 6 级工作分解结构模型

证。在验证分解完全正确之后,建立一套编码系统。

遵循上述步骤所形成的工作结构分解图就定义了整个会展项目中所有的项目范围。包含在 WBS 中的每一项工作都必须被很好地完成,这样才能确保整个会展项目顺利如期完成。因此会展项目分解过程非常重要,是决定项目成败的关键,会展项目经理和各个职能经理以及项目小组的每个成员都应该积极参与到项目分解工作中,并就项目分解结构图提出相关的修改意见,以使其更完善、更符合会展项目管理的需要。

在会展项目中,一般在第一层次上按会展项目的工作流程进行分解(时间纵向维度),而第二层次和更低层次则按工作的内容划分(工作内容维度),如图 4-3 所示。

四、工作描述

(一) 工作描述的目标

在对会展项目进行分解的基础上,为了更加明确地表述会展项目所包含的各项工作的具体内容和要求,需要对这些工作进行描述。工作描述的依据是项目工作分解图,其结果是工作描述表及项目工作列表。

(二) 工作描述表和项目工作列表的比较

1. 工作描述表

工作描述表是围绕任务交付物对相关工作标准及相关条件进行描述的表格形式。例如深圳国际消费电子展(ICEF)的工作描述,如表 4-4 所示。

表 4-4 深圳国际消费电子展的工作描述[①]

任务名	制订 ICEF2007 宣传推广计划
任务交付物	ICEF2007 宣传推广计划
任务描述	调研竞争展会的推广手段、方式，根据 ICEF2007 的具体情况制订宣传推广计划
考核标准	报名展商的数量和质量，登记专业观众的数量和质量
假设条件	展览目标
约束条件	预算
负责人	宣传组负责人
其他	

2．项目工作列表

如果把每项工作描述表进行汇总，就可以用列表的形式，表示出所有工作的基本流程。

表 4-5 项目工作列表

工作编码	工作名称	输入	输出	内容	负责单位	协作单位	相关单位

项目工作列表（用于汇总工作描述）中的每一项的具体含义如下。

① 工作编码：WBS 编码中为每项工作编制的代码是唯一的。

② 工作名称：各项任务的名称。

③ 输入：完成本项任务的前提条件。例如，制订展览营销计划的前提条件是确定展览目标并租用好展览场地。

④ 输出：完成该任务之后会有什么可交付的成果，如展览营销计划。输出结果可以是产品，也可以是文件、方案、决议等。

⑤ 内容：本项任务需要做的工作以及具体的流程，也就是之前在工作描述表中任务描述栏中填写的内容。

⑥ 负责单位：负责本项任务的单位或部门。

⑦ 协作单位：完成本工作的协作单位和部门。

⑧ 相关工作：与本工作相关联的下一层次的工作。

总之，工作描述以项目分解图为依据，以工作描述表和工作列表为结果。工作描述表和工作列表异曲同工，但都必须清晰表明每项任务的最终结果，同时还要表明此项工作为下一步骤的工作创造了什么条件，以及此项任务开始之前需要具备哪些条件。

---

① 张冰.深圳国际消费电子展的项目管理研究[D].武汉：华中科技大学，2008：22.

案例

A 市 2007 年大型投资贸易洽谈会的工作编码

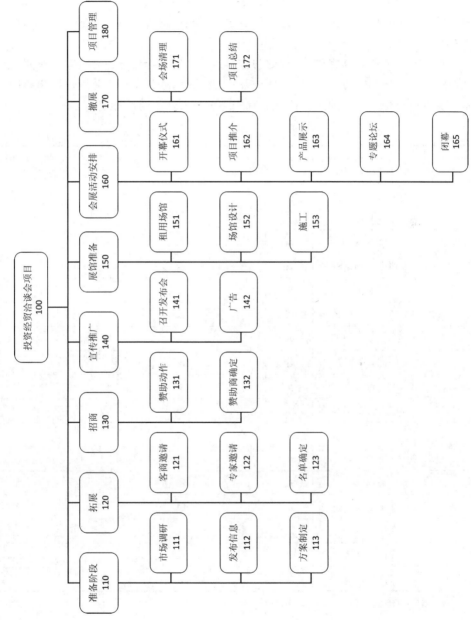

五、工作责任分配表制定

（一）工作责任分配表的作用

工作责任分配表是将所分解的工作落实到有关部门和个人，并且明确表示出有关部门或者个人对各项工作的关系、责任和地位。工作责任分配表可以明确每个部门和每个项目成员在项目中的职责，同时还可以表明项目组织内部各部门之间、人与人之间的项目关系[①]。

责任分配表通常是将工作分解结构图与项目的有关组织结构图进行对照，根据每项工作的任务描述和性质特点以及每个部门成员之间应该承担的责任分配相应的任务，进而形成责任分配矩阵。如表4-6所示为某论坛会议筹备责任分配表。

表4-6 责任分配表（××论坛会议筹备）

项目名称	××论坛会议筹备		项目编号		M-LT-2010-1100
制表日期	2010.4.25		项目负责人		张健
WBS编码	负责部门／任务名称	筹备办公室	财务部	市场部	运输部	备注
---	---	---	---	---	---	---
1100	会议筹备	▲		●		
1110	预定会场	▲	◆	●		
1120	发邀请函	●		▲		
1121	向官员发邀请函	●		▲		
1122	向专家发邀请函	●		▲		
1123	向记者发邀请函	●		▲		
1130	确定接送人员	▲		◆	●	
1140	准备会议议程	▲		●		
1150	会议资源准备	▲	◆	●		
1151	准备资料袋	▲		●		
1152	准备资料	▲		●		
1153	安排工作人员	▲		●		
1160	会场布置	▲	◆		●	
1170	确认与会者	●		▲		
1180	安排接送	▲			●	

注：▲——负责，●——参与，◆——监督。

---

① 王起静.会展项目管理[M].北京：中国商务出版社，2011：136.

（二）工作责任分配表的表现形式

责任分配表可以有多种表现形式。责任人在项目中地位的不同可以用图例符号也可以用字母或数字来表示。但不管用何种形式来表示，基本的格式都是表格或者矩阵：列项用 WBS 编码标明分解后的各项任务，横项列出项目组的各部门或各负责人员，在横项与列项相交的空格内则用图例符号来表示任务与各部门或各成员之间的关系。

六、确定工作先后顺序

在项目工作分解结构工作完成后，会展项目经理和管理人员就要确定会展项目所有的工作的先后顺序。确定工作先后顺序是制订进度计划的前提，项目管理人员必须知道每项工作的先后顺序，再结合完成每项工作所需时间，才能制订出具体的进度计划。

（一）确定会展项目各项工作先后顺序的依据

1. 工作描述表

包括会展项目工作列表中的各项如任务描述、考核标准、假设条件、约束、输入、输出等。

2. 各项目间的先后关系

各项目间的先后关系是指各任务或工作之间按照客观需要所必然出现的前后排列顺序。例如组展商在为参展商提供展品运输服务时，必须先确定参展商和相应的参展产品，然后才能为其提供展品运输服务。那么确定参展商和参展产品与提供展品运输服务之间就具有一种前后相继的必然联系。再例如按照一般会展活动的整个流程来看，必须先做展前准备工作，然后才能做现场管理工作，最后做后续工作，这种展会的自然运作流程是不能更改的，同时也决定了这三项工作的前后顺序。这种活动之间的必然联系也被称为项目活动排序的"硬逻辑"关系，其先后顺序关系是不可违背的，它是进行会展项目活动排序的重要依据[1]。例如同学聚会，师生人数的征集在场地计划之前，而筹资和师生人数征集可同步进行。

3. 各项目间的人为依存关系

会展项目中有些活动并没有严格的先后顺序，可以同时交叉进行。对于这样一些活动，不同的项目管理者可以根据会展项目的具体情况作出不同的顺序安排。由于这种安排带有明显的人为性和主观性，因此也被称为"软逻辑"关系，例如组展和营销。

4. 会展项目活动的约束条件

会展项目的排序工作就是基于以上几个方面的条件，经过反复的认证和优化，编排出会展项目活动之间顺序的一项管理工作。编排各项工作的顺序既可以使用图形表示，也可以用文字进行表示。不管以什么方式表示，在决定采用何种顺序安排会展项目活动时，都需要针对每一项活动回答以下三个问题。

① 该活动可以开始之前，有哪些项目活动必须已经完成？

---

[1] 吴虹. 会展项目管理[M]. 重庆：重庆大学出版社，2007：71-75.

② 哪些活动可以与该活动同时开始？
③ 哪些活动只有在该活动完成之后才能开始？

在明确了这三个问题之后，充分结合项目的约束条件进行工作顺序安排，应先易后难，先内后外，就可以合理地安排会展项目活动的顺序并绘制会展项目顺序图了。

（二）确定工作先后顺序的方法

1. 顺序图法

顺序图法也叫节点网络图法（activity-on-node，AON），这是编制项目网络图的一种方法，它用单个节点（方框）表示一项活动，用节点之间的箭线表示项目活动之间的相互依赖关系。活动之间的依赖关系包括以下四种类型。

① 结束—开始型。A活动必须结束，B活动才可以开始，即B在A结束之前不能开始，这是最常见的逻辑相关关系，如图4-7所示。

② 开始—开始型。B活动开始前A活动必须开始，即B在A开始之前不能开始。此种逻辑关系允许活动A和其今后活动B在某种程度上可以同时进行，如图4-8所示。

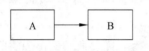

图4-7 顺序图法中结束—开始关系

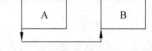

图4-8 顺序图法中开始—开始关系

③ 结束—结束型。B活动结束前A活动必须结束，即B在A结束之前不能结束。此种逻辑关系允许活动A和其紧后活动B在某种程度上可以同时结束，如图4-9所示。

④ 开始—结束型。B活动结束前A活动必须开始，即B在A开始之前不能结束。此种逻辑关系很少使用，仅被编制进度计划的专业工程师象征性地使用，如图4-10所示。

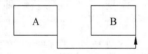

图4-9 顺序图法中结束—结束关系

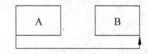

图4-10 顺序图法中开始—结束关系

对于以上四种逻辑关系，如果标上时间间隔将能够更精确地描述活动之间的关系，具体如图4-11所示。图(a)表示两个活动之间的正常的结束—开始型关系，其含义是布置要再设计完成15天后才可以进行。图(b)表示的是开始—开始型关系，其含义是从设计开始之时有12天的时间间隔，然后布置才可以开始。图(c)表示的是结束—结束型关系，其含义是布置要等设计完成20天后才可以结束。图(d)表示的是开始—结束型关系，其含义是布置至少要在设计开始30天后才能完成。

节点代表项目活动，使用节点之间的箭头代表项目活动之间的关系。如图4-12所示，每项活动用一个方框表示，对项目活动的描述或者命名一般直接写在方框内。项目活动之间的关系用连接方框的箭头表示。

在节点图中，每项活动都有唯一的活动号，每项活动都注明了预计工期，一般地，每个

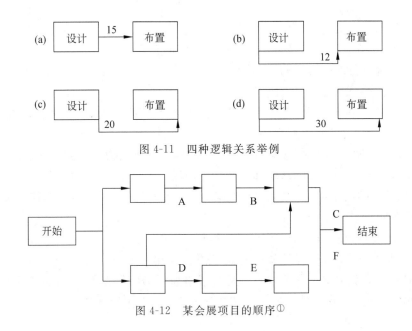

图 4-11 四种逻辑关系举例

图 4-12 某会展项目的顺序①

节点的活动会有以下几个时间。

① 最早开始时间(ES)：能够达到该节点的最早时间。

② 最迟开始时间(LS)：为使项目在限定日期内完成该节点的活动开始的最迟时间。

③ 最早结束时间(EF)：某活动能够完成的最早时间。

④ 最迟结束时间(LF)：为使项目在限定的日期内完成，该节点的活动必须完成的最迟时间。

⑤ 持续时间(Dur)：活动持续时间长度。

⑥ 时差(SL)：在不影响后续活动最早开始时间的前提下，本活动所具有的机动时间。

⑦ 关键路径(critical path,CP)：网络中最长活动的路径，如果延迟，会延误整个项目。

2．箭线图法

箭线图法(arrow diagramming method，ADM)也是一种安排和描述项目活动顺序的网络图方法。箭线图法又称双代号网络图法，它是以横线表示活动而以带编号的节点连接活动,活动间可以有一种逻辑关系,结束－开始型逻辑关系。在箭线图中,一个项目活动使用一条箭线表示,有关这一项目活动的描述(或命名)可以写在箭线上方。其实箭线图法与顺序图法的原理相同,只不过表示不同。如图 4-13 所示为某会议项目的箭线图。

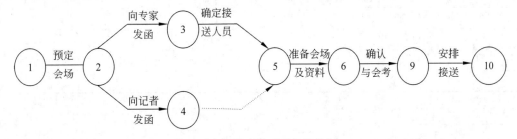

图 4-13 某会议项目的箭线图

绘制箭线图时主要有以下一些规则。

① 在箭线图中不能出现回路。回路是逻辑上的错误,不符合实际的情况,而且会导致计算的死循环,所以这条规则是必须的要求。

② 箭线图一般要求从左向右绘制。

③ 每一个节点都要编号,号码不一定要连续,但是不能重复,且按照前后顺序不断增大。这条规则有多方面的考虑,在手工绘图时,它能够增加图形的可读性和清晰性。

④ 一般编号不能连续,并且要预留一定的间隔。主要是为了在完成的箭线图中可能需要增加活动,如果编号连续,新增加活动就不能满足编号由小到大的要求。

⑤ 表示活动的线条不一定要带箭头,但是为了表示的方便,一般推荐使用箭头,可以增加箭线图的可读性。

⑥ 一般箭线图要求开始于一个节点,并且结束于一个节点。

⑦ 在绘制网络图时,一般要求连线不能相交,在相交无法避免时,可以采用过桥法或者指向法等方法避免混淆。此要求主要是为了增加图形的可读性。在箭线图中,有一些实际的逻辑关系无法表示,所以在箭线图中需要引入虚工作的概念。

⑧ 计算关键路线。

关键路线计算的关键是确定项目网络图的关键路线,这一工作需要依赖于活动清单、项目网络图及活动持续时间估计等,计算步骤如下。

① 把所有的项目活动及活动的持续时间估计反映到一张工作表中,如表 4-7 所示。

② 计算每项活动的最早开始时间和最早结束时间,计算公式为 $EF=ES+$ 活动持续时间估计。

③ 计算每项活动的最迟结束时间和最迟开始时间,计算公式为 $LS=LF-$ 活动持续时间估计。

④ 计算每项活动的总时差,计算公式为 $TF=LS-ES=LF-EF$。

⑤ 找出总时差最小的活动,这些活动就构成关键路线。

例如,某展会展台施工活动清单如表 4-7 所示[①]。

表 4-7 某展会展台施工活动清单

开始节点	结束节点	工序名称	工序时间/天	开始节点	结束节点	工序名称	工序时间/天
1	2	放线	2	4	6	安装楣板	2
1	3	卫生、清料	2	5	6	灯具调试	1
1	4	展商统计、楣板制作	4	6	7	展品装卸	1
2	3	铺地毯	1	6	8	租赁服务	2
2	4	电料准备	2	7	9	展台卫生	1
3	4	展架安装	3.5	9	10	竣工验收	1
4	5	灯具安装	2				

---

① 陈心德,邱羚. 会展的时间管理和动态控制[J]. 商场现代化,2006(10):84-86.

上述工序数据和会展项目的活动与工作顺序及其相互关系,可编制该会展布展项目的网络图,会展现场布展节点图如图 4-14 所示。

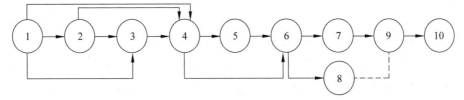

图 4-14　会展现场布展节点图

然后,根据节点的算法,得到如表 4-8 所示的布展各项活动中的关键节点和关键工作。

表 4-8　关键节点和关键工作

节点	最早可能完成时间/天	最晚可能完成时间/天	关键点	关　键　工　作
1	0	0	1	1—2
2	2	2	2	2—3
3	3	3	3	3—4
4	6.5	6.5	4	4—5
5	8.5	8.5	5	5—6
6	9.5	9.5	6	6—7 或 6—8
7	10.5	10.5	7	7—9
8	11.5	11.5	8	8—9(虚工作)
9	11.5	11.5	9	9—10
10	12.5	12.5	10	

由关键节点的关键工作可以得到关键路线,如图 4-15 所示。

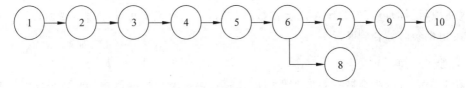

图 4-15　会展现场布展关键路线

总工期=2+1+3.5+2+1+1+1+1=12.5(天)

七、工作时间估计

会展项目的工作时间估计就是估算已确定出的会展项目活动所需的工作时间。某项工作时间是指在一定条件下,直接完成该工作所需时间与必要间歇时间之和。

工作时间的估计是项目计划制订的一项重要的基础工作,它直接关系到各事项、各工作任务时间的计算和完成整个项目任务所需要的总时间。若工作时间估计得太短,则会在工作中造成被动紧张的局面;相反,工作时间估计得太长,就会使整个项目的工期被延长。

(一) 会展项目工时估计的依据

对于会展项目的工作时间估计一般都是由会展项目负责人或具有丰富的会展组织经验的人员来完成的。当然也可以先通过计算机项目管理信息系统给出估算,再由会展专家审查以确认这种估算是否合理。

会展项目工时估计建立是在以下几个方面资料的基础之上的。

1. 工作列表

工作列表是项目工作分解的结果,列举出会展项目需要开展的全部活动。工作列表中应包含每个活动的标志和足够详细的工作描述,使项目团队成员知道应当完成哪些工作,哪些是不必要考虑的工作。

2. 项目约束条件和假设前提

项目约束条件或假设前提详见任务描述书。尤其需注意项目三个约束条件(triple constraint),即时间日程(项目周期)、性能规定(质量)和资金预算(成本费用)。在项目管理中,假设的目的(例如投入 50 人 100 天完成一次会议,假设会期天气、参会者数量及其来源、住宿到会场的线路及其交通工具等)就是为了控制风险,而约束在某些程度上是降低项目管理风险的另一个措施。约束就是限制,其对于工时估计的影响不难想见,而假设前提的充分考虑将使得工时估计更加科学精细。

3. 资源数量要求和质量要求

会展活动时间受分配给该项工作的资源数量和质量的影响,如分配给某项工作的人数越多,那么该项工作所需时间就越短;分配给该项工作的人员素质越高,所需的时间也越短。一般估算是以典型工作人员的平均熟练程度为基础而进行的,但在实际工作中,情况不会恰好如此,参与相关活动的人员的熟练程度可能高于平均水平,也可能低于平均水平,这使项目活动进行的时间可能会比估算时间长,也可能更短,因此,需要项目经理级管理人员根据经验综合判断。

4. 历史信息

历史信息可以为会展项目的工作时间估算提供参考。这些历史资料主要来源于项目档案、商业数据库和项目组织的知识、经验等。项目管理者可以根据以往同类型展会各项工作运作的时间资料来估算本项目各工作所需的大概时间,当然,没有两个展会是完全相同的,即使统一展会的不同届,由于时间、地点等约束条件的区别,估算活动时间不可以照搬,而是应该根据目前的展会项目具体情况来估算各项工作的时间。因此,再成功的展会案例也不能简单地套用其时间安排和进度安排,应该根据目前所管理的展会项目具体情况来安排估计各项工作的时间。

（二）会展项目工时估计的方法

1. 专家判断法

影响会展项目活动持续时间的因素很多，任何一种数量化的计算方法都很难准确反映项目当时的情况，专家可以根据历史信息和项目工作现状作出符合实际的权威的评定，否则，持续时间的估算就存在很大的不确定性。

专家判断法（expert judgments）是经常采用的一种项目持续时间的估算方法，这种方法需要尽可能地广泛征求意见。不同组织的专家以及个人都应当是咨询的对象，他们有着专门的知识和经验，接受过相当的培训，因此对于项目组织来说是外在的资源。一般地，选择专家对象的范围包括以下几个方面。

① 本项目组织内的其他非项目组成员。

② 相关行业咨询专家。

③ 相关行业技术组织。

④ 其他相关政府、行业管理组织等[1][2]。

2. 类比估算法

类比估算法（analogous estimates）又称历史估算法或最大可能性估算法，是指利用一个先前类似会展活动的实际时间来估算当前会展项目活动的可能时间，即将过去类似会展项目活动的实际时间的历史文档及数据作为估算未来项目活动时间的基础，通过类比来推算当前项目所需的时间。

类比估算法一般是在当前项目的各种资料和信息比较缺乏的情况下使用的，如在项目的早期计划阶段，因为它是建立在对估算目标的准确判断基础上的。类比估算法的准确度依赖于输入的历史文件和数据，以及对项目相似性和区别的准确调整。因此在下列情况下，类比估算法的结果是最为可靠的。

① 当前项目要进行时间与先前项目活动是本质上的类似，而不仅仅是表面上的类似。

② 专家或参与活动时间估算的人员掌握或具备与需求进行项目活动时间估算十分吻合的专门知识和经验，一般至少是两个以上专家的经验综合。

3. 德尔菲法

德尔菲法（Delphi method）是在 20 世纪 40 年代由 O. 赫尔姆和 N. 达尔克首创，经过 T. J. 戈尔登和兰德公司进一步发展而成的。德尔菲这一名称起源于古希腊有关太阳神阿波罗的神话。传说中阿波罗具有预见未来的能力。因此，这种预测方法被命名为德尔菲法。1946 年，兰德公司首次用这种方法来进行预测，后来该方法被迅速广泛采用[3]。

德尔菲法依据系统的程序，采用匿名发表意见的方式，即专家之间不得互相讨论，不发生横向联系，只能与调查人员发生关系，通过多轮次调查专家对问卷所提问题的看法，

---

[1] 陈心德,邱羚.会展的时间和动态控制[J].商场现代化,2006(10):84-86.
[2] 左美云,周彬.实用项目管理与图解[M].北京:清华大学出版社,2002:256-257.
[3] 赵涛,潘欣鹏.项目时间管理[M].北京:中国纺织出版社,2005:140-141.

经过反复征询、归纳、修改,最后汇总成专家基本一致的看法,作为预测的结果。这种方法具有广泛的代表性,较为可靠。

4. 定量估算活动持续时间的方法

(1) 时间定额估算法

根据测算出来的工作或活动的工作量,每天可安排的劳动量或设备量,可按如下公式计算出各工作或活动的持续时间。

$$D = \frac{Q/S}{R \cdot B}$$

式中:D——工作或活动的持续时间,天;

Q——工作或活动的工作量,千克、立方米、平方米等;

S——工作定额,千克/工日、立方米/工日、平方米/工日等,即每天需完成的工作任务;

R——每班安排的劳动力数或设备数;

B——每天工作班数(如每日排3班,则除以3)。

(2) 三点估计法

对于一些特殊的工作或活动,在确定活动持续时间时,既无经验可循又无定额可查,可由项目管理人员采用三点估计法对工作或活动持续时间进行估算。即对一项活动估算出三个历时值,然后对每个值赋予一个权重,最后通过计算得出活动的期望完成时间[1]。

三点估计法采用如下公式。

$$T = \frac{a + 4m + b}{6}$$

式中:T——工作或活动持续时间,天;

a——最乐观估计时间(完成该活动最短估计时间);

m——最可能估计时间(完成该活动最大可能的时间);

b——最悲观估计时间(完成该活动最长的估计时间)。

案例

会展项目约束条件和假设前提

A公司某个周末准备在上海徐家汇开展两天的手机促销活动,这个项目的相关数据如下。

(1) 启动项目(启动前经过可行性研究,市场等条件允许。启动各项措施都已具备,人员等都确定好了)。

(2) 规划阶段(对实施阶段的整个详细规划)。

(3) 实施阶段(周六、周日两天执行)。

(4) 收尾阶段(周日下午结束收尾)。

(5) 监控阶段(在以上主要环节实施监控和控制等预防)。

这个小项目中,出现的假设和约束条件我们列几条。

首先看假设,原本计划是利用周末时间开展,那么我们就要假设在周末的时候下雨怎么办(实施前要调查分析这个结果),不下雨可以在露天下开展,下雨的话就要准备顶棚等之类的东西,所以这个假设就为项目的实施减少了风险;再看,假设公司促销人员与客户发生现场争吵怎么办,如果这个假设没有假设到,那么真的发生了是不是让项目负责人很突然,如果你假设到了,真有这样的事情发生,你就有了心理准备,至少可以比较好地处理事情,同样,如何在周日快结束的时候,拉道具的车抛锚了怎么办,这些都是假设,假设到了,就知道怎么应对了。当然,一个项目中要假设的东西很多,主要看项目本身的特点和环境因素来定。

再看这个里面的约束条件,徐家汇是个繁华的地方,场地不是特别大,租金也可能不一样,所以根据公司最后的会议决定,本次租金只能是在5万元一天的承受力度,那么这个条件就把项目经理约束了,只能在这个范围内考虑租地(当然这里项目负责人可以通过个人或者其他方式扩大金额,约束能变)。还有,如果所租用的场地只能容纳20位工作人员,那么去21位是不是就不太合理,同样是个约束条件。可见约束就是限制。

(http://blog.eastmoney.com/njc723/blog_151017399.html)

案例分析

八、进度安排

(一) 会展项目进度安排的主要内容

在把会展项目分解为各个子任务,并确定各项工作和活动的先后顺序与每一项任务的工作时间之后,就可以安排项目的时间进度了。项目进度安排是项目控制的重要依据,它是以项目工作分解结构、项目工作先后顺序、项目工作时间为依据,详细安排每项工作的起始和终止时间的一种有效的项目管理方法。编制项目进度计划是项目管理者的重要职责,项目各负责人都应该积极参加项目进度计划的制订工作,以便及时发现会展项目进度计划中存在的问题。

项目进度安排的结果是项目进度计划,其主要内容就是每项计划工作的开始和终止时间。编制项目进度计划有利于在会展项目实施过程中对项目进度时进行有效控制。

(二) 编制会展项目进度计划的方法

编制会展项目进度计划的方法主要有以下几种。

1. 甘特图

甘特图(Gantt chart)内在思想简单,基本是一条线条图,横轴表示时间,纵轴表示活动(项目),线条表示在整个期间上计划和实际的活动完成情况。重点反映项目管理的三重约束，即时间、成本和范围，其中又以进程管理即项目在时间上的管理为主[①]。它直观地表明任务计划在什么时候进行及实际进展与计划要求的对比。在甘特图上，可以看出各项活动的开始和终止时间。在绘制各项活动的起止时间时，也考虑它们的先后顺序。但各项活动时间的关系却没有表示出来，同时也没有指出影响项目寿命周期的关键所在。因此，对于复杂的项目来说，甘特图就显得不足以适应。图4-16所示为某会展展台施工项目计划进度甘特图。

工作序号	工作名称	工作时间	工作进度/天												
			1	2	3	4	5	6	7	8	9	10	11	12	13
1	放线	2													
2	卫生、清料	2													
3	展商统计、楣板制作	4													
4	铺地毯	1													
5	电料准备	2													
6	展架安装	3.5													
7	灯具安装	2													
8	安装楣板	2													
9	灯具调试	1													
10	展品装卸	1													
11	租赁服务	2													
12	展台卫生	1													
13	竣工验收	1													

图4-16 某会展展台施工项目计划进度甘特图

除了手绘甘特图外，还可以采用一定的项目管理软件工具进行，常用的是利用Microsoft Project软件进行项目进度计划的编制，在项目具体实施过程中还可以通过对比计划完成时间和实际完成时间来对项目进行跟踪。在Microsoft Project中自动生成的网络图和甘特图，对项目跟踪带来了极大的方便[②]。在会展项目管理中，学习和掌握好Microsoft Project项目管理软件是非常有必要的，特别是在编制甘特图方面十分便捷(见图4-17)。

2. 里程碑计划

项目的里程碑是指具有历史性的重要事件，它对整个项目具有重大的影响，并对其他

[①] Kerzner H. Project management: a systems approach to planning, scheduling, and controlling[M]. John Wiley & Sons, 2009: 236.

[②] 张家春. 项目计划与控制[M]. 上海：上海交通大学出版社, 2010: 145.

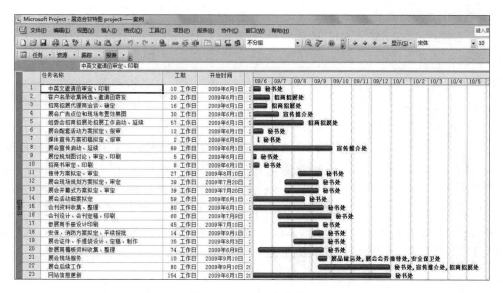

图 4-17　××展会甘特图
（用 Office Project 2007 软件绘制）

工作具有非常重要的参考价值。里程碑计划（milestone plan）就是以项目中这些重要事件的完成或者开始的时间作为一个基准点所形成的一个项目计划，是一个项目完成的框架性计划，以项目过程中完成的某一个阶段性目标为导向[1]。它是以项目中某些重要事件的开始时间或结束时间作为基准进行图表绘制的一种方法，是一个战略计划或项目框架，是编制更详细的进度计划的基础，通常和甘特图配合使用。里程碑计划技术一般可以用里程碑表或者是里程碑图来表示[2]。表 4-9 所示某项目里程碑事件表就是一个里程碑表的例子。

表 4-9　里程碑计划表

里程碑事件	2012.01.08	2012.04.15	2012.07.20	2012.07.25	2012.08.20
审批完成	▲				
筹备工作开始		▲			
开幕式			▲		
闭幕式				▲	
会展项目总结报告					▲

当然，亦可以用里程碑事件的结束时间为依据编制里程碑计划表。但不论是以开始时间还是以完成时间为依据，里程碑计划表只是对会展进度计划的一种宏观安排，不能代替更细一步的包括每一项任务起止时间的进度安排，里程碑法存在着和甘特图一样的缺点。一般而言，里程碑事件计划在持续时间较长的会展项目中使用得更为广泛，如在奥运

---

[1] 梁传艺."2009 广州汽配用品展"项目进度控制的探讨[D].广州：中山大学，2010：8.
[2] 格雷戈里·T.豪根.项目计划与进度管理[M].北京：机械工业出版社，2005：168.

会、世博会的进度计划中。

3．网络计划技术

网络计划技术（network planning technology）是用网络计划对任务的工作进度进行安排和控制，以保证实现预定目标的科学的计划管理技术。它是以时间为基础，用网络形式来描述一个系统，对系统进行统筹安排，寻求资源分配的协调方案。网络计划是在网络图上加注时间参数等而编制，从系统的观点出发，用形象直观的图表达生产过程中的各项工作之间相互制约、相互依赖的关系，易于协调和配合，保证有计划、有节奏地完成任务。因此，网络计划由两部分构成，即网络图和网络参数。网络图由箭线和节点组合而成，能够用来表示工作流程，反映系统之间的内在联系，分清问题的轻重缓急，使管理人员能把握工作重点，科学合理地组织和指导生产工作。网络参数则是根据项目中各项工作的延续时间和网络图所计算的工作、节点、线路等要素的各种时间参数。图 4-18 所示为根据会议任务时间估计表用网络计划表示的进度计划。

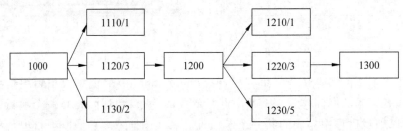

图 4-18　某会议项目进度计划

4．项目计划表

会展项目进度除了以上几种表示方法，还有一种非常重要的方法就是编制项目计划表（project schedule）。项目进度表是关于会展项目进度的详细安排，如表 4-10 所示，很直观地表示出了每项工作的持续时间、开始时间和完成时间。

表 4-10　会展项目进度计划表

文档编号		制表人		制表日期	
项目名称				项目经理	
工作内容	负责人	计划开始时间	计划完成时间	计划工期	备注
1……					
……					

（三）方法的选择与比较

每次会展应该视其不同特征及其实际需要，结合以上各种方法的表现形式，选择适合的方法编制进度计划。编制会展项目进度计划的方法选择，应考虑以下几个因素。

1．会展项目的规模

如果是规模较大的会展项目，如奥运会、世博会等可以采用里程碑计划或网络计划技术。

如果是小型的会议和展览,则可以采用简单的方法进行进度安排,如甘特图法和项目计划表。

2. 会展项目的复杂程度

项目的规模并不一定总与项目的复杂程度成正比,但在会展项目中,二者之间却存在着非常明显的正相关关系。因此,复杂的会展项目的进度安排应该采用网络计划技术和里程碑计划,而简单的会展项目则适合采用甘特图法和项目计划表。

3. 会展项目细节的掌握程度

如果对会展项目的每项任务都非常清楚,则可以采用项目计划表来标出每项任务详细的起止时间。如果只是对会展项目的大概情况有所了解,则应该用甘特图或里程碑计划编制进度计划。从理论上讲,会展项目细节在计划中考虑得越细越好,但实际上,存在一个渐进的深化认识过程。因此,先粗后细也是会展项目计划安排的常规逻辑。

显然,不同的方法具有不同的优点和缺点,如表4-11所示。作为会展项目计划制订者,应根据会展项目的具体情况,采取多种方法合理编制进度计划,这样能够取长补短,以形成一个清晰、直观、真正对会展项目控制有指导意义的计划。

表 4-11　会展项目进度计划编制方法的优缺点比较

方法类型	优　点	缺　点	适应的项目类型
甘特图	简洁明快,清晰直观	内容较为简单,时间不确切	小型、简单展会项目,紧急筹备的项目
里程碑计划	重点突出,全局控制性强	时段不明显,内容不明显	大型、复杂展会项目,紧急项目
网络计划	宏观性强,任务间关系明显	内容过粗,时间起止不明	大型、复杂展会项目,充裕筹备的项目
项目计划表	时间界定清楚,任务内容详细	过于细化,宏观性较差	小型、简单展会项目,充裕筹备的项目

案例

中华菌菇文化交流大会暨新技术、新产品展销展示博览会项目组工作进度安排。(见表 4-12)

表 4-12　中华菌菇文化交流大会暨新技术、新产品展销展示博览会项目组工作进度安排表

时　间	工　作　内　容	责任人
4月15日前	做好与中国食用菌协会、中国食品土畜进出口商会衔接	张××
4月底前	确立工作组方案	张××
4月底前	确定邀请名单	张××
5月底前	发会议通知、邀请函等	刘××
11月20日前	通过邀请函回执确定来宾名单,并确定县内参与人员,收集会议交流材料; 参展企业征集与报名及展示场地协调,简易帐篷联系; 参展企业展板内容与县情展板确定审定,展销企业确定	张×× 刘××

续表

时 间	工 作 内 容	责任人
11月25日	校对会议交流材料	吴 ×
12月5日	1. 各展板完成设计、打出小样、确定展板排列；确定展销企业场地安排； 2. 确定会场服务人员	吴××
12月5日	与组委会衔接有关文稿落实	吴 ×
12月9日	酒店相关布置安排	张××
12月5日前	编制会议交流材料	张××
12月8—10日	安装展板、展示企业布展	张××
12月9日	资料装袋	张××
12月10日	交流大会会场布置；展销布置，企业进场	吴××
12月10日下午	领导考察会场布置，进一步完善会场	吴 ×
12月11日 上午8:00	会场鲜花、水果、茶水、烟灰缸摆设	张××
12月11日	会议、展示、展销期间服务	吴××

(http://www.zgqy.zj.cn/)

第四节 会展项目资源计划

会展项目的实施是一个资源整合的过程。完成一个会展项目，所需的诸多资源缺一不可，否则会展项目将达不到预期的质量目标，严重的甚至还会导致会展项目无法进行。但是，在会展项目实施过程中，绝大多数项目资源并不能无限获得，而且项目资源需要付出代价。所以，一定要对资源做好精细化的分配和使用计划，做到物尽其用。

一、会展项目资源及其类型

(一) 会展项目资源的概念及其特点

广义的会展项目资源是指会展项目实施过程中的一切人力、资金、信息、技术及物资设施的总称。而狭义的会展项目资源则是指除了资金之外的其他所有资源的统称。会展项目资源具有临时性、可租赁的特点。

(二) 会展项目的资源类型

1. 按项目资源的来源划分

按来源分类，会展项目资源可分为内部资源和外部资源。内部资源主要是指会展项目本身所需要的材料、设备等；外部资源主要是指会展项目实施过程中的人力、设施、能源等。

2. 按项目资源的形态划分

按形态分类,会展项目资源可分为有形资源和无形资源。有形资源主要是指与会展项目相关的有形化的资源,如所需的材料、设备、设施等;无形资源主要是指会展项目实施过程中所需的无形化的资源,如人力资源、成本资源等。

二、编制会展项目资源计划的依据和方法

(一) 会展项目资源计划的概念及其作用

会展项目资源计划是指通过分析和识别项目的资源需求,确定出项目需要投入的资源种类、数量和项目资源投入的时间,从而制订出项目资源供应计划的项目成本管理活动。

会展项目资源计划涉及决定什么样的资源以及多少资源将用于项目的每一项工作的执行过程中,因此它必须是与费用估计相对应的,是项目成本估算和项目计划编制的基础。任何资源的短缺、积压和滞留都会带给项目损失。因此,会展项目资源计划是关于权衡的分析,这些权衡从两个方面进行:一是在为了适应资源短缺所设计的各个进度计划方案的成本之间;二是在使用各种资源方案的成本之间。这种分析会受到资源可获得性、预算分配和截止期限等约束条件的限制[①]。

(二) 会展项目资源计划编制的依据

1. 工作分解结构

项目工作分解结构明确了项目各项工作、各组成部分,是会展项目资源计划的基本依据。

2. 项目工作进度计划

项目工作进度计划是会展项目计划中最主要的,是其他各项目计划(资源计划、成本计划)的基础。资源计划服务于工作进度计划,应围绕工作进度计划的需要而确定何时需要何种资源及其数量多少。

3. 历史信息

同类项目的历史经验借鉴十分重要,历史信息是会展项目资源计划的重要参考依据,它记录了以往类似会展项目所使用资源的情况,但资源计划还需充分考虑,因为随着时间的迁移,现在的会展项目市场环境和政策环境也存在变动及其差异。

4. 资源安排描述

项目资源计划必须掌握什么资源是可能获得的,尤其是数量描述和资源水平对于资源安排描述是特别重要的。

---

① 孙军.项目计划与控制[M].北京:电子工业出版社,2008:70-75.

（三）编制会展项目资源计划的方法

1. 专家判断法

专家判断法主要是指由项目成本管理专家根据经验和判断确定与编制项目资源计划的方法。专家判断法是编制会展项目资源计划最常用的方法，这种方法又有两种具体的形式：专家小组法和德尔菲法。

专家判断法的优点是：主要依靠专家判断，基本不需要历史信息资料，适合于全新的、长期性的项目；缺点是：如果专家水平不一或专家对项目理解不同，就会造成项目资源计划出现问题。

2. 头脑风暴法

头脑风暴法是由美国创造学家 A. F. 奥斯本于 1939 年首次提出、1953 年正式发表并迅速得到了广泛应用的一种激发性思维的方法。现在则成为无限制的自由联想和讨论的代名词，其目的在于产生新观念或激发创新设想，是吸收专家参加的创造性思维过程的一种智力激励方法，故也称"思维共振法"。头脑风暴法在 20 世纪 50 年代得到应用，至 70 年代中期，在各类预测方法中的比重已由 6.2% 上升到 8.1%，可见其应用之广泛[①]。我国 70 年代末开始引入头脑风暴法，并很快就受到了有关方面的重视。

头脑风暴法专家小组应由下列人员组成：预测学领域的专家、专业领域的专家、专业领域的高级专家、具有较高逻辑思维能力的专家等。

"头脑风暴"领导者的发言应能激起参加者的思维"灵感"，促使参加者感到急需回答会议提出的问题。通常，在"头脑风暴"开始时，领导者必须采取强制询问的做法。一旦参加者被鼓动起来，新的设想便会源源不断地涌现，这时，领导者只需根据"头脑风暴"的原则进行适当引导即可，诱发专家产生"思维共振"，以达到互相补充并产生"组合效应"，获取更多的未来信息，使预测和识别的结果更准确。头脑风暴法在帮助解决问题方面被证明是很有效的方法。

3. 资源平衡法

资源平衡法是指通过确定出项目所需资源的确切投入时间，努力使各类资源不出现大进大出，确保资源需求波动最小，资源不闲置，并尽可能均衡使用各种资源来满足项目进度计划的一种方法。它是均衡各种资源在项目各阶段投入的一种常用方法。

在项目实际运转中，资源总是有限的，需要考虑资源的可获得性、资源的功能以及它们与项目进度之间的关系，即项目团队不得不考虑成本、时间和员工的熟练程度等相关因素对项目的制约。资源平衡的首要工作就是进行资源约束的分析。

（1）活动之间的技术限制分析

首先可以通过网络图表示出各项活动之间的逻辑关系，从而来配置资源。下面以简单的小型校乒乓球比赛筹备为例进行分析，图 4-19 所示为其资源需求网络图[②]。

---

① 何跃青.如何进行项目管理[M].北京：北京大学出版社，2004：172.
② 杨顺勇，施宜.会展项目管理[M].上海：复旦大学出版社，2009：108.

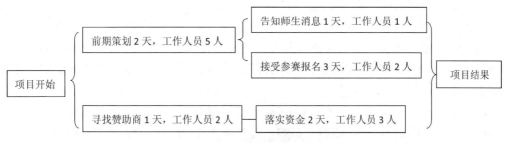

图 4-19 校乒乓球比赛的资源需求网络图

（2）资源限制分析

在资源约束的分析完成之后，可以绘制资源需求甘特图，进一步考虑资源限制的问题。图 4-20 所示为校乒乓球比赛筹备的资源需求甘特图。

筹备期/天	第一天	第二天	第三天	第四天	第五天
2	前期策划 5 人				
1			告知师生 1 人		
3			接受报名 2 人		
1	寻找赞助 2 人				
2		落实资金 3 人			
人数	7	8	6	2	2

图 4-20 校乒乓球比赛筹备的资源需求甘特图

从图 4-20 可以看出该活动的时间段内，每天需要的工作人员依次是 7 人，8 人，6 人，2 人，2 人，累计需要 7×1＋8×1＋6×1＋2×1＋2×1＝25 个工作日。同时发现该活动的人力资源的配置很不均衡，如何优化配置这些工作人员就是资源平衡所要解决的根本问题。

资源平衡分析就是指在某种特定资源的需求频繁波动时，在不延长项目工期的条件下，如何使资源配置尽可能均衡，即使资源需求的波动最小化的一项工作。如果该活动每天只有 5 个工作人员，通过资源平衡分析，该活动筹备的资源需求甘特图变为如图 4-21 所示。

筹备期/天	第一天	第二天	第三天	第四天	第五天
2	前期策划 5 人				
1			告知师生 1 人		
3			接受报名 2 人		
1				寻找赞助 2 人	
2				落实资金 3 人	
人数	5	5	5	5	5

图 4-21 校乒乓球比赛筹备的经资源平衡分析的资源需求甘特图

(3) 资源约束进度安排

资源约束进度安排是在各种资源有限而且又不准超过该资源约束的情况下制定最短进度的一种方法。由于资源约束进度安排必须遵守资源约束条件,所以应用这种方法时可能导致项目的完工时间延长,这也是一种在最小时差原则下反复地将资源分配给各个活动的方法。

假设校乒乓球比赛筹备中寻找赞助需要 3 天,同时如果该活动每天只有 5 个工作人员,由此告知师生、接受报名、寻找赞助就不能同步进行,这将导致筹备工作的完工时间从 5 天增加到 6 天。

如果项目网络图很大而且需求种类很多,资源平衡分析工作就变得十分复杂,此刻需要借助项目管理软件来帮助进行资源分析的工作,如 2008 年北京奥运会就是很好的例子。

三、会展项目资源计划的工具和表现形式

(一) 会展项目资源计划的工具

1. 资源矩阵

资源矩阵用以说明完成会展项目中的工作需要用到的各种资源的情况。如表 4-13 所示给出了资源矩阵的一个例子。表中左边列出了会展项目中的各项工作(任务),上面的行给出了会展项目所用到的资源的名称,行列交叉处的元素代表会展项目中各项工作所需要的各种资源的状况,其中,P 表示行中的工作所需用到的主要资源,S 则表示次要资源。

表 4-13 资源矩阵

任 务	王凯	张晓阳	李敏	王栋梁	陈青青	莫明
制定会展目标	P	S				
制订订展计划	P	S				
宣传			P		S	
招商、招展					S	P
……						

2. 资源数据表

资源数据表用以说明各种资源在项目周期内各时间段上的数量的需求情况。表 4-14 所示为资源数据表的一个例子,表示展览期间每个月份所需的各类人员的数量。

表 4-14 资源数据表

需求时间 人力资源	1月	2月	3月	4月	5月	6月	7月	8月	9月	10月	11月	12月
策划人员	2	2										
营销人员			5	5	5	5	5	5	2	2	2	2
设计人员	1	1	1	1								
……												

3. 资源甘特图

资源甘特图用以反映各种资源在项目周期内各个阶段用于完成哪些工作的情况,如图 4-22 所示。

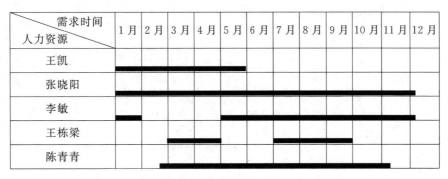

图 4-22 资源甘特图

4. 资源负荷图

资源负荷图一般以条形图的方式反映项目进度及项目周期内的资源需求情况,图 4-23 所示为某节事活动市场部人力资源负荷图。

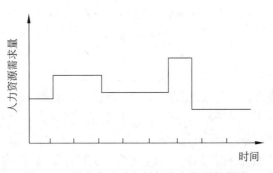

图 4-23 某节事活动市场部人力资源负荷图

(二)会展项目资源计划的表现形式

会展项目资源计划的表现形式是各类资源的需求计划,各种资源特征及资源计划简要的描述,将各类资源的需求分解、分配到具体的工作上,并以图表的形式予以反映。会展项目资源计划的表现形式包括以下几个方面。

1. 资源的需求计划

以文字形式勾画出会展项目所需各类资源的总计划。

2. 各类资源需求及需求计划的描述

以文字和图标形式,确定会展项目的各类资源需求计划。

3. 具体工作的资源需求安排

以图表形式表示会展项目具体工作,如人力资源需求、会展场馆需求等所需的资源的安排使用,如图 4-24 所示。

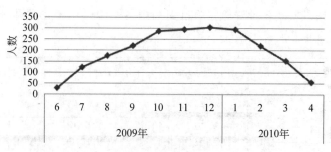

图 4-24 某活动具体项目投入的人力资源安排

案例

伦敦"后奥运"场馆计划提前看

London Legacy Development Corporation 已揭晓了今后伊丽莎白女王奥林匹克公园(Queen Elizabeth Olympic Park)的开放计划。自 2012 年 10 月起的一年半时间里,这个位于伦敦东区中心地带的公园将从奥运场址转型为城中新地标。到 2014 年春天,这一占地 560 英亩的奥林匹克公园将成为全新的景点和社区公园,这在英国绝无仅有。

将于 2013 年 7 月对外开放的新公园既有绿地和河道,又有世界级的体育娱乐场馆,还有全新的社区。它展示了伦敦东区独有的魅力、能量以及遗产,同时也彰显了伦敦生活的最佳元素,为伦敦居民和游客营造了新的空间。伦敦市长 Boris Johnson 也已宣布了奥运会后将在公园举行的第一个大型活动——明夏举行的为期 2 天的世界自行车赛。

公园及其各个标志性的场馆将被分为两个不同的区域:北部的河谷和南部一个 50 英亩的绿地景观。北公园(North Park)将率先开放,其中包括以大自然为主题的社区枢纽和广场,因此这个公园尤其适合亲子游,并有多种在大自然中探险的机会。北公园的"多功能厅"是一个能容纳 7 500 人的室内场馆,这里将承接各种社区活动,以及高规格的体育赛事及音乐会。在北公园开放之日,本地居民将和游客一起举行庆祝活动。

南广场(South Plaza)将位于伦敦碗、水上运动中心和轨道塔(Arcelor Mittal Orbit)之间。游客可沿这里的林荫道漫步,林荫道两端的空地可用于举行各式活动,如文化表演、流动食品摊以及社区活动。

(http://travel.sina.com.cn/world/2012-08-03/1805180369.shtml)

案例分析

第五章

会展项目实施与控制

关键术语

- 会展项目执行（projects executive of MICE）
- 会展项目的进度控制（project progress controlling of MICE）
- 会展项目的质量控制（project quality controlling of MICE）
- 会展项目的成本控制（project cost controlling of MICE）
- 会展项目的前馈控制（project feedforward controlling of MICE）
- 会展项目的反馈控制（project feedback controlling of MICE）
- 会展项目的同期控制（project concurrent controlling of MICE）
- 会展项目管理信息（project management information of MICE）
- 项目跟踪（project tracking）
- 绩效观察（performance observation of project）
- 偏差分析（variance analysis of project）
- 纠偏措施（rectify a deviation of project）
- 项目变更（调整）（adjustment of project）

学习目的

- 明确会展项目控制的基础理论与基本方法，能够运用相关理论和方法分析具体会展项目的实施控制的问题。
- 熟悉会展项目的进度控制、质量控制和成本控制的目标、方法与程序。
- 系统掌握会展项目控制的前馈控制、反馈控制和同期控制三种类型，并进行比较研究。
- 通过会展项目跟踪的工作内容，了解会展项目管理信息系统建立的原则与步骤，深刻理解信息系统在会展项目跟踪管理中的意义。
- 结合案例分析，掌握会展项目控制管理流程及其绩效标准、绩效观察、偏差分析等方法。
- 学会科学分析影响会展项目调整的因素及其调整后的影响，掌握项目变更控制系统设置的内容与程序。
- 熟悉项目变更的总体控制及其与单项控制的关系，了解传统的项目管理方法与基于系统动力学项目管理方法的差异。

第一节 会展项目控制概述

一、会展项目控制及其特点

会展项目的实施是一个与控制紧密联系的过程。实际上就是一个过程的两种同步的工作。实施是对计划的执行落实,而控制则是确保计划贯彻好以致不偏离的必要技术保障。任何项目均需在实施中控制,同时在控制中推进实施。

(一)会展项目控制的概念

有效的项目监督、评估和控制的基础是项目目标、具体目标和战略的明确说明,这为项目进度的评价提供了绩效标准。[1]

1. 会展项目控制的定义

控制是与失控相对而言的。换言之,控制的根本目的是防止失控。实际上,不论是控制还是失控,都是相对于特定的基准规定而言的。也就是说,所谓控制就是在此特定的基准之内,否则就是失控。因此,会展项目控制就是以一定的标准为依据,定期或不定期地监控会展项目,发现会展项目活动是否与标准偏离,并采取必要措施进行解决的会展项目管理过程。

2. 会展项目控制的基本理论与方法

(1)会展项目控制的基本理论

控制活动就是要检查实际发生的与标准的偏差并加以纠正,这是控制理论的基石。

① 控制是一定主体为实现一定的目标而采取的一种行为。实现最优化控制必须首先满足两个条件:一是要有合格的控制主体,二是要有明确的控制目标。

② 控制是相对于被控制系统而言的,而其自身也是一个系统。既要对被控制系统进行全过程控制,也要对其所有要素进行全面控制。控制是一个大系统,包括组织、程序、手段、措施、目标和信息等若干个分系统。

③ 控制是动态的。会展项目的控制贯穿项目的始终,绝不是一个临时局部的环节性的工作。控制伴随会展项目的发展而具有动态特征。

④ 提倡主动控制,即在偏离发生之前预先分析偏离的可能性措施,防止发生偏离。

(2)会展项目控制的基本方法

正如法约尔曾所言:"在一个企业中,控制就是核实所发生的每一件事是否符合所规定的计划、所发布的指示以及所确立的原则,其目的就是要指出计划实施过程中的缺点和错误,以便加以纠正和防止重犯。控制在每件事、每个人、每个行动上都起作用。"因此,控制的方法是检查、分析、监督、引导和纠正,从跟踪项目,寻找偏差到分析偏差原因及其趋势再到纠偏计划及其实施,每一步都要制定控制标准,并选择一些关键点作为主要控制对象。

---

[1] 戴维·I.克利兰.项目管理:战略设计与实施[M].北京:机械工业出版社,2002:8.

(二) 会展项目控制的特点

项目控制是对项目目标及其控制对象和控制方法的总称,其特点如下。

1. 过程性

为了达到目标项目,管理人员需对项目行为状态进行全面控制,而由于项目建设具有明显的渐进阶段性,会展项目的产出是一个工作累计的结果,这就使得会展项目控制具有整体性和分阶段过程性的特点。

2. 多目标性

项目控制不只是对于项目质量的监控,而且包含有投资控制目标、进度控制目标等,与投资成本、进度和质量计划等之间存在密切的内在互动联系。成功的会展项目是对于展会质量以及项目其他约束条件的共同遵循,不能顾此失彼,因而会展项目控制具有高度的复杂性。显然,只管进度不管质量没有实际意义,也将最终偏离项目目标。同样,只考虑质量而无限制地花费时间,也不可能为项目单位所接受,因为时间同样意味着效益甚至重大机遇。

3. 相对性

控制是相对计划而言的,是计划在执行过程中,现实产生的与计划偏离的监控过程。项目控制的目的是使实际达到的目标值与规划值的偏差在相对许可范围之内。

4. 系统性

项目建设过程中包括多个元素,项目表现出费用成本、人力成本、时间进度和项目质量等各种反馈,都是各个元素彼此加工和相互影响的结果。项目控制以系统论方法,各种角度、层次去揭示项目进行的规律性,科学地指导管理项目实施。

(三) 会展项目控制的意义

现实中,出于会展项目的独特性,其目标、要求很难完全按计划进行,即使事先经过周密的计划,在实施过程中仍难免会出现意想不到的情况和各种困难,使项目不能按照原计划进行,因而出现偏差。例如某国际会议项目,在会展项目团队编制项目费用预算时,因为无法估计机票的折扣,所以按去年同时段的6折编制预算,后来随着国际石油价格的上涨,机票价格上涨,使预算出现偏差。这就显示出会展项目控制的必要性及其深远意义。

1. 确保会展项目目标的实现

随着项目的进行,会展项目关系人对项目的要求和期望会越来越具体,他们的要求甚至会使项目计划产生重大变化。这就需要对项目各过程进行监督控制,以保证实现项目的预期目标。若发现实际情况偏离了目标,就要找出原因并判断偏差是否会最终影响目标的实现。[1]

---

[1] 杨顺勇,施谊.会展项目管理[M].上海:复旦大学出版社,2009:9.

2. 有效协调会展项目进程及各要素之间的关系

会展项目管理涉及会展全生命周期,是一个无间断的管理过程,后一个阶段的工作都是在前面工作成果的基础上展开的,要注意各个阶段之间的衔接。每个阶段不仅要在自身工作阶段与相关部门沟通联系,还要关注工程全过程与有关部门的交流。要在设计、施工、运营等几个关键环节进行过程创新的基础上,在项目全生命过程中各阶段及从整个过程(在质量、工期、成本、信息、合同、安全、协调等方面)都全面开展创新活动,才能最终起到工程建设的各相关方都满意的效果。①

3. 将项目检验与调整融为一身

总之,会展项目控制具有两方面的作用:一是检验作用,即检验各项工作是否按预定计划进行,并检验计划方案的正确性和合理性;二是调整作用,即通过调整不合理的计划或消除各种干扰因素,使项目活动回到计划的轨道。

二、会展项目控制的目标

一般来说,会展项目控制的目标主要有四方面:一是确保会展项目的成本控制在预算范围内,二是确保会展项目的进度保持在计划范围内,三是确保会展项目的质量达到计划目标,四是采取必要的变更措施(详见本章第四节)。事实上,会展项目控制的最终目标就是保证会展项目达到预期目标。

(一)进度控制

1. 会展项目进度控制的含义

会展项目进度控制是指对项目各实施阶段的工作内容、工作程序、持续时间和衔接关系编制计划,在实际进度与计划进度出现偏差时进行纠正,并控制整个计划的实施,以确保项目进度计划总目标得以实现。

进度计划是表达项目中各项工作工序的开展顺序、开始及完成时间的相互衔接关系计划,通过项目计划的编制,使项目实施形成一个有机的整体。② 但项目进度计划只是根据预测而对未来作出的安排,由于在编制计划时事先难以预见的问题很多,在计划执行过程中往往会发生或大或小的偏差,这就要求项目经理及其他管理人员对计划作出调整,消除与计划不符的偏差,以便预定目标按时实现。因此,在项目进行过程中,必须不断掌握计划的实施状况,并将实际情况与计划进行对比分析,必要时应采取有效的对策,使项目按预定的进度目标进行,避免工期的拖延。这一过程称为进度控制。③

2. 会展项目进度控制的主要环节

项目进度控制包括从会展项目开始实施,直至完成总结评价等后续工作的各个阶段,会展项目进度控制主要包括准备阶段进度控制、实施阶段进度控制和后续阶段进度控制。

---

① 黄张萍,徐达奇.工程项目管理过程创新探析[J].经济研究导刊,2012(12):202-204.
② 王胜.全面项目管理[M].北京:中国经济出版社,2004:8.
③ 霍亚楼.项目管理基础[M].北京:对外经济贸易大学出版社,2008:9.

(1) 准备阶段进度控制

在会展项目正式实施前准备阶段的进度控制,具体任务是客观地编制会展阶段进度控制工作细则,编制或审核会展总进度计划和日程安排,审核各部门工作实施进度计划,编制年度、季度、月度工作进度计划。

(2) 实施阶段进度控制

在会展项目实施过程中进行的进度控制,是会展计划能否付诸实现的关键过程。在此阶段,进度控制人员应要求各部门定期汇报工作进展情况,视具体情况定期或不定期召开各部门工作会议。一旦发现实际进度与目标偏离,必须及时采取措施纠正偏差,以保证各项工作沿正常轨道顺利进行。

(3) 后续阶段进度控制

在完成整个会展任务后进行的进度控制。具体内容包括:及时组织评估工作;处理工程索赔;整理本次会展有关资料,及时将有关信息向客户通报;将客户档案、总结评估报告及时整理归档;根据实际实施进度,对有关人员进行答谢,以保证下一阶段工作的顺利开展。

3. 会展项目进度控制的方法

(1) 记录项目的实际进度

要知道会展项目的实际进行是否与计划相符,先要做好基础的记录:了解每项活动的实际进度,包括各项活动的实际持续时间、实际开始和结束时间和哪些已经完成与尚未完成,例如:会议接待的接机活动,计划是 2 天,而实际上用了 3 天,整个会议议程因此推迟 1 天,人力资源费用也可能上升。对会展项目的实际进度跟踪可采用日常观测法和定期观测法。对项目周期短的,采用日常观测,如短期会议。

(2) 进度偏差分析

将项目的实际进度与计划进度进行比对,若发现出现偏差,应对产生偏差的原因进行分析。基本方法可采用横道图比较法,该方法是将在项目进展中通过观测、检查和收集到的信息,经整理后直接用不同的颜色或不同粗细的实线横道线并列于原计划的横道图上,进行直观比对,如表 5-1 所示。经分析,会议接待时间超过原计划,主要原因是由于天气影响参会人员的交通。为保证会议不延期,将室外参观考察改为室内参观考察,缩短一天。

表 5-1 进度分析示例表

工作编号	工作名称	工作时间/天	项目进展								
			1	2	3	4	5	6	7	8	9
A	会议筹备	2									
B	会议接待	2									
C	正式开会	2									
D	会议参观	2									
E	会议结束	1									

注:细线为计划进度,粗线为实际进度

(3) 项目进度计划更新

项目进度计划更新包括分析进度偏差的影响和进行项目进度计划的调整。首先分析进度偏差的工作是否为关键工作,并计算出偏差的大小,判断对项目总周期有无影响。根据以上分析,对项目进度计划进行调整,特别是关键工作的调整,因为如果关键工作没有机动时间,其中任何一项活动持续时间的延长或缩短都会对整个项目产生影响。因此,关键工作的调整是项目进度调整的重点。另外,可通过改变某些活动的逻辑关系,增减工作项目和调整非关键活动来调整项目进度,当采用以上方法都不行时,可通过重新编制计划来满足要求。

4. 会展项目进度控制的主要类型

按照不同管理层次对进度控制的要求分类,可将会展项目管理进度控制分为三类:总进度控制、主进度控制和详细进度控制。其中,项目总进度控制是项目经理等高层次管理部门对项目中各里程碑事件的进度控制,项目主进度控制主要是项目部门对项目中每一主要事件的进度控制,项目详细进度控制则是各部门对各具体事项进度计划的控制。这是进度控制的基础。

(二) 质量控制

根据国际标准化组织(ISO)的定义,质量是"一组固有的特性满足需求的程度",是"反映实体满足明确或者隐含需要的能力的特性综合"。这里的"实体"就是质量的主体,它可以是产品,也可以是某项活动或过程的工作质量,还可以是质量管理体系运行的质量。[1]

由于 ISO 9002 作为一种管理标准,规定了一个企业能够持久生产合格产品或服务以满足客户需要而建立质量保证体系应遵循的原则,并使可能影响其产品质量和服务质量的各种因素处于受控状态,以预防、减少或消除不合格产品和不合格服务。建立完善的质量控制体系,需要熟悉 ISO 9002 体系标准。

1. 会展质量控制的概念

项目管理知识体系(project management body of knowledge,PMBOK)将项目质量控制定义为"监控具体的项目结果,确定其是否符合相关标准,并识别消除引起不满意绩效的原因的方法"。项目质量控制是确保项目结果符合质量标准,并且在出现偏差时采取纠正措施的活动。只有当质量处于控制之下时才能保证长期的过程改善。项目结果既包括项目的可交付成果,也包括项目的管理成果(如成本执行结果、进度执行结果等)。

会展项目是会展企业的产品,其质量具有两个方面的内容:一是项目本身的质量如何,即是否取得权威机构的支持、是否代表该行业的发展方向、是否获得国际有关机构的资格认可等;二是项目工作人员的工作质量,即能否提供专业、优质、全方位的会展服务。

2. 实施会展项目全面质量控制

在企业质量控制活动中,国际上普遍运用的是全面质量控制。在会展项目管理活动中,为了积极推进全面质量控制,建立质量保证体系,不断提高会展质量和管理水平,塑造更多

---

[1] 陈文晖. 项目管理的理论与实践[M]. 北京:机械工业出版社,2008:4.

的品牌展会,也可以引入全面质量管理的理念,建立从研究开发、新产品设计、外购原材料、生产加工,到产品销售、售后服务等环节来贯穿企业生产经营活动全过程的质量管理体系。

会展项目质量控制的方法很多,最常用的有以下几种。

(1) 成本/收益分析法

成本/收益分析法的实质是分析投入成本和所获取收益之比选择那些对项目最有价值的质量活动。由于有些展会并不强调即时获利,而追求长远利益,因此在使用该方法时应与展会的总体目标一致。

(2) 流程图

常用因果关系图,通过箭线将质量问题与质量因素之间的关系表现出来,图形同鱼刺,亦名鱼刺图。在绘制鱼刺图时,确定需要分析的质量特性,并分析影响质量特性的各种因素,用大枝表示大原因,中枝表示中原因,小枝表示小原因,并找出关键原因用文字说明或作出记号。如图 5-1 所示为展览专业观众人数下降的原因分析。

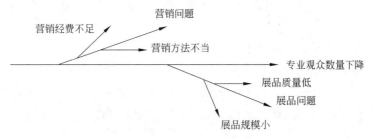

图 5-1　展览专业观众下降原因的鱼刺图

(3) 质量标杆

质量标杆是指利用其他成功的会展项目的质量管理结果作为比照目标而制订新项目质量计划的方法,大型展会的质量计划常采用此法。

(4) 排列图法

排列图法是指收集一定时期内的质量数据(如销售额),将影响质量的因素进行排列,统计出各种因素出现的频率和累计频率并绘制帕累托曲线,如图 5-2 所示。

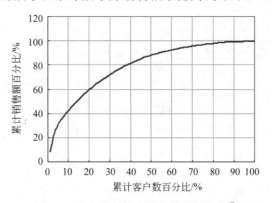

图 5-2　客户数与销售额的帕累托曲线①

---

① 企业销售数据的分类汇总分析实验指导. http://course.shufe.edu.cn/course/jsjyy/jsjyy-new/resource_old/experiment2-1-zhidao2.html.

3. 不同阶段的控制重点

会展项目的质量控制既要统筹兼顾，协调平衡，又要抓住核心，突出重点，并在不同的管理阶段采取相应的措施。

(1) 项目决策阶段——协调性质量

项目决策阶段是影响项目质量的关键阶段，可行性直接影响项目的决策质量和设计质量，所以应使项目的质量要求和标准符合项目所有者的意图，并与项目的其他目标相协调，与项目环境相协调。

(2) 项目设计阶段——适应性质量

项目在设计阶段需要使得项目质量适用于项目要求、适用于环境和业主要求，这是会展项目质量控制的关键所在。项目设计阶段的工作质量，对项目最终的质量有很大的影响。由于现在的项目普遍实行了项目管理，人员变化大，越来越年轻化，加之会展项目管理新技术、新工艺、新方法不断出现，不熟悉的东西也很多，充分做好准备工作更显得重要。

(3) 项目实施阶段——符合性质量

会展项目需要在实施阶段使其质量符合当初设计技术的要求。项目实施是会展项目形成的阶段，工程质量的好坏，就取决于这一阶段的工作质量。因此，应贯彻预防为主的方针，全面控制施工过程，从实施质量入手，不放过任何一个可能影响项目完成质量的环节，确保万无一失。① 结合进度控制理论，项目实施阶段可分为事前控制、事中控制与事后控制内部三阶段。

例如展位特装的质量控制三个阶段的质量控制重点分别是：为展位添彩、安全并使业主满意、达到原定设计水准。实施阶段的质量控制的三阶段重点分别是：技术及材料准备、工序和工作质量、质量检查和验收。

可见，会展项目质量控制三大重点存在逐级推进关系。协调性质量是前提，适应性质量是关键，而符合性质量是重点。项目最终完成后，还应进行全面的质量检查评定，判断项目是否达到其质量目标。

(三) 成本控制

1. 成本控制的概念

成本控制是指监控项目实施成本分摊，发现其与计划的偏差，并进行科学纠偏和预测最终成本的管理过程。2007年颁布执行的《企业财务通则》第三十六条规定："企业应当建立成本控制系统，强化成本预算约束，推行质量成本控制办法，实行成本定额管理、全员管理和全过程控制。"

会展项目成本是指会展项目全过程中所耗用的各种费用总和，包括人工费、材料费、设备折旧费、管理费、税金等。除了要考虑完成项目工作所需资源的成本外，还要考虑项目的可行性、立项及项目完成后的使用和保障阶段等影响因素以及项目相关利益者的不

---

① 郑文镇.浅谈公路施工项目质量控制[J].工程论坛，2011(11)：84-85.

同要求。

控制成本是实现目标利润的重要手段。会展项目的成本控制是指项目组织者为保证项目目标的实现而制定成本预算,并对项目实施过程中发生的成本费用进行检查、监督和控制。努力将实际成本控制在预算范围内的管理过程。简单地说,就是通过开源和节流,使项目的净现金流(现金流入减去现金流出)最大化。具体而言,会展项目的成本费用管理要做好以下工作:建立成本和费用的责任中心;制定预算成本或标准成本;分析实际成本与预算成本的差异;纠正偏差;编制成本控制总结报告;等等。[①]

2. 成本控制的内容

有效的成本控制的关键是经常及时地分析成本绩效,尽早发现成本差异和成本执行的无效率,以便在情况变坏之前能够及时采取纠正措施。成本控制的内容包括以下几个方面。

① 识别变动因素并对其加以影响。识别可能引起项目成本基准计划发生变动的因素,并对这些因素施加影响,以使该变化朝着有利的方向发展。

② 发现偏差并寻找偏差原因。以工作包为单位,监督成本的实施情况,发现实际成本与预算成本之间的偏差,查找出产生偏差的原因,做好实际成本的分析评估工作。

③ 有针对性地纠偏。对发生成本偏差的工作包实施管理,有针对性地采取纠正措施,必要时可以根据实际情况对项目成本基准计划进行适当的调整和修改,同时要确保所有的有关调整都准确地记录在成本基准计划中。

进行成本控制的同时,应该与项目范围调整、进度计划调整、质量控制等紧密结合,防止因单纯控制成本而引起项目范围、进度和质量方面的问题,甚至出现无法接受的风险。

3. 不同阶段的项目成本控制

(1) 项目管理实施前的成本控制

项目成本控制首先要进行项目设计阶段控制,根据国家对项目设计的技术标准,应严格控制设计阶段设计质量。在我国普遍存在忽视项目前期工作阶段的成本管理与控制,片面认为施工阶段是工程成本控制的关键阶段,往往造成被动的控制局面。

在项目设计阶段采用招标投标制,通过设计招标有利于竞争和设计方案的优化,从更广的范围内对设计方案进行选择,确保设计方案的先进性、合理性、准确性,设计招标有利于控制建设项目的投资,缩短设计周期,降低工程设计费。

(2) 招投标阶段的成本控制

招投标阶段是工程成本控制的重要组成部分,只有制定科学合理的标的,才能正确判断投标所报价格的合理性和可靠性,才能在评标时作出正确的决策,严格执行工程招投标的管理规定,确保投标公平、公正、合理竞争,为确保"合理的最低价"中标。

(3) 项目管理实施中的成本控制

这是项目全过程控制中最复杂的阶段。由于项目实施阶段是产品形成的关键阶段,

---

① 杨顺勇,施诣. 会展项目管理[M]. 上海:复旦大学出版社,2009:9.

通过有效的成本控制可以规范承发包双方的行为,达到降低建设方投入的成本,增加项目效益,又规范了承包方施工行为的目的。

(4) 竣工决算阶段的成本控制

竣工决算真实地反映了整个工程发生的实际成本,也反映了发包方和承包方对工程成本管理的能力,它也是工程成本合理确定的主要依据,合同双方都很重视工程价款的审计结算。施工单位编制的工程决算书是否合理,必须经过业主委托的有资质的中介机构进行审查。

项目竣工财务决算由项目法人组织编制,设计、监理、施工等单位配合,负责向项目法人提供有关资料。在竣工财务决算批复前,项目法人已经撤销的,由撤销该项目法人的单位指定有关单位承接相关的责任。①

4. 会展项目成本控制的流程

(1) 成立项目管理成本控制部门

顾名思义,成本控制部门的主要任务就是要做好成本控制,降低项目不必要的花销,其中包括人工、材料和机械成本等控制。项目管理相关部门要预先做好预算,并在预算的范围内择优选择最具性价比的成本开销,人工的选择要尽职负责,材料的选择要货比三家,尽量避免一次性材料的使用,要做到物尽其用,选用低能耗、高效率的材料。①

(2) 制定成本控制标准

标准成本是通过精确的调查、分析与技术测定而制定的,用来评价实际成本、衡量工作效率的一种预计成本。标准成本是成本控制的基准,会展项目成本控制主要是通过实际发生的成本与标准成本相比较来监督成本的控制情况。为了更好地实现项目成本控制,制定的标准成本必须客观、准确。标准成本的制定一般有两种模式。大中型会展项目的分级编制,即先由各部门制订成本计划,再由项目经理部汇总,编制整个项目的成本计划。小型会展项目的集中编制再汇总编制整个项目的成本计划。

(3) 防止项目管理中的变更,实际开支的测量与记录

项目管理相关部门要做好概预算编制工作,防止工程变更。在项目管理过程中,一些具体的人工、材料和机械设备等费用因为比较透明,和在市场上具有很大的可比性,属于主动控制,所以成本相对比较好控制。但是一些项目管理因为不具有可以比较的参照或在此过程中产生了变更,属于被动控制,就会显得格外难以控制,项目管理在实施过程中应尽量避免类似问题的出现,以免成本变得不可控。为此,项目管理部门应做好概预算的编制工作,制定好相应有效的对策方案以及在实施过程中要督促工作人员高效完成工作。

在实施会展成本控制过程中要及时对已发生的费用进行记录,填写费用状态报告,以便及时了解会展项目各项活动的实际开支,了解各项活动各时间段的实际开支,如某会议编制的费用状态报告(表5-2)。

---

① 岳小卫.浅谈公路施工项目过程管理与成本控制[J].中国高新技术企业,2012,31/34:150-152.

表 5-2　某会议项目费用状态报告

编制报告时间：8 天　项目开始时间：第 0 天　完成时间：第 12 天

编号	项目工作名称	预算费用/元	实际支出/元	将来支出	完成时费用估算	费用偏差	费用偏差率/%
A	会议筹备	20 000	21 000		21 000	+1 000	+5.00
B	会议接待	5 000	4 000		4 000	−1 000	−20.00
C	正式开会	50 000	40 000	15 000	55 000	+5 000	+10.00
D	会议参观	30 000	10 000	18 000	28 000	−2 000	−6.67
E	会议结尾	10 000	2 000	7 000	9 000	−1 000	−10.00
合计		115 000	77 000	40 000	117 000	+2 000	+1.74

(4) 实际开支和标准成本的比较

将会展项目各项活动实际开支同费用基准进行比较，活动 A 和 B 在第 8 天已经完成，其超支情况容易判断，前者超支 1 000 元，后者节约 1 000 元，但其他工作以后的活动不容易判断，因为在第 8 天时这些活动尚未结束，只有先了解它们已完成的工作量后才能作出判断。为此，在第 8 天先计算已完成工作量同该活动总工作量的比值 w 和该活动实际开支向该活动预算费用的比值 b，然后进行比较，w/b 分别大于 1、等于 1 和小于 1。表示该项活动节余、符合预算和超支。要计算超支或节余数额，可采用净值法。

(5) 标准成本的差异分析

标准成本是一种目标成本，在项目运作中服务产品的实际成本会与目标成本存在差额。这种差异通常称为标准成本的差异或成本差异，如表 5-3 所示。会展项目费用偏差的原因是多方面的，需要对其进行定量与定性的分析。一般来说，可分为宏观和微观两方面。宏观原因如政治因素、物价上涨、突发事件等；微观原因如工作效率低、管理协调差、沟通不好、执行人没有责任心等。

表 5-3　标准成本的差异分析

支出项目	实际成本	预算成本	差异额	差异率
营销支出				
展览场地租赁费				
会展项目管理费				
提供各种服务费				
其他费用				
费用总计				

(6) 采取措施，纠正偏差

纠正偏差是成本控制系统的目的，是各责任中心主管人员的主要职责。如果成本控制的标准健全，则产生偏差的操作环节和责任人在标准中已经指明，评价和考核也是按这些标准进行的。根据成本形态的不同,项目成本控制可分为变动成本控制和固定成本控制。变动成本控制的措施有以下几个方面。

① 加强材料管理,改进材料的采购、收发、验收、挑选、分级等一系列工作,保证材料的质量。

② 提高材料利用率,节约材料消耗。

③ 提高设备的利用率,充分发挥现有设备的能力。

④ 提高服务能力,减少失误的发生。

固定成本的抑制措施有以下几个方面。

① 对营业费用、管理费用和财务费用中属于固定成本的部分编制相应的并随时反映和监督各项费用预算的执行情况。

② 审核费用支出是否符合开支范围和开支标准。

③ 建立费用的审批制度,严格规定各种费用的审批单位和审批权限。

④ 有效总结、编制成本控制报告。

成本控制报告是成本控制的最终结果,主要内容是关于实际成本的资料,控制目标的资料以及两者之间的差异和原因。报告的内容应与其责任范围一致,报告的列示要简明、清晰、实用,便于总结经验教训,便于告知利益相关人及时采取相应的改进措施。[①] 关于会展项目的成本控制详细内容,见本书的财务管理相关章节。

在会展项目进行过程中,可利用"S曲线比较法"控制会展项目。详见本书第一章第二节。

三、会展项目控制的类型

会展项目控制的类型包括前馈控制、反馈控制和同期控制,它们控制的过程和目的如图 5-3 所示。[②] 三种不同类型控制的比较如图 5-3 所示。

图 5-3 会展项目控制类型

(一)前馈控制

会展项目实施管理的控制工作开始于实际工作前,根据现已掌握的信息(包括以往的经验和最新的情报),将所有可能的情况以及它们的影响因素,还有在实施过程中可能出现的干扰都预先加以详尽分析、预测,并以此制订实施方案,同时还要充分做好出现某些

---

① 李忠明,张磊. 探析现代项目管理中的财务控制[J]. 财经纵横,2012(24):257-258.
② 罗宾斯. 管理学[M]. 北京:北京大学出版社,2011:11.

变故的准备,不断地修正计划和实施方案,力求使预测结果和实际情况相一致。

例如,为防止展会中火灾等突发事件的发生,应事先制定和实施完善的安全管理制度;由专人负责检查各种消防器材和设施,保证消防设施的完好和正常运转;展位搭建结束后,要组织人员检查防火通道及安全出口是否畅通,展位间通道是否达到宽度要求,所有消防器材周围是否有异物阻拦;同时加强所属人员的安全防火培训,让他们能熟练使用各种消防器械,一旦发现安全隐患立即向现场工作人员或保卫人员汇报,把火灾事故隐患消灭在萌芽状态。控制始于行动之前,因此控制又称预先控制、事前控制。

(二) 反馈控制

应根据会展项目各阶段的实施结果,与计划目标相比较后,制定相应的措施,将出现的偏差及时纠正和调节,才能使会展的实施朝预定的方向前进,它对保证最终的产品或服务质量具有重要意义。例如,在展览招展的过程中,应根据具体的招展进度计划,分阶段对照检查,发现偏离预先的计划轨道时,需立即分析偏差产生的原因,并对未来发展趋势进行分析,采取相应的纠偏措施,及时调整策略,使招展工作能顺利完成。

由于从得到实际成果到比较、评估、分析原因、制定措施并付诸实施都需要时间,很容易贻误时机,增加控制的难度。因此,会展项目活动的现场控制,不宜采取此控制方法。同时,不利的偏差一旦出现,造成的损害往往就很难得到弥补。

(三) 同期控制

同期控制是指在会展项目计划实施过程中,在现场及时发现存在的偏差或潜在的偏差,及时提供改进措施使偏差得以修正的一种方式。同期控制能及时发现偏差,并及时得到修正,是一种既经济又有效的控制方法,也是难度较大的控制方法,它要求控制人员具有敏锐的判断能力、快速的反应能力以及机智的应变能力。因此,应采取"走动管理"的工作方法,特别是在项目活动进入到实施阶段时,多到现场走走看看,观察项目进展情况,及时发现潜伏的隐患,并容易及时采取措施纠正偏差。

案例分析

第二节　会展项目跟踪和信息系统

一、项目跟踪概述

为了保证项目能够按照预先设定的计划轨道行驶,需要在项目实施的全过程中,对项目加以跟踪和控制。项目的跟踪和控制是两个性质不同但却密切相关的活动。项目跟踪是项目控制的前提条件,项目控制是项目跟踪的目的和服务对象。两者互为依托,唇齿相依。但是,无论会展项目的跟踪还是控制工作,都需要以项目信息系统的建设为基础保障。

（一）项目跟踪的概念

项目跟踪,是指项目管理者通过科学的信息系统,在项目实施的全过程对项目进展情况进行的及时记录和报告的管理过程。它的直接目的是为项目管理者提供项目计划执行情况的相关信息。项目跟踪工作的一般依据是项目管理信息系统,它的基本原则是要保证跟踪的及时性、连续性、系统性和准确性。

（二）项目跟踪的内容

1. 对会展项目计划的执行情况进行监督

由于项目的特殊性,即一次性和独特性,几乎没有一个项目是完全按照项目初始计划完成的,同时鉴于项目成员的素质、管理方法和水平的逐步提高,管理观念的变化,项目跟踪工作已经逐步弱化。

2. 影响因素及其趋势的测量和预测

随着科技的进步,项目管理水平的提高,项目管理中的定量测量成分越来越多,所获取的信息也越来越准确,越来越丰富,越来越及时。因此,收集信息是项目跟踪工作的基础。有必要先探讨影响项目实施的因素有哪些,确定的这些因素就是信息收集的主要内容。对跟踪收集到的信息进行及时的加工处理,以便对项目未来的发展趋势作出科学的预测。通常影响项目实施和目标实现的客观因素主要有内部因素与外部因素两个方面。

（1）内部因素

内部因素包括会展项目资金的来源与运用、花费的成本、实施的进度、产品的质量、人事安排等情况,这些因素对项目目标的实施至关重要。

（2）外部因素

外部因素包括国家政策、法律法规、市场价格、利率、汇率、项目所在地的自然条件、人文环境等情况。对于这类因素,跟踪的主要目的是大量收集资料,尽早作出预测,尽管不能避免其发生变化,但是可以采取有效的预防措施,减少其对项目实施造成的损害。例如通过大量收集气象信息资料,预测出可能在短期内会发生暴风骤雨的恶劣天气,项目组织就应该做好防洪抗灾的准备,避免造成巨大的损失。

二、会展项目管理信息概述

（一）会展项目管理信息的概念和特点

1. 会展项目管理信息的概念

控制论创始人、美国数学家维纳认为,信息是人们在适应客观世界,并且使这种适应反作用于客观世界的过程中,同客观世界进行交换的内容和名称。信息已成为管理会展生产和运行等经济活动必不可少的重要依据。会展项目管理信息是指会展项目管理过程中涉及的一切反映项目存在方式和运动状态的表征,包括信号、情报、指令等。会展项目管理中报告的产生、形成、发布与利用过程构成了项目信息管理过程。

2. 会展项目管理信息的特点

信息的分散性。会展项目的原始数据来源非常分散,它产生在所反映的对象和过程的所在地,即会展项目中的各个环节和有关职能管理部门。

使用的共享性。信息对人们来说是可以共享的,不会随着载荷它的物质介质的改变而改变。

加工的多样性。不仅来源多种多样,表现形式多种多样,而且人们对信息的加工方法也是多样的,如手工处理方式、机械处理方式、电子计算机处理方式等。在项目管理信息系统中,更多的是采用电子计算机处理方式,利用各种数学模型、计算公式,将各种信息数据编制成程序,输入电子计算机进行数据处理,解决许多依靠手工处理无法解决的复杂经营决策问题。

传递的及时性。即使得到他人提供的准确信息,如果忽视了时间的持续性和空间的广延性,贻误时机也会反馈出错误的结果。

管理的社会性。会展项目管理信息不同于生物系统内部的自然信息,它是人与人之间传递的社会信息,是发出者与接受者共同理解的数据、文字、符号和信号,反映了人类社会的经济活动。

3. 会展项目管理信息系统的问题

正确地使用信息有助于促进理解、控制目标、沟通状况、预测未来、检测预期等。诚然,信息不能保证会展项目的成功举行。一个成熟的基于计算机的信息系统也不能保证成功。但是,规避会展项目的信息系统问题,能够有效提高项目的成功率则是毋庸置疑的。

通常缺乏信息或不充分的信息成为管理者不能制定和使用适当的信息系统的原因。如果信息不能用于澄清项目的过去、现在和未来的状态,就缺少同项目管理系统的相关性;如果信息和预定项目标准缺乏可比性,就会很快失去价值;如果信息不能提供分析资源使用的有效性的基础,就没有用处。不能及时揭露项目问题的信息会很快失去价值。然而,在许多会展项目中,在基层工作中存在坏消息,而这些坏消息通过会展项目管理信息系统并不能发现,甚至在系统中可能被项目决策者适当地使用。

虽然"参与"控制在小型项目中克服了单个组织控制系统中的许多缺陷,但在大型项目上却难以胜任。所以,应该更多地强调和重视基于信息系统的项目控制。因此该信息系统必须是专门设计或至少适合每一个单一项目的。[①]

(二) 会展项目管理信息的分类

① 根据信息的内容分类:经济信息、科技信息。
② 根据信息的来源分类:外部信息、内部信息。
③ 根据信息本身的形态分类:数值信息、非数值信息。

---

① F.L.哈里森.高级项目管理:一种结构化方法[M].杨磊,李佳川,邓士忠,译. 北京:机械工业出版社,2003:1.

④ 根据信息的变动状况分类：固定信息、流动信息。

固定信息。固定信息是指在一定时间内不发生重大变化，在会展项目管理过程中可以重复使用的信息，是形成各项规章制度、工作标准、定额、系数等的信息，又被称为相对稳定的信息。

流动信息。流动信息是指随会展经济生产、运行和经营活动而产生，经常发生变化的信息。

⑤ 根据信息的管理层次分类：国民经济信息、部门信息、会展业信息等。

⑥ 根据信息的等级分类：战略信息、策略信息、执行信息。

战略信息。战略信息是指会展项目管理中高层管理者所需要的有关全局和长远利益的信息，如国民经济和社会发展规划、第11个五年计划等。

策略信息。策略信息是指会展项目管理中中层管理人员所需要的有关局部初中期利益的信息，如月度销售计划、季度报表等。

执行信息。执行信息是指会展项目管理中基层工作人员所需要的日常业务信息，如考勤记录等。

⑦ 根据信息的处理过程分类：原始信息、经过加工的信息。

（三）会展项目管理信息的处理程序

项目管理信息系统是为收集、分析、储存和报告描述项目完成情况的信息而建立的一套信息处理流程。该系统包含的三个最基本的要素分别是：信息的收集、输入；信息的加工处理和存储；信息的报告、输出，如图5-4所示。

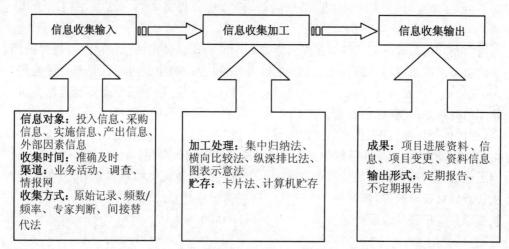

图5-4 会展项目管理信息的处理程序

1. 信息的收集、输入

信息的收集、输入过程是收集描述项目完成情况的原始数据，并将其输入至信息系统。为提高信息的运作效率，必须明确四个问题：信息收集的对象、信息收集的时间、信息收集的渠道和信息收集的方式。

(1) 信息收集的对象

在项目的实施期间，凡是可能对项目实施和项目成功产生影响的因素都是信息收集的对象。但是由于资源的有限性，信息系统应该集中优势，把对项目的影响概率最大、影响程度最深的因素进行连续跟踪收集。其收集对象主要有：项目实施的范围、项目实施过程发生的调整、项目计划的关键假设、项目的资源供给情况、项目的关键目标、项目的工期进展和任务完成情况、项目的预算耗用以及项目的所有总结性的报告，另外还有影响项目实施、来自项目系统外部的因素等。

(2) 信息收集的时间

信息收集的速度自然是越快越好，最好是在情况或变化的一开始就抓紧，当然这需要收集者具有敏锐的观察力和判断力，能够随时随地地跟踪项目实施出现的各种情况，并对其能否对项目成功产生影响作出准确而迅速的判断，从而决定是否将该信息输入系统。要做到快速准确地收集信息，需要事先确定符合项目特点的信息收集标准，需要收集者具有丰富的经验，需要信息系统具有先进的跟踪观测设备。

(3) 信息收集的渠道

业务进程登记。即以凭证、票据等形式收集信息。

间接摘录。即广泛阅读各种报刊，对有用的信息进行摘录，储存。

市场调查。市场调查收集信息的基本方法有观察法、询问法、实验法等。

参加信息交流。参加各界各地组建的情报网，收集与本部门有关的信息，特别要注意参加同行业的情报网。

参加各种形式的信息发布会。信息发布会通常由政府部门、科研单位等举办，作为会展项目管理中的信息管理人员应积极参加。

参加产品销售订货会。通过参加销售订货会可以收集这个行业的市场情况，了解供需状况及其有关信息。

视听电视广播。电视、广播传递信息最快，可以从中捕捉各种信息。

购买信息。向信息服务单位有偿索取所需信息。

采集信息。配备专职或兼职的信息员，如聘请技术顾问、顾问组成智囊团，由他们提供信息或通过出谋划策来获取信息。

(4) 信息收集的方式

无论采用何种方式收集信息，关键要保证两点：其一，要保证信息收集的可靠性，即要保证通过该种方法收集到的信息客观、准确、真实；其二，要保证信息收集的经济性，即要保证通过该种方法收集信息花费少、成本低廉。本着这两点原则，在项目实施过程中，可以采用以下几种方法收集信息：频数频率统计法、原始数据记录法、专家判断法、间接替代法、询问法等。

2. 信息的加工处理和存储

收集的信息被输入至项目管理信息系统之后，经过汇总、处理，分析实际完成情况同计划完成情况的比较，为出现的问题提出合理的解决方法，并对项目的未来发展趋势进行科学的预测，以便及时发掘潜在问题，建立适当的预警机制，采取有力措施加以防范。

(1) 信息的加工处理

信息的加工处理是指将收集来的信息按照一定的程序和方法,计算、分析、判断、编写的过程。其加工处理方法主要有集中归纳法、横向比较法、纵深排列法、图表示意法等。

(2) 信息的存储

对各种有价值的信息,要采用各种方法把它储存起来,常用的方法有卡片制、计算机存储等。在信息化的今天,计算机存储的使用更为普遍,其内容主要有市场信息系统、质量信息系统、生产信息系统、工艺信息系统、设备信息系统、物资信息系统、财务信息系统、统计信息系统、人事信息系统等。

3. 信息的报告、输出

将分析、整理后的信息结果以特定的形式,向项目管理者以及其他有关人员汇报,为其行动、决策做准备。

输出的信息成果应该包括两大部分:其一,项目实际进程的资料信息,主要是占用的时间和花费的成本;其二,有关项目调整方面的资料信息,主要是范围调整、进度调整和成本调整的有关情况。信息的报告、输出有很多形式,可以是定期报告或不定期报告;可以是日常报告或例外报告;可以是会议报告、口头报告或书面报告;可以是文字报告或图表报告。

项目信息报告应该采取定期报告和不定期报告相结合的形式。定期报告的间隔时间可以依项目的复杂程度和整个生命期的长短来确定,一般说来,项目越复杂,周期越短,报告的时间就应该越短。例如项目周期仅为半个月,那么报告期可能为一天;如果项目要运行两年,那么报告期可能是一个月。

三、会展项目管理信息系统的建立

(一) 会展项目管理信息系统的概念及其建立原则

1. 会展项目管理信息系统的概念

会展项目管理信息系统是以信息技术为基础,对会展项目管理中涉及的各类信息进行传递、分析、反馈,从而提供高质量的信息服务的综合系统。

项目管理信息系统,包含对有效地计划、组织、领导和控制项目很重要的情报。大多时候,项目是由很多数据区别的,而不是由充分的相关信息区分的,这些相关信息根据项目的时间、成本、技术性能目标以及项目战略的一致性说明了项目所处的位置。

这一系统内部应形成纵横交错的信息网络,分为最高管理层、中间管理层和执行管理层三级管理层次。在三级管理信息系统中,从上而下的指示,从下而上的报告,都贯穿着信息的流动。在三级横向层次中,又贯穿着各个垂直子系统,从而使横向组合与纵向组合的职能包括在整个系统中,如图5-5所示。

2. 会展项目管理信息系统的建立原则

(1) 一致性原则

会展项目管理信息系统要与会展项目管理系统相一致。其表现是会展项目信息流要与会展项目管理中的各种要素如物流、人流、资金流相一致。

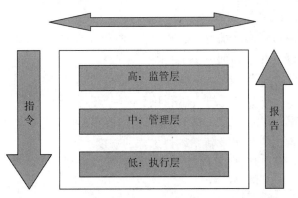

图 5-5　会展项目管理信息系统

（2）规范化原则

会展项目管理信息系统的建立和运行必须规范化。要实行标准化管理，如采用信息分类编码标准，体现信息工作的统一性。

（3）独立性原则

会展项目管理信息系统要保持相对的独立性，不应受行政部门的干扰。

（二）会展项目信息系统的建立步骤

信息系统的建立不可能一蹴而就，必须有步骤地加以实施，主要包括以下工作：按照项目的具体要求，进行初步调查、分析以确定系统的目标；制定出实施的策略与具体方案；进行系统的可行性研究并编写可行性报告（见图5-6）。

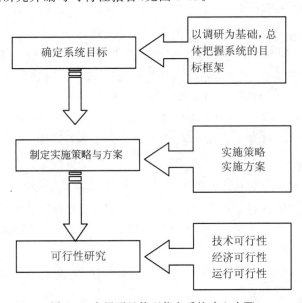

图 5-6　会展项目管理信息系统建立步骤

1. 确定系统目标

为了确定系统的目标与功能,先要进行初步的调查研究,旨在从总体上了解概况。初步调查的内容包括以下几个方面。

整个组织的概况:规模、历史、系统目标、及时条件、管理体制等。

组织的对外关系:与哪些外部实体有联系,哪些环境条件对本组织有影响。

现行系统的概况:功能、人力、技术条件、工作效率、可靠性等。

各方面对现行系统的情况及新系统持怎样的态度。

新系统的条件:管理基础、原始数据的完整和准确设备和人员情况,开发新系统的经费来源等。

2. 制定实施策略与方案

(1) 制定实施策略

当前项目管理信息系统的实施策略如下。

① 要以项目信息门户网站作为项目管理信息系统的战略目标。

② 建立不同项目生命周期信息系统之间的数据流程和接口是项目信息系统规划的核心任务与目标。

③ 项目管理信息系统的规划设计必须列入项目概念阶段方案拟订和认证的必备内容。

④ 以概预算、合同、财务管理为主线和重心构建项目管理信息系统。

⑤ 建立进度项目划分、费用项目划分和质量项目划分三者之间编码的统一或对应关系是项目管理信息系统开发的重点与难点。

(2) 制定实施方案

实施方案主要有两个方面,即总体技术构架与实现方式。

总体技术构架:项目管理信息系统包含计算机技术、网络技术、通信技术、数据库技术等几乎所有的尖端技术,它是非常庞大的综合应用系统,只有在设计开发过程中采用模块化设计,才能有条不紊地完成整个系统的开发与研制。

实现方式:主要有两种,即购买商品化的软件和重新量身定制开发,重新定制开发又可以分为完全自行开发与完全委托开发,一般大多介于两者之间。

3. 可行性研究

可行性就是指在当前的具体条件下,这个信息系统是否具备必要的资源条件及其他条件。可行性包括可能性和必要性两个方面,开发的可能性就是指开发的条件是否具备,而必要性是指客观上是否需要。可行性研究主要从以下三个方面考虑。

(1) 技术方面

根据系统目标衡量所需要的技术是否具备,如硬件、软件和其他应用技术,以及从事这一工作的技术人员及水平。

(2) 经济方面

估计系统开发所需要的投资费用和将来的运行费用,包括设备费用、人员费用、材料费用、网络布线施工费用及其他费用等,并同估计的系统收益进行比较,看是否有利。

(3) 运行方面

评价系统运行的可能性及运行后所引起的各方面变化,包括组织机构、管理方式、工作环境等,将对社会或国家产生什么样的影响。

案例分析

第三节 会展项目控制系统的设计

要实现对项目的有效控制,应使控制工作程序化、规范化,建立项目控制系统。良好的项目控制要求首先对控制系统本身给予适当的关注,以在项目运行开始就进行适当的设计,并在项目运行过程中进行适当的调整。①

会展项目控制循环系统可以明确分为四个步骤,即建立绩效标准、实施绩效观察、对比检查并上报和确定纠偏措施。会展项目控制管理流程,如图5-7所示。

一、建立绩效标准

控制标准是管理者期望的绩效标准,也是管理者采取控制行为的依据。并不是计划实施过程的每一步都要制定控制标准,只要选择一些关键点作为主要控制对象,如邀请参展商数额、海外参展商所占比重、展位出租数量以及专业观众比例等。

进度、成本和质量这三大管理目标构成了关键绩效标准体系的主要组成部分。

(1) 进度指标

进度指标包括进度预测能力,是指实际日期与进度计划间的相差程度;实施进度,主要考核各子项目的进度控制能力,以及与去年相比进度的变化程度。可选择的指标有进度预测能力、进度控制能力、开工准时性、完工准时性等。

(2) 成本指标

成本指标包括成本预测能力,是指实际成本与估算成本间的相差程度;施工成本,主要考核各子项目的成本控制,以及与去年相比成本的变化程度。可选择的指标有预算执行率、预算变动次数、变更金额比、扣罚金额比等。

(3) 质量指标

质量指标包括客户对于产品的满意度,是指业主对于完成的产品的质量的满意程度;客户对于服务的满意度,是指业主对于项目进行过程中所接受的服务的满意程度,这两项

---

① 李国军.国际项目管理:以中欧公共管理项目为例[M].北京:国家行政学院出版社,2006.

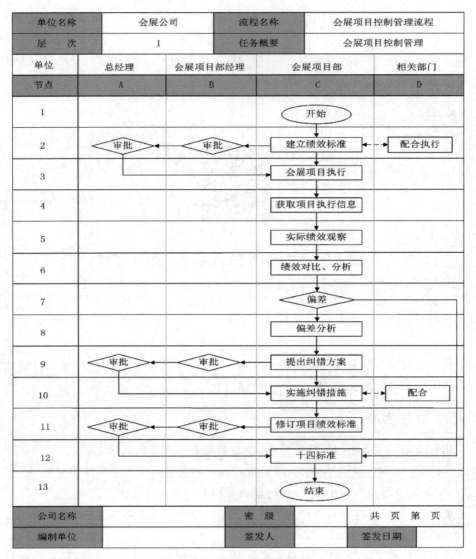

图 5-7 会展项目控制管理流程

指标通常是在完工和移交之后不久进行的;质量缺陷,这一指标评估已完成的设施没有出现给业主造成影响的质量缺陷的程度,通常是在项目验收和移交时进行评估。可选择的指标有变更响应率、项目优良率、客户满意度等。

另外,还需要对在工程项目实施过程中的安全、生产率和项目的利润率进行考核。[1]

二、实施绩效观察

项目实施绩效观察取决于项目信息的收集。绩效观察就是收集充分的项目信息,对

---

[1] 李国军.国际项目管理:以中欧公共管理项目为例[M].北京:国家行政学院出版社,2006.

实施的绩效情况做出正确的比较。

（一）正式的信息途径

正式的信息途径包括报告、简报、参加回顾会议、信件、备忘录和审计报告等，绩效观察过程可以采取下列形式。

1. 项目会议

定期的正式的项目会议，接收关于项目绩效情况的正式的信息报告，在会上讨论项目的进度，包括识别需要的补救行动以及由谁负责进行后续察觉到的缺陷的纠正等。

2. 项目问题报告

项目问题报告是和项目有关的具体问题和机遇的简报，这些问题和机遇已经产生或预计将要产生，是关于项目展开的战略状况的。

（二）非正式的信息途径

非正式的信息途径包括不正式的谈话、观察、听取项目团队内和组织的其他部门的传说与闲谈等，绩效观察过程可以采取下列形式。

① 定期和项目团队以及其他关系人谈话并听取意见，以寻求他们对于"项目进展如何"的评价。

② 走进项目，根据项目组成员不同的能力，观察他们正在做什么。

③ 保持专心地倾听，倾听项目关系人对于项目的意见。

无论是收集项目实际绩效的信息资料，还是有关调整情况的信息资料，都应该快捷及时。

三、对比检查并上报

目前国际上用于项目管理评价的模型主要有三类：质量管理成熟度模型、项目管理成熟度模型和国际卓越项目管理评估模型。质量管理成熟度模型中有美国的马尔科姆·波多里奇模型、日本的戴明模型和欧洲的全面质量管理模型（TQM）。项目管理成熟度模型中典型的是1990年卡内基·梅隆大学软件工程研究院发布的能力成熟度模型（SEI CMM）和科兹纳五级项目管理成熟度模型——基准比较法以及项目管理协会（PMI）的组织项目管理成熟度模型（OPM3）。国际卓越项目管理评估模型是2001年国际项目管理协会（IPMA）在全球推出的项目评价模型。2001年，中国项目管理研究委员会（PMRC）编写了中国项目管理知识体系（C-PMBOK）。[①] 2006年，马旭晨借鉴国际卓越项目管理评估模型提出了中国卓越项目管理评估模型，欧立雄等在实施神舟飞船项目中提出了神舟飞船项目级和企业级项目管理成熟度模型。[①]

---

① 马旭晨. 现代项目管理评估[M]. 北京：机械工业出版社，2008.

（一）实际绩效与标准的对比

1. 发现偏差

收集到最新信息资料后，应当同绩效标准进行比较，努力发现偏差，以确定工期进度是否提前，成本是否节约，质量是否达标等问题。跟踪项目的完成情况并不能识别问题，它描述的只是一个机体的症状。只有将项目发展的现实与标准比较，方能发现现实的偏差。为下步找到合适的解决方法奠定良好的基础。

2. 判断原绩效标准的科学性

有时候，偏差的产生不能简单归结为会展项目的实际发展的问题，而是原定绩效标准存在一定的不科学和不合理性。预定较高而不实际的绩效标准也会带来偏差。因此，判断原先制定的绩效标准是否科学、可靠，也是对比检查的应尽之义。出于这一原因，就必须考虑修改原定的绩效标准，而不是调整项目发展过程的环节性要素问题。调整后的项目绩效标准将作为后续项目控制活动的基础，并应该及时通知项目成员、项目业主以及其他利益相关者，获得他们的同意和支持。

（二）偏差分析

项目管理者应深入分析现有偏差产生的原因，辨明偏差的性质，预测偏差的未来走势，评价对实现项目目标的影响程度，以及决定是否采取纠偏措施。当识别出症状后，必须调查研究，判断问题的实质原因，以找到合适的解决方法。

（三）上报检查报告

通过项目检查，将检查报告提交给项目经理和管理者，可以使其准确地获悉：项目的当前执行情况（主要是成本、进度完成情况，偏差情况）；未来的发展趋势（是否会出现偏差，现有偏差的走势，偏差的性质）；关键路线上的任务完成情况；风险状况（现有风险、潜在风险）；等等。项目检查报告应简洁明了，对重大偏差应该突出显示，并作出解释。

会展项目进展报告所涉及的主要内容包括本期项目的进展情况、本期项目实现中存在的问题以及解决情况、计划采取的措施、项目调整和下一期项目进展预期目标等。格式如表 5-4 所示。

表 5-4　会展项目进展报告

项目名称：	项目编号：
报告日期：	报告编写人：
自上次报告以来的主要成绩 主要成果：	已达到关键目标：
项目实施的当前情况 进度： 工作量完成情况：	成本执行情况： 工作量的完成质量：

续表

上次报告所列出问题的解决情况	
项目当前存在的问题或预计会出现的问题 进度问题： 技术问题： 沟通问题：	时间问题： 成本问题：
计划采取的措施 本期存在的问题： 本期仍未取得进展的问题：	预计会出现的问题： 下期应采取的改进措施：
项目变更	
下一报告期的项目进展情况预期	

以某会展项目为例，一周进度报告的格式如表 5-5 所示。

表 5-5 某会展项目周进度报告

1. 本周成绩	2. 下周计划
进度：招商工作提前 1 周完成（根据项目横道图描述）	下周需完成重要事项：展台搭建、布置（根据项目横道图描述）
其他：获得赞助××元	其他：完成专业观众邀请
3. 问题	4. 项目变更
大件货物装运难	原定嘉宾不能出席，需另行邀请

四、确定纠偏措施

识别出偏差产生的根本原因并上报上级协商之后，项目管理者就应该提出系统的纠偏方案，一般对会展项目实施纠偏，确保会展项目再次步入正常轨道，实现预期目标。

（一）提出纠偏方案

识别出偏差产生的根本原因后，项目管理者就应该对症下药，及时提出纠偏方案。鉴于偏差越大，对项目成功的威胁就越大，纠正难度就越大，纠正成本也越高，纠偏方案应更多倾向于采取事情纠偏方案、防范事中纠偏、减少事后纠偏。

（二）评估纠偏方案

在真正采取纠偏行动之前，应对拟实施的纠偏措施进行评估，以确保该措施可以使项目回到原先的范围、时间和预算约束之内。但是，一般来讲，一旦项目发生偏差，需要采取措施加以纠正，一定会导致项目的进度计划和成本计划发生变化，从而导致基准计划也要发生相应的变动，因此对于所要采取的纠偏措施应该慎重对待。

(三) 确定纠偏措施

改进绩效有两种方式：一是纠正，二是预防。所谓纠正，就是把现有的问题纠正到正确的轨道上；预防是指从根源上解决问题，避免以后类似问题的再发生。管理者如果只是纠正，而不去真正地解决问题，容易造成"救火式"管理的恶性循环。分析是关键，纠偏是核心。以成本偏差的控制为例，项目成本偏差的原因分析与纠偏对策措施包括组织措施、技术措施、经济措施、合同措施等。

(四) 报告调整的绩效标准

在会展项目控制系统的设计与工作过程中，正确的计划是正确控制的前提和基础，绩效标准贯穿项目的全过程。正如偏差的发现需要履行报告义务一样，调整后的绩效标准，同样需要及时报告。这是因为，调整后的项目绩效标准将作为今后会展项目控制活动的新标准，应该通知项目成员、业主及其他利益相关者，获得他们的支持与配合（见图 5-8）。

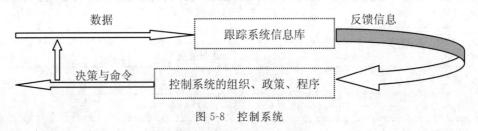

图 5-8 控制系统

案例分析

第四节 会展项目的调整

一、会展项目调整概述

会展项目总是处于一个变化的各种环境因素之中。项目管理得再好，采用的管理方法再科学，也避免不了会发生变化。对于项目管理者而言，关键的问题是能够有效地预测可能发生的变化，以便采取预防措施，实现项目的目标。但在实际中很难做到达一点，更为实际的方法则是通过不断的跟踪、有效的沟通协调、认真的分析研究，力求弄清项目变化的规律，对项目进行有效调整，继续推进项目目标的实现。诚然，项目一旦发生调整，势必影响项目的成本、进度、质量等计划。项目范围变化后，要分析调整的因素，根据其所造成的影响适当调整原有的项目计划,出现偏差时则采取对应的纠正措施使项目回到正常轨道上来。例如,一个奖励旅游项目,如果调整旅游的线路,势必造成费用、时间的变化,就应根据调整后的线路适当调整时间安排和收费标准。

(一)变化的影响因素

按照风险咨询师大卫·休利特(David Hulett)的定义,项目进度变更风险分析的目的主要是确定进度延迟的可能性,找到能把余下的延迟风险降低到组织可接受的水平所需要采取措施的可能方向及事件,然后定义进度中的关键风险,指引风险管理工作。具体而言,影响项目进度变更的风险因素主要包括如下方面。

1. 资金

项目开展顺利进行必须是有足够的资金作保障的。如果在项目实施过程中,由于资金短缺造成材料、设备等不能及时到位,或施工人员的工资不能及时支付,将会使项目由于没有材料、设备而停工或者施工人员不能拿到工资而消极怠工等现象出现,使项目进度受到严重的影响。

2. 物资供应进度的影响

施工过程中需要的材料、构配件、机具和设备等如果不能按期运抵到施工部门或者是运抵后发现其质量不符合有关标准的要求,都会对施工进度产生影响。

3. 突发事件

在项目的实际进行中,总是会遇到一些意想不到的突发事件,在比较长期的项目中更是如此。大到地震,小到工作人员生病,这些突发事件都会对活动的实际需要时间产生影响。在计划和估算阶段考虑所有可能突发事件是不可能的,也是不必要的。但在项目实际实施时,需要对此有心理准备,并进行相应的调整。

4. 工作效率

项目工期估算总是基于参与项目的工作人员平均工作能力之上的。实际上,有些人的工作能力是高于平均水平的,有的人的工作能力是低于工作水平的。而且,工作人员不可能永远保持同样的工作效率。如果一个人的工作被打断,继续进行一段时间才能达到原来的工作速度。而干扰是无法预知的,也无法完全消除,所以,主观或客观上的原因使项目队员的工作效率很难保持稳定。

5. 各种外部风险因素的影响

外部风险因素包括政治、经济、技术及自然等方面的各种预见的因素。政治方面的有战争、内乱、罢工、拒付债务、制裁等;经济方面的有延迟付款、汇率浮动、换汇控制通货膨胀、分包单位违约等;技术方面的有实验失败、标准变化等;自然方面的有地震、洪水等。在网络计划的编制与实施过程中,应充分考虑众多的不确定性和可能存在的突发事件,加强对它们的管理与监控,防止计划实施过程中,由于对不确定性和突发事件产生的影响缺乏快速反应能力,从而造成各相关部门之间难以进行必要的协调,项目环节出现顾此失彼的现象,使项目进度计划难以发挥作用,导致工程项目工期延误的发生。[①]

（二）变化（调整）的相关影响

1. 对项目目标的影响

项目的变化可能会造成会展项目工期的延长或缩短、项目费用的增加或减少、项目质量的降低或提高等。这种影响是会展项目管理人员最为关心的问题,也是最重要的。例如,在项目设计阶段的设计变化会导致更高的成本并且花费更多的时间。

2. 对生产要素的影响

项目的变化可能会导致对会展项目所需材料、设备工具等生产要素的更新。例如,在项目施工阶段发生变化,会导致代价很高。因为已经投入的人力、物力和财力可能不得不成为废料,而设计、材料的采用和施工工作也必须在一个匆忙的基础上进行。

3. 对项目组织的影响

项目的变化也可能会导致项目组织的调整。一方面,项目变化会导致团队士气和效率的降低;另一方面,会影响项目组织成员之间的关系。这就需要会展项目管理人员针对具体情况作出具体分析,以便识别项目的变化对项目所产生的实际影响。[②]

对于任何一个项目,变更都是不可避免的,导致其发生的原因潜伏在决策、立项、勘察设计及实施的各个阶段,均在实施阶段显现出来,最终体现在投资变化上。因此,加强会展项目各阶段的控制与管理,使变更处于受控状态显得尤为重要。[③]

二、会展项目的调整

（一）会展项目调整的概念

会展项目调整是以实现项目的既定目标为前提,根据项目变化状况,采取有效措施,进行针对性调整的管理措施。

（二）会展项目调整的工作内容

会展项目的变化要求项目调整,这种调整会发生在会展项目实施过程中的任意阶段。根据项目的生命周期理论,项目的调整越早,损失就会越小;调整越迟,调整的难度就越大,损失也就越大。项目在失控状态下,任何微小变化的积累,最终都可能会导致项目质量、费用和进度的调整,这是一个从量变到质变的过程。

为了有效地控制项目调整,对会展项目的调整应做好以下工作:抵制非必要的变更;清楚既定技术规范和项目范围;采取必要的调整措施,建立变更控制系统。

一般而言,项目经理在实际工作中可能更习惯关注项目进度、成本及质量的管理,这

---

① 王进.项目进度变更预警机制的构建[J].投资与创业.2012(8):56-57.
② 王起静.会展项目管理[M].北京:中国商务出版社,2011:170.
③ 周厚斌.工程项目变更因素管理及措施[J].山西建筑,2008,34(11):211-212.

三个领域是项目质量的关键,但是在三者之外还有一个更关键的因素,那就是范围。项目范围管理是项目管理的基础,范围管理不成功,其他管理便无从谈起,只要范围变更,进度、成本、质量,乃至人力资源都有可能随之变更。因此,项目范围管理是非常值得探讨的问题,应该引起足够的重视。[①]

三、会展项目的变更控制系统

项目变更控制系统是指改变、修订或变更项目内容与文件的正式程序和办法所构成的一种管理控制系统。变更控制系统有时被称为"趋势预测""偏差控制"或"配置控制",在会展项目周期中较早实施变更控制系统至关重要。项目变更控制的目的并不是控制变更的发生,而是对变更进行管理,确保项目能够继续有序地进行,具体地说,就是指设计一套变更控制系统,采取一套正规程序,对处于动态环境的项目变更进行有序的控制。[②]

（一）项目变更控制系统的内容

项目变更控制系统的内容包括项目变更的书面审批程序、跟踪控制体制、审批变更的权限层级规定等。对于项目变更的总体控制而言,没有项目变更控制系统是不行的,项目管理者必须根据项目总体变更的情况,建立和完善项目的变更控制系统。

一般项目变更的总体控制系统需要包括一个专门负责接受或拒绝项目变更要求的项目变更控制委员会,项目变更控制委员会的权利和义务必须由正式文件作出明确的规定和说明。对于大型而复杂的项目（像阿波罗计划）将会有不同责任的多个项目变更控制委员会共同工作。

项目变更控制系统还必须包括处理未能事先预见变更的控制程序（如一些突发事件的应急处理程序等）,而且还必须充分考虑项目变更的分类和分级管理与控制,以及所有的项目变更都必须有正式文件证明和记录,这样可以防止在项目后续阶段出现问题而无据可查。

（二）项目变更控制系统的程序

为了进行有效的项目变更控制,应建立一个科学的程序。如图 5-9 所示为一个完整的项目变更控制流程。

1. 提交和接收变更申请

变更申请人识别项目中任何方面的变更需求（如范围、可交付成果、时限、组织）,填写变更申请表,如表 5-6 所示,并将其呈交变更经理。变更申请表对需要进行的变更做一概述,包括变更描述、变更原因（包括商业驱动）、变更利益、变更成本、变更带来的影响、支持性文件。

---

① 孙志光,董雪莲. 项目范围变更管理的探讨[J]. 电信信息化,2010(06):84-85.
② 卢向南. 项目计划与控制[M]. 北京:机械工业出版社,2004:1.

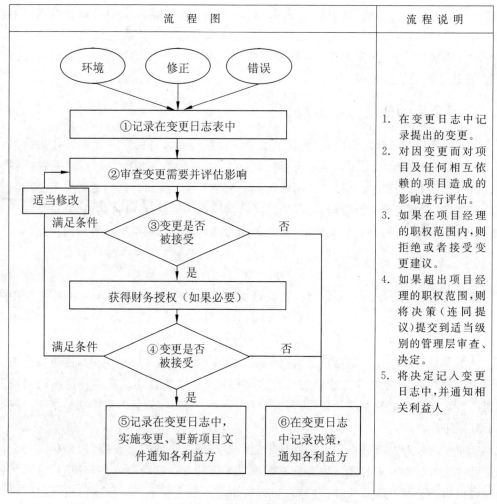

图 5-9 项目变更控制流程

表 5-6 变更申请模板

项目名称	
项目编号	
变更编号	

第一部分 提出变更（由项目经理完成）	
变更描述	
提出变更的原因/收益	
需要由谁批准	在（日期）之前批准

续表

第二部分 总结由变更造成的影响	
量化的收益(损失)	
估计由变更增加的成本	
对时间进度的影响	
额外需要的资源	
对其他项目/活动的影响	
额外风险	
建议(接受或拒绝)	
评估人	日期

第三部分 决策(由批准人完成)	
□接受变更 □是否接受变更取决于下面的备注 □拒绝变更 (在合适的□内打√即可)	批准人姓名： 批准日期：
所需采取的行动/备注	

2. 审核变更申请

所有提出的变更都需要在实施或者拒绝之前得到审查如表5-7所示，并对其影响程度进行评估。一个项目可能有几个审查和授权等级，这取决于变更的严重程度和影响程度。授权变更经理对变更申请表进行审核，根据呈请的变更数目、变更难度以及解决方案，决定是否向变更批准小组提交一份详细的可行性研究报告，以供其全面评估变更可能带来的影响。对整个进度、成本、收益无影响的变更，以及储备金的分配，项目经理可以完成决策，并记录在变更日志中。对项目有轻微影响，影响日程或成本的变更可以在不影响其他项目的情况下予以调整，并且在项目发起人所授权的权力之内的变更，以及意外时间的调配，需经项目发起人批准，并使用变更申请表记录在变更日志中。具有重大影响，如影响范围、目标、收益、日程或者成本的变更，不能在项目发起人所授权的权力内得到调整，或者对其他关联项目有影响的变更，需要项目管理组批准，且需使用变更申请表并记录在变更日志中。

表5-7 项目变更控制审查表

序号	审查项目	说明
1	规模	更改范围的大小
2	期限	更改完成的时间要求

续表

序号	审查项目	说　明
3	复杂性	实现的复杂程度
4	费用影响	对项目和产品费用的影响
5	风险	相关的风险分析
6	外部影响	对用户、市场策略的影响
7	资源需求	对项目资源,如人员技能、软硬件资源的需求
8	项目影响	对项目当前和后续工作的影响
9	替代方案	有无更好的替代方案
10	实现状态	该更改是否已经进行等

3. 识别变更可行性

在调查的基础上完成一份完整的变更可行性研究,内容包括变更需求、变更选项、变更成本及利益、变更风险及事项、变更带来的影响、变更的建议和计划。变更经理将整理所有变更文件(原始的变更申请表、已通过的变更可行性研究报告、所有支持性文件)呈报变更审批小组做最终审核。

4. 批准变更申请

变更审批小组对变更申请进行正式审核。根据实施变更给项目带来的风险、不实施变更给项目带来的风险以及实施变更对项目产生的影响(时间、资源、财务、质量方面)等标准。会对变更申请作出结论:或批准变更申请,或在特定条件下批准变更,或要求与变更相关的更多信息,或拒绝变更。

5. 实施变更申请

对变更的全面实施,包括确定变更进度(如实施变更的日期)、实施前对变更进行测试、实施变更、对实施变更的成功度进行审核、就实施变更的成功度进行沟通、在变更日志中结束变更,如表5-8所示。①

表5-8　项目变更日志模板

序号	问题描述	发起人	提出日期	影响评估人	批准人	批准日期	授权日期	备注
1								
2								
…								

---

① 杨顺勇,施谊.会展项目管理[M].上海:复旦大学出版社,2009:160.

(三）项目变更的总体控制

项目变更的总体控制涉及许多方面的管理问题。例如如何管理项目的变更要求,如何使项目变更要求的实施能够产生有益的后果,如何确定那些变更要求是可行的,在项目实施中如何控制变更作业,等等。[①]

1. 项目变更的总体控制与单项控制的关系

项目变更的总体控制是针对项目变更的单项控制而言的,在项目实施中项目的目标、范围、计划、进度、成本和质量等每个方面都会发生变更,所以需要对这些方面的变更进行总体的控制。虽然项目实施中的变更都需要通过开展单项变更的专项管理予以控制,但是有关这些单项变更对于项目其他方面的影响必须通过项目变更的总体控制予以解决,由此来协调和管理好一个项目各个方面的变更与全体项目相关利益者所提出的各种项目变更要求。图 5-10 给出了项目变更总体控制所涉及的相应内容,和它与各个专项变更控制之间的关系。可见,项目变更的总体控制与项目范围变更控制、项目进度变更控制等专项变更控制是紧密相关的,它是更高一层的全局性的项目变更控制。

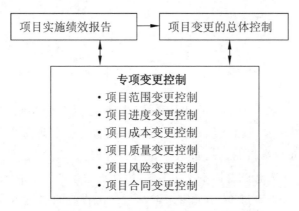

图 5-10　项目变更的总体控制示意图

2. 项目变更的总体控制的要求

（1）保持原有绩效度量基准的完整性

保持原有绩效度量基准的完整性是指当项目的目标或计划等要素发生变更时,项目的绩效度量标准要尽可能地保持不变,以保全原有项目绩效度量基准的完整性。

（2）保证项目产出物的变更与项目计划任务变更的一致

保证项目产出物的变更与项目计划任务变更的一致性是指当项目产出物需要变更时,在这种变更获得确认的同时必须将这种变更反应到项目的集成计划和专项计划的变更之中,必须在项目集成计划和专项计划中说明与体现项目变更所带来的工作和计划的

---

① 戚安邦.项目管理学[M].北京:科学出版社,2003:163.

变化。

(3) 统一协调各个方面的变更要求

统一协调各个方面的变更要求是指对于各方面的变更要全面地协调和控制其实施，以便实现项目变更的总体控制。

总之，传统的项目管理方法建立在项目管理动态控制原理基础上。项目计划作为项目管理系统的目标，定期跟踪、采集项目的实际执行情况，当项目绩效与项目目标存在偏差时，采取增加项目努力程度提高项目绩效或根据项目总体目标的灵活性调整项目计划的管理策略。计划、执行、检查、决策和控制几大控制要素构成了闭环的项目管理动态控制系统，图 5-11 所示的两条负反馈回路构成了项目管理系统的控制机制。控制论的基本原理认为负反馈是实现系统目标的重要机制，传统项目管理方法以此为方法论基石，在提高人们实现项目目标的能力方面作出了重大贡献。

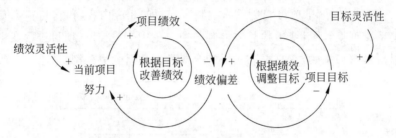

图 5-11 项目管理动态控制原理

然而，项目毕竟是以人为主体的社会系统，人的主观因素对项目目标起到决定的影响，在此框架中，并未将人的因素纳入在内。事实上，在项目管理系统中，仍存在着对项目目标产生负作用的正反馈机制。例如，尽管延长工作时间可以缩短项目的拖延进度，但工作时间的持续延长，工人会感身体不支与劳累，因而导致生产效率的降低并产生更多的质量问题，从而会进一步拖延进度，由此带来继续延长工作时间的压力，如此恶性循环。在项目管理系统中，存在着大量的除图 5-11 所示以外对项目目标产生重要影响的反馈回路。传统的方法论框架中忽略了这些回路的作用。显然，建立在还原性思维基础上的传统项目管理方法存在以下两个方面的缺陷：缺乏对项目动态性的认识以及无法处理项目复杂性问题。

图 5-12 表示了一个系统动力学视角下的项目管理系统结构模型。该结构图中，主要包括返工循环、控制反馈、"波及效应"和"撞击效应"四个基本结构。这种现代的结构模型将项目工作任务视为同质的工作流，用系统的观点看待整个项目管理过程，将诸如人员工作效率、经验水平、工作动力和进度压力对人的行为影响等各种人为因素考虑在内，关注支配项目动态行为的存在与系统内部的各种正、负反馈过程帮助人们理解和认识项目行为机理，并通过对项目的动态行为趋势和各种管理策略之间关系的分析，帮助人们制定各种管理策略。鉴于传统的项目管理方法与基于系统动力学的项目管理方法各有其利弊，

只有相互结合,才能将会展项目管理水平推向更高的台阶。①

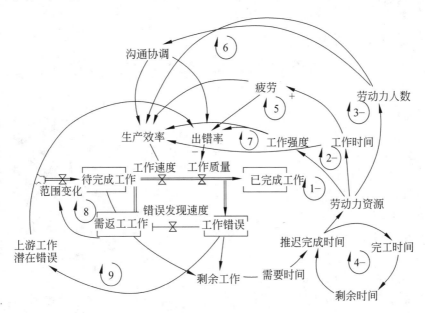

图 5-12 系统动力学视角下的项目管理系统结构模型

案例分析

---

① 王宇静.一种基于系统动力学的项目管理方法[J].统计与决策,2010(12):34-36.

第六章

会展项目筹资与成本管理

关键术语

- 筹资管理(funding management)
- 商业赞助(commercial sponsorship)
- 成本管理(cost management)
- 成本估算(cost estimates)
- 成本预算(cost budget)
- 成本控制(cost control)
- 挣值分析法(earned value analysis)

学习目的

- 熟悉会展项目筹资管理的概念、内容,掌握筹资的渠道和预测筹资规模的方法。
- 了解会展项目成本和前沿的成本管理理论,以及成本管理的作用和原则。
- 掌握会展项目成本管理体系,并能结合具体的会展项目实例理清成本管理的基础工作。
- 理解成本估算的含义,了解实际生活中会展项目费用的构成,并掌握成本估算的方法。
- 熟练掌握成本预算的定义,了解成本预算的作用和方法,掌握成本预算的步骤。
- 通过对成本控制的原则和特征的了解,熟练成本控制的依据以及过程,并能运用成本控制的方法分析实际案例。

第一节 会展项目筹资

一、会展项目筹资概述

（一）会展项目筹资及其管理的概念

对会展项目而言,必然有前期准备的过程,如对会展大厅的布置与基本设施设备的铺设,与后期参展方的使用不同步,因此商业性的会展项目尤其需要大量的前期垫付资金,那么项目资金短缺不可避免,为了最终实现项目的经济利益,会展组织者必然会发生直接的筹资行为。[1]

---

[1] 郭复初.新编财务管理学[M].北京:清华大学出版社,2006:41.

会展项目筹资是指为维持会展项目正常运作而融通资金的行为。筹资管理的目标是从理清和权衡不同筹资渠道的权益关系入手,采取适当的筹资方式进行科学的筹资决策,以尽可能低的资金成本和财务风险来筹集会展项目所需的资金。筹资管理是会展项目基本的财务活动,是影响会展项目进程的重要环节,是会展项目成功与否的重要影响因素。

(二)会展项目筹资管理的基本内容

会展项目筹资首先要确定合适的资金需求量,也就是预测筹资规模。资金必须合理控制在一个阈限之内,若资金短缺必然会妨碍项目的正常进行,一般的会展项目都有自己的时间区间,资金过少或者资金到位的时间有延迟均会对项目产生不可估量的影响。反之,资金过多,将会降低资金的使用效果,若采用举债方式筹资,那么还会影响到整个项目的最终效益。

其次,无论通过何种渠道、采用哪一种方式筹集资金,都需付出相应的代价,这就要求资金的使用者综合考察和利用各种筹资渠道和方式,研究各种资金来源的比例关系及其构成,选择最优的筹资渠道与筹资方式,力求降低资金成本,以最小机会成本的代价换取最大利益。

最后,会展项目的资金投入不仅要考虑筹资的数量,还要考虑投入的时间,因此要科学确定项目资金的来源结构,既要正确运用负债经营策略以掌握自由资金和借入资金的适当比例,又要安排长期资本与短期资本之间的比例,以处理好降低资金成本与满足资金需求的关系。[1]

二、会展项目筹资规模的预测方法

(一)定性预测法

定性预测法是预测人员对预测对象所掌握的历史资料和现有材料,运用直觉主动地评价预测对象的发展趋势,从宏观上把握预测对象的动向,并借助于与本领域相关的其他领域的知识和经验对预测对象的发展前景作出判断,或者使用简单的数学手段,作出一种质的分析,或者进行逻辑上的判断,或者依据针对预测对象所收集的情报信息资源,做一些简单的数理分析,再依据分析结果作出预测。[2] 其优点是直观简单、适应力强,缺点在于受预测者能力水平的影响较大。定性预测的方法多种多样,本书选取其中两种方法介绍给大家。

1. 集合意见法

集合意见法是指会展项目的经营管理人员、财务人员凭自己经验判断,对资金未来需求量提出个人预测意见,再集合大家意见作出资金需求量预测的方法。项目经营管理人员和财务人员通过日常工作,积累了丰富的经验,掌握着大量的实际资料,他们最熟悉资金需求和运作状况,对他们的意见进行充分调查并加以集中,可以对资金流的未来情况作

---

[1] 王欣兰.财务管理学[M].北京:清华大学出版社,2005:57.
[2] 季叶克.情报信息预测中定性方法与定量方法的结合[J].科技情报开发与经济,2004(14):71-72.

出预测。这种方法简便易行,可靠实用,注重发挥集体智慧,在一定程度上克服了个人直观判断的局限性和片面性,有利于提高筹资规模预测的质量。该方法简单易行,但受个人主观判断影响较大。

2. 德尔菲法

德尔菲法的相关内容详见本书第四章。

尽管定性的预测方法非常有用,但它不能揭示资金需求量和有关因素之间的数量关系,资金规模预测分析的力度不够,需要结合定量分析来提供筹资规模预测的精度。

(二)定量预测法

定量预测法是根据比较完备的历史和现状统计资料,运用数学方法对资料进行科学的分析、处理,找出预测目标与其他因素的规律性联系,从而推算出未来的发展变化情况。具体到会展项目上,就是根据资金需求量与所经营业务之间的数量关系,运用数学的方法进行估算。本书将介绍因素分析法和线性回归分析法。

1. 因素分析法

因素分析法又称分析调整法,是以会展项目上年度的实际平均需求量为数据基础,根据本年度的项目任务和加速资本周转的要求,进行分析调整,从而预测资本需求量的一种方法。这种方法计算简便且容易掌握,但预测结果不太精确。因素分析法的计算公式如下。

资本需要量＝(上年资本实际平均占用量－不合理平均占用额)×
(1±预测本年度销售增减率)×
(1±预测期资本周转速度变动率)

例如某会展项目 2011 年资本实际平均占用量为 220 万元,其中不合理部分为 20 万元,预计本年度项目销售增长 5%,资本周转速度加快 2%,则预测 2012 年度资本需求量为

$$(220-20)\times(1+5\%)\times(1-2\%)=205.8(万元)$$

2. 线性回归分析法

线性回归分析法是假定资本需求量与项目业务量之间存在着线性关系,并可建立数学模型,然后根据历史有关资料,用直线回归方程来确定参数,进而预测资金需求量的方法。其数学模型为

$$y = a + bx$$

式中:y——资本需求量;
a——不变资本;
b——单位业务量所需的变动资本;
x——业务量。

不变资本是指在一定的营业规模内,不随业务量增减的资本,主要包括固定资产占用的金额、为维持项目而需要的最低数额的现金、必要的成品或商品等。变动资本是指随着项目规模变动而同比例变动的资本,包括项目宣传费用、设施设备维护费用、应收账款等

所占用的资金。根据历史资料确定出 a、b 的数值后即可预测本年度的筹资需求量。

运用线性回归分析法需注意两个问题：一是筹资规模与展位销售量间的线性关系要符合实际情况，如果线性关系不存在，则需改用多元回归分析法；二是在确定不变资金与单位变动资金时（a、b 的值），应收集预测年度前连续的不少于 3 年的历史资料，所具备的年数越多计算越准确，数据的信度和效度也有所保障，最后得出的结果更有说服力。[①]

例如某展会 2007 年至 2011 年展位销售量与资金需求量的历史数据如表 6-1 所示，假定 2012 年的展位销售量为 7.8 万位，试确定 2012 年的资金需求量。（本例中的数据为方便演示而造，与实际情况有出入。）

表 6-1　某展会 2007 年至 2011 年展位销售量与资金需求量表

年度	展位销售量 x/万位	资金需求量 y/万元
2007	6.0	500
2008	5.5	475
2009	5.0	450
2010	6.5	520
2011	7.0	550

计算过程如下。

第一步：根据表 6-1 所给出的数据，用数学运算整理出表 6-2。

表 6-2　回归方程有关数据计算表

年度	展位销售量 x/万位	资金需求量 y/万元	xy	x^2
2007	6.0	500	3 000.0	36.00
2008	5.5	475	2 612.5	30.25
2009	5.0	450	2 250.0	25.00
2010	6.5	520	3 380.0	42.25
2011	7.0	550	3 850.0	49.00
$n=5$	$\sum x = 30.0$	$\sum y = 2\,495$	$\sum xy = 15\,092.5$	$\sum x^2 = 182.50$

第二步：将表中数据带入以下方程式。

$$\begin{cases} \sum y = na + b\sum x \\ \sum xy = a\sum x + b\sum x^2 \end{cases}$$

$$\begin{cases} 2\,495 = 5a + 182.50b \\ 15\,092.5 = 30.0a + 182.50b \end{cases}$$

---

① 郭复初，王庆成. 财务管理学[M]. 北京：高等教育出版社，2006：91-97.

解方程组得 $a=205$ $b=49$

第三步：建立线性回归方程：$y=205+49x$

第四步：将 2012 年展位销售量 7.8 万位，带入该回归方程，得出所求的资金需求量为

$$y = 205 + 49 \times 7.8 = 587.2(万元)$$

三、会展项目筹资的方式

（一）会展项目筹资方式概述

1. 会展项目的资金渠道

一般来说非营利性的会展项目，其资金的主要来源是主办方单位拨款、赞助收入和捐赠收入等，盈利性的会展项目筹资的方式更为多种多样，包括短期借款、商业赞助等，因此要认真选择筹资来源，力求降低筹资成本。

2. 会展项目的有偿筹资

根据会展项目的存续期间，在适当的时间节点上需采用适当的筹资组合方式，筹资方式主要包括短期筹资和长期筹资。由于会展项目并不是公司法人，目前只有大型的会展项目适用于长期筹资的方式，如奥运会可以通过发行债券的方式进行筹资，小型的会展项目因偿债能力和信用风险等问题不适用长期筹资。不管采用何种筹资渠道或者筹资方式，大部分都是有偿的，并会产生机会成本，筹集资金要按照资金使用的时间来合理安排，使筹资与资金的使用在时间上相衔接，避免取得资金滞后而延误项目的正常运行，也要防止取得资金过早而导致资金的闲置。

（二）政府财政资助

1. 会展项目政府资助的优势

政府的财政资助是筹资渠道之一，它能够有效规避市场操作的不良性，充分发挥会展项目的社会效益，故具有稳定性、安全性和可靠性等优点。由于大型的会展项目对城市整体形象的提升有助力作用，不少城市已经设置了大型活动办公室等专门的机构负责会展项目的举办与实施，以扩大城市的影响力，因此不少会展项目的组织者能从政府处获得相应的资金扶持。

2. 会展项目政府资助的方式

在世界贸易组织的文件中规定财政资助的形式有以下六种。

① 直接的资金转移，政府可以向主办者赠款、提供无息或低息贷款，甚至直接购买主办单位发行的股票。

② 潜在的资金转移，一般是由政府提供贷款担保。

③ 税收减免，政府放弃向主办单位征收或通过税收抵免的方式变相不征税。

④ 政府提供一般基础设施以外的商品和服务。例如向主办者提供较低价格的土地、场馆。

⑤ 政府或指示其他机构向主办单位购买产品或服务。

⑥ 主办单位从政府那里得到某种形式的收入或价格支持。例如在展览业,政府向主办单位授予某个行业展览会特许经营资格,以保证某个重要展览会的规模、声誉和经济效益。

（三）银行贷款

银行贷款,是指银行根据国家政策以一定的利率将资金贷放给资金需要者,并约定期限归还的一种经济行为。银行贷款可以分为两种：抵押贷款和信用贷款。会展和大型公众活动的主办单位一般不像工厂企业那样拥有高额的固定资产。因此要得到抵押贷款的难度较大。同样取得信用贷款的前提条件是寻找担保人。如果一时找不到合适的担保人,对于会展项目来说,可行的办法是主办单位以未来可以预计的收入作抵押向银行申请贷款,如门票收入权、活动场地广告发布权,以相应合同为依据等。通常贷款银行可以要求主办单位在其行内设立专用账户,银行将贷款打入此账户,所有支出专款专用,由银行把关同时主办单位的相应收入也汇入此账户,银行通过这种办法监督资金的进出大大提高了资金的安全性,可以放心放贷。[①]

（四）商业赞助

1. 商业赞助的概念

赞助是企业公关活动形式的一种。它是指企业通过支持某一项体育赛事、社会或政府活动、艺术项目活动等,并围绕所支持的活动展开一系列营销,从而借助这些活动的良好社会效应,提高企业的品牌知名度与品牌形象,以获得社会各界广泛的好感与关注,为企业创造出有利的生存和发展环境。[②]

通俗而言,商业赞助就是一种价值交换的商业行为,是一种通过资助社会活动而获取企业社会赞誉的"先助后赞"的互动双赢的商业行为。例如通过商业赞助,使得1984年的洛杉矶奥运会成为历史上第一次走出亏损的奥运会,使得组办方获得2.5亿美元的净收入,同时相关赞助企业获得巨大的销售增长。

2. 商业赞助的特点

从以上定义可以看出,商业赞助有以下特点。

① 交易的商业性。它是一种商业行为,可以视为一种投资或者交易,不是无偿的捐赠,因此会展项目管理者在寻找赞助商之前一定要考虑所举办的项目能给赞助商带来哪些商业回报。

② 投入的多样性。赞助可以表现为现金支付,也可以是非现金的实物或服务,赞助的形式多种多样。

③ 长远的推广性。通过赞助活动,赞助商将拓展其企业社会形象,促进其产品推广,从中得到经济回报,并最终有助于企业的长远发展。

---

① 余斌.会展及大型公众活动的融资[J].中国会展,2003(20)：40-42.
② 杨顺勇.会展项目管理[M].上海：复旦大学出版社,2009：165.

3. 商业赞助的原则

（1）相关性原则

一句话，会展项目赞助应该首选与会展项目关联度高的赞助商。这一点在专业性会议或展览中表现得十分明显，如在协会会议中赞助的企业大都是行业内部的企业，在专业性展览中赞助的企业也基本上是行业内部的企业。这些企业赞助相关性会展项目一般是为了显示自己在行业内部的龙头地位或彰显自身的实力。

（2）利益互换原则

利益互换原则，也就是说会展企业要在获得赞助的同时，尽可能多地为赞助商考虑利益，在利益交换基础上，现实双方利益的最大化。专业性会展活动聚集了来自行业内部的重要的买家和卖家，聚集了行业内的知名人士，通过赞助会展项目可以迅速扩大自己在行业内的影响。在综合性会展活动中也能够起到一定营销的目的。通常在会展活动中都以媒体策划方案来为赞助企业做营销，当然，在不同的会展项目中可以不同的方式体现利益互换原则。[1]

4. 选择商业赞助商的标准

赞助商要为会展项目提供一定的资金和实物赞助，因此需要赞助商具有一定的资金实力和良好的声誉。同时赞助商的层次和水平也在一定程度上反映了会展项目的质量与层次。一般来说，会展项目的主办方要根据一定的标准来选择赞助商。

① 资质因素。赞助企业必须是有匹配会展项目的实力企业。一流的国际水平展会的赞助商往往是国内或国际知名企业，是同行企业的领先者，具备较强的经济实力，发展前景良好，财务状况健康，有充足的资金流支付赞助费用。

② 保障因素。赞助企业所提供的产品、技术、服务等，必须成熟稳定、先进可靠、充足，能够确保会展项目的顺利举办所需。

③ 价格因素。价格因素是选择赞助企业重要的考虑因素之一，所报价格应是同行业竞争者中出价最高或次高的。一定程度反映出赞助企业的实力和支持力度。

④ 信誉因素。赞助企业的信誉不仅能够保证所提供赞助产品的质量，而且能够反映出会展项目本身的信誉。因此，赞助企业需具有良好的社会形象和企业信誉，其品牌形象与会展项目的品牌形象相得益彰。

⑤ 推广因素。赞助企业的市场营销、广告投放量应达到一定规模，以充分利用所赞助的会展项目营销平台，实现会展项目和企业自身的双营销。

当然，在选择不同行业的赞助商时，上述标准的侧重点会有所不同：技术类赞助商，对其技术产品的稳定性、可靠性的要求较高；而对于普通消费品赞助商，企业的赞助数额可能是最终的考虑重点。

（五）其他方式

除了上述三种筹资方式外，会展项目的主办者还可从自身实际出发，辅之以其他融资

---

[1] 王起静.会展项目管理[M].北京：中国商务出版社，2011：12.

方式。例如发行债券、彩票、相关产品开发权(邮品、礼品等)、特许经营权、捐赠等方式进行资金的筹集。

1. 发行彩票

彩票是一种印有号码、图形、文字、面值的,由购买人自愿按一定规则购买并确定是否获取奖励的凭证。作为一种筹集资金方式,奥运会有悠久的发行彩票历史。1972年慕尼黑奥运会期间发行的体育彩票收入约1.2亿美元,占其总收入的37.7%。1976年蒙特利尔奥运会,期间体育彩票收入高达2.3亿美元,占总收入的54.7%。1980年莫斯科奥运会,苏联政府开创性地发行了奥运会历史上的第一个国际彩票,在当时东欧阵营的五个国家发行。1988年汉城奥运会,帮助韩国实现了一次经济飞跃。而他们从1983年就开始发行奥运会彩票,并且将奥运会彩票收入的35%作为国家建房基金,到1988年年底,彩票共发行299次,销售收入达1 188亿韩元,占汉城奥运会各主要收入的13.06%。1992年巴塞罗那奥运会,为了筹集资金,西班牙国家彩票公司组织发行了5次体育彩票抽奖活动,总收入达190亿比塞塔(约合1.68亿美元),占奥运会组委会各项总收入的10.3%。

2. 资源开发筹资

资源开发筹资,也称市场开发,是指以会展项目的无形资产特别是标志、名称、形象等无形资产的转让为前提,取得物资、技术、服务和资金的经济行为,是大型会展项目特别是体育赛事的重要筹资方式。

资源开发的主要形式包括电视转播权、邮品、礼品及纪念币开发、特许经营(生产和销售)、票务以及主题文化活动(如火炬接力等)收入等。例如同学聚会的通讯录、网站、微信平台营销等。

四、会展项目筹资的原则

1. 规模适当

展会筹备的不同时期对资金投入具有不同的需求量,展会要预测各个阶段的资金需求量,确定合理的筹资规模。这样既可以避免因资金筹资不足而影响展会筹备的正常进行,又可以防止资金过多而导致资源休闲和浪费。规模预测方法详见本章前面的论述。

2. 筹措及时

会展项目资金筹措时,展会必须注意资金的时间价值,并能根据资金时间价值的原理和计算方法,结合展会筹备各个阶段对资金的实际需求,合理安排资金的筹措时间,适当获取所需要的资金,避免过早筹资所形成的资金闲置,又要防止资源筹措的时间滞后。

3. 方式经济

不同的筹措方式获得的资金,其成本有所不同。例如通过负债所筹集的资金,财务风险较大,但资金成本相对较低;而通过所有者权益筹集的资金,财务风险较小,但资金成本较高。因此,展会应采取经济、可行的筹资方式,注意资金的结构,降低成本,减少风险。

4. 来源合理

不同的筹措渠道,其筹措难易程度不同,对展会的收益和成本的影响也不一样。展会要认真研究资金渠道,合理选择资金的来源,不可因资金缺乏而"病急乱投医"。①

> **案例**
>
> 北京奥运会的资金筹措方式②
>
> 北京奥组委的收入大致来自五个部分:①国际奥委会2008年奥运会电视转播权出让所获得的收益中有一部分将按照比例分给北京奥组委,大约8.4亿美元;②国际奥委会全球合作伙伴TOP计划(奥林匹克全球赞助计划)中,赞助商的赞助按比例可以分给北京奥组委1亿~2亿美元;③北京奥组委自己的市场开发计划,预期收入3亿~4亿美元;④门票和纪念品销售,预期1亿美元;⑤赛后剩余物资的变卖处理,收益几千万美元。
>
> 其中在北京奥委会自己的市场开发计划中包括了特许经营、商业赞助以及供应商三个方面。北京2008年奥运会特许计划最大化地为北京奥运会筹集到各类资金,具体措施如下:对于每个特许企业都将收取入门费和最低保证金,入门费不得抵扣特许权费,最低保证金可抵扣特许权费。北京2008年奥运会特许计划整个围绕品牌管理的思路设计和管理特许产品,采取细分市场的营销策略,开发出高、中、低端不同层次的产品,以定位不同的目标顾客群。整个计划由两部分组成:国内计划和国际计划。国内计划在2003年下半年开始。国际计划在雅典2004年奥运会结束后开始。所有特许产品的设计和制作都将遵循奥组委与中国奥委会编制的有关标志的图解手册和使用指南,这些手册中清楚地标明了中国奥委会商用标志和奥组委标志及徽记的使用规范。
>
> 北京2008年奥运会赞助计划包括三个层次:北京2008年奥运会合作伙伴、北京2008年奥运会赞助商、北京2008年奥运会供应商(独家供应商/供应商)。每个层次赞助商均设定了赞助的基准价位。

第二节 会展项目成本管理概述

会展项目成本管理就是在整个项目的实施过程中,为实现项目的目标而对所需的各个过程进行的成本管理与控制,项目成本管理涵盖整个项目的实施过程,确保项目在批准的成本预算内,在工期、质量、成本等方面取得最佳效果。特别是对于会展项目的投资者而言,除了社会效益之外,费用和利润是他们最关心的问题,因此需建立起严格的成本管理制度。

一、会展项目成本

成本是一个动态发展的概念。马克思从政治经济学的角度将成本表述为商品生产中

---

① 华谦生.会展管理[M].广州:广东经济出版社,2008:62.
② 李雪红.北京奥运会运行中的财务管理研究[D].北京:首都经贸大学,2008:25-27.

耗费的活劳动和物化劳动的货币表现形式,成本是耗费和补偿的统一体。西方古典经济学用商品和各生产要素在市场上表现出的交换价值来表示成本。管理学领域中所关注的成本,并不强调成本的经济效益,而是从成本产生的成因以及过程的角度来理解,视成本为一种企业生产、技术、经营活动的综合指标。而会计学中的成本概念更强调成本计量属性,成本必须是可计量和可用货币表现的。[①] 由于本书侧重于会展项目的实践,因此采用会计学中成本的含义,是指特定的会计主体为了达到一定的目的而发生可用货币计量的代价。

会展项目通过举办各种形式的会议展览和展销,以期获得直接或间接经济效益与社会效益的一种经济现象和行为,实际上是一个完整的经营过程,其中的成本可以简单地划分为变动成本、固定成本两大类。变动成本是指在相关范围内随着业务量的变动而呈线性变动的成本,于会展项目而言变动成本包括餐费、住宿费、展位租用费等。与变动成本相反,成本总额不随业务量发生任何变化的那部分成本称为固定成本。它具有两个特征,固定成本总额不变,如展览厅的照明用电,在一定的条件之下,不会随着业务量的增减而变化,此处的电费就是固定成本。再者,单位固定成本随着业务量的增减成反比例地变动,由于固定成本是一个定数,当把成本分配给产品负担时(会展项目的产品具体表现为服务),在业务量增加的情况下,平均单位产品的固定成本降低;反之,在业务量减少的情况下,平均单位产品的固定成本增大。

二、现代成本管理理论

科技日新月异,不少新的生产方式方法已然运用到了生产领域,不仅革新了生产技术,也催化了新的管理方式的产生,本文从《现代成本管理的五大理论》一文中节选了目前较新的成本管理理论进行介绍。[②]

(一)作业成本管理

Staubus教授在20世纪70年代首次提出作业和作业会计的概念,随后Cooper和Kaplan等人在分析了传统会计的弊端之后,深化作业会计的概念而提出作业成本理论。作业成本管理使用作业成本的信息,其目的不仅要使所销售的产品和服务合理化,更重要的是明确改变作业与过程以提高生产力。它将成本管理的重心深入到供应链作业层次,尽可能消除"非增值作业",改进"增值作业",优化"作业链"和"价值链",从成本优化的角度改造作业和重组作业流程;并且对供应链中的各项作业进行成本效益分析,确定关键作业点,对关键作业点进行重点控制。

(二)战略成本管理

英国学者Simmonds提出了战略成本管理的概念,他认为战略成本管理是"用于构建

[①] 陈良华.成本管理[M].北京:中信出版社,2006:9.
[②] 岑玢,董晓宏.现代成本管理的五大理论[J].经营管理,2009(1):61.

与监督企业战略的有关企业及其竞争对手的管理会计数据的提供与分析"。Wilson 将战略成本管理定义为:"是明确强调战略问题和所关注重点的一种管理会计方法。它通过运用财务信息来发展卓越的战略,以取得持久的竞争优势,从而更加拓展了管理会计的范围。"①

战略成本管理是将企业的成本管理与该企业的战略相结合,从战略的高度对企业及其关联企业的各项成本行为、成本结构实施全面了解、分析、控制,从而为企业战略管理提供决策信息,以提高企业竞争优势。

(三)产品生命周期成本理论

产品生命周期成本是指在企业内部及其相关联方发生的全部成本,具体是指产品策划、开发、设计、制造、营销与物流等过程中的产品生产方发生的成本,消费者购入产品后发生的使用成本、维护成本以及产品的废弃处置成本。

企业为了取得竞争优势,力求使用户的使用、废弃处置成本尽可能低,因而越来越重视全生命周期成本。这一概念体现了企业作为社会中的经济细胞所承担的社会责任,符合可持续发展的观念。产品生命周期理论的产生促使企业从产品开发和设计的源头上控制产品的成本,逐步形成了成本设计的方法体系。

(四)成本规划

20 世纪 60 年代中期,日本的丰田公司为了控制产品的成本,在新产品的开发阶段就开始对成本进行估计,逐步形成了包括协作企业在内的一体化成本规划活动。这种方法是一种用于在产品设计阶段降低成本的方法,它要求企业在新产品开发阶段,为满足整个公司的利益,规划满足客户质量要求的产品,在一定的中长期目标利润及市场环境下,决定产品的目标成本。这种方法受到了人们的重视,并得到不断的丰富和发展,被广泛应用在了企业实践中。

(五)全面成本管理

全面成本管理是指注重企业的整体目标和长远目标,着眼于改善企业基层组织的成本状况,综合和协调企业的竞争战略、工艺计算决策、人员策划、作业管理、服务管理等各层次立体的一种成本管理方式。20 世纪 80 年代,Ostrenga 论述了全面成本管理的理论思想和构成全面成本管理的管理过程分析、ABC、连续改善等主要方法,认为要在一个企业中实现全面成本管理,首先要从管理过程分析的角度,全面审视企业现有的经营过程,并从中寻找存在的问题;其次要持续改善,全面地持续不断地进行改进。②

---

① SIMMONDS K. Strategic management accounting[C]. Management Accounting,1981,59(4).
② Ostrenga M R,et al. The ernst & young guide to total cost management[M]. New York:Jonh Wiley & Sons,1999.

三、项目成本管理的作用和原则

项目成本管理是在整个项目的实施过程中,将成本支出限制在预先确立的标准和计划之内的一种管理方法。因此项目成本管理始于项目的启动,止于项目的结束。它在既定的项目成本目标和计划之内,对项目过程中一切的成本费用进行计量,对脱离成本计划和目标的差异进行分析,找出引起差异的原因,及时纠正偏差,确保成本控制在标准范围内。

(一)项目成本管理的作用

1. 保证项目效益目标的实现

会展项目成本管理对项目的控制具有空间上和时间上的连续性,可以在会展项目存续期间对项目发生的各种成本费用进行监督、调控,能及时地发现偏差并予以纠正,使项目实际的成本费用被控制在预定的目标范围之内,确保在不影响工程进度的同时,以最优的物质消耗和劳动力消耗获得最大的经济效益,保证会展项目效益目标的实现。

2. 促进项目自身的改革

会展项目中材料物资消耗的多少,劳动生产率的高低,设施设备的利用状况如何,展会的服务是否到位,各环节的业务互动是否协调都会直接或间接地从成本中反映出来。成本管理的存在,能帮助项目组织方挖掘内部潜力,寻找一切可能降低成本的途径,促使项目组织方改善经营管理,全面提高自身的素质,使之在市场竞争的大环境之下生存、发展和壮大。

3. 监督项目的实施

会展项目成本管理是一个全过程、全方位的系统管理过程,成本管理将项目过程中发生的一切费用都置于主管工作人员的监控之下。同时,灵敏的成本信息反馈可以将一切浪费行为、违法行为迅速地反馈给主管工作人员,以利于及时采取措施,以最快的速度和最短的时间把控全局,遏制不适当的行为。

4. 协调项目各部门之间的利益冲突

就会展项目而言,成本目标往往因为种种因素而很难分解得十分合理、公平,因而在具体的成本管理实施过程中容易出现苦乐不均的现象,导致各职能部门在成本控制上的积极性锐减,造成会展项目的整体利益受损。成本管理以整体、系统的观念看待整个会展项目,本身就要求协调各部门之间的关系,并使之为整体目标服务,因此成本管理有利于消除各部门之间的利益冲突,实现项目不同部门之间的和谐统一。[①]

(二)项目成本管理的原则

1. 成本全生命周期最低化原则

会展项目的目标之一就是经济效益的最大化,项目成本管理的根本目的在于通过成

---

① 郭继秋,唐慧哲. 工程项目成本管理[M]. 北京:化学工业出版社,2010:5.

本管理的各种手段，不断降低会展项目成本，以达到可能实现最低目标成本的原则。在挖掘各种降低成本的潜力时，需注意两点：一是不影响项目最终呈现的效果，不能因为经济利益的实现而忽略其他目标；二是不能片面要求项目形成阶段成本之和最低，而是要使项目全生命周期成本最低，即考虑项目从启动到结束的整个周期的成本最低。

2. 全面成本管理原则

通过借鉴工程项目成本管理的经验，项目成本管理中存在着"三重三轻"问题：一是重实际成本的计算和分析，轻全过程的成本管理和对其影响因素的控制；二是重施工成本的计算，轻采购成本、工艺成本和质量成本；三是重财会人员的管理，轻群众性的日常管理。从全面性出发，对项目形成的全过程开展成本管理，对影响成本的全部要素展开成本管理，由项目全体团体成员参加成本管理。

3. 成本责任制原则

为了实行全面成本管理，必须对项目成本进行层层分解，使成本目标落实到项目的各项活动、各个工作人员。保证项目的各个参与人员都承担不同的成本责任，按照成本责任对项目人员的业绩进行评价。

4. 成本管理有效化原则

项目成本有效化包括两层含义：一是使项目经理部以较少的投入获得最大的产出；二是以最少的人力和财力，完成较多的管理工作，提高工作效率。可以通过设置合理的奖惩制度提高成本管理的有效性。

5. 成本管理科学化原则

成本管理科学化就是将自然科学和社会科学中的理论、技术和方法运用于成本管理，包括预测与决策方法、不确定性分析方法和价值工程等。[1]

四、项目成本管理的体系

现代化的成本管理，不只是对成本费用实际发生额的记录反映和事后的核算，而是与项目经营管理过程的直接结合，它是根据成本核算及其资料，采用现代化数学与数理统计的原理和方法，按照成本最优化的原则，对项目的生产经营活动进行估算、预算、控制和考核。具体来说项目成本管理的体系如图 6-1 所示。

（一）项目成本估算

项目成本估算是在认真分析项目内在和外在条件变化的基础上，综合现有材料，并运用一定的专门方法，对未来一定时期内的成本进行预测和估算。通过成本估算确定目标成本以及选择达到目标成本最佳途径的手段，是进行成本决策和编制成本计划的基础。项目成本估算一般在项目立项阶段进行，对项目成本进行大致的预估，故而成本估算的误

---

[1] 孙慧. 项目成本管理[M]. 北京：机械工业出版社，2005：14-15.

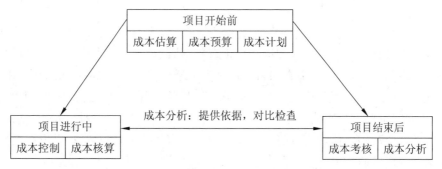

图 6-1　成本管理体系中各部分之间的相互关系

差较大。

（二）项目成本预算

项目成本预算是指在会展项目成本估计完成之后的预算阶段，为会展项目成本管理制订基准计划的成本管理工作。其主要包括为会展项目分配预算、确定成本定额和活动总预算，规定会展项目应急费用的划分和使用规则等。项目成本预算将项目成本估算进一步细化，是将估算的结果再一次分解细化，因此成本预算的精度要高于成本估算。

（三）项目成本计划

项目成本计划是在项目成本估算和预算的基础之上，为保证项目成本预算所确定的目标成本的实现，以货币形式编制项目在计划期内的生产耗费和各种商品的成本水平，并以书面文件的形式下达各执行单位和部门，作为计划执行和考核的依据。

（四）项目成本控制

项目成本控制是贯穿于整个项目存续期间的管理活动，是项目实施全面成本管理的重要环节。具体是指对整个生产经营活动中各项费用的发生进行引导和限制，使之能按预定的目标或计划进行的一种管理制度。项目成本控制的重点在于对影响项目成本的各项因素严加管理，并采取有效措施，将项目过程中实际发生的各项消耗和支出进行严格控制，并随着监督资金运用过程中的不适当行为，减少资金的损失浪费情况，使最终产生的实际成本控制在成本预算所确定的成本目标范围之内。

（五）项目成本核算

项目成本核算是按规定的成本项目，通过一系列成本费用的归集和分配，正确理清和划分各种费用，从而计算出各种产品的实际总成本和单位成本。项目成本核算所提供的各种成本信息，不仅是对当期会展项目各项工作的劳动耗费和费用支出的如实反馈，同时也为下期成本计算，进行未来成本的估算和预算提供资料，还可为定制展位等产品的价格提供依据。

（六）项目成本分析

项目成本分析与一般制造业的成本分析有所不同，对于项目来说，成本分析的时间不仅是在项目结束之后，同时也需在项目行进过程中进行比对，主要是利用项目的成本核算资料，与成本计划、成本预算目标以及其他类似项目的实际成本等进行比较，了解成本的变动情况，同时也要分析影响成本变动的因素，检查成本计划的合理性，并通过成本分析，深入揭示成本变动的规律，以及应负责的单位和个人，并提出积极建议，采取有效措施，进一步挖掘节约成本的潜力。

（七）项目成本考核

项目成本考核是在项目完成之后进行的，主要以各部门的责任者为对象，按项目成本目标责任制的有关规定，将实际支出的成本与预算、计划成本目标进行比对，评定项目成本计划的完成情况，并以此给予相应的奖励和处罚。其目的在于做到有赏有罚，奖惩分明，有效地调动各个岗位上职工的积极性，为降低成本这一项目整体目标作出贡献。

五、项目成本管理的基础工作

前文已经讲述了会展项目管理的各种理论知识，在实际应用当中，需通过下列的基础工作来将成本管理落到实处。

（一）建立定额管理制度，制定必要的消耗定额

会展项目的成本定额可划分为：劳动定额，如工时定额、缺勤率等；费用定额，如管理费用等；材料、能源、工具消耗定额，如材料利用率、能源利用率、工具损耗率等；固定资产利用定额，如设备利用率、固定资产利用率等。[①]

会展项目主要的产品是服务，各项定额制定的方式使用经验统计法，即根据统计资料和以往经验制定各项定额，这种方法简单易行，但易受到估计人员的主观影响，且没有加入对本期情况的预测。因此定额的制定不仅要切合实际，并且要与时俱进，随着会展项目内部和外部条件的变化而变化。

（二）建立材料物资盘点制度，强化物料平衡

要准确地计算成本，就必须完善物资的计量、验收、领发和清查制度。一切物资的收发都要经过计量、验收和办理的凭证手续。首先要提高项目相关人员对此项工作的认识和重视，同时不同的物资还需准确配备必要的计量器具，尤其是对消耗量较大的水、电、风的计量器具要配备齐全。再者，应设置专职的质量检查机构，辅之以群众性的质量把关活动，形成专职机构与群众检查相结合，并以专职机构为主的质量检查制度，做到不符合质

---

① 陈良华.成本管理[M].北京：中信出版社，2006：54-57.

量、规格要求的材料物资不入库、不发货。

为保证指标考核准确,防止由于多计或少摊材料费用从而造成实亏虚盈或实盈虚亏的成本不实现象发生,项目部门领导要带领成本核算人员,坚持每月定时定点对部门的各种材料物资进行认真清查盘点,要确保账、物、卡相符,并配备兼职核算员,坚持日清日结日分析制度(表6-3)。

表6-3 某项目领用文具登记表节选

领用部门:							日期:				
序号	物品	单位	金额/元	数量	备注	序号	物品	单位	金额/元	数量	备注
1	欧迪办公A4复印纸	包	22.50			9	A5伟盛硬皮本	本	4.90		
2	绿叶彩色复印纸	包	28.00			10	国产江新糨糊(大瓶)	瓶	1.47		
3	欧迪办公A3复印纸	包	45.00			11	糨糊扫(邮政专用),2厘米宽	支	0.67		
4	亚商诺威热敏传真纸216	卷	6.70			12	诺威剪刀	把	2.40		
5	亚商诺威热敏传真纸210	卷	6.70			13	诺威自动锁美工刀(小号)	把	1.64		
6	星辉电脑打印纸(单)	箱	39.50			14	诺威自动锁美工刀(大号)	把	3.60		
7	星辉电脑打印纸(双)	箱	52.50			15	诺威透明胶带	卷	0.43		
8	星辉电脑打印纸(三)	箱	57.80			16	诺威双面胶带	卷	0.52		
领用人:							审批人:				

(三)加强原始记录的管理

会展项目在生产经营活动中的设备利用,材料、物资收发和领退,库存商品的入库与发出,财产物资的盈亏毁损、资金的支付审批等都应有原始记录。原始记录又称单据,是在经济业务发生或完成时取得或填制的,用以记录或证明经济业务的发生或完成情况的文字凭据。原始记录的基本内容包括原始记录的名称、经营活动的内容和项目、项目中经济活动的计量单位和数量、经营活动发生的时间和地点、填表人员与负责人的签章等。要完善资金支付审批手续,开支报销必须有合法凭证,按规定需要报上级批准的,应在上级批准后方能支付,不得先支后报。[①] 如图6-2所示为原始凭证分割单。

---

① 张晓兰.如何做好工业企业成本管理基础工作[J].审计月刊,2010(5):51-52.

<table>
<tr><td colspan="14">原始凭证分割单</td></tr>
<tr><td colspan="14">编号:</td></tr>
<tr><td colspan="14">年 月 日</td></tr>
<tr><td colspan="2">接受单位名称</td><td colspan="2"></td><td>地址</td><td colspan="9"></td></tr>
<tr><td rowspan="2">原始凭证</td><td>单位名称</td><td colspan="2"></td><td>地址</td><td colspan="9"></td></tr>
<tr><td>名 称</td><td></td><td>日期</td><td></td><td>编号</td><td colspan="8"></td></tr>
<tr><td>总 金 额</td><td colspan="4">人民币
(大写)</td><td>千</td><td>百</td><td>十</td><td>万</td><td>千</td><td>百</td><td>十</td><td>元</td><td>角</td></tr>
<tr><td>分割金额</td><td colspan="4">人民币
(大写)</td><td>千</td><td>百</td><td>十</td><td>万</td><td>千</td><td>百</td><td>十</td><td>元</td><td>角</td></tr>
<tr><td colspan="2">原始凭证主要内容、分割原因</td><td colspan="12"></td></tr>
<tr><td colspan="2">备 注</td><td colspan="12">该原始凭证附在本单位 年 月 日是第 号记账凭证内。</td></tr>
<tr><td colspan="3">单位名称(公章):</td><td colspan="6">会计:</td><td colspan="5">制单:</td></tr>
<tr><td colspan="14">地址:</td></tr>
</table>

图 6-2 某项目的原始凭证分割单

第三节 会展项目成本估算

会展项目成本估算是指根据具体会展项目的资源需求和计划,以及各种项目资源的价格信息,估算和确定项目各种活动的成本与整个项目总成本的一项项目成本管理工作。因项目成本估算通常是在项目的决策阶段进行的,在这个阶段往往需要对多个备选方案进行比较取舍,客观上项目方案的制定还不是非常详细,所以估算的数值往往是整体的、相对粗略的。

一、成本估算的阶段

(一) 初步估算

第一阶段是根据项目的可行性报告,对项目成本进行概念化、初步的估算。这种成本估算一般发生在项目初始阶段,如果缺少项目活动程序的甘特图、项目举办场地的平面图等详细资料,可用项目流程示意图等方式来表示会展项目的组织举办情况。因此这种估算是较为粗略的,可运用经验估计法或趋势法进行估计。

(二) 控制估算

第二阶段是伴随着会展项目的筹措阶段进行的,称为控制估算。在这一阶段,会展项目的主题和内容已经初步确定,控制估算要求比较精确,在进行控制估算中所使用的价格是市场价格,这样可使成本估算更贴近于现实。通过控制估算可以比较精确地算出某项会展项目的成本,不仅可以作为筹措资金的依据,也可以用于明确责任和实施成本控制。

(三) 最终估算

第三阶段是在会展项目正式举办或者运行阶段,此阶段进行的项目成本估算称为最终估算。最终估算是针对会展项目活动中一些重大活动或者重要辅助工程项目作出详细估算,并将它视为会展项目成本报告和执行情况监控的基础,结合第一阶段的基本预测情况,就可以编制出最终估算。[①] 会展项目的成本估算过程如图 6-3 所示。

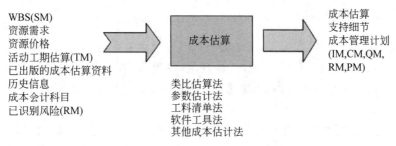

图 6-3 成本估算的过程

二、成本估算的内容

会展项目的成本管理是从项目建议书开始的,在会展项目组织者或承办商指定建议书期间就要估算会展项目的成本。在这个过程当中组织者可能需要详细分解各种成本,图 6-4 所示为普通项目费用的分解。本书以会议为例,详细介绍在会议举办过程中所涉及的费用。

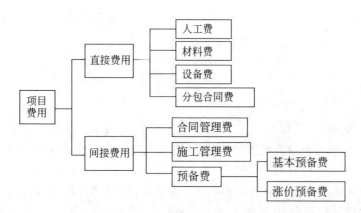

图 6-4 普通项目费用的分解

(一)交通费用

交通费用可以细分为以下几种。

① 出发地至会务地的交通费用。出发地至会务地的交通费用包括航班、铁路、公路、客轮,以及目的地车站、机场、码头至住宿地的交通费用等。

② 会议期间的交通费用。会议期间的交通费用主要是会务地交通费用,包括住宿地至会所的交通、会所到餐饮地点的交通、会所到商务交际场地的交通、商务考察交通以及

---

① 卢晓.节事活动策划与管理[M].上海:上海人民出版社,2006:267-268.

其他与会人员可能使用的预定交通。

③ 欢送交通及返程交通费用。欢送交通及返程交通费用包括航班、铁路、公路、客轮及住宿地至机场、车站、港口的费用。

（二）会议室、厅费用

① 会议场地租金。通常而言，场地的租赁已经包含某些常用设施，譬如激光指示笔、音响系统、桌椅、主席台、白板或者黑板、油性笔、粉笔等，但一些非常规设施并不涵盖在内，如投影设备、临时性的装饰物、展架等，需要加装非主席台发言线路时也可能需要另外的估算。

② 会议设施租赁费用。此部分费用主要是租赁一些特殊设备，如投影仪、笔记本电脑、移动式同声翻译系统、会场展示系统、多媒体系统、摄录设备等，租赁时通常需要支付一定的使用保证金，租赁费用中包括设备的技术支持与维护费用。

③ 会场布置费用。如果不是特殊要求，通常而言此部分费用包含在会场租赁费用中。如果有特殊要求，可以与专业的会议服务商协商。

④ 其他支持费用。其他支持费用通常包括广告及印刷、礼仪、秘书服务、运输与仓储、娱乐保健、媒介、公共关系等。

（三）住宿费用

对于会议而言，住宿费用可能是主要的开支之一。正常的住宿费用除与酒店星级标准、房型等因素有关外，还与客房内开放的服务项目有关，譬如客房内的长途通信、洗换、迷你吧酒水、一次性换洗衣物、互联网、水果提供等服务是否开放有关。

（四）餐饮费用

会议的餐饮费用可以很简单，也可以很复杂，这取决于会议议程需要及会议目的。

① 早餐。早餐通常是自助餐，当然也可以采取围桌式就餐，费用按人数计算即可。

② 中餐及午餐。中餐及午餐基本属于正餐，可以采取人数预算——自助餐形式，按桌预算——围桌式形式。如果主办方希望酒水消费自行采购而非由餐馆提供，餐馆可能会收取一定数量的服务费用。

③ 酒水及服务费。如果在高星级酒店餐厅就餐，餐厅是谢绝主办方自行外带酒水消费的，如果可以外带酒水消费，餐厅通常需要加收服务费；在高星级酒店举办会议宴会，通常在基本消费水准的基础上加收15％左右的服务费。

④ 会场茶歇。通常情况下，茶歇的种类可分为西式与中式两种，西式基本上以咖啡、红茶、西式点心、水果等为主，中式则以开水、绿茶或者花茶、果茶、水果、咖啡、水果及点心为主。不同类型的茶点价格有所不同。

⑤ 联谊酒会、舞会。联谊酒会、舞会等费用包括酒会场地的租用费、演员及节目的费用等，通常可以选定节目后按场次计算，预算金额通常与节目表演难度及参与人数正相关。在适宜地点如果有固定的演出，那费用的估算就很简单，与观看表演的人数正相关，专场或包场除外；其他，点心、水果及调制色酒等。

（五）视听设备

除非在室外,否则视听设备的费用通常可以忽略。如果为了公共关系效果而不得不在室外进行,视听设备的费用就比较复杂,其包括:设备本身的租赁费用,通常按天计算;设备的运输、安装调试及控制技术人员支持费用,可让会展服务商代理;音源,主要是背景音乐及娱乐音乐选择,主办者可自带,也可委托代理。

（六）杂费

杂费是指会展过程中一些临时性安排产生的费用,包括打印、临时运输及装卸、纪念品、模特与礼仪服务、临时道具、传真及其他通信、快递服务、临时保健、翻译与向导、临时商务用车、汇兑等。[①]

案例

20××年重庆某展会展厅的制作材料费用如表6-4所示。

表6-4　20××年重庆某展会展厅制作材料费用表

地点：重庆国际会议展览中心　　　　　面积：9×6＝54平方米

序号	材料名称	规格/毫米	单位	数量	单价/元	合计/元	备注
一	项目						
	地毯		平方米	54	11	594	普通、含地毯胶
	接待桌		张	1	630	630	木结构、表面处理刷波音纸饰面
	展厅钢架结构		项	1	3 800	3 800	租赁：200－4桁架
	画面		项	1	1 600	1 600	电脑喷绘
	金卤灯		套	6	60	360	租赁
	电线		项	1	300	300	租赁
	空开、空开箱		项	1	150	150	租赁
	辅料		项	1	300	300	
	搬运、安装、拆卸		项	1	1 800	1 800	
	小计					9 534	
二	其他						
	洽谈桌椅		套	2	180	360	租赁
	绿植		项	1	300	300	租赁
	运输		项	1	400	400	往返

① 中国会展圈.http://www.niwota.com/submsg/74654/.

续表

地点：重庆国际会议展览中心　　　　　　面积：9×6＝54平方米

序号	材料名称	规格/毫米	单位	数量	单价/元	合计/元	备　注
	小计					1 060	
	直接费					10 594	
二	设计费	15%				0	我司制作，可免
	管理费	5%				0	可免
	税费	8.75%				1 015.86	
三	合计					11 609.86	

三、成本估算的方法

（一）专家判断法

要求估算专家对项目的内部环境、外部条件等特点非常了解，对于会展项目的开发有丰富的经验。同时，为了保证估算的客观性，最好要有由若干专家组成的相对独立的估算队伍，以减少偏见。估算人员最好是对会展项目的结果没有直接或间接利害关系、熟悉会展项目开发过程和估算方法的专业人员，以保证估算活动的客观性和质量。

（二）类比估算法

这是一种在项目成本估算精确度要求不是很高的情况下使用的项目成本估算方法。这种方法也被叫作自上而下法，是一种通过比照已完成的类似项目的实际成本，估算新项目成本的方法。例如A城市要举办一次汽车饰品展销会，而同样规模的汽车饰品展销会在B城市刚刚举办，那么在B城市举办的这次展销会的成本数据就可以作为A城市汽车饰品展销会成本估算的基础，还要结合A城市的实际情况，才能较为准确地拟办这个会展项目的成本。

以某会展项目的规模估计为例，类比法的基本步骤如下：

第一步：整理出项目工作分解结构列表和完成这些工作所需的资金量。

第二步：标识出每个WBS列表与历史项目的相同点和不同点，特别要注意历史项目做得不够的地方。

第三步：通过第一步和第二步得出各个工作的估算值。

第四步：产生规模估计。

（三）自下而上法

自下而上法，就是根据会展项目的工作分解结构，即整个会展项目被逐级分解而得到的程序或子项目，由会展项目主管为每个程序或子项目分配专人负责，让其专门负责该程序或子项目估算成本，然后将所有的估算汇总，得到更高一级的成本估算，以此类推，就能得到整个会展项目的成本估算。这种方法可以克服将揭示活动作为一个整体来计算成本所带来的误差，从各个程序或子项目自下而上汇总而来的成本估算比较细致、准确。但这种方法同时存在着耗时较长、代价较高的缺点。

（四）参数估算法

参数估算法是一种应用数理统计的方法，在总结、分析大量历史项目成本数据的基础上，把费用与某些物理、性能等技术参数之间的关系用成本估算模型表达出来，建立起费用与技术参数之间的定量关系。只需输入与技术、项目相关的参数，就可估算出相应成本单元的成本，同时可以通过真实数据对估算模型进行校准，从而不断提高估算精度。参数估算法比传统的估算方法相较，更为直观，通过建立成本模型达到对成本的可见性，而且对模型校准后可能达到的准确率较高，最小误差率小于5%，同时采用参数估算法能从构思—策划—实施—成本费用自始至终都能使用共同的语言沟通。[①]

但有效的参数估算要依赖于以前类似的项目和具体的项目数据，包括预算和其他的成本数据。其关键在于现在正在实施的项目与以前的项目之间有可比性，选择适当的历史项目作为参数估算的依据，并有必要根据通货膨胀率适当调整成本估算。

案例

赞助项目的成本管理[②]

赞助项目的顺利进行需要人力、财力、物力的支持，怎样将赞助项目的人员和有限投入进行合理分配，以及管理都是赞助项目管理重要的活动。但是成本管理在赞助项目管理过程中未受到足够的重视[③]，同时，赞助项目需要的主要是人员及相应的服务，很多管理者未能清晰认识到，这些也是赞助项目的成本，根据人员素质、人员的时间进行分配，根据节事活动的情况来进行服务的提供都是赞助项目的成本支出。

就目前高校的具体情况来看，高校节事活动在赞助项目的成本控制方面并没有太高的要求。尽管如此，作为一个项目，赞助项目同样遵循成本管理流程，即按照成本估算——制订成本计划——成本控制这一步骤来进行。赞助项目实现成功的重要前提就是进行有效的成本控制。而要实现赞助项目成本的有效利用，就需要在以下几个方面努力。

（1）增强成本控制意识。有了成本意识，才能在实施过程中注意对成本的有效使用。因此，在具体实施项目之前就对赞助人员进行成本培训，是成本管控的第一步。运用成本控制模式加强高校节事活动赞助项目的成本管理，充分利用学校现有的各项资源，发挥资源优化配置的作用，将有用的各种资源都化作赞助项目的服务成本，力争用最少的投入获得高质量的赞助支撑。

（2）分阶段实施赞助项目成本控制管理。尽管赞助项目不是一个长期进行的系统工程，但它也是一个完整的过程，对赞助项目成本管理进行阶段划分是科学有效利用成本的手段。高校节事活动项目在获得立项后，成本控制就进入实质性阶段，就需要对赞助项目

---

① 曾科.基于参数估算法的项目成本估算[J].中国总会计师,2011(8):89-91.
② 张耀丹.项目管理在高校节事活动中的应用研究[D].成都:电子科技大学,2010:28-38.
③ 邓明艳.培育节庆活动营销西部旅游目的地[J].旅游学刊,2002,17(6):32-35.

的全过程进行成本控制,直到赞助项目达成目标才算完成。当然,成本控制需要各个项目部门共同参与,需要全员共同努力才能实现。

(3) 构建赞助项目信息系统。信息对称是资源配置的理想条件,同时也是成本管理的有力支持。但存在进展信息不对称的情况,会造成项目成本的增加,效率低下。所以,赞助项目应有效使用信息系统,使赞助项目的各类信息可以在高校节事项目整个过程中得到有效的传递和使用,这是降低消耗、控制成本的有力措施。

(4) 优化赞助项目过程,降低成本。在保证赞助项目质量的前提下,运用科学的方法对赞助项目的成本进行合理分配和控制。例如整合各方面资源,优化学校各项配置,找出活动实现共赢的最佳路径,减小商谈时间、减少风险、降低活动的直接或间接费用,都能降低成本。

第四节　会展项目成本预算

成本预算是以货币形式规定会展项目在计划期内物品耗费和各种产品的成本水平,以及相应的成本降低水平和为此采取的主要措施的书面方案。成本预算属于成本的事前管理,是会展经营管理的重要组成部分,在项目成本估算的基础之上,通过对成本的计划与控制,分析实际成本与计划成本之间的差异,指出有待加强控制和改进的领域,达到评价相关部门的业绩、增产节约,从而促进会展项目长远发展的目的。成本预算是目标成本指标的具体化和对象化。[①]

项目成本预算的依据主要有成本估算文件、工作分解结构以及项目进度计划等。成本估算文件是经项目成本估算后所形成的,项目成本预算的各项工作与活动的预算定额及确定主要是依据此文件制定的。

一、会展项目成本预算的作用

(一) 使得项目成本管理更切合实际

项目成本预算充分地估计了项目预算实施过程中,也就是项目进行的过程中,可能发生的局部困难点及其对整个预算的影响,使得预算制定部门做好应急措施,保证预算的准确性和可操作性,确保长期预算、中期预算与短期预算相互衔接;短期预算内部各分预算相互衔接。如此一来,即使环境变化出现预算与执行不平衡时,也能及时对预算进行调整,从而使各期预算基本保持一致。[②]

(二) 约束员工的重要手段

预算是一种分配资源的计划,预算分配结果可能并不能满足所涉及的各项活动组织者的利益要求,而是表现为一种约束,所涉及的人员只能在这一约束范围内行动。项目成

---

① 胡建斌,肖康元.成本决策、成本预算与道德风险[J].交通财会,2012(9):45-49.
② 王宏.关于成本预算与成本控制的认识[J].现代经济信息,2010(9):48-49.

本预算会细化项目成本估计当中所涉及的各个项目的定额,经过细化的定额就是评判员工是否按计划行事的标准。

(三)便于项目的组织与控制

预算可以作为一种度量资源实际使用量与计划用量之间的基准线,由于会展项目的组织者的任务不仅是完成预定的目标,而且也并必须使会展项目各项活动的完成具有效率,因此要在不影响目标完成的效果的前提下尽可能地节约资源,才能获得最大的经济效益。使得会展项目组织者可以更为清晰地掌控项目的进度和资源使用情况,有利于项目最终效益目标的达成,如图6-5所示。

图 6-5　工作分解、进度与预算的关系

会展项目成本预算管理是项目全面成本管理的一个重要组成部分。它是一种现代的管理方式,通过成本预算管理来实现成本控制和调整具有重要的意义。[①]

二、会展项目成本预算的方法

(一)自下而上法

自下而上的预算方法,首先要明确项目的工作分解结构,然后把各个作业的成本相加,形成任务的成本,接着将任务成本协同汇总,产生更高级的部门工作预算,最后把每个部门的总成本加在一起就能完成整个项目的预算。

自下而上法的主要优点是在各个子项目上的预算更为精确,这是由于项目团队成员更了解每个活动所需要的资源。其缺点是缺少各个活动之间相互联系所需要的工作量,还缺少许多与项目管理有关的工作量(如,配置管理、质量管理等)。所以往往估算值偏低,必须用其他方法进行检验和校正。

自下而上预算方法的精确程度取决于项目团队成员对所做活动和自身任务的了解与精通程度。例如,一个在奥运会中负责志愿者招募的员工,跟进一个商业性的展会,负责人力资源的招募和调控,很明显在商业氛围下的人力资源成本与非营利性的人力资源成本大有不同,若该员工不熟悉商业性会展用人的成本,那么他有可能无从预算人力资源成本,或者预算的结果准确度极低。

---

① 陈湘瑜.浅谈成本预算管理[J].现代商业,2010(7):101-102.

(二) 自上而下法

与自下而上法完全不同,这种方法主要依赖于中上层项目管理人员的经验和直觉(判断)。这些经验和判断来自历史数据或相关项目的现实数据。首先,由项目的上层和中层管理人员对项目的总体费用、构成项目的子项目费用进行预算,这些预算的结果给予低层的管理人员,在此基础上对组成项目或子项目的任务和子任务的费用进行预算,然后逐一向下一级传递,直至最底层。

自上而下法的优点主要有两点:一是总体预算的结果比较准确;二是在自上而下的预测过程中,将一系列的工作任务分配纳入既定的预算中进行考量,避免了某些任务获得过多的预算而某些重要任务又被忽视的情况。[1] 但其缺点是可能因低层失言而导致预算部署或在组织内部产生分歧而引发高层管理者之间、低层与高管之间的经济摩擦或预算竞争。

三、会展项目成本预算编制的程序

(一) 确定成本总额

成本总额的确定是建立在会展项目成本估算的基础之上的,结合更详细、更深入的设计方案和预算定额对会展项目整个成本做再次估算的工作。确定成本总额的目的是将筹集到的资金拨入预算计划,此为预算的第一步。

成本预算总额的确定可以采用目标成本管理的办法,设置目标成本,并以此作为预算成本。可采用成本估算中的办法对目标成本进行估计和确定。

(二) 项目成本分解

当一个会展项目成本预算总额确定后,可以在工作分解的基础上,自下而上或自上而下分解项目成本。根据会展项目的特征和管理的需要,可以按照项目组成分解成本目标,即将总成本分解到项目的各个组成部分,如子项目、任务或工作单元上。

(三) 编制初步预算

预算编制部门要根据对项目经营情况的预测分析及各部门提供的计划资料,同时要考虑到会展项目在进行过程中可能出现的状况,在此基础之上编制会展项目的全部预算。初步预算的编制主要是借助工作任务一览表、工作分解结构、项目进度计划、成本估算在内的预算依据。[2]

(四) 成本预算调整

初步预算是对项目存续期内可能发生的业务的预算草案,初步预算的内容是比较详

---

[1] 杰弗里·K.宾图.项目管理[M].北京:机械工业出版社,2007:226.
[2] 吴彦龙.成本管理规范操作[M].北京:中国时代经济出版社,2005:112-113.

尽的,而且与各部门之间的利益和联系都比较紧密,某个环节的差异都会对整个预算产生很大的影响,所以初步预算还要征询各有关部门的意见和建议。

征询意见之后,要对各种意见进行分析,对微小的合理意见都要认真考虑,特别是对预算分析指标有较大影响的项目,如与会人数、展位数等变化,都要进行重新分析,并在相关分析的基础上对初步预算进行适当的调控,以修正原预算的不足之处,使项目成本预算更切合实际,以求该预算具备更高的可行性。

(五)成本预算提交

将修正后的项目成本预算提交上级部门进行审议。由于项目的全面预算报告是项目的重要运行计划,为保证预算执行的严肃性和权威性,最终的成本预算要取得项目经理、项目团队和主办方的同意与批复,经过相关人员验证之后方能批准执行。

案例

某汽车试乘试驾云南大客户会议方案预算如表6-5所示。

表6-5 某汽车试乘试驾云南大客户会议方案预算

类别	项目	单价/元	数量	金额/元	备注
媒体人员费用	机票		42	90 000	媒体人员来去机票费用
	住宿	450/间	42(2晚)	18 900	抚仙湖阳光海岸酒店(四星),2人/间
	餐饮	400/人	42	16 800	2次正餐,800元/桌,10人/桌;其他为自助餐,50元/人
	礼品	300/人	42	12 600	媒体记者红包
	娱乐及旅游	300/人	42	12 600	抚仙湖风景区游览、宾馆娱乐项目
	小计			150 900	
主办方人员费用	住宿	6 400/套别墅/晚	2套(2晚)	25 600	抚仙湖阳光海岸别墅
	餐饮费	400/人	6	2 400	2次正餐,800元/桌,10人/桌;其他为自助餐,50元/人
	娱乐及旅游	300/人	6	1 800	抚仙湖风景区游览、宾馆娱乐项目
	小计			29 800	
大客户费用	住宿费	350/间	130(2晚)	45 500	入住抚仙湖玉波苑酒店(三星)
	餐饮费	400/人	65	26 000	2次正餐,800元/桌,10人/桌;其他为自助餐,50元/人
	礼品	500/人	65	32 500	大客户礼品
	娱乐及旅游		65	15 000	抚仙湖风景区游览、宾馆娱乐项目
	小计			119 000	

续表

类别	项目	单价/元	数量	金额/元	备注
后勤	邮费	263/车	6	1 578	来回路程+试驾车程按：600 千米/车计算
	路桥费	250/车	6	1 500	按每台车往返计算
	邮费2	219/车	6	1 314	竞品车辆：500 千米/车计算
	路桥费2	200/车	6	1 200	竞品车辆：花冠、伊兰特、标致 307、凯越、宝来、颐达
	租车费	2 500/车	8	20 000	2 台金龙海狮车，共计使用 4 天，2 500 元/车·天
	小计			25 592	
服装	夹克	400/件	200 件	80 000	活动参与人员使用
竞品车租赁		1 000/车	12(2 天)	12 000	花冠、伊兰特、标致 307、凯越、宝来、颐达
场地布置及演出	场地租用费		3	40 000	酒店 2 处、室外场地 1 处 5 000 元、会议室 15 000 元、设备 3 000 元、晚会场地 15 000 元、试驾路线整理 2 000 元
	摄影、摄像			5 000	云南专业摄像、摄影
	节目表演	20 000		20 000	两台晚会，每台晚会时长为 3 小时
	现场布置		3	50 000	包括云南万福、所住宾馆、发车处、车辆包装、试驾现场等，宣传物料
	活动奖品			30 000	包括两场晚会抽奖奖品 15 000 元；现场酒水、饮料 10 000 元；两天试驾现场活动奖品 5 000
	小计			145 000	
广告公司工作人员费用	住宿费	450/人	6(3 晚)	2 700	提前入住抚仙湖人员
	餐饮费1	400/人	2	800	提前入住抚仙湖人员
	餐饮费2	150/人	20(2 天)	3 000	演出人员 10 人 2 天，抚仙湖
	餐饮费3	400/人	2	800	全程跟踪人员
	小计			7 300	
现场工作人员费用	住宿费	450/人	6(3 晚)	2 700	提前入住抚仙湖
	餐饮费	450/人	19	4 500	抚仙湖,4 餐
	小计			7 200	
活动费用				576 792	
广告代理费用	10%（占活动费用）			57 679	广告代理费用＝活动费用×10%

续表

类别	项目	单价/元	数量	金额/元	备注
税金	8.65%			54 882	税金＝(活动经费＋广告代理费)×8.65%
预留费用				30 000	正餐酒水、当地交通部门关系协调、其他未考虑到项目等
费用总计				719 353	

第五节 会展项目成本控制

一、项目成本控制概述

（一）项目成本控制的概念

会展项目成本控制是指在成本形成过程中，根据预先设定的目标成本，对各项成本活动进行监控，及时发现偏差，采取纠正措施，以保证目标成本实现的管理活动。这一概念包括三个层次的含义：第一，是对目标成本本身的监控，监控目标成本本身是否适应项目的进程，这与成本估算、成本预算、成本计划密切相关；第二，是对目标成本完成的过程和完成的结果进行监控，这与成本的核算、成本分析有密切关系；第三，是在过程控制的基础上，着眼于未来，为今后成本控制指明方向，提供夯实的历史数据。

项目成本控制有狭义和广义之分。狭义的项目成本控制，主要是指在会展项目进行过程当中，对影响会展项目成本的各种因素加强管理，并采取各种有效措施，将实际发生的各种费用支出严格控制在成本预算范围内，并揭示实际成本与预算成本之间的差异及原因，及时采取有效措施纠正不足。一般而言，会展项目成本控制是实现利润最大化的重要管理措施，是会展项目实施过程中实现最优运转的润滑剂。

广义的项目成本控制包括事前控制、事中控制以及事后控制。其中，事中控制也称过程控制，是在费用发生过程中进行的成本控制，类似于狭义成本控制。

（二）项目成本控制的特征

1. 项目成本控制是全过程的控制

项目成本控制是全过程的控制，它包括控制项目的策划成本和运营成本以及费用的全部内容。实践证明，只有有效地控制这些要素，成本才会显著降低。在实际的控制中，需要控制的因素有很多，由于项目具有一定的周期性以及连贯性，因而加剧了控制因素的复杂性，且对于需要控制的因素没有确定的方向掌握。这种潜在的不确定性会贯穿于项目的整个过程，因此成本控制伴随项目的始终。

2. 项目成本控制能提高资金利用效率

项目成本控制使得能创造较大价值的活动获得较多的投入，并在实施过程中，可持续增加对有价值活动的投入。以营利性会展项目为例，在实际的成本管理过程中，对能直接产生经济效益的活动,加以重视,给予充分的资金支持,保证会展项目的营收。对于不直接产生经济效益的活动,如人力资源的管理以及原材料的管理等,实施严格的成本管控策略,在合理范围内降低成本。通过以上活动将每一份资金都用在刀刃上,切实提高资金的利用效率,保证项目最终效益的实现。

3. 项目成本控制是一种管理理念

项目成本控制贯彻的是管理理念,可以提高管理水平。项目成本控制的目的,就是实现项目运行中的成本目标,为提高项目的实际经济效益做贡献,主要是通过将影响项目成本在正常控制范围内的相关因素进行排除,确保资金正常的运作,提高项目的成本控制能力。从这个角度判断一个会展项目的成本控制能否取得成功,主要取决于该项目的领导对成本控制的重视程度,同时还要建立起相应的成本控制系统:组织系统、信息系统、考核制度和奖惩制度。[1]

(三)项目成本控制的意义

1. 成本控制能改善项目的经营管理工作

成本控制是通过制定标准,发现差异并改过来的一个过程。在实际过程中形成的成本,以标准成本为参照物,要尽量达到或者低于标准成本,这一过程促使各个成本控制的责任中心加强管理,严格贯彻节约路线,从而改善整个项目的经营管理。

2. 成本控制能提高项目成本资料的准确性

项目的成本控制贯穿于成本形成的全过程,主要任务在于监督成本计划的执行情况,纠正不利差异。这些工作必须以真实准确的实际资料为依据,客观要求相应的成本资料必须符合实际,原始记录工作必须健全。

3. 成本控制能够提高项目的竞争能力

成本费用是衡量项目经营管理水平的重要标准,也是综合反映项目经营管理状况的一项重要指标。在同等条件下,良好的成本控制,可以达到增加利润的目的,巩固经营基础,在市场中获得更强的竞争力,实现会展项目的最终盈利。成本控制的好坏直接关系到会展项目的经济效益,关系到项目的生存和发展。[2]

二、项目成本控制的原则

(一)经济效益最优原则

经济效益最优原则要求是成本控制能切实起到降低成本、纠正偏差的作用,作为成本管理体系中的一个重要环节,成本控制要能揭示成本在何处发生了偏差,找出造成偏差的原因,并确保采取纠正的措施,同时还应能指出谁对偏差承担责任。经济效益最优原则还要求成本控制具有灵活性,即面对突发情况或改变了的计划成本控制仍能发挥作用。

---

[1] 袁晓敏.我国现代企业管理中的成本控制[J].河南科技,2006(10):36-37.
[2] 次仁央宗.浅析企业管理中的成本控制[J].大众商务,2010(6):150.

（二）全面控制原则

1. 项目全员成本控制

成本控制涉及项目组织中的所有部门、员工的工作，并与每一个员工的切身利益有关，因此应充分调动每个部门、每一个员工控制成本、关心成本的积极性，真正树立起全员控制的观念，做到人人承担成本控制的责任，人人有成本控制指标。

2. 项目全过程成本控制

成本控制工作要伴随项目进行的每一个阶段，如在展会项目当中，涉及施工方面的事宜，就要按照设计要求和施工规范施工，充分利用现有的资源，减少施工成本支出，并确保工程质量，减少工程返工费和工程移交后的保修费用，要保证项目的每一分支出和收入都在成本控制之下。

3. 项目全方位成本控制

全方位成本控制是指对项目实施过程的全部费用进行控制。以会展项目为例，不仅是对展位的成本进行控制，而且要对采购过程中的购货成本、展位营销过程中的营销费用以及管理费用、筹资费用等进行控制，实现对会展项目经营管理成本总体的有效控制。

（三）例外管理原则

采用例外管理的目的是将管理者从日常琐碎的事物中脱离出来，集中精力抓主要矛盾，突出工作重点。那么何为"例外"，通常要考虑以下几个方面。

1. 重要性

重要性就是根据成本差异水平的高低来决定的。成本差异水平较高，超过了成本差异控制水平的一定界限，那么该差异就应视为"例外"，加以重点控制。这里的差异水平通常是用成本差异占标准或定额的百分比来确认的。[①]

2. 一贯性

相较于重要性而言，另外一种例外的情况是，实际产生的成本一直在控制线的上下限波动，并未超过标准，这样的情况也应视为例外。因为这种长期存在的差异表明：原有的控制标准已经过时失效而需要调整或修改；或者是成本控制系统中某个环节长期失效，因而需要完善和加强。

3. 可控性

可控性是指会展项目的管理人员通过自身主观能动性的发挥可以控制的成本项目，而对于那些管理人员不能也无法控制的成本项目，就算发生了很大的差异，也不能视为例外。例如，一个国际性的会展项目，由于双方国家汇率方面的调整，而导致成本增加，这是项目负责人无能为力的事件，只能接受，那么由于此而产生的成本就不能称作例外，不用

---

① 陈良华.成本管理[M].北京：中信出版社，2006：213.

去处理。

4. 特殊性

特殊性是指对项目长期获利能力和长期经营管理有重大影响的成本项目,即使其差异没有达到重要性的标准,但它在整个项目中所居的特殊地位而受收到管理人员的密切关注,此类事件产生的成本也应视为例外。以某大型演唱会为例,对待某一极具号召力的大明星出场费问题,如果只是为了节约成本,没有对此明星的市场号召力进行充分评估和重视,那么可能造成的后果是演唱会的失败或者最终的经济效益未达预期。所以对于此类事件的成本应作为例外重视,并持续跟进,以保证项目最终经济效益的实现。

(四)目标控制原则

目标管理是管理活动的基本技术和方法。目标的设定应切实可行,越具体越好,要落实到部门甚至个人;目标的责任要全面,既要有工作责任,更要有成本责任;做到责、权、利相结合,对责任部门(人)的业绩进行检查和考评,并同其工资、奖金挂钩,做到奖罚分明。以工程项目的目标成本费用图6-6为例。

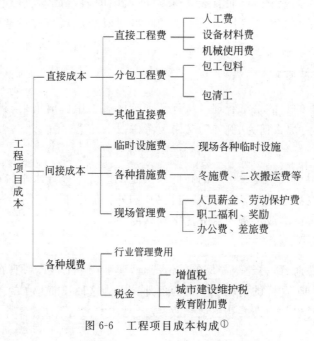

图6-6 工程项目成本构成①

(五)动态控制原则

所谓动态控制,就是将资金、物资、人力投入到项目实施过程中,收集成本发生的实际值,将其与目标值相比较,检查有无偏离,若无偏差,则继续进行,否则要找出具体原因,采取相应措施。

---

① 杨中.浅析工程中项目的管理与成本控制[J].建筑监督检测与造价,2009(12):86-88.

（六）责、权、利相结合的原则

责权利相结合的原则是指不仅要明确各成本控制主体的控制责任，也要赋予其实施控制所应有的权利，并将其控制效果的好坏与其经济利益相联系。

三、项目成本控制的依据及过程

（一）项目成本控制的依据

1．会展项目基准成本

基准成本也称费用预算计划，是以时间为自变量的预算，被用于度量和监督项目执行成本。把预算成本按照时间累加就可以得到基准成本，很多项目可有多重基准成本以衡量成本的不同方面。会展项目的基准成本是成本控制的基础。

2．会展项目成本管理的执行情况报告

执行情况报告就是收集实际成本信息之后进行组织和总结并提出分析结果。执行情况报告通常给出会展项目成本预算数额、实际产生的成本数额和差异数额，当然差异数额是评价和考核会展项目成本管理绩效好坏的重要标志。

3．会展项目的变更申请

一个项目成本的变化主要是由于项目的变更造成的。项目成本控制就是要审查哪些变更是合理的、必需的，哪些是不必要的。变更申请实际上就是对费用使用方向和范围发生改变的一种记录。

4．会展项目的成本管理计划

成本管理计划描述当实际成本与预算成本发生差异时如何进行管理，根据前文所述的成本控制的原则，差异程度不同，管理的力度也不同。一个成本管理计划可以是高度详细或粗框架的，也可以是正规的或非正规的，这些取决于会展项目相关人员的需要。

（二）项目成本控制的流程

项目成本控制的流程如图 6-7 所示。

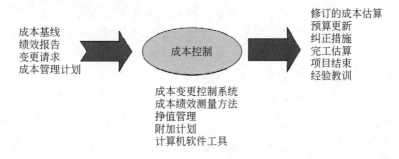

图 6-7　项目成本控制的流程

1. 成立成本中心或费用中心

根据会展项目经营的特点,把整个项目过程分为成本中心或费用中心,每一个中心都是成本责任单位,且都为自己的费用开支负责。

2. 制定成本控制标准

所谓标准,就是用来评价和判断工作完成效果与效率的尺度。成本控制标准即成本基线,就是检查、衡量、评价实际成本水平的依据。成本控制过程中,要制定切实可行的成本控制标准,用来控制实际成本的发生。会展项目成本控制主要是通过实际发生的成本与制定的成本标准相比较来监督成本控制的实施情况。

> **案例**
>
> 国际会议的支出项目和标准[据《在华举办国际会议经费管理办法》(财行〔2015〕371号)]
>
> 第十四条　国际会议的支出范围包括:场地租金、同声传译设备和办公设备租金、宴请费用、交通费用、工作人员食宿费用、志愿人员费用、翻译费用、其他会务费用以及其他经财政部批准的支出。国际会议如有注册费收入,中方可承担国际组织官员及秘书处人员会议期间的食宿费用。
>
> 第十五条　国际会议举办场所应当注重安全适用,不追求奢华。会议正式代表场地租金的人均定额标准为:一类国际会议每天300元(人民币,货币单位下同),二类国际会议每天200元,三类国际会议每天150元。
>
> 第十六条　会议正式代表同声传译设备和办公设备租金的人均定额标准为每天100元。
>
> 第十七条　会议期间可安排一次宴请,会议正式代表人均定额标准(含酒水及服务费用)为:一类国际会议220元,二类、三类国际会议180元。
>
> 第十八条　会议期间租用车辆安排会议代表往返驻地与会场及会议工作人员确因工作需要租用车辆的,各单位应当合理使用车型,严格控制随行车辆。租金定额标准为:大巴士(25座以上)每辆每天1 500元,中巴士(25座及以下)每辆每天1 000元,小轿车(5座及以下)每辆每天800元。
>
> 第十九条　会议期间工作人员食宿费用定额标准为每人每天450元。
>
> 第二十条　会议期间志愿人员确因工作需要不能按时用餐的,用餐或发放误餐补贴的定额标准为每人每天100元。志愿人员原则上不安排住宿。
>
> 第二十一条　同声传译人员口译定额标准为:使用联合国官方语言的同声传译人员,每人每天5 000元;使用联合国官方语言以外的其他语种同声传译人员,每人每天6 000元。笔译费用定额标准为每千字200元。对于境外同声传译人员,我方只承担同声传译人员乘坐经济舱的国际旅费,据实结算。
>
> 第二十二条　其他会务费用实行综合定额控制,会议正式代表人均支出标准为每天100元。支出范围包括:办公用品、消耗材料购置费用,会议文件印刷、会议代表及工作人员的制证费用等。其他会务费用各项目之间可以调剂使用,在综合定额控制内据实

报销。

第二十三条 根据国家经济发展、物价变动等情况,适时对支出标准进行调整。

第二十四条 国际会议所有支出必须经举办单位财务部门审核同意方能报销。所有支出协议必须由会议举办单位预算执行部门负责人签署。

第二十五条 各单位应当遵循国际惯例,从严从紧控制经费支出:

(一)除外方特邀代表或存在外交对等接待的情况外,不得承担会议代表往返国际国内旅费(包括往返机场的交通费)及食宿费用。

(二)除劳务费及境外国际旅费外,不得承担同声传译人员的食宿、交通等费用。

(三)不得借举办国际会议的名义向地方政府或企业强行摊派或变相摊派会议费用。

(四)不得承担额外的义务,要厉行节约、讲求实效。

(五)申请中央财政拨款的国际会议,未经财政部同意,一律不准购买设备,且除会议场地、会议必要设备(不含消耗材料支出)外,各单位不得擅自对外提供任何免费服务。

第二十六条 国际会议结束后,中央财政拨款经费如有结余,按照财政部结转和结余资金管理的有关规定执行。

3. 控制成本形成过程

成本控制要根据成本形成过程的不同特点来进行。在项目的准备阶段,主要是对物资材料的采购、人力资源招聘以及筹资费用等方面进行成本控制,在会展项目的营销阶段,会产生成本的主要是营销费用、广告费用等,在会展项目的举办阶段,主要是接待费用、餐饮费用以及住宿费用等成本的控制。

4. 分析成本差异

利用成本标准与实际发生的各项成本进行比较,就可以揭示出两者之间的差异。通过成本差异的分析,可以进一步查找产生差异的原因,从而区分哪些是可控费用,哪些是不可控费用,然后针对问题原因,对该部门提出建议,进行有效控制。

一般来说,发生成本差异的原因很多,可分为三类:第一类是执行人的原因,包括执行过程中的错误、缺乏经验、技术水平低、责任心差、不懂团队合作等;第二类是成本目标的不合理,包括原来制定的目标过高或者过低,或实际情况有所变化,成本目标不再适用目前的状况;第三类是实际成本核算有问题,包括在数据记录、收集汇总、加工时出现的技术性失误。

5. 纠正偏差

针对项目管理者不可控的因素或不符合目前实际成本的因素时,对成本目标进行调整,以适应最新的情况。对人为的、不恰当的、可控制的因素时,则需归到各自成本责任中心主管人员之下,对每个成本控制责任人的行为进行调整,以期最后的实际成本符合成本目标。

6. 编制成本控制报告

成本控制报告是成本控制的最终结果,主要内容是关于实际产生的成本的材料、成本控制目标的材料,以及二者之间的差异和原因。报告内容应与其责任范围一致,报告的列示要简明、清晰、实用。①

四、项目成本控制的方法

与会展项目的实施计划一样,成本管理及控制也有一个从宏观到微观、从粗放到细致的过程。在会展项目初始阶段进行成本估算;在项目启动阶段,在成本估算的基础上进行细化,制定成本预算;根据项目的执行情况生成成本计划,记录实际成本情况。可见,成本控制就是对上述过程进行的规划和监控。不只是一味地重视减少成本,而是使人力、财物发挥良好的经济收益和社会效益。成本控制的方法有很多,本章重点介绍因果分析法和挣值分析法。

(一)因果分析法

因果分析法可以通过以下四步来完成。
(1)明确问题,这里就是指实际成本与目标成本不符。
(2)找出产生该问题的原因。为了保证从整体角度认识各方面的原因,可以组织每个成本控制中心责任人进行头脑风暴,用这种方法来查找原因。
(3)确定各原因对问题产生的影响程度,即权重。
(4)画出带箭头的鱼骨图,鱼骨图模板如图6-8所示。

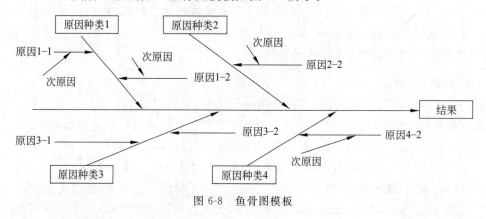

图6-8 鱼骨图模板

(二)挣值分析法

1. 挣值分析法的发展与定义

挣值分析法雏形来自1967年美国国防部推出的成本/进度控制系统规范(Cost/Schedule Control System Criteria,C/SCSC)。该标准于1996年由政府项目转用向民间项目开放,并被定义为挣值管理。② 在我国,对挣值管理的研究始于20世纪90年代,但是挣值管理的研究和改进是在进入21世纪后才真正开始的,在实际项目中的应用日益

---

① 王起静.会展项目管理[M].北京:中国商务出版社,2011:202.
② 王莉.对于项目管理方法——挣值法的推广[M].四川建筑,2010,30(2):260-261.

受到重视。

挣值分析法是对项目进行的成本预算和项目实际进行的工作中投入的资金进行对比,确定两者差别,以了解整个项目是否超出成本,对于具体的事项作出一些合适的调整。

挣值分析法包含三个主要变量,项目计划工作的预算成本(plan value,PV),又称工作量的预算费用,亦即 BCWS(budgeted cost of work scheduled),表示按照预算价格和计划工作量计算的成本。项目已完成工作的实际成本(actual cost,AC),亦即 ACWP (actual cost of work performed),表示按照实际发生的成本计算得到的实际已完成工作量的成本。挣值(已完成工作的预算成本)(earned value,EV)又称已完成工作量的成本,亦即 BCWP(budgeted cost of work performed),表示按照预算价格所计算的某项目实际已完成工作的成本。

2. 挣值分析法的操作步骤

(1) 三个主要变量的计量

① 对于整个项目中需要投入多少的资金,进行预算。PV 是指到一个时间段后,完成这个工作需要投资的资金,又叫作规划投资额。所以,BCWS=规划中工作任务×预算单价。

② 根据项目实际的运行情况,项目实际进行中所使用的资金,意思是说到某一个时间段中,实际完成的工作量,所完成的工作实际投入了多少资金,这又叫作累计消耗投资额。所以 ACWP=已经做好的工作量×实际的单价。

③ 确定在项目中,已经完成的任务的估算资金,是说在某一个时间段中,已经做好的任务,这个项目经批准的在同一计划时间内实际完成工作的预算成本。所以,BCWP=已经做完的工作量×预算单价。

(2) 评估的标准计量

项目成本差异(cost variance,CV)的计算公式是:CV=EV(BCWP)−AC(ACWP),其大于零说明费用结余,小于零说明费用超支。

项目进度差异(schedule variance,SV)的计算公式为:SV=EV(BCWP)−PV(BCWS),其大于零说明进度超前,小于零说明进度滞后。

工期绩效指数(schedule performance index,SPI),计算公式为:SPI=EV(BCWP)/PV(BCWS),BC 不变,WS 变成 WP 所造成的项目成本或造价的相对差异程度。其大于 1 为进度超前,小于 1 为进度滞后。

成本绩效指数(cost performance index,CPI),计算公式为:CPI= EV(BCWP)/AC(ACWP),WP 不变,BC 变为 AC 所造成的项目成本或造价的相对差异程度。其大于 1 为成本结余,小于 1 为成本超支。

(3) 画挣值评价曲线

项目进行的时候,最好的结果就是 ACWP、BCWS、BCWP 这三条线条彼此之间离得很近,而且上升也比较稳定,这样表明项目在按照预定的规划执行。一旦这三条线条之间产生很大的距离,那么就说明项目可能面临很大的风险。[①] 挣值评价曲线如图 6-9 所示。

[①] 金海鹏.房地产开发项目成本控制研究——以 A 公寓为例[D].长春:吉林大学,2012:20-21.

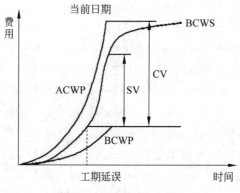

图 6-9 挣值评价曲线

可见,挣值分析法需要有一定的数据积累,一般只有在项目已经完成作业量超过项目计划总工作量的 15% 以上,预测项目成本未来发展变化和结果才有效。

案例分析

第七章

会展项目的沟通与冲突管理

关键术语

- 沟通过程(communication process)
- 沟通形式(form of communication)
- 沟通计划(communication plan)
- 会展项目的沟通管理(communication management of MICE project)
- 项目冲突来源(project sources of conflict)
- 冲突的化解(solution of conflicts)
- 建设性冲突(constructive conflict)
- 会展项目的冲突管理(conflict management of MICE project)
- 团队悖论(team paradox)

学习目的

- 熟悉会展项目沟通的定义及其过程,不同沟通方式对于会展项目沟通的不同效果。
- 了解会展项目沟通计划内容、执行方式以及项目沟通管理技巧。
- 明确会展项目经理的沟通职责及其具体工作。
- 正确理解会展项目冲突及其来源,学会分析项目各阶段可能发生冲突的来源和解决办法。
- 全面了解会展项目冲突的成因及其处理方式。
- 充分认识不良会展项目冲突的危害及其化解方法。
- 掌握会展项目建设性冲突的激发的技术与方法。
- 科学分析团队悖论的产生及其内容。

第一节 会展项目的沟通概述

美国未来学家约翰·奈斯比特(John Naisbitt)曾说"未来的竞争将是管理的竞争,竞争的焦点在于每个社会组织内部成员之间及其与外部组织的有效沟通上"[①]。可见加强

---
① 姚裕群.团队建设与管理[M].北京:首都经济贸易大学出版社,2009:107.

沟通的重要性。诚如任何企业对于沟通的高度重视那样,任何会展项目经理都需高度重视沟通对于会展项目过程管理的重要性,可以毫不夸张地说,没有良好的沟通就没有成功的会展项目。

一、会展项目沟通的过程

(一)会展项目沟通的定义

《现代汉语词典》(第7版)对"沟通"一词的解释是:使双方能通连。在我国,沟通一词本指两水相通,后泛指双方相通连,也指疏通彼此的意见。《大不列颠百科全书》中"沟通"就是"用任何方法,彼此交换信息。指一个人与另一个人之间以视觉、符号、电话、电报、收音机、电视或其他工具为媒体,所从事信息交换的方法"。因此,沟通究其实质是人们分享信息、交换思想、增进理解的过程。现代管理学上所谓的沟通(communication),是指两个人或者两个主体之间对某种信息的传递、接受和理解。沟通所包含的信息既包括客观情况和事实,也包括人的思想、态度、情感等,组织行为学上的沟通对事实更为重视。

会展项目沟通是指在项目执行的全过程中,为实现项目目标,通过不同的方式对相关信息进行交换的过程。它是会展项目计划、组织、实施与控制等管理职能得以顺利实施的基本前提和必要手段。

(二)会展项目沟通的过程

同所有沟通一样,会展项目沟通遵循共同的过程。所形成的沟通的基本模型如图7-1所示,其过程具有如下特点。

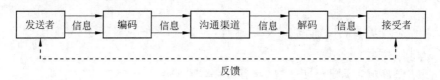

图 7-1　沟通的基本模型①

1. 沟通要有信息的发送者和接收者

沟通是双方共同作用的结果,是一方将信息传递给另一方的行为。其中,发出信息的一方称为信息发送者,需要信息的一方称为信息接收者。

2. 沟通要有信息载体

沟通过程开始于信息,但这种信息不能像有形物品那样直接被传递,而必须经过编码过程,如口头语言、肢体语言、书面语言等。沟通是通过信息的传递完成的,而信息的传递则是通过一系列编码符号得以实现的。

3. 沟通要有渠道

不同类型的信息适用于不同的沟通渠道。常见的沟通渠道有口头、信件、通知、电子

---

① 中国项目管理研究委员会.中国项目管理知识体系[M].北京:电子工业出版社,2008.

邮件、电话传真等。信息发送者把信息通过编码的形式传递出去，经过特定的沟通渠道到达接收者，接收者通过解码获得信息。如果接收者没有收到信息，则意味着沟通无效。如果接收者没能完全解码，信息不能准确被获得，沟通过程仍然无效。只有接收者在正确理解了发送者的意图时，才可以认为一个沟通是有效的。

4. 沟通要有反馈

沟通不仅是发送者通过特定渠道将信息传递给接收者的过程，而且要求接收者必须将他对信息的理解反馈给发送者，以形成一个循环互动的过程。成功的沟通被认为是信息快速抵达并被对方理解反馈。

二、会展项目沟通的形式

（一）上行沟通、下行沟通和平行沟通

1. 上行沟通

上行沟通是项目团队内部自下而上传递信息的一种沟通形式，通常是指下级向上级反映问题和情况。上行沟通可采取投诉、报告、汇报会等形式。上行沟通的过程可以是逐级传递，即按照项目计划制订的管理体系逐层向上反映；也可以是越级传递，即适当减少中间层级、让项目高层管理者与一般团队成员直接进行沟通。能实现上行沟通的组织往往具有民主自由的团队文化。

2. 下行沟通

下行沟通是高层人员向低层人员传递信息的一种形式，通常有指示、命令、计划等内容形式。下行沟通具有一定的权威性，项目负责人可以通过该方式将项目目标、计划方案等信息传达给基层成员，对团队面临的一些具体问题提出处理意见，以指导和激励团队成员。

3. 平行沟通

平行沟通是项目团队中各平行部门之间的一种常见交流方式，即各部门成员之间可跳过部门内部的层级环节，直接进行沟通联系。平行沟通的理论最早由法国管理学家法约尔提出，意在减少部门之间因信息传递渠道不畅通而产生的矛盾和冲突。

（二）书面沟通和口头沟通

1. 书面沟通

书面沟通一般是指用书面文件的形式进行的信息传递和交流，如项目手册、文件、信件、备忘录等，是一种较为正式的沟通方式。书面沟通相比口头沟通，其优点是可以作为资料长期保存、反复查阅。书面沟通对内容措辞、写作技巧等有较高的要求，避免引起对方的误解。

2. 口头沟通

口头沟通就是运用口头表达进行信息交流活动，如会谈、报告、演讲等。口头沟通既可以面对面进行，也可以通过电话、视频等网络方式进行。口头沟通是所有沟通形式中最为直接的，能快速传递信息并及时得到反馈的沟通方式。较强的感染力使得口头沟通的

效果增强，且消息传递较为准确。但因为缺乏书面记录，造成了信息存档和查阅的不便。

（三）单向沟通和双向沟通

1．单向沟通

单向沟通是指沟通的一方只发送信息，另一方只接收信息。此过程不产生任何交流和反馈，如发布命令、做工作报告等。这种方式的优点是信息传递速度快，但因为缺少沟通交流，会造成信息的准确性较差。此外，接收者长期处于被动状态，容易产生抗拒心理。

2．双向沟通

双向沟通是指双方都同时是信息发送者和接收者，不断进行信息的交流和反馈，如谈话和协商。这种沟通方式对信息传递的准确性较高，有助于双方在沟通过程中平等交流，建立信任。它的缺点是引入了交流过程，减缓了信息传递的速度。

（四）正式沟通和非正式沟通

1．正式沟通

正式沟通是依据项目团队规定的程序和渠道进行信息传递的交流方式，如团队规定的报告制度、例会制度及组织间的公函来往等。由于是通过正式渠道进行的传递，正式沟通的效果良好，其内容具有较高的可信度，但其沟通过程的烦琐和死板也会导致信息流转的速度过慢。

2．非正式沟通

非正式沟通是指不通过正式沟通渠道进行的信息传递和交流，如团队成员间的私下交流、小道消息等。非正式沟通是正式沟通的有效补充，它的优点是方便快捷，管理者通过此渠道常常能获得一些正式沟通中难以得到的信息，但非正式沟通中的信息常常在传递过程中被曲解，造成信息失真。

（五）语言沟通和非语言沟通

语言沟通是利用文字、图画、表格等形式进行信息传递和交流的。非语言沟通是利用动作、表情、姿态等体语形式或操控其他物体进行沟通和表达的。形式多样、内容丰富的非语言沟通在项目团队交流过程中起到了极好的补充作用。

由于不同类型的沟通方式，其作用途径和媒介不同，各有优势，各自的沟通效果（沟通的丰富度）也不相同（表7-1，图7-2）。因此，具体沟通方式的选择需要根据会展项目的特征并结合不同项目进展时段进行综合选择。

表7-1 主要沟通方式的效果对比

沟通形式		沟通的优点	沟通的缺点
口头沟通	面对面沟通	信息丰富、直接，富有效果，接纳其他信息	时间成本高，受时间地点约束，滞后性
	电话	沟通成本低，随时随地均可抵达，及时性	效果一般，难以与图文资料配合，沟通介质单一

续表

沟通形式		沟通的优点	沟通的缺点
书面沟通	纸质	稳定保存信息,减少信息失真;条理性强;可借助图形形象化	文件过多造成沟通障碍,理解问题,无法收到及时的反馈
	电子	迅速快捷,信息量大,不受时空约束	受到网络信息条件限制

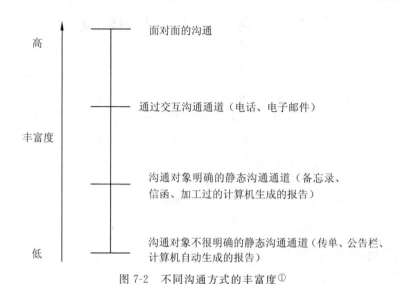

图 7-2 不同沟通方式的丰富度①

沟通的丰富度是指项目沟通过程中,各方相互交流的程度是一项评价项目沟通方式的重要指标。不同的沟通方式有各自的特性,如面对面沟通就是一种丰富度极高的交流方式。

三、会展项目沟通的作用

(一)为管理过程提供科学依据

项目团队的管理需要依托良好的信息沟通渠道。领导者只有掌握了项目团队内的各方面情况,才能科学制定管理内容,提高项目团队的组织运行效能。

(二)为决策计划提供信息保证

项目团队制订任何计划或实行任何的决策,必须以完整、准确、及时的信息作为依据。通过项目的内外部沟通,就可以获取大量信息,为项目决策者提供信息基础。其中,项目经理作为信息的收集者和传达者的双重角色至关重要。

---

① 鲁耀斌.项目管理——过程、方法与实务[M].大连:东北财经大学出版社,2008.

(三) 为项目团队提供信息交流途径

项目团队的组织和运行离不开信息的沟通与意见的交流。一个人际关系良好的组织必然是一个忠实沟通交流的组织。畅通的信息流动渠道能极大减少项目成员间的摩擦和冲突，改善团队内部人际关系，使组织能更有效率地运转。

第二节 会展项目的沟通管理

一、会展项目沟通管理的概念

会展项目沟通管理是会展项目团队管理十分重要的组成部分，是个动态的过程，它包括项目信息的创建、收集、发布、存储和最终处理等内容。项目沟通管理连接项目团队和项目信息，它要求所有项目成员都必须按照项目设定的规矩去传达和接收信息。

会展项目沟通管理是一个复杂的过程，其利益相关者的构成多样，涉及客户、项目承包商、项目供应商、政府机构等多个方面。此外，项目团队是从各职能部门和其他支持部门临时抽调组成的，团队人力资源结构具有复杂性。因此，项目管理者在沟通过程中必须协调项目各方利益关系，以确保项目顺利实施。

二、会展项目沟通计划的制订

项目沟通计划就是确定项目团队内部组织和项目外部利益相关方对信息交流的需求，确定何人在何时需要何种信息以及如何传递和获得该信息的过程。不同项目对信息的需求都不相同，项目经理需要在项目团队组建之初就编制详细的沟通计划，识别项目沟通中的需求，制定沟通方案，确保项目信息的流畅运转。

（一）会展项目沟通计划的制订依据

1. 项目利益相关者的沟通需求

项目各利益相关方，包括项目经理、项目团队、客户、供应商等，在项目实施过程中对于信息内容的需求、信息传播的渠道和沟通的频率等都有不同的要求。项目沟通计划的编制必须充分考虑项目利益相关者的沟通需求，对信息发布的对象、渠道、时间、方法等问题都有清晰的说明，以确保项目信息传递的畅通。

2. 项目沟通技术的选择和实现

项目信息交流的方式有很多，应当根据信息的特点选择合适的沟通方式。例如一些信息需要经过项目团队共同处理，集体决策时就应当召开项目会议。运用合适的沟通技术，以保证信息传递的及时、可靠和准确。

3. 项目类型和周期

不同类型的项目应当有不同的项目沟通计划，如会展项目沟通计划就应当增加项目现场沟通的比重，以确保展会的顺利进行。同时，不同周期的项目其沟通计划特点也各不相同。例如一些生命周期短的项目，其沟通计划就应当简单快捷，便于实施。

（二）会展项目沟通计划的内容

项目沟通计划对项目实施过程中项目利益相关者和项目信息之间的种种关系作出了清晰明确的规定,其主要内容如下。

① 项目信息的来源、收集的方式和渠道。即以何种方式从何处收集信息。

② 信息的说明,即信息内容的格式、符号、详尽程度等。

③ 信息发布的对象、传递的方式和渠道。即信息以何种方式流向何人。

④ 信息保存和访问的程序。即何种信息需要保存、以什么形式保存、保存多久、获得信息需要经过哪些程序。

⑤ 沟通进度安排。即何时沟通,采取何种沟通方式。

⑥ 沟通计划变更程序。项目计划的制订是一个动态过程,沟通计划也不例外。如果沟通计划需要调整,应当遵照明确的程序。

三、项目沟通管理的执行方式

项目会议和项目报告是项目沟通管理常见的两种方式。

（一）项目会议

1. 项目会议的作用

会议沟通是项目管理过程中最频繁使用的一种方式。通过项目会议可以针对项目现阶段出现的问题提出解决方案、对项目进程中出现的冲突制订平衡方案、激励项目团队产生新创意。良好的会议沟通机制有助于信息的准确传递和及时反馈,对整个项目计划的实施起到积极作用。

2. 项目会议的分类和内容

常见的项目会议形式有项目动员(启动)大会、问题研讨会、项目评审会、技术设计评审会和项目总结大会等。不同的会议由于其目标不同,内容也各不相同。以阶段性项目评审会为例,其内容主要有项目进程的阶段性回顾、项目进度计划实施情况、项目纠正措施、具体行动计划等。阶段性项目评审会议程表实例如表 7-2 所示。

表 7-2 阶段性项目评审会议程表

时间	讨 论 内 容	参 加 者
8：00	自上次会议以来的成绩：硬件、软件、文件	
8：30	成本、进度计划和工作范围：进展情况、趋势、预测、差异	
8：45	必要的纠正措施	
9：15	改进的机会	
9：30	讨论	
9：50	行动细目分配	
10：00	休会	

(鲁耀斌.项目管理——过程、方法与实务[M].大连：东北财经大学出版社,2008.)

3. 项目会议的管理技巧

以项目经理为代表的会议组织者，应当具备会议管理的知识和技巧，有效组织项目会议，达成会议各项预期目标。在会前应当积极筹备，确定会议的目的和议题、确定参会人员、准备相关材料，做好会议的各项安排工作。在会议进行中，应当对整个过程有所控制。按时开会、围绕议题展开讨论、鼓励沟通和交流，控制冲突和矛盾，确保会议目标的实现。会议结束后应当整理会议内容，起草会议纪要，及时反馈和执行会议要求。

（二）项目报告

1. 项目报告的定义和分类

项目报告是项目执行过程中一种重要的沟通手段，它向项目各利益相关者提供了项目进展的情况，直观展示了项目执行的实际状况与执行目标之间的差距，便于管理者进一步调整和纠偏。项目报告主要包括项目进度报告、项目总结报告、项目工作检查报告、突发事件检查报告、变更申请报告等。

2. 项目报告的内容

项目报告的主要内容有：项目当前状态，即项目执行的实际情况；项目进度，如项目完成工作的百分比；项目质量检测结果，如会展场馆的施工是否符合安全标准；项目发展预测，基于项目先行状况，预测未来可能出现的问题以及项目管理过程中出现的其他一些数据图表。

3. 项目报告的注意事项

项目执行过程中会产生大量的项目报告。在项目报告管理过程中应当尽量简洁通俗，使用图表形式展现数据。同时，在制订项目沟通计划的时候应当明确项目报告的使用细节，如沟通层次等，使后期的报告管理有法可依。

近年来，项目空间模型作为一种工具被用之于提高对项目状态的沟通和理解，成功地实现了对于项目状态的改进的战略、集成和整体对话，反映了"生活体验"[1]。表明项目沟通步入信息化整合时代。

四、会展项目经理的沟通职责

如果把一个项目团队比作交响乐队，那么项目经理无疑是这个乐团的指挥。项目经理应当具备一定的"硬实力"，能参与项目主题有关的讨论、指导团队成员完成项目报告、主持项目会议；同时项目经理又应当具备一定的"软实力"，能运用各种沟通技巧综合管理项目各阶段出现的冲突。[2] 项目沟通不同于普通对话，而是项目经理和项目利益相关者之间建设性对话，其目的是传递清楚、明确和完整的信息。

---

[1] Hoorn B V D. Discussing project status with the project-space model：An action research study[J]. International Journal of Project Management，2016(34)：1638-1657.

[2] Pant I，Baroudi B. Project management education：The human skills imperative[J]. International Journal of Project Management，2008(26)：124-128.

项目经理的沟通职责如图 7-3 所示。

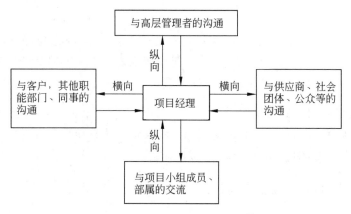

图 7-3　项目经理的沟通职责①

（一）项目经理的主要沟通职能

1. 沟通计划的制订者

项目经理需要从整体上把控项目的沟通计划,明确项目的沟通目的、保证沟通信息的权威、选择最佳的沟通时间和沟通渠道、规范定义沟通语言和符号。同时应当建立项目沟通管理的动态纠偏机制,针对沟通中出现的问题及时反馈、及时修正。

2. 沟通过程的枢纽

项目沟通牵涉多方利益相关者,项目经理应当了解他们的需要和期望,并对这些期望进行管理和干预,以确保项目获得成功。同时,项目经理必须花大量时间,直接参与到沟通过程中去,积极与客户、团队成员、供应商、政府机关等保持交流。②

3. 沟通结果的执行者

项目经理要在项目生命周期的不同阶段与相应的利益相关者保持沟通,并及时将沟通结果传递出去,以便将沟通结果得以落实和执行。同时,对执行的效果进行评估,及时调整管理手段,实现沟通管理动态化。

（二）项目经理的具体沟通工作

1. 积极做好沟通准备工作

沟通准备工作包括沟通前,项目经理应系统地思考、辨别和筛选沟通信息;必须弄清楚沟通的真正目的是什么,明确的沟通目标可以保证沟通过程的高效准确;综合考虑沟通过程所处的内外部环境,包括团队内部关系、外部社会环境等,以便沟通的信息不脱离实际;制订沟通计划应尽可能取得他人的意见。计划内容应当准确明晰,便于信息接收者的

---

①　周小桥.突出重围——项目管理实战[M].北京:清华大学出版社,2003:9.
②　Ziek P. Communication, dialogue and project management[J]. International Journal of Managing Projects in Business,2015,8(4):788-803.

理解,也有利于信息的传递。

2. 掌控沟通现场

沟通过程中应当控制现场,吸收各利益相关者的意见,同时避免冲突,使沟通过程更融洽。利益相关者管理需要动态方法,在项目的生命周期中需要不同的沟通实践,因为相关者在项目生命周期的不同阶段具有不同的显著性。[①]

3. 做好信息追踪与反馈工作

即沟通结束后,要对信息的传递进行追踪和反馈。了解项目各方对信息的看法,查看信息的落实情况,并及时修正项目沟通计划。

五、会展项目沟通管理的技巧

(一)学会有效倾听

沟通是一个信息发送、接收和反馈的综合过程。认为表达比接受重要是一种沟通的误区,倾听是沟通过程中能否成功的关键。认真倾听,与诉说者保持眼神和肢体语言的交流,让对方感受到尊重。这样可以拉近交流者之间的距离,营造良好的沟通氛围,使沟通过程更加有效。

(二)营造良好的沟通环境

在项目沟通过程中,由于各方所处的位置不同,会导致沟通的态度截然不同。沟通中常见的态度有强迫、妥协、回避、合作等。其中,合作的态度最有利于沟通的顺利进行。项目经理应当积极营造合作的沟通环境,摒弃命令、指责的态度,而采取平等交流的方式与各方进行协调统一,最后实现项目利益的最大化。总之,沟通需要营造良好的环境,包括物理环境和心理环境。物理环境是指通过中介场所,营造温馨的氛围,创设良好的沟通基础。心理环境是指通过平等、协商态度,达到良好的沟通效果。

(三)抑制不良情绪的产生

在沟通过程中,不良情绪会严重影响信息的传递,导致信息的失真,给项目带来极大的负面影响。项目成员在沟通时,应当耐心谦虚、平等交流,注重沟通质量。

案例分析

[①] Turkulainen V, Aaltonen K, Lohikosk P. Managing project stakeholder communication: The qstock festival case[J]. Project Management Journal, 2015, 46(6): 74-91.

案例分析

第三节 会展项目的冲突概论

一、会展项目冲突的定义

会展项目管理中的矛盾在所难免,冲突普遍存在于会展项目管理的各个环节中。作为一种心理感知,项目冲突是指两个或者两个以上的项目利益相关人,因其所追求的目标相互矛盾,以及另一方对自己实现目标的障碍而导致的斗争。[①] 行为科学家庞蒂(Louis R. Pondy)将冲突的全过程划分为五个阶段——潜伏期、认知期、感知期、显现期和余波期,并归纳出冲突的议价模型、层级模型和系统模型。[②]

二、会展项目冲突的来源

对目标理解的偏差、管理过程中产生的摩擦、个人之间的误解都有可能导致冲突,有些复杂的冲突则是多种外力综合作用的结果。具体而言,项目冲突的来源主要有以下七种。

(一)管理程序冲突

许多冲突源于项目管理的具体执行程序,如项目经理的权责定义、界面关系(多单元的接口、系统与环境之间的接口)、运行要求、项目范围、实施计划、管理支持程序等。

(二)进度计划冲突

在项目任务所需时间长短、进度计划和次序安排等方面产生的不一致意见。例如项目经理从全局着眼,要求某部门的任务在两周之内完成,而该部门负责人坚持认为需要用20天才能保质保量完成此工作。这种冲突可能发生在项目管理团队内部,也可能发生在与外部组织合作的过程中。

(三)优先权冲突

参与项目的各方常常对其应执行的具体工作活动和任务的次序与优先级有不同的看

[①] 赵建军,黄琦,田兵权.项目冲突管理在项目生命周期中的应用分析[J].建筑设计管理,2007(4):14-17.
[②] 张钢.管理学基础文献选读[A].路易斯·庞蒂.组织冲突:概念与模型[C].杭州:浙江大学出版社,2008:119-128.

法,进而产生冲突。这种冲突可能发生在项目团队内部,也可能发生在项目团队和其他组织之间。项目优先级的最终决定权掌握在项目的最高管理层手中,他们会根据项目总体的技术、财务和竞争风险,对各个分支部门的影响,成本预期和投资回报等因素,综合决定各项目工作的次序和优先级。

(四)人力资源冲突

人力资源冲突贯穿项目生命周期的各阶段,对项目能否最终成功具有举足轻重的作用[①]。项目团队一般是通过从不同职能部门抽调的方式来组建的。当部门经理和项目经理对同一工作人员的使用与调度出现不一致时,人力资源冲突就会发生。例如某公司技术部门同时要为多个项目组调配技术人员,各项目组都希望能获得最优秀的技术人员,这时部门和项目组之间的冲突就容易产生,高层管理者需要考虑公司的整体利益,对项目人力资源进行协调配置。

(五)费用分配冲突

在项目过程中,客户和项目组、管理层和项目组之间常常因为某项具体工作需要资源与支持的多少产生冲突。项目参与的各方都希望得到更多的资金技术支持,这就需要高层管理者站在全局利益的高度上,通盘考虑项目资源的安排,并做好协调工作。

(六)技术意见冲突

项目实施过程中,在项目需要的技术问题、性能要求、技术权衡、实现手段等问题上容易产生意见不一致,从而造成冲突。项目团队内部、项目团队和支持部门之间都有可能在技术问题上产生冲突。例如,技术支持部门往往忽略项目的预算、成本、时间等内容,一味追求技术上的完美,这时就需要项目经理从宏观上把握项目的整体质量,对技术方案进行取舍。

(七)成员个性冲突

项目组成人员来自不同部门,其性格、价值观、态度方等方面的差异往往会导致冲突。例如,一个展台的搭建设计有多种实现方法,项目成员之间可能会以自我为中心,坚持自己的方案,从而引起冲突。许多冲突表面上是技术争执和沟通不畅,实则是成员间的个性冲突,项目经理需要有敏锐的洞察力,及时发现问题,解决冲突。

三、基于项目生命周期理论的冲突管理

项目的生命周期可以分为四个阶段:项目形成阶段、项目规划阶段、项目执行阶段和项目收尾阶段。在项目生命周期的不同阶段,不同来源的冲突发生的频率和强度都不一样。项目经理需要掌握项目生命周期的规律,了解项目各阶段可能发生冲突的来源和解

---

① Belout A, Gauvreau C. Factors influencing project success: The impact of human resource management[J]. International Journal of Project Management,2004(22):1-11.

决办法,以确保项目过程的顺利和项目目标的实现(见图7-4)。图中的早期阶段相当于规划阶段,主体阶段则相当于执行阶段。

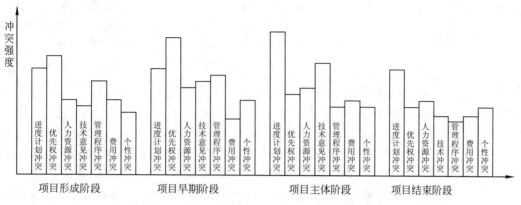

图 7-4　项目生命周期不同阶段的冲突强度变化[①]

(一)项目形成阶段

在项目形成阶段,项目组织还没有完全形成,项目团队的组建、项目经理的权责、项目的进度、成本和质量计划等内容悬而未决。在此阶段,优先权、管理程序和进度计划是强度最大的主要冲突,故应采取如下相应的管理手段。

① 针对项目优先权冲突,参与项目的各职能部门应当统一协商,共同决策,制定清晰明确的项目计划书,明确项目目标,确立该项目在整体组织内部的地位。

② 针对项目管理程序冲突,应当尽早确立项目组织形式,建立明确的项目管理操作程序,并争取得到高层管理者的批准和认可。同时,制定详细的项目管理章程或其他项目说明文件,保证各项目成员权责的透明。

③ 针对项目进度计划冲突,应尽早了解相关职能部门对项目人员的安排,预测各部门的优先级,评估可能出现的调整对项目进度的影响,制定关于项目进度的承诺和保证。

(二)项目规划阶段

项目规划阶段是项目形成阶段的延伸,随着项目组织的正式建立,各种规章制度得以完善,项目管理程序的冲突得以缓和。与此同时,项目进度的规划阶段得以明确,并具有一定的强制性,容易引发项目各利益相关部门的冲突。在此阶段,优先权、进度计划和管理程序是强度最大的主要冲突。针对不同的项目冲突,应采取相应的管理手段。

① 针对项目优先权冲突,应定期组织相关职能部门和支持部门召开项目评估会议,向各部门提供信息反馈,使其了解项目计划的执行情况和出现的主要问题。

② 针对项目进度计划冲突,应与职能部门和其他支持部门协同合作,将项目工作任

---

① 曾赛星.项目管理[M].北京:北京师范大学出版社,2007.

务分解为若干工作包,以便安排进度。

③ 针对项目管理程序冲突,应对管理过程中可能出现的重要问题制订相应的应急计划和汇报审批程序,同时明确项目经理的权利义务。

（三）项目执行阶段

在项目的执行阶段,项目的进度安排是最主要的冲突。已在项目的形成和规划阶段所累积的进度错位在此阶段集中爆发出来,某一子项目的进度错位就会引起连锁反应。此时,项目经理为保证项目整体进度的顺利执行会对某些子项目的进度进行调整,冲突势必更加激烈。

技术意见的冲突在这一阶段也十分严重。项目各环节和子项目的技术连接与匹配问题会在项目执行阶段集中体现出来,前期设计的技术问题都将在实施时暴露出来。同时,在质量检测和把控上,检测人员可能会与项目技术人员发生矛盾,这些都会导致项目技术意见的冲突。对人力资源的争夺在这一阶段也开始变得激烈起来。因为执行阶段对人力资源的需求达到了最高水平,而各职能部门和支持部门可能同时在向多个项目输送人员,项目经理在人力资源上的需求得不到满足,势必与职能部门和其他支持部门发生冲突。据此,项目冲突管理手段如下。

① 针对进度计划冲突,要及时准确地了解项目任务的进展,主动向项目的各利益相关方报告信息和寻求沟通,对可能出现的问题进行预测并做好应对方案。

② 针对技术意见冲突,需及时与相关技术部门沟通,明确技术细节和实现方案,尽快进行充分的技术测试,尽早就最终设计方案达成一致。同时,使其了解项目的进度和成本的预算等条件,避免不必要的技术变更给项目带来的负面影响。

③ 针对人力资源冲突,尽早评估项目人力资源需求,及时与相关职能部门沟通。如需增减团队人员,需提前与职能部门取得一致意见,避免临时抽调对其他项目或部门产生不必要的冲击和影响。

（四）项目收尾阶段

在项目收尾阶段,项目进度安排仍然是最主要的冲突类型。大量的案例研究表明,许多在项目执行阶段所积累的进度计划错位传递到了项目的收尾阶段,严重影响了项目的进行。与此同时,人力资源冲突在此阶段也十分明显。由于项目即将结束,各职能部门和支持组织可能会提前召回一些项目组成员,一些新成立的项目组又急于组建自己的队伍,也会将引援目标瞄准一些处于收尾阶段的项目组,这都会导致冲突。临近项目结束,项目组成员不可避免地会对自己未来的前景感到担忧,同时,项目团队成员承受着保持项目进度、预算控制和质量要求等多重压力,个性冲突在所难免,故采取如下冲突管理手段。

① 针对进度计划冲突,应在项目临近收尾阶段,考虑重新安排一些人员到一些关键项目活动上,加快解决技术问题,防止影响项目进度。

② 针对人力资源冲突,应提前考虑项目结束后的人员重新安排,让项目成员没有后顾之忧。同时,保持与各职能部门和支持部门的友好合作关系。

③ 针对成员个性冲突,应密切注意团队成员的情绪变化,遇到问题及时疏导,避免

冲突的扩大。同时，在紧张工作之余可组织一些文娱活动，使项目成员增进沟通，舒缓压力。

总之，冲突贯彻项目全过程，并与项目附加值紧密相关。一般而言，关系冲突和过程冲突与项目附加价值呈负相关，任务冲突与项目附加价值呈正相关。从高到低的影响效果确定为任务冲突、过程冲突、关系冲突。因此，在建设项目的实施阶段，应更加重视培养项目团队之间的信任，在平等合作的基础上建立项目团队之间的信任机制，利用任务冲突的积极影响，避免过程冲突和关系冲突的消极影响。[①]

第四节 会展项目的冲突管理

一、理性看待项目的冲突

人们对冲突的认识有一个渐进过程。长期以来，人们认为冲突有害，必须清除，之后认识到冲突的必然性乃至于产生冲突互动的观点，说明人们对会展项目团队冲突的理解有了很大的变化。

（一）冲突有害论

传统的冲突观点认为冲突是有害的，会给组织带来不利影响。冲突成为组织机能失调、非理性、暴力和破坏的同义词。因此，传统观点强调管理者应该尽可能避免和清除冲突。

（二）冲突必然论

冲突必然论认为冲突是任何组织无法避免的自然现象，不一定给组织带来不利的影响，而且有可能成为有利于组织工作的积极动力。既然冲突是不可避免的，管理者就应该接纳冲突，承认冲突在组织中存在的必然性和合理性。

（三）冲突互动论

这是新近的一种观点，与人际关系观点只是被动地接纳冲突不同，借助互动作用观点，强调管理者要鼓励有益的冲突，认为融洽、和平、安宁、合作的组织容易对变革和革新的需要表现为静止、冷漠和迟钝，因此，一定水平的有益冲突恰恰会使组织通过批评与自我批评，保持创新性和生命力。这个新观点与孔子所言"君子和而不同，小人同而不和"不谋而合。

二、积极化解不良的冲突

（一）不良冲突的判断

诚然，及时暴露的不良冲突，可以使得潜藏的问题及早发现，如若处理得当，会朝着有利于项目目标实现的方向发展，并在处理冲突的过程中培养团队成员分析问题和解决问

---

① Wu G D, Zhao X B, Zuo J. Relationship between project's added value and the trust conflict interaction among project teams[J]. Journal of Management in Engineering, 2017, 33(4): 1-6.

题的能力,使冲突的双方都得到锤炼,使大家关系更为融洽,有助于促进团队的沟通建设。然而,不良冲突的危害却是十分明显的。

根据经典的组织冲突理论,冲突的效果要参照组织的价值系统来判断。由于组织的优劣可以用生产力、稳定性和适应性等指标衡量,因此,冲突有益还是有害,要看它是促进还是阻碍组织的生产力、稳定性和适应性。[1]

(二)化解不良冲突的常见方法

1. 回避

回避也称撤出,是指卷入冲突的当事人双方或其中一方主动从争端中撤出来,避免冲突的进一步升级。例如,在会议接待酒店的选择上你与他人意见不一致,你可以选择保持沉默来避免冲突。回避冲突,表面上可以使冲突即刻停止,但实际上冲突已经累积并且升级,会对项目的后续开展造成不良的影响。

2. 强制

以强制的方法解决冲突,实际上是在人际关系和问题解决二者的博弈中选择了后者。这种方法依靠更强大的权力来强行处理冲突,认为在冲突中获得胜利显然要比维持人际关系的和谐更重要。此方法虽然可以暂时压制冲突,但容易使当事人双方交恶,对项目管理者产生抵触心理,使工作氛围进一步恶化。

3. 调停

与强制相反,调停(缓和平衡)是一种以缓和人际关系为主要目的的解决方法。它要求冲突各方求同存异,努力找出意见一致的方面,尽量避开有争议的话题。此方法可在一定程度上缓和矛盾,但实际上问题并没有得到有效的解决。

4. 妥协

妥协是一种难度较高的调解方法,它要求冲突各方都作出让步,并努力寻找出一个折中的方案。妥协可以使冲突双方都得到某种程度的满足,但冲突的核心问题依然得不到解决,而所得到的所谓折中方案可能并不是一个项目发展的最优解。

5. 解决问题

直面分歧,就事论事是解决冲突的有效途径。冲突各方正视冲突,积极关注问题本身,通过真诚友好的沟通力争使问题得到全面妥善的解决。解决问题(亦称"正视")既能从源头上解决项目中暴露出来的问题,也能维持团队成员的人际关系,可谓双赢。解决问题的一般流程如下。

① 正视问题的存在,明确问题的具体内容、严重程度和牵涉的利益相关者等。
② 找出问题的核心矛盾所在,尽可能多地提供解决方案。
③ 确定问题的最终解决方案。
④ 实施解决方案并不断反馈,进一步完善计划,最终解决问题,化解冲突。

---

[1] Louis P R. Organizational conflict: Concepts and models[J]. Administrative Science Quarterly,1967,12(1): 296-320.

6. 仲裁或裁决

在项目冲突无法界定的情况下,冲突双方可能争执不下,可以由高一级领导或权威人士经过调查研究,判断孰是孰非,仲裁解决冲突。当对冲突双方很难立即作出对错判断,但又急需要解决冲突时可以使用这种方式。否则,冲突会挫伤团队成员的积极性,降低开发项目效益,影响项目目标的实现。①

在这六种方法中,正视、妥协与缓和平衡了冲突各方的地位,对于建立合作关系十分有效。最新的研究将动力学理论引入冲突研究中,认为冲突解决的关键在于改变系统内在的动力学性质,即引发和决定冲突演化趋向的吸引子,冲突的解决策略则主要从打破系统的封闭性、改变系统的反馈环路、恢复系统的多维性、创造和激活潜在的正性吸引子等方面入手。

冲突解决的最终目的是使冲突各方形成新的心理和行为模式与不同于以往的心理和社会环境。②

三、会展项目建设性冲突的激发

客观冷静地处理团队冲突,既要考虑消除破坏性的冲突,同时也要考虑激发建设性的冲突,以增强团队的战斗力。缺乏建设性冲突而使公司蒙受损失是必然的。有些公司甚至只提升那些"和事佬",这些人对公司忠诚到了极点,以至于从不对任何人说一个"不"字。由这样的人组成的团队和公司难以取得成功。这里介绍几种主要激发有益冲突的技术。③

(一)运用沟通技术

沟通是缓解团队成员之间的压力及矛盾的最有利的方式,同样也是激发团队建设性冲突的技术。运用沟通技术主要分为以下两种情况。

1. 鼓励成员创新,明确冲突的合法地位

对于冲突过程中出现的不同意见乃至一些未确认的"错误",团队管理者不应轻易地进行批评、指责,而是要给予冷静地分析,对引发冲突的原因进行深入的思考。例如惠普公司对持不同意见的人进行奖励,不论其想法是否被企业采纳。又如IBM的员工可以评判和批评自己的上司,向上司提出质疑,而不会受到惩罚。这些都是运用沟通激发的有效冲突。

2. 运用特殊信息促进积极思维,提高激发冲突的水平

例如团队的领导者在任命重要职位的干部时,可以先把可能的人选信息通过非正式的渠道散布为"小道消息",以试探和激发公众的不同反应与冲突。当引发的负面反应强烈,冲突水平过高时,则可以正式否认或消除信息源;若冲突水平适当,正面反应占主导地

---

① 毛伟俊. 论项目中的人际冲突[J]. 项目管理技术,2009(6):563-569.
② 李小平. 动力学视角下的冲突解决策略[J]. 南京师大学报(社会科学版),2013(1):105-111.
③ 姚裕群. 团队建设与管理[M]. 北京:首都经济贸易大学出版社,2009:157-158.

位时,则可正式任命。

(二)鼓励团队成员之间的适度竞争

鼓励竞争的方式包括生产竞赛、公告绩效记录、根据绩效提高报酬支付水平等。竞争能够提高团队成员的积极性。但是,必须注意对竞争加以严格控调,严防竞争过度和不公平竞争对团队造成的损害。

(三)引进新人

引进新人作为激励现有成员的作用机制,被人们称为"鲶鱼效应"。其机理在于通过从外界招聘或内部调动的方式引进背景、价值观、态度或管理风格与当前团队成员不相同的个体,来激发团队的新思维、新做法,造成与旧观念的碰撞、互动,从而形成团队成员之间的良性冲突。[1] 此方法也是在鼓励竞争,而且,从外部进入的不同声音,还会让领导者"兼听则明",作出正确的决策。

(四)重新构建团队

重新构建团队是指改变原有的团队关系和规章制度,变革团队和个人之间的相互依赖关系,重新组合成新的工作团队。[2] 这种做法能打破原有的平衡和利益关系格局,从而提高冲突水平。重新构建团队与前面的"改变组织结构"是相似的,不同的是,这里"构建新团队"的技术是主动的,而不是被动的。

四、团队悖论

(一)团队悖论的产生

根据韦尔奇对运动团队的典型分析,其一,团队最基本的成分——团队成员,是经过选拔组合的,是特意配备好的;其二,团队的每一个成员都干着与别的成员不同的事情;其三,团队管理要区别对待每一个成员,通过精心设计和相应的培训使每一个成员的个性特长能够不断地得到发展并发挥出来。这才是名副其实的团队。而问题的另一方面是,团队的根本功能或作用,即在于提高组织的整体绩效。强化个人的工作标准也好,帮助每一个成员更好地实现成就也好,目的就是让团队业绩大于各部分之和。由此分析,可见团队以个体团队成员的存在为其工作方式,而以协同合作为其工作方式的核心[3],团队的悖论由此产生。会展项目团队内部始终存在一种逻辑性的反差,一种个性和集体的双重反差。这需要得到团队成员与管理者的共同关注。

(二)团队悖论的内容

实际上,团队成员之间的相互关系以及团队成员与所在团队的关系才是团队悖论产

---

[1] 胡丽芳,张焕强.团队管理实务[M].深圳:海天出版社,2004:228-229.
[2] 黄培伦.组织行为学[M].广州:华南理工大学出版社,2002:257-258.
[3] 张明旭.团队的本质与管理中的团队悖论困境[J].商场现代化,2007(3):309-310.

生的根本原因。因此,处理好这两种关系,是团队建设与管理的重中之重。①

1. 团队成员之间的关系方面的悖论

团队成员之间的关系方面的悖论有以下两种。

(1) 信任关系悖论

所谓"信任关系悖论",是指团队成员之间既互相信任,同时也保持着一定的警惕性。信任是一种双向互动的行为,团队成员一方面必须信任别人,另一方面又期望别人信任自己。团队成员之间建立信任是非常重要的,是团队成败的关键。团队成员之间建立信任关系往往需要较长时间,需要团队成员之间无数次的相互试探和考验。

在团队中,不信任感常会在言语中体现出来。例如,"我不会告诉他们还有时间来完成工作,因为他们肯定会磨洋工""我的工作是提出新观点。在他们批评我的观点时,我感觉受到伤害,不过我们还没有发生激烈交锋"等的想法与做法,传达一种不信任意识。

不同领域如生产、研发、销售等专业人员首次合作时,信任关系悖论最为突出,这在会展项目实践中十分常见。因为他们都是各自领域的专家,已形成自己的思维模式,在一起工作难免产生很多观点冲突。

(2) 依赖关系悖论

依赖关系悖论是指团队成员之间既要相互依赖,又要保持相对的独立性。一方面,团队是成员互相合作的群体,不仅每一位成员只能从事一部分的团队工作,而且团队的整体工作也必须依赖于团队成员的共同努力来完成;另一方面,团队是由具有各种特殊技能的不同人员组成的,组成团队的必要性也在于要发挥他们各自的才能。例如熟悉组展的成员,在搭建技术上可能是其弱项,同样地,负责场地规划和管理的成员对展会项目的评估可能很不顺手。因此,每个团队成员只是说是各自领域的专家,只有让团队成员独立地承担团队工作的一部分,才能激发其积极性,避免"南郭吹竽"的现象发生。

2. 团队成员与团队的关系方面的悖论

团队成员与团队的关系方面的悖论有以下两种。

(1) 个性悖论

个性悖论是指团队成员既要展示自己的个性,又应当在一定程度上"收敛"个人的东西。个性悖论在团队中体现得尤为突出。从个人的角度讲,团队的各个成员只有最大限度地发挥自己的才能,才能实现自己在团队中的价值。这样一来,那些个人能力很强的成员之间可能会形成竞争而不是合作,结果反而不利于团队合作及个人价值的实现。

团队需要甚至鼓励团队成员之间差异性的存在,以便能够利用不同成员的个人技能和知识,但同时又需要成员之间的积极合作,以有利于团队工作的完成,达到团队绩效的最大化。

个性悖论在不同的国家有着不同的意义。例如,日本人强调集体主义,因此,他们融入团队就比较容易,日本企业的团队建设往往会得到员工的赞同。相反,美国人的个性独立,因此,他们较难融入团队。中国人强调集体主义,主张"集体利益高于一切"和"中庸之

---

① 姚裕群.团队建设与管理[M].北京:首都经济贸易大学出版社,2009:159-161.

道",追求"温文尔雅"的性格,反对"出风头",认为"枪打出头鸟",具有鲜明个性的人往往较难得到组织的认同。

(2) 认同感悖论

认同感悖论是指团队成员既要保持对其所在团队的认同感,还要具有对其所属其他团队的认同感。这一现象的主要原因在于一个人经常属于几个群体。作为组织的一名员工,在加入群体一段时间后,会逐渐认同他们所在的群体,这种认同感能够促使个人接受群体的价值观、态度和工作习惯。但是,当同时属于几个群体时,各个群体的价值观、群体规范、工作习惯同时作用在某一个体身上,使得该个体承受着内心的冲突和压力,难以适应新的环境。特别是当他所属的几个群体在价值观和利益方面相互冲突时,个体拥有这种感受的可能性和强度就会增大,从而影响了成员之间的协作。

组织之中存在的各种关系的悖论,与组织的结构、文化、制度、政策等密切相关,对团队成员之间的关系有着直接的影响。这些悖论有些是能够解决的,有些则无法彻底解决。因此,企业在团队建设和管理的过程中,应注意如何使其进行平衡,将危害降到最低限度,促成团队内部和谐、统一、有序的局面。

案例

成员与团队的关系悖论

一位销售部门的经理进入新产品开发团队,参与新产品的开发,这个团队的其他成员都是各自领域的专家。销售部门经理在与团队其他成员一起交流专业知识,共同决策的过程中,会逐渐把自己融入团队,逐渐形成专家身份感,这样,销售部门经理就有了两种身份:销售部门经理和技术专家。有时候这两种身份会发生冲突:从销售部门经理的角度来看,会倾向于降低新产品成本来增加销售量,而技术专家则追求产品的高技术含量和高质量。对于销售部门经理来说,通常情况下是"销售部门经理"的身份战胜其"技术专家"的身份,因为他对前一群体的认同感更强,会更重视销售部门的身份和利益。显然,这种对前一群体的认同感是会影响后一群体工作的。

案例分析

第八章

会展项目的现场管理

关键术语

- 会展项目现场(spot of MICE project)
- 群体性管理(group management)
- 会展项目的现场管理(on-site management of MICE project)
- 场地规划(site planning)
- 展区划分(zone division of exhibition)
- 标准化管理(standardization management)
- "6S"管理("6S" management)
- 宏观监控(macro control)

学习目的

- 了解会展项目现场管理的意义。
- 会展项目现场管理的基本原则和主要内容,能够运用这些原则和内容进行具体会展项目现场管理的分析。
- 熟悉布展人本化要求及其在会议空间和展览空间的运用。
- 理解会展项目现场管理的标准化等四大方法,并掌握各个方法的工具、手段和效果。
- 全面了解会展项目现场管理的措施。

第一节 会展项目现场管理的意义

会展项目的现场是指举办会展活动的场地及其周边环境,是一个与会展项目最终实施的场所相联系的概念。因此,从时间上看,所谓的"会展现场",就是从展会开始布展、开幕、开放展览、观众参观直到展会闭幕后撤展所涉及的场地及环境。

会展项目的现场管理,就是会议或展览主办方对会展活动的现场及周边环境实施的总体管理,是从会展现场布置开始至会展结束期间,会议或展览主办方对包括与会者、参展商、搭建商、运输商等各类服务商在内的各实施单位在现场及其周边环境按一定计划进行有序的协调、监督和管理,以及对与会者、参展商、观众在现场所发生的一切需求而进行的协调和服务。

一、保障会展项目的正常进行

会展项目是一项繁杂而系统的工程,从准备阶段的会场布置、展台搭建、展商报到,到开始阶段的开幕式、观众和与会者登记、现场服务、各类社会及专业活动,再到会展结束阶段的会场善后、会议文件整理及撤展管理,期间出现的各种问题、意外事件可谓纷繁复杂,任何环节的衔接不到位或者任何一个突发的事件,都有可能使预先预定的各项计划无法按时按质完成,最终影响整个会展项目的进度。因此,会展现场的有效管理、控制和协调就显得尤为重要,主办方设立专门的管理部门,指派专门的工作小组对会展现场及周边环境进行妥善监督和管理,是保障会展项目方案顺利执行的关键。

二、取得最佳的会展活动效果

会展现场及环境管理做得不好会影响整个会展活动的品质。对于会展项目的主办方来说,一定数量和质量的与会者、参展商和专业观众是衡量会展效益的重要指标,而根据Kijieski[1]、Hultsman[2]、Chunlei Wang[3]等学者的研究,会展项目现场的环境及服务管理是企业进行参展决策时评估的重要因素之一,也是影响参展商及观众对会展项目满意度的关键要素。所以,管理现场最重要的便是做好与会者、参展商及观众的服务工作,以优质的会展环境及服务获取他们的认可。此外,会展的圆满举办还离不开会务服务公司、搭建商、运输商、餐饮公司、广告媒体等服务供应商的合作和支持,因此只有对这些单位进行有序的协调和管理,才能保证会展现场的环境质量及服务质量,最大限度地实现会展活动的目标,取得良好的会展效果。为了让参与者获得一致且高品质的体验,组织方需要增进对群体复杂性及影响参与者体验的多重因素的了解。[4]

三、体现会展的组织管理水平

会展现场人流如织,环境复杂,会展现场管理的对象不仅涉及会议代表、与会者、参展商、客户商和各类服务商,还包括了会展顺利举办所需要的各种设备物件,各项管理和服务细节容易被忽略,然而体现会展组织管理水平的恰恰在于会展现场的细节管理。因此,会展组织者必须正确处理个体与群体、效率与效益之间的关系,针对会展实施各阶段的具体要求对会展资源,如场地、人力、物力和财力等进行合理配置与优化调用,对项目的进度做好计划和控制,同时做好各利益主体的沟通协调,以提高组织管理水平。

---

[1] Kijewski V, Yoon E, Young G. How exhibitor select trade shows [J]. Industrial marketing management,1993(22):257-295.

[2] Hultsman W. From the eyes of the exhibitors: Characteristics that make exhibitions a success for all stakeholders[J]. Journal of Convention and Exhibition Management,2001,3(3):27-44.

[3] Wang C L, Yang J, Zhu H B, et al. Research on foreign tourists' satisfaction with the 2010 Shanghai World Expo: Based on the blogs at a travel website[J]. Journal of Convention & Event Tourism,2014(15):114-134.

[4] Filingeri V, Eason K, Waterson D, et al. Factors influencing experience in crowds——The organiser perspective[J]. Applied Ergonomics,2018(68):18-27.

第二节　会展项目现场管理的原则与内容

一、会展现场管理的原则

（一）基础性管理原则

会展项目各项目标的实现离不开对会展现场及环境的管理，而会展现场管理涉及多项基础性的工作，如会议场所的布置、会议设备的管理、会议活动的组织、展览区域的划分、展台的设计布局、展品的登记管理、会议代表及展商的接待、现场环境的保洁、秩序管理、安全检查等。所以，现场管理属于基础性管理。

（二）综合性管理原则

会展项目环节众多，会展的现场管理不但包括会展目标效益管理，还包括会展资源管理、人力配置管理、参展参会人员的组织协调管理、现场环境及文明管理等。所以，会展现场管理是综合性管理，应当运用系统的观点，按目标管理的方法，认真落实各项标准，将整个现场的管理工作作为一个系统来处理，通过全面的管理实现整体优化。

（三）群体性管理原则

一般情况下，会展主办方会指派会展项目经理或主管作为现场管理的总指挥，带领一个专门的团队来共同完成会展现场的各项管理和协调工作。会展项目的现场管理综合性强，内容多，必须依靠项目团队中每一位成员的合理分工及有效合作。群体性管理的原则就是要求重视每一个人员、每一个岗位，发挥每一个人的主观能动性。

（四）动态性管理原则

会展项目所处理的环境是复杂且不断变化的，会展的现场管理和服务具有不确定性的特征，可能会出现各种临时性的状况，各项计划也要随之而变动，因此要根据实际情况对会展项目现场的各项生产要素进行动态组合，实行动态管理，以不断适应变化的情况。

二、会展现场管理的内容

（一）合理规划会展场地

1. 展览场地的规划

展览场地的规划主要是指对展会场地的平面划分，包括对展览展示区、登记与咨询区、接待和洽谈区、休息区、办公区、储存区、参观路线、消防通道等的合理划分与布局。展览展示区域是展会的主体部分，需要按照展会的性质、具体的展示内容及招展落实的展商情况来具体划分和布置；除了陈列展品，展示区还有一项主要的任务就是吸引客户，因此需要配备一定区域的洽谈区，便于参展商与观众进行洽谈沟通；如果展览活动规模较大，展览中心需要考虑为参展商的内部工作提供相应的区域，用来做办公室、会议室、维修间等;辅助区域包括休息室、就餐区等,供参展工作人员或观众休息及进餐;储存区则可以用来在展会期间存放展品、展具、资料及个人用品等;参观路线的设计要明确,避免迂回交叉,展厅或陈列室要与门厅、休息厅、楼梯、电梯等连接,满足参观者需要;此外要特别注意保持消防通道及紧急出口的畅通。展览各区域需要展览中心及展会组织者的合理设计和划分,以提高展览场地的使用效益。

2. 会议场所的布置

会议场所的布置工作包括与会登记区的布置、会场内座位的布局、主席台的布置、同声传译室的布置、视听设备监控室的布置、新闻采访拍摄区的布置、贵宾室的布置等,而合理布置会场主要考虑两大因素:一是会议类型,二是会议规模。会场座位布局的形式有多种,如研讨会、交流会一般采用圆桌形、U形或矩形,普通规模的会议多用教室型,而较大规模的会议多采用剧院型等。与会者登记区一般设置在会场外较明显的地方(如会议室门口附近),方便与会者签到和领取相关会议资料;主席台是一个会议的核心区,一般应面对会场主入口,主席台的席位座次安排要按照严格的顺序进行,有时还需要在主席台右前方设置发言席;会议现场会有许多媒体记者前来报道,因此需要划分一定区域专门供记者进行拍摄和采访,这一区域的布局既要方便媒体进行拍摄,又不能影响其他与会者观看会议播放的投影、视频等,一般在会议后排或两旁通道以及主席与主座位之间的廊道;一些国际会议需要同声传译服务的,还要在现场布置同声传译工作室;另外根据会议的具体需要安排一定数量的贵宾室或分会议室,并且设置独立的茶歇区,以便为与会者提供舒适的休息环境。

(二)展区和展位的划分

展览区也简称展区,是展览场地的最为主要的区域,也是物品展览的重点区域。展区常按照专业题材分区,各区内再细分为展位。研究表明,展位位置满意的参展商通常对展会效果的感知是积极的,展位位置是造成参展商流失的主要原因,尤其是当其竞争对手的位置优越得多的时候。① 因此,展区和展位的划分,关系到展会的招展和展会的整体形象,其分配及管理还涉及客户黏性,重复参展企业应优先选择展位。划分展区和具体展位时,应遵循一定原则,并注意相关问题。②

1. 展区和展位划分的原则

(1)按照专业题材划分展区

按照专业题材划分展区,就是在满足展品对场地要求的基础上,将同类展品安排在同一个区域里展出。这是因为不同展品对场地有不同的要求,有的展品因其规模、重量等特性,对场地要求十分特别。例如超高、超重展品对馆内高度、地面承重具有特殊要求。按照专业题材划分展区,不仅可以使展会秩序井然,而且有助于提高布展效率。

(2)力图提高展会档次

展区和展位的划分直接影响到参展商与观众对展会的印象。如果一个展会中的标准

---

① Qi H X, Smith K A, Yeoman I, et al. retention at an industry exhibition: The case of AgroChemEx in China. Journal of Convention & Event Tourism,https://doi.org/10.1080/15470148.2017.1379454/.
② 华谦生.会展管理[M].广州:广东经济出版社,2008:157-158.

展位和特装展位的分布杂乱无章,各种展品的展位互相混杂,即使这个展会的规模很大,人们也会认为它档次不高、不专业,对它的印象也不会好。有序整齐布局是提高展会档次的重要途径。

(3) 方便观众参观

展区和展位的划分,要使对某类展品感兴趣观众能很方便地找到展出该类展品的所有展位,与该展品有关联的产品也能在相邻的展区里找到。给予观众方便有利展会贸易成交量的提高,提高展会在观众心目中的地位。

(4) 提高展出效果

展区和展位的划分对参展商与展出效果有直接的影响。例如不应将一些次要的题材放在展馆最好的位置,以免影响整体展示效果。展区和展位的划分既要符合展品的特点,也要考虑到展位的搭建装饰效果,还要考虑到方便观众参观和集聚。要将特装展、重要展览放在醒目位置。

(5) 便于展会现场管理和现场服务

展区和展位的划分要注意到展览场地的充分利用,最好不要有闲置的展览死角;要注意展馆消防安全,便于遇到紧急情况时及时疏散人群;要方便展位的搭装和拆卸,方便展品的进馆和出馆。

划分好展区和展位以后,要按一定的比例将它绘制成展会展位平面图,并在图中标明各展区和展位的具体位置,标明展馆各出入口、楼梯、现场服务点等,以便参展商在选择展位时能更好地作出抉择。展位平面图是展会招展时需要经常使用的主要资料之一,在绘制时一定要准确、细致,图标和线条要清楚,使人一目了然(见图 8-1)。

图 8-1 展位平面图

2. 展区和展位划分应注意的问题

(1) 注意统筹兼顾

注意统筹兼顾,就是指划分展区和展位时,要在办好展会和符合展会需要的前提下,对会展所有的展位作统一安排,最大限度地兼顾到办展机构、参展商、观众以及会展服务商各方面的利益和便利性。

(2) 因地制宜

展区和展位的划分除了要充分考虑展会本身、办展机构、参展商、观众以及会展服务商的需要外,还要充分考虑到展馆的场地条件,因地制宜设立合理的展位数量,提高使用率,尽量使所有的展位都面向观众。例如如果展馆里有柱子,就要考虑不能将柱子划分在某个展位里面。此外,不同参展商对自己展位的具体形状的要求也各不一样。划分展区时,需注意展会整体,避免场地出现一些"死角",以提升展会整体效果。

(3) 避免遮挡展馆的服务设施

展馆里的服务设施是会展安全的重要保证,要保证任何展位都不能遮挡展馆里的一些重要安全设施。例如不能遮挡消防栓、不能堵塞消防和安全通道、不能遮挡配电箱等;在展馆的入口处要留出一定的区域供参观人流聚散,展场的各种通道要达到一定的宽度以便参观人流通过。

(4) 适应参观人流的规律

展览参观人流的形成和流动有其自己的规律,参观人流是进行展区和展位划分时要充分考虑的重要因素之一。一般来说,展览参观人流的形成和流动有以下特点:由于受平时交通规则的影响,人们进入展馆后习惯于直接向前走,如果不能直接向前就习惯于向右转,在展馆的入口处、主通道、服务区和大的展位前的人流比较多,容易形成大量的人群围观某一个展位或展品等。

(5) 合理安排展览的功能服务区域

一个展览除了最主要的展示区域以外,还需要安排一些功能服务区域,如登记处、咨询处、洽谈区、休息区、新闻中心等,这些区域尽管一般面积都不大,但对展览整体而言还是十分必要的,在划分展区和展位时,不能只考虑展览区域的划分而忽视了对这些功能服务区域的统筹安排。

(三) 会展空间布设的人本化

1. 人本化是最好的布展艺术

从会展项目的功能及时效性分析,会展功能是人组织物、陈列物、物招引人、服务人的整体活动;会展的时效性是指会展空间设计受特定时间的制约,表现为三维空间和时间的交集,构成"时—空"交融的多维空间(见图8-2)。① 由此,在科学的展区展位划分基础上,会展空间的布设还必须充分考虑贯彻人本化理念,讲究人本化艺术。贯彻人本化理念的

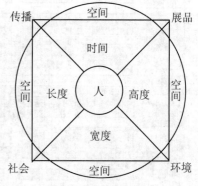

图8-2 会展概念示意

---

① 朱瑞波,俞进军,崔蒙.现代会展空间导向设计的系统性分析[J].西安科技大学学报,2010,30(5):574-578.

布展,必将成为便捷参观并形成良好口碑品牌的布展艺术。

2. 人本化对布展的要求

根据人体工程学原理,人在会展多维空间中运动的态势和速度、群体的密度、流动方向取决于可感的信息内容可视点、空间的可视域和规定的观展动线以及时序的连续。因此,会展空间导向设计必须有效考虑四个方面的要求:空间尺度、空间时序、空间动线和空间的无障碍导向设计。[①] 其中,空间尺度是指科学定位人在会展空间的荷载数及人通量,包括对设施设备、展品陈列、人通甬道、安全通道所需面积的布设等;空间时序设计是充分考虑会展空间排列和会展活动时间的先后两种因素,为人们提供一个完整连续的参展参会过程;空间动线设计是指对会展空间中观众流动路线的设计;无障碍导向设计是在设计中考虑残疾人、老年人等特殊人群的要求。在会展空间实际布设中,主要有以下内容要求。

(1) 展览空间的人本化布设

展览场地要从立面的角度把握展会整体的空间效果,科学布设展会空间。在具体要求上,区域分布要合理协调,空间分割要自然流畅、视野开阔,色彩、风格设计上要符合展会的主题。展会空间的人本化布设需要注意三项基本原则。

① 展会空间设计需要做到人性化。以最合理的方法安排参观线路,通过丰富多彩的展示内容、声色俱全的展示效果、安全便捷的空间规划、周到细致的服务设施为参展商及观众提供一个舒适和谐的展示环境,使观众在流动中完整地介入展示活动,增强观众的空间感受。

② 展会空间设计要以最有效的空间位置展示展品。展示空间最主要的任务是展示展品,因此需要通过逻辑的设计展示秩序和空间划分,采取合适的造型基调和色彩基调,以声、光、电、动态及模拟仿真等多种展示形式增强展览效果。

③ 要保证展示环境空间的安全性。展示活动中可能用到各种大型的仪器和机械装备,需要一定的动力支持,因此需要将这些空间与展览区域隔开,并保证有足够的疏散通道和应急指示标志,切实做好安全防范。

(2) 会议空间的人本化布设

为了保证良好的会议效果和给与会者营造一个舒服的参会空间,会场空间的布设要贯彻人本理念,讲究科学性、合理性和艺术性。首先,会场的空间设计要符合人体工程学的要求标准,如主席台与参会者的距离、与会者座位之间的间隔、过道宽窄要合理、屏幕面积与会场规模相适应等,以提供给与会者更好的空间和视线;其次,为烘托或渲染会议气氛所做的装饰要做到视觉形象统一设计,如主席台、背景板、鲜花、彩带、会标、条幅、会议指引等,会场布置要处处体现会议活动的主题及信息的传达;最后,会场需要有良好的隔音和灯光系统、温控系统,如主席台灯光需要有独立可控光源进行面光补偿,会场灯具的色温应当满足与会者的视觉以及新闻媒体的摄像要求,突出效果。

(四) 加强施工现场检查

在会场布置、展览布展期间,从事会议设计、展台设计搭建的企业成分复杂,包括会议

---

① 朱曦.展示空间设计[M].上海:上海人民美术出版社,2007.

服务公司、广告公司、建筑公司、展览工程公司、家居装饰公司等,还有一些参展商自搭自建,如图 8-3 所示。整个施工现场需要用多各种装饰材料、装修工具,而且施工人员进进出出,可能会出现混乱的场面,还可能存在许多需要重视的安全隐患,例如私自乱接电源、展台布置使用的材料不符合消防规定、特装展位特殊用电超负荷、安全通道被堆砌的物品堵塞等,这些都是由于施工人员没有严格按照展馆相关规定所造成的。这些安全隐患如果不及时发现和制止,就很可能酿成火灾、人员伤亡等安全事故,给相关人员及主办方带来极大的损害。因此,整个会展活动期间,会展中心或主办方都需要有专人负责值班、巡视,做好施工现场的监控和管理,保证施工安全,若发现事故"苗头"要及时阻止、排除。另外,展览中心或主办方要做足消防安全的宣传工作,与各施工单位签订安全责任书,检查核实各单位的布展资格。

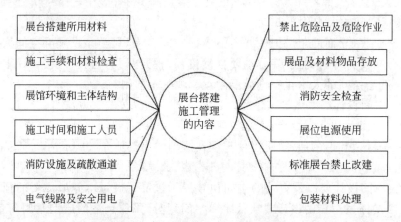

图 8-3　展台搭建施工管理的内容①

(五) 观众登记及参观指南

1. 观众登记

(1) 观众登记的途径

为吸引更多专业观众到会场参观,主办方往往为专业观众提供网上预登记方式,方便预登记观众为参观展会提前做好准备。预登记观众在网上填写相关信息后,系统会自动发放邀请函到该观众邮箱,观众可打印此邀请函,到现场直接领取胸卡进场,简化预登记观众办理参观展会的手续。

展会可在展馆的序幕大厅或者其他专门的观众进馆大厅设立观众登记柜台进行专业观众的现场登记工作。相应地,与观众登记柜台相对应,展会还要设立观众登记通道,实施分流。展会组织可根据方便观众登记和展会的需要,对观众登记柜台和通道进行分类管理,将其分为"持邀请函观众的登记柜台"和"无邀请函观众登记柜台"。这样,一来可以提高登记现场的工作效率,减少排队等候时间;二来展会录入资料更容易、更准确,便于客户信息管理。预登记时观众编号的使用,可以使得该类观众到场即可凭借编号读取观众

---

① 郝逢清.如何做好展览现场设施管理[J].现代物业(上旬刊),2012(10):46-49.

信息,从而极大地简化现场登记的手续,进一步提高登记效率。近年来观众证上的条形码,便于场馆通过读码机掌握观众进出馆的次数及其停留时间,具有十分重要的观众现场管理作用。

(2) 观众登记的注意事项

观众登记所获得的信息资料是展会客户资料数据库的信息来源,是客户分析的第一手资料,对展会改善客户关系管理和调整宣传推广策略有着重要的作用。不管观众登记时由办展组织负责还是委托专业公司负责,在进行观众登记时都应该处理好以下几个问题。[①]

① 专人负责观众登记工作,保持现场秩序。

② 督促观众提交完整的客户资料,再办理入馆手续,来不及全部录入的信息,以主要的信息优先录入,其余展会后补录。

③ 妥善保管好观众登记表、邀请函和名片等资料,分类管理,以便今后核对及使用。

2. 参观指南

参观指南是展会编印的、用来指引观众参展的一种小手册。主要是向展会的专业观众、媒体记者以及参展的嘉宾发放,以方便参展。不仅专业观众可以迅速找到自己要去的展馆或者展区,而且可以容易找到某一个具体的参展商的位置。

参观指南主要包括五大方面内容。一是展会的基本内容。展会的基本内容包括展会的名称、logo(商标/徽标)、展览时间和地点、办展单位和展会展品范围等。二是展会的简短介绍。展会的简短介绍包括展会规模、参展商数量和来源、展品的特点、展会相关活动安排等。三是展区和展位划分与安排。展会和展位划分与安排主要是展会的展区、展位划分图、各展区的位置和范围、各参展商名录及其展位编号一览表等。四是相关图表。例如展馆在该城市的位置及其交通图、展馆内部交通图、展馆内各服务网点分布图等。五是相关活动安排。随着电子信息技术的普及使用,在展览现场还设置了专供观众现场查阅的电子信息系统,便于观众了解展会信息及场馆信息。

(六) 加强人流物流的疏导

会展活动进行期间,是人流、物流密集异常的时期,容易引发各种矛盾和冲突。

首先,会展在短时间内聚集了来自四面八方的人流,特别是一些大型的展览会及国际会议,与会者、参展商、观众、服务供应商、展览工作人员、媒体记者等人数众多,为了避免因人气高涨造成现场混乱挤压、人员踩踏、意外受伤等情况的发生,给参展参会者营造一个舒适的环境,会展主办方需要制订相关的人流管理和疏导计划,加强现场秩序的控制,安排人群有秩序地登记、参观和购买。观众的安全与舒适取决于群体管理团队的不同参与者和依赖于信息的有效处理、共享和通信的群体之间的协作工作。[②]

鉴于参观人流的空间分布受到场馆建筑布局、展品布置的影响,大体呈"聚块图形",同时,由于场馆内游客具有空间自组织特性,可采用空间聚集效应作为定量指标,并用游

---

① 华谦生. 会展管理[M]. 广州:广东经济出版社,2008:174.

② Martella C, Li J, Conrado C, et al. On current crowd management practices and the need for increased situation awareness, prediction, and intervention[J]. Safety Science, 2017 (91):381-393.

客参观舒适度与参观愿望实现度两个定性指标来分析展览场馆提供的服务水平[①],为展览现场的人流服务管理提供科学依据。

其次,展览现场的物流管理工作十分烦琐,涉及了展览所需物品的包装、运输、装卸、搬运等众多工作,需要规划专门的运输通道并进行引导。为此,需加强对会展现场交通的疏导工作。其实交通也属于物流的范畴,主要包括现场的交通工具、停车场及线路的规划,如展品运输车辆、客运巴士、出租车等。要避免出现交通拥堵,并要充分考虑到运货司机、贵宾、参展商和观众的不同需要。

(七) 保证安全清场撤场

一般情况下,许多参展商在展会最后一天下午一两点钟就开始进行撤展了。此时搭建商要进场撤馆,物流公司要撤回空箱,参展商也要运回参展物品,如果这个阶段管理不善,很容易造成混乱。

为了保证安全清场撤场,组展方一般会在此之前召开撤展会议,将撤展的相关计划和方案通知搭建商、运输商、保洁公司以及各个展位负责人,统一协调撤展工作的展开。组展方要严格检查运输出门的展览样品及展览器材,控制好出门证的发放,有秩序地调度运输车辆,保证交通的顺畅;要求参展商指定专人在展位内看守贵重物品、展品、装修材料并负责指挥拆卸工作;参展商要自行清理所有板材及废弃物,在撤展期间不得随意移位、损坏大会安装的所有用电设备,不得擅自拆动和增减展厅内的一切固定电器设备和照明灯具,不得私自拉接电组,以免发生安全事故。同样,在会议结束后,要做好善后工作,如有序疏散与会人员、整理会议资料、检查设施设备、归还租赁物品、清理会场等,使会议活动圆满完成。

案例分析

第三节 现场管理的方法与措施

展会现场是最终检验会展项目前期筹备的场地或馆所。尽管每次展会筹备时间较长,有的甚至长达数年,如国际性会议或活动筹备时间经常长达一年至多年,但是多数展会的举办却只有短短的数天或数十天。因此,会展项目现场成为会展项目各相关部门和相关任务的高度交织与共同协作的特殊空间,现场管理的方法和措施尤为重要。

---

① 吴娇蓉,叶建红,陈小鸿.大型活动场馆参观人流服务水平分级研究[J].同济大学学报(自然科学版),2007,35(6):850-855.

一、现场管理的方法

(一)责任到岗

鉴于现场管理工作的高度复合性,集中多部门人力资源投入,加之程序繁复、事无巨细,必须十分重视将各个模块工作进行分解,成立现场管理专门组织,责任到岗、责任到人。

一般而言,现场管理组主要是根据展会要求,通过对所有进场的人员、物资的管理,从内部保障展会各项服务的具体实施,其共分六小组,分别为物业组、施工管理组、设备设施组、展具服务组、商务服务组和储运组,如图 8-4 所示。

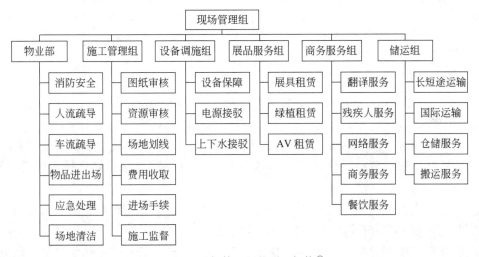

图 8-4 现场管理组的项目架构[①]

(二)标准化管理

标准化管理就是按标准和制度进行现场管理,使管理程序标准化、管理方法标准化、管理效果标准化以及考核方法标准化。在会展项目现场管理中,主要表现在施工操作标准化、展品设备管理标准化、会议和展览服务流程标准化、展览环境标准化等。为了实现标准化管理,要针对各项工作制定相应的执行标准,然后按照标准严格落实。

(三)检查与考核

为了确保会展项目顺利达到预期目标,需要对各项计划的执行结果进行检查与考核。在现场管理过程中,要不断检查管理的实际情况,并将实际情况与原先计划和执行标准进行比较,根据对比结果对现场管理状况进行评价及考核,并查明造成差距的原因,以改进

---

① 蔡露璐.C 会展中心的项目管理研究[D].南京:南京理工大学,2012:32.

管理工作,提高管理效果。

(四) 目视管理

目视管理是生产管理的重要手段之一,它以视觉信号为基本手段,利用形象、直观的各种视觉感知信息来进行现场活动的组织和管理,让全体工作人员能够用眼睛直观地看出工作的进展状况是否正常,并进行迅速判断和作出对策的方法,是一种以公开化和视觉显示为特征的管理方式。[①]

二、现场管理的措施

会展现场及环境管理的措施要视现场具体情况而定,主要措施包括以下几个方面。

(一) "6S"管理

"6S"管理是现代企业行之有效的现场管理的理念和方法。"6S"是指整理(seiri)、整顿(seiton)、清扫(seiso)、清洁(seiketus)、素养(shitsuke)和安全(security)六项内容。[②] 其中,前"5S"活动起源于日本,是指对项目现场各生产要素所处的状态所进行的管理活动,因前5项内容的日文罗马标注发音和后一项内容(安全)的英文单词都以"S"开头,所以简称"5S"。我国企业结合安全生产活动的重要性,在"5S"活动的基础上增加了安全要素,故统称"6S"。

推行"6S"管理有利于保证产品和服务质量、提升企业形象、保障现场安全、提升工作效率、保证环境整洁、提升员工素质[③]。其具体内容如下。

① 整理。整理是指对会展施工现场的人、事、物进行分析,按照有关要求区分有必要和不必要的、合理和不合理的,将施工现场不需要和不合理的人、事、物及时处理。

② 整顿。整顿是指在整理的基础上,根据施工现场的布置和有关法规、标准的规定,科学合理地定位现场需要的人、设备、物品、材料,使人尽其才、物尽其用,实现人、物、场所在空间上的最佳结合,从而达到科学施工,安全生产的目的。

③ 清扫。清扫就是对施工现场的设备、场地、物品等进行维护打扫,以保持现场环境卫生,干净整齐,无垃圾,无污物,并使设备运转正常。

④ 清洁。清洁就是将整理、整顿、清扫进行到底。通过清洁,使现场保持良好的环境和秩序,并始终处于最佳状态。

⑤ 素养。素养就是努力提高现场全体人员的素质,养成遵章守纪和良好的习惯,培养积极主动的工作精神,这是开展"5S"活动的核心和精髓。

⑥ 安全。安全是指要时刻保持安全第一的观念,加强员工的安全教育,制定各项安

---

① 章依凌,虞紫英.基于目视管理的服装生产现场控制与对策分析[J].现代企业教育,2012(12):76.
② 蔡霞.浅谈质量与 6S 现场管理的重要性[J].石油和化工设备,2008(01):75-77.
③ 孔晓敏.6S 管理探索与思考[J].现代商贸工业,2010(16):69.

全管理制度和防范措施,严格执行安全技术规程、规范、标准,防患于未然。

（二）巡视检查

为保证会展活动安全有序地进行,会展工作人员必须做好展馆、会议中心的巡视检查工作,主要包括会议及展览设备、公共服务设施、会展环境及现场控制等,一般分为日常巡视、定点巡视和突击加强型巡视。

日常巡视是按照制定的巡视路线,每天以一定的频率进行常规巡视。巡视内容根据展览所处的不同阶段侧重点而有所不同,如布展期着重车流、货流的引导、违章搭建、抢占展位及特装展位的检查管理,展览期侧重对现场人流、活动秩序的管理等。另外还有现场环境清洁、空调舒适度、灯光照明情况、电梯运行情况等也要定期进行检查。

定点巡视则是根据每次会展的性质、规模确定重点巡视部位,如珍贵的展品、大型的机械设备、消防重点区域等,加强对这些重点区域的巡视和检查的频率与力度。

突击加强型巡视是在不同的时段对某些安全隐患进行突击检查,以杜绝任何不安全因素。每次巡视都应做好详细记录,并及时协调解决各类问题。

（三）宏观监控

由于会展现场人员流动大、环境复杂,安全隐患较多,需要对展会现场进行全局性、全天候的宏观监控。会展中心可以利用先进的计算机网络技术建设区域性的安保监控系统,实现信息共享及会展活动安保工作的智能化管理,从而对展会现场的人流、物流、现场环境状况以及会展项目的整体进展进行密切的监控和管理。例如在重要展览区域安装视频监控系统、在展会出入口安装门禁管理系统等。其中门禁管理系统主要进行进出口监控和安全警报,既可以实时控制又可以脱机使用,可以有效地协助场馆方、组办方、参展商做好现场的统计、管理和控制工作。[①]

案例

CPD 的观众登记

德国杜塞尔多夫国际服装博览会(CPD)是世界顶级的服装展览会之一。为了方便观众入场参展和保证观众质量,展会的观众入场登记手续较为严格,但入场门禁系统的自动化程度却很高。为了保证入场的观众都是专业观众,在观众购买入场券前,展会要求观众必须填写观众登记表,凭行业的相关证明文件到展会专门设立的"贸易买家识别处"进行身份确认,然后才能购买展会入场参观券入场。

为方面观众入场参观,展会在4个入口设立了98个入场券购买点,而入场券都设计成带有磁条的电子客票,通过类似地铁入口的门禁系统。观众凭票可以自由出入,展会也会凭此进行每日入场观众流量的统计。为了增加对展会观众数量的预见性和减少现场工作流程,展会以20%的折扣鼓励观众在网上预先登记和购买入场券。一旦观众在网上购

---

① 黄晨.信息化管理在展会现场的实际应用[J].中国证券期货,2010(12):112.

票成功,观众既可以凭该成功订购的电脑打印单到展会的"在线票务点"领取入场券入场参观。

案例分析

第九章

会展项目的管理创新

关键术语

- 人性化管理(humanization management)
- 客户关系管理(customer relationship management)
- 虚拟会展项目(virtual exhibition project)
- 展览手段创新(means innovation of exhibition)
- 项目动态管理(dynamic management of project)
- 标准化管理(standardization management)
- 绩效管理创新(mangement innovation of performance)
- 项目集成管理(project integration management)

学习目的

- 了解会展项目人性化管理内涵、主要体现及其管理内容。
- 熟悉客户关系管理内容以及会展项目不同阶段客户关系管理的具体要求;学会充分利用会展项目,构建与客户合作双赢的模式。
- 掌握会展项目信息化和网络化管理创新手段,了解网上展会项目发展现状、优势及其与实体展会关系。
- 了解会展项目设计创新的主要表现以及展览手段的创新中辅助材料的运用和高科技手段的运用。
- 能够正确运用动态化手段实施会展项目管理,深刻理解会展项目效益的综合化以及通过标准化提高项目管理绩效的方法。
- 熟悉会展项目集成管理的特性、内容以及会展项目集成管理的应用与方法,能够针对具体项目及其不同要求实施会展项目的集成管理。

第一节　会展项目的人性化管理

一、人性化管理概述

创新日益被视为企业效益的生命线,服务业创新也在全球得到广泛共识。[①] 作为一种新兴的现代服务业,会展项目管理必须以创新精神面向时代新需求,在管理创新中谋求更好的发展空间。

人性化管理是一种重要的现代管理方式,它是基于科学的人性观基础上的"以人为中心"的管理,即把人作为管理的着眼点,把人的因素当作管理中的首要因素、本质因素和核心因素[②],通过机制的建立充分发挥人性中的优点,并最大限度地制约人性中的弱点,从而将员工个人的目标与企业目标结合在一起,谋划企业与员工的共同发展方向。换言之,人性化管理是基于人性特征而实施管理的一种模式,其本质是尊重人的本性、满足人的需求、激发人的热情、调动人的积极性和发挥人的创造性,实现组织和组织成员的共同发展。

二、会展项目人性化管理的主要体现

对会展项目实行人性化管理,就是在会展项目运作的整个过程中要坚持上述的管理理念,具体体现在:一方面,对于项目内部员工,通过人文尊重、物质精神激励以及充分挖掘人的潜能和提供发展机会等措施广泛调动起会展项目团队所有成员的积极性,使项目成员能够协同一心,专注于各项服务和接待工作,从而形成一种无形的资产和力量,促进项目管理效益的最大化;另一方面,会展项目的人性化管理还强调对客户的人文关怀,除了与会者、参展商、观众及会展服务提供商等重要客户外,在会展项目实施过程中还需要与会展承办方、会展场馆以及政府机构、保险、海关、法律咨询部门等进行协调沟通,要了解客户的不同需求,采取谦虚、谨慎的态度,加强理解和支持,特别是对于分包商的管理,要注意发挥他们的主观能动性,尊重其劳动成果,在平等互助的基础下加强与他们的合作,共同完成项目目标。

三、会展项目人性化管理的主要内容

相关研究表明,人性化管理的内容主要包括依靠人、开发人的潜能、打造高素质的员工队伍以及发展凝聚人的合力。[③] 据此,会展项目管理的人性化管理主要包括以下几点。

1. 依靠团队的集体力量

人是社会经济活动的主体,是项目活中最重要的资源。特别在知识经济的时代,企业价值的创造不仅来源于材料、机器和设备,更是来源于人所拥有的知识、智慧和技能。对人才的拥有和合理利用决定了项目运作的成效。会展项目的人主要是团队成员。因此,

---

[①] Gann M, Sater J. Innovation in project-based, service-enhanced firms: The construction complex products and systems[J]. Research Policy, 2002(29): 955-972.
[②] 应焕红. 人性化管理:未来管理的创新趋势[J]. 社会科学, 2001, 4: 37-40.
[③] 吴刚. 人性化管理的理念、方法及实践[D]. 苏州:苏州大学, 2007.

依靠团队的集体力量而不只是依靠个别人的力量更加体现出人性化管理的本义。

2．开发团队的潜能

人性化管理强调对人的才能和价值的挖掘。因此,在会展项目管理中要最大限度调动团队各成员的积极性,释放其潜能,使其对工作投以极大的热情和创造力。人性化管理主张亲和管理,尊重每一个人。通过管理者与员工之间无拘束的交流,增加上下级接触频率,缩短项目全体成员的心理距离,产生团队信任,由此激发团队的创造力。

3．打造高素质的团队组织

高素质的团队组织是会展项目活动以及项目成功运营的基础,要高度重视项目团队的培育,不断优化团队结构,通过学习,提高团队整体素质,始终贯彻人本精神打造高素质团队。

4．凝聚人心形成合力

通过鼓励团队成员相互信任、相互协作,增强组织的凝聚力与向心力,在企业内部、项目团队内部形成一种积极向上、团结共进的工作氛围。

除了团队之外,对于会展项目而言,凝聚人的合力还包括对客户的用心服务和尽心服务,要努力形成以人为本的服务环境,切实把向展商、观众、宾客提供良好的服务放在第一位,进一步提高办事效率,简化办事手续。通过服务于利益相关者,整合市场人脉,构建和谐的团队协作环境,推动项目的发展。

四、客户管理创新

(一)客户管理概述

客户关系管理(customer relationship management,CRM)的概念由美国权威 IT 研究与顾问咨询公司 Gartner Group 于 20 世纪 90 年代中期率先提出,认为 CRM 是企业的一项商业策略,强调培养以客户为中心的经营行为及实施以客户为中心的业务流程,并以此最大化提高企业的获利能力、收入及客户满意度。[1] CRM 的目的是通过客户认知(Customer Identifying)、客户识别(Customer Acquiring)、客户保留(Customer Retaining)来发现有价值的客户,挖掘潜在的客户,从而实现企业盈利的最大化。[2]

(二)会展项目的客户管理内容

不少项目管理专家已经意识到客户关系管理在项目管理过程中的重要地位。项目客户关系管理不仅有助于项目的获取和项目的顺利实施,也有助于项目成果的交付以及提高组织竞争力。所谓会展客户关系管理(exhibition customer relationship management)就是指办展组织以提高客户满意度为中心,以全面客户管理为目标,不断实现对展览项目服务质量、成本及进度的控制,并建立适应客户不断变化需求的组织结构,最终与客户建

---

[1] 齐佳音,李怀祖.客户关系管理(CRM)的体系框架分析[J].工业工程,2001,5(1):42-43.
[2] 项目客户关系管理研究. http://tech.it168.com/m/2008-06-18/200806182351314.shtml.

立起长期、良好的合作关系。①

会展项目的客户关系管理对象主要包括参展商、专业观众、供应商、合作伙伴等。会展项目的客户关系管理通常包括三方面的内容，即客户信息数据库的建立、客户关系的建立与维护、客户信息交流。

首先，要建立完善的客户管理系统，及时统计客户相关资料，包括企业名称、地址、联系人、联系电话、网站等，并将不同类型的客户纳入管理体系并进行分类，如建立专门的参展商数据库、采购商数据库。

其次，在客户信息数据库建成之后，会展项目组织者要根据客户的具体信息，区分客户的类别，并针对不同的客户采取不同的管理措施，努力提高客户忠诚度。

最后，积极促进双向的客户信息交流。与客户的信息沟通不仅要注意将展会的相关产品、服务信息及时地传达给参展商、观众及会展服务商，还要注意信息反馈渠道的建立，收集客户对展会的评价、意见及建议，以维护客户的利益，赢得客户的信任与满意。

诚然，最有效的客户关系是不断改进客户体验。因此，充分利用现代技术手段增强客户管理科学性和有效性十分关键。例如，计算机视觉软件 Eyeface 对博物馆参观者行为进行监控，用于获取访客数据，包括人口统计信息和参与度数据，据此重新安排展览并提高参观者的参与度。②

（三）项目不同阶段的客户关系管理

项目客户关系管理始终贯穿于项目各阶段，在会展项目生命周期（project life cycle）不同的阶段，其实施的客户管理关系的内容也有所不同。

1. 识别需求阶段的客户关系管理：获取客户需求信息

该阶段开始之前，项目组织就已经为项目的获取投入了一定的资源。该阶段非常重要，需精确识别客户的真实需求。项目经理应充分与客户沟通，组织内部其他人员也必须频繁活动，通过一切可能渠道充分获取关于客户的一切信息。

项目团队应对收集到的信息加以汇总并进行深层次、多角度的分析，不时将不明确之处反馈于客户，以期客户解答，并要求客户审核需求分析书，实现与客户的真实期望高度一致。该阶段，会展项目团队还应该注意，在获取客户需求信息的途径上，应避免侵害客户商业机密或个人隐私，触犯法律，引发冲突，严重影响客户满意度。

2. 制定计划阶段的客户关系管理：共同制定项目目标

该阶段项目团队的主要任务就是与客户一起制定一个以远期目标为指导、以项目交付物为驱动，充分考虑不确定性并能对范围进行灵活调整，方法灵活的计划，主要控制项目成本、进度、质量，确保客户全面满意，并最终由客户批准。在外还应要求客户任命项目团队与客户的联系人，识别项目组织中需要培训的人员，审查项目进度、成本、质量控制报

---

① 王春雷. 展览项目管理：从调研到评估[M]. 北京：中国旅游出版社，2012：285.
② Budiartol A, Pardamean B, Carak R E. Computer vision-based visitor study as a decision support system for museum. 2017 International Conference on Innovative and Creative Information Technology (ICITech), https://ieeexplore.ieee.org/xpl/mostRecentIssue.jsp? punumber=8314831.

告。此阶段已要求客户全面参与项目的管理。

3. 执行项目阶段的客户关系管理：协商解决项目变更问题

项目团队与客户共同领导项目的实施,项目团队应实时评估客户满意度,并通过持续改进提高客户满意度,还应要求客户参加必要的培训,以及在必要时检查项目产品。在项目团队提出工作范围调整的情况下,团队应与客户一起制定能有效控制成本、进度、质量的可选方案,并最终由客户选择;在出现客户的需求变更前,应主动与客户沟通交流,使客户充分了解项目的每个环节,以及变更带来的影响,减少需求变更;如出现客户需求变更,应与客户一起共同解决由变更引起的成本、进度、质量变化;如与客户发生冲突,应与客户坦诚相待,以项目的最终目标和实现双方的利益最大化来权衡,化解矛盾,创造性地实现双赢盈利模式,如图9-1所示。在项目过程中,促进双方人员的了解和认识,记录客户的个性要求和特点,建立合作伙伴关系。

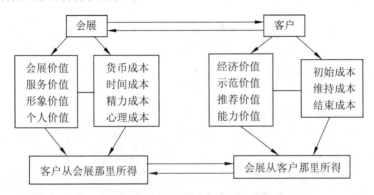

图 9-1 会展与客户合作双赢模式

此阶段项目资源投入最多,在中国传统的项目管理上,往往将其视为最重要的阶段,但事实并非如此。如果前期的需求识别和计划制订已经高质量地完成,此阶段就应该是一个按部就班的过程,将会出现较少的需求变更以及工作范围的变化,大部分不确定性引发的风险也在可控范围内。

4. 结束项目阶段的客户关系管理：与客户保持长期联系

项目团队应组织项目经验/教训总结会,邀请客户参加。评估客户满意度,对其进行全面分析,并请客户评估项目组织各个环节的工作,提出建议和批评。最后汇总研讨客户满意度分析表和客户评估项目组织表并加以备案,落实改进,以提高未来的工作绩效。在项目结束后,仍需和客户保持联系,建立长期合作关系。

案例

会议销售中的全面客户管理创新[①]

卡迪·皮劳特——凯悦酒店集团公司的销售副总裁,向公司的一位销售经理表示祝

---

① 胡平.会展案例[M].上海：华东师范大学出版社,2010:98-99.

贺,祝贺他说服一家客户放弃在凯悦酒店召开年度会议的打算。这位销售经理与客户本来有着非常好的关系,完全可以接受客户的预订。但是在客户安排的会议日期内,凯悦酒店的设施可供租用情况却不利于接受这一会议。因此,这位销售经理没有接受客户预订,而是向客户介绍了一些竞争对手的会议场地并且协助其进行选择。

这是凯悦酒店在近5年在会议销售方面采取的新思路、新做法——"全面客户管理"之后的巨大变化。10年前或者5年前,销售经理对类似会议的做法截然不同,会努力说服同样的客户在凯悦举办会议,即使客户的会议需求在其他会场得到更好的满足。

过去,凯悦酒店集团的传统销售体系维持着分散经营的状态,连锁集团设有全国销售中心,负责为集团各酒店推荐会议生意,而每个酒店又各自招聘自己的销售人员,负责向会议客户营销所在的酒店。这种销售系统效率很低,其中充斥着大量的重复劳动。例如,一个大型协会的会议策划人员可能会收到大量的来自凯悦集团不同酒店销售经理的电话,而且都市在争取同一笔生意。

这种传统型酒店销售的低效还遭遇了20世纪90年代初之前的经济萧条。当时,公司和协会的会议经费被大幅度削减,酒店会议销售举步维艰,更为困难的是,面对相近的销售系统和销售方式,越来越多的会议客户认为酒店已经日趋同化,连锁集团之间没有大的差异。

在这种情况下,凯悦的高层管理人员重新思考过去的经营方式,制定了两个重要的改进目标:一是聚焦于关键客户,提高业务份额;二是面对均势竞争现状,以更加大胆的举措赢得竞争优势。于是,5年前,凯悦酒店开始对会议销售实行全面客户管理制度。改变客户建立于友谊和认知基础上的传统固有观念,将新客户关系建立于实际业务伙伴关系并与客户建立联盟。凯悦所提供的服务基本改为咨询服务,销售经理不再只是关心耽搁生意,而是更多满足客户整体战略需要。

新的销售方式成效卓越。5年来,凯悦的全国销售队伍使酒店的会议销售收入增长了一倍多,而且将每个关键客户的业务量平均提高约25%。这些关键客户也对凯悦的全面客户关系管理方式表示赞赏。认为它简化了销售程序,为客户带来极大便利。今天的凯悦客户只有一个销售联系人,然而,凯悦客户却可以得到任何一家凯悦酒店或度假饭店迅速、高效、全面的服务。

第二节 会展项目的网络化管理

会展项目的网络化管理是指利用现代信息化技术管理展览活动的各个环节,通过网络进行信息收集、产生、识别、筛选、传递、加工、存取、检索、输出等工作,以实现信息发布、参展参会人员的注册报到、信息管理、开展研讨、邮件订阅和网上办公等多种功能。

会展项目的网络化管理,要求充分结合互联网技术、通信技术和多媒体技术等管理技术,对会展的展前、展中、展后的各种信息进行有效整合,实现会展企业、会展现场管理的信息化、网络化,并积极开拓网络虚拟会展项目。

一、会展组织管理的信息化

会展项目的组织者可以通过自动化办公(OA)系统等计算机网络技术实现办公和管理的信息化、网络化,将会展项目的各种信息、数据、指令实时地在项目团队内部进行发布、传送、控制和反馈,提高工作效率;通过客户关系管理系统,建立组织内部共享的客户数据库及交流平台,加强对客户的沟通管理;通过建立会展官方网站,促进会展项目的营销和招展效果,通过参展企业展位预定、信息登记、服务引导、展品展示、洽谈交易、网上调研等在线功能,实现会展项目的电子化、虚拟化运作。[1][2] 目前,Microsoft Project 2010已经十分成熟,成为项目内部管理的重要手段。专业会议管理系统(CMS)如EASYCHAIR,EDAS OPENCONF日渐成熟,有的甚至成为复杂CSM的培训师,如由拉丁美洲开发和支持的UTILCON2。

二、会展现场管理的网络化

会展现场的服务水平和管理水平直接影响着会展项目效益的好坏。会展中心等展览场馆应该提高组织管理的智能化水平,搭建展馆会展的信息管理平台,通过证件管理系统、来宾报到系统、客户服务系统、一站式现场手续办理系统、验票通道系统等简化业务办理手续,优化业务管理流程,为参展商及观众提供优质、便捷的服务。[3]

三、网络虚拟会展项目

虚拟会展项目是利用网络虚拟空间进行的展览及贸易活动,会展项目的组织、展出及展览活动的各个环节都实现了电子化,组展者、参展商和观众之间的交流通过计算机和互联网络进行。一般而言,虚拟会展是对传统实物会展项目的虚拟[4],但并非只是实体会展的网络化,也可以是专门化的基于互联网的虚拟展会项目。虚拟会展项目具备许多突出的优势,不仅突破了实体会展的时间、空间及其气候等条件限制,被称为"永不落幕的展览",有效地提高了会展项目运作的效率、降低办展办会的成本、拓展了会展项目的服务空间,并以丰富的多媒体展示手段提升了参展商及会展项目的本身服务体验,增强了会展项目的效益途径,成为未来会展业发展的一个重要趋势(表9-1)。显然,借助电子商务,会展企业可以拥有虚拟化、透明化、高效率、低成本的交易优势。研究表明,会展电子商务必须注重在市场调研和信息服务、广告及商务谈判、网上交易和网上支付等方面的创新发展。[5]

---

[1] 任俊峰.基于网络技术的会展研究——以中小型会展企业为例[D].南昌:南昌大学,2007:33-34.
[2] Jose-Ignacio Castillo Velazquez, Manuel Israel Trigueros Galicia. UTILCON beta: A free trainer for conference management systems in Spanish. 978-1-5386-6122-2/18/C°2018 IEEE.
[3] 李曼.会展中心实施电子商务的优势与策略[J].财经问题研究,2008(12):102-104.
[4] 王悦.网上世博催生商业新模式[J].企业管理,2010(5):4-9.
[5] Zhang J K. Hang. Innovation and development of exhibition electronic commerce based on the properties of electronic-commerce. 3rd International Conference on Advances in Energy, Environment and Chemical Engineering[J]. IOP Conf. Series: Earth and Environmental Science 69 (2017) 012146.

表 9-1　实体会展与虚拟会展的比较

会展涉众	对比内容	实体展会	虚拟展会
观众	人体感官参与程度	多感官参与信息获取	部分感官参与信息获取
	参与者心理认可度	信任度高	信任度低
	临场感	真实	临场感差
	同步性	高同步	低同步
	专注程度	不易分心	通常难以专注
	费用成本	差旅费用高	节省差旅费用
	时间成本	高耗时	低耗时
组织者	组展手段	以文件、传真、电话等为主，辅以电子邮件和互联网等	网上发布信息为主，辅以在其他媒介上进行广泛宣传
	工作人员	体力参与者居多	技术参与者居多
	信息有效性	信息有效性高	信息有效性低
	时间把控能力	要求组织者具有高度的时间把控能力	对组织者时间把控能力要求不高
	收益	直接收益为主	直接收益减少
	对观众的控制力	对观众控制力高	对观众控制力低
	交流方式	面对面的交流空间和机会	电子邮件、网上聊天室等形式
	契约方式	凭书证文字材料订契	依电子文件、电子签章订约
参展商	参展费用	通常较高且不断增长	一般较低且增长较慢
	有效观众	通常数量较少	一般数量较多
	日常业务的连续性	要从日常业务中暂时抽离出来	不影响日常业务连续性
	企业展示程度	部分展示	可全面展示
	获取有效观众的方式	较为单一	具有多样性
会展项目	媒体关注	传统媒体关注度高	传统媒体关注度低
	技术要求	技术要求较低	技术要求较高
	附加值	附加值高	附加值低
	展期	固定展期，较为短暂	无展期限制，可长期持续
	展出手段、内容	实体产品或模型，以直观形象宣传	文字、图片、声音、动画等展示，通过逻辑说理宣传
	受众范围	专业人士为主	全球相关网民
	信息传播广度	局限于一定范围	面向全球

续表

会展涉众	对比内容	实体展会	虚拟展会
举办地	环境影响	有一定程度的废弃物	绿色环保
	经济影响	产业链附加值高	产业链附加值低
	交通影响	加重交通负担	不太影响举办地交通
	城市形象/品牌	增加曝光度,提升城市品牌	对城市形象和品牌影响不大
	场地要求	需要物理场地	不需要实体空间

（据 Seungwon Shawn Lee，Boshnakova D，Goldblatt J. The 21st century meeting and event technologies：Powerful tools for better planning，marketing，and evaluation. Oakville：Apple Academic Press，2017. 有改动）

此外,在会展项目的具体管理中,还要注意沟通方式的网络化,即内部员工之间、员工与各级客户间、客户与客户间以及企业与政府、行业组织等机构之间借助网络进行沟通。

案例分析

第三节　项目设计及展览手段的创新

当下,全球展览业的空间格局没有发生根本变化,无论是从展览的规模、展馆的规模以及办展的质量,欧洲仍处于全球首位。尽管我国场馆及设施等硬件发展迅速,展会数量和类型空前增长,但是在会展组织观念、项目质量以及服务管理水平等,和欧美还有相当大的差距。伴随新发明、新技术、新材料等的涌现及其对世界产业与经济的带动,我国会展业要实现由会展大国迈入会展强国,就必须坚持创新驱动、转型发展之路。

一、会展项目设计创新

会展项目设计是指依据一定的理念对项目未来的发展作出计划、安排和说明等,以指导整体项目完成。会展项目设计的创新主要表现在设计理念的创新和项目主题的创新。

（一）设计理念的创新

会展项目设计要坚持知本化、绿色化的理念,即在项目的执行过程中,要充分挖掘人力资源的原动力,注意在不同阶段项目资源的合理优化配置,获得最优效益。

例如,达沃斯论坛每年都有所创新,活动精彩纷呈又饱含寓意,令与会者难以忘怀。2007年的大连达沃斯论坛中,创新性活动处处可见:会前通过一项承诺,世界经济论坛及其成员单位对首届新领军者年会中由于航空旅行和能源消耗所产生的温室气体作出补偿(如捐赠或植树等),所得补偿将为中国西北部干旱地区的农村居民提供大约两万个太阳灶;年会的核心场所"新领军者村"以千棵翠竹点翠,为60多个国际知名企业和城市搭建了独立展厅,还精心布置了风格各异的咖啡吧、茶吧、冷餐区等交流空间,使与会者能在轻松、和谐的氛围中展开思想碰撞;会议期间还设计了一个名为"黑暗中的对话"的活动,与会者置身于黑暗环境中进行交流,从而体现一种平等、自由与相互支持的氛围。2008年1月冬季达沃斯中,又第一次将普通民众引入论坛,借助网络平台,让普通人也加入讨论,就自己关心的问题发表见解。[①]

(二) 项目主题的创新

会展项目主题的选择及确定要建立在充分市场调查、分析的基础上,依托会展项目所在地的资源优势,如特色产业、主导产业、旅游资源、民族文化、开放合作等,据此选出最能突出地方竞争力和特色的主题。

例如,2018年11月中国国际进口博览会,是世界上第一个以进口为主题的大型国家级展会。选择该主题的创新动力和目标,正如习近平主席在首届中国国际进口博览会开幕式演讲中强调的"举办中国国际进口博览会是中国坚定支持贸易自由化和经济全球化、主动向世界开放市场的重大举措,有利于促进世界各国加强经贸交流合作,促进全球贸易和世界经济增长,推动开放型世界经济发展""中国政府诚挚欢迎各国政要、工商界人士,以及参展商、专业采购商参展参会,拓展中国市场,分享各国经贸合作商机,实现互惠互利,共赢发展。中国愿与各国一道,将中国国际进口博览会打造成为世界一流的博览会,为各国开展贸易、加强合作开辟新渠道,促进世界经济和贸易共同繁荣"。

2005年日本爱知世博会最大的创新就是人人参与的环保互动。以"自然的睿智"为主题,强调21世纪里人类如何与自然和谐、永续共存。这一主题选择符合时代潮流、意义深远。具有东方命题的色彩,突出大自然是人类的母亲,人类的进步必须建立在与自然和谐共存的前提下,两者是共生共存的关系而不是敌对关系。爱知世博会有别于当初大阪世博会的高度强调经济增长,而重在展示未来科技和新环保概念,强调与自然和谐共存的人类新文明发展模式。因此,即将参与人类生活的机器人,节省能源、高效率的未来交通工具,可取代传统能源的新式能源开发技术及环保科技等,都是爱知世博会的重点和亮点。[②]

再例如传统节庆自有其原生的文化特色,但目前筛选良莠不齐,凝练地方特色以突出地方个性十分重要。广州乞巧文化节提炼出米粒、八角等天然材料制作的公仔和花卉,与日本仙台主推的吊饰和台南的七娘妈亭产品比较,创新风格突出,效果显著。实际上,无论出于传统与现代的对接还是满足游客的现实需求考虑,对传统节庆进行创新是其项目

---

① 胡平.会展案例[M].上海:华东师范大学出版社,2010:26-27.
② 胡平.会展案例[M].上海:华东师范大学出版社,2010:78-81.

市场开发的必然要求。只有创新才能确保产品与项目的时代特色并符合现代游客游赏水准。有特色、有创新的节庆才具备全球化推广的基本条件。①

二、展览手段的创新

(一)辅助材料的运用

在参观展览项目时,人们常见展厅展品旁的文字说明,这就是辅助材料的一种。它可以分为展品说明、单元或组说明及展览说明。② 文字说明以准确、精练的词句帮助观众对展览、展品的理解,是博物馆常用的传统辅助材料。

新时期,根据展览内容和宣传需要制作的地图、图表、照片、产品地环境照片、产品模型以及动态的幻灯等都成为展览辅助材料。实际上,配合的特装搭建既是一种展览的环境艺术,也属于一种特别的展览辅助展示手段。辅助材料的合理配置与使用,不仅丰富完善了展览内容,而且有助于观众多方位理解展览展品,激发购买欲望。展览辅助材料的广泛开发使用是今后展示设计和布展设计研究的重要领域。

(二)高科技手段的运用

快速发展的高科技,给人类社会的发展带来重大推动力,也给会展项目研发带来革命性变化。这在博物馆的展览项目中表现十分突出。通过音频技术、影像技术及多媒体场景合成技术等高科技实现的电子导览、视频播放系统、Flash 动画游戏、模拟场景体验等项目已相当成熟,并在国内许多博物馆被广泛应用。例如,2009 年建成的浙江省博物馆武林馆区的六个陈列展厅里,几乎都安装了多媒体触摸屏,以加强展览的灵活性和观众对展览的理解力。另外,如南京博物院原艺术馆的陈列中,大量地利用了这种多媒体和数据采集、控制相结合的互动项目,把古乐器的敲击音响效果完整地记录下来,通过计算机多媒体软件处理后,又逼真地展现出来,观众只要敲击屏幕上的乐器,就能聆听到真实的钟磬之声。

浙江省博物馆"掌上博物馆"作为国家"十二五"科技支撑计划项"文化遗产数字化公共服务平台与产业化应用示范"项目中的一个面向博物馆应用的分项目,就是高科技展览手段创新的有益尝试。③ 该项目是以成熟的二维识别码技术和定位技术为基础,以不断普及和推广的智能手机、平板电脑以及 3G、Wi-Fi 无线网络为依托,针对博物馆展览而开发的数字博物馆系统,是展览展示和引导兼备的博物馆展览创新手段。该项目集展览信息展示、展览参观位置定位、参观过程导览、评论信息共享等功能于一体。

---

① 江金波.论城市传统节庆旅游开发的原则与市场运作[J].商业时代,2009(7):96-98.
② 王宏均.中国博物馆学基础[M].上海:上海古籍出版社,1990:273.
③ 张永春.论博物馆展览手段的创新——以浙博"掌上博物馆"项目为例[J].东方博览,2012(43):121-125.

案例分析

第四节　动态管理与综合绩效创新

一、项目动态管理创新

根据会展项目实施与控制的相关理论,在会展项目执行中,要对项目整体进行动态化的监控管理,即针对会展项目所处不同阶段的具体情况,实时地监控和跟进各项计划完成进度与质量,实时、有效地反映管理实施的力度及其成效,并据此进行适当的调整。

在会展项目的管理创新中,特别强调会展项目管理的动态化,主要是突出会展项目的过程创新,以流程再造实现会展项目目标。因此会展项目的动态化管理需要注意以下两点。[1]

一是目标控制,要求不断地对项目所取得的各项成果进行检查,将成果与计划目标进行比较,分析成果与目标之间的差异及原因,并把分析结论反馈给项目管理者,及时采取有效的应对措施,以保证会展项目总体目标的实现,并要注意对成本的控制以保证会展项目执行成本不超出预算。

二是项目的调整,根据监控中发现的问题,寻找管理中的不足之处或者原定计划中需要调整的地方,及时依据现实情况进行相应的内容设置调整、环节程序调整或技术方法调整,以完善项目管理,保障效益目标、成本目标及其他目标的实现。

其中总体目标的控制是基础和前提,而项目的调整及其流程再造是手段。品牌展会的发展更应高度重视项目动态化管理。例如作为华语辩论的最高赛事之一,采取电视模式,国际大专辩论会(前身为亚洲大专辩论会),曾经一度红火,逐渐成为华语辩论的最高舞台,来自全球范围内各大院校的辩手在这一舞台上各显神通,大力推广和发扬了辩论艺术与中华文化。然而,在其创办十多年后的 20 世纪末期,该赛事逐渐走向衰落,其在程序和规则上的十几年不变的弊端,开始显现。[2] 为此,需要不断进行项目管理的动态化创新。1999 年第四届国辩在节目形态上进行了大刀阔斧的革新,在比赛中设置了"自由人",强调了个人能力和临场应变。2007 年,其更名为"国际大学群英辩论会",并于 2011 年永久落户青岛。赛事通过中央电视台和新加坡新传媒的电视转播,影响力日益增大,近年来,大赛赛制也在不断创新,由之前重视团队合作转向重视个人能力,令比赛更具有观赏性和竞争性。

---

[1] 陈静.会展项目管理的创新研究[J].中国会展,2004(21):28-29.
[2] 马克斌.会展典型案例精析[M].重庆:重庆大学出版社,2013:272.

二、综合效益创新

（一）会展项目效益评估的综合化

效益是衡量会展项目管理水平的重要指标之一。会展业的产业关联性极强，一个会展项目成功举办不仅能给主办方带来直接的经济收入，创造巨大的经济效益，还能促进交通运输业、旅游业、酒店业、餐饮业、通信业、广告业等相关产业的蓬勃发展[1]，促进各经济部门、各区域间的信息技术交流和贸易合作，一些大型会展项目的落成还能促进城市建设、改善居民文化环境、传播城市形象等。此外，会展相关产业的发展还会带动"产外"效应，即会展项目活动的举办会向第一、第二产业提出需求，带动第一、第二产业的发展与创新。[2]

可见，会展项目的效益是综合性的，在具体评估工作中应健全相关的评价指标体系，不应只关注会展项目的直接经济效益，还应重视项目对相关行业的拉动作用以及给当地社会文化带来的效益。传统的会展效益评估带有一定局限性，即忽视会展项目对相关行业的拉动作用及其对当地的形象推广作用。会展效益综合评估主要包括以下三大方面：直接经济效益，即会展项目实施过程中的直接收入，如会议与展览业中参展商的订单收益；间接经济收益，即会展业对其他相关行业的拉动效益，如酒店业、运输业、邮电业、通信业等收入；此外还涉及会展活动的基础设施部门所产生的社会效益等，如图 9-2 所示。

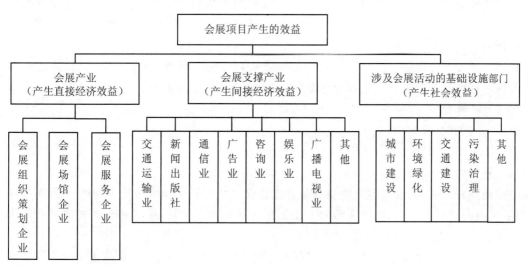

图 9-2　会展产业关联结构体系[3]

---

[1] 余向平.会展业的产业带动效应及其经济学分析[J].商业研究,2006(18)：173-175.
[2] 余向平.会展产业链的结构及其产业延展效应[J].商业研究,2008(8)：92-93.
[3] 刘文君,邹树梁,王铁骊,等.会展产业综合效益评价指标体系初探[J].南华大学学报(社会科学版),2005,6(2)：42-45.

（二）通过标准化提高项目管理绩效

会展企业实施 ISO 9000 族标准,有利于提高产品和服务质量,保护消费者利益,增强顾客满意度;有利于提高企业的运作能力和效率;有利于企业的持续改进和有利于满足客户的需求与期望。①

事实证明,在标准化建设的鞭策和促进下,建立起会展企业的质量手册、程序文件和各种必要的工作规程,将市场调查、项目策划、合同评审、评价选择供方、招商招展、现场管理、现场服务、配套活动及会后的客户满意度调查、评价总结、改进等整个过程全部纳入规范化的管理体系并严格执行,就能够最大限度地避免因工作上的随意性而带来的失误,切实保障每次展会的质量,赢得主办方、参展商等多方满意。同时,企业由于建立了完善的改进机制,不断自我诊断找出差距、改进提高,从而树立了良好的品牌形象和市场口碑。

标准化十分有助于提升会展项目的产出能力,进而提高会展企业核心竞争力。上海现代国际展览有限公司、上海外经贸商务展览有限公司、上海国际展览中心有限公司等企业已通过第三方认证,有力地提升了企业的核心竞争力。例如上海国际展览中心有限公司从 1999 年起,首先在中国展览行业中取得了上海市质量审核中心 ISO 9002：1999 版质量管理体系认证,2005 年继而以 C 版形式实施 2000 版质量管理体系认证工作。

通过质量管理体系认证,可对服务过程进行有效控制、评价和改进。确保客户能时刻享受高效及超值的一流服务,客户对服务的满意率达到 90% 以上,客户投诉处理率为 100%。以客户为关注焦点,服务过程标准化、规范化、程序化,对展览服务项目实现全过程策划。

对涉及与客户服务间接相关的固定资产管理、仓库、后勤、财务、IT、档案、劳动人事等内部管理均纳入公司质量管理体系,为项目企业的内部体系规范运作和开源节流创造了良好的环境。

（三）实施会展项目的绩效管理

长期以来,一如我国其他企业,我国的会展企业较多采取对于会展项目的绩效考核形式辅助管理。然而,由于绩效考核只是管理过程中的局部环节和手段,并侧重于判断和评估,强调事后的评价,与团队成员的个性化发展不够吻合有效,故其对于会展项目及其团队成员的发展日益显现其局限性。

绩效管理则是一个完整的管理过程,较之于单一的绩效考核,它更侧重于信息沟通与绩效提高,强调实现沟通与承诺②,具有如下突出的优势：具有前瞻性,有效规划企业和员工的未来发展,协调项目发展与员工发展关系;通过沟通与协商,建立员工与经理之间绩效合作伙伴关系,化解因为绩效考核导致的经理与员工的紧张关系;是一个完整的系统,虽然费时费力,却是项目成长中十分重要的支撑。总之,绩效管理不只是一个测量和评估的过程,还是项目经理和团队成员之间创造互相理解的途径,是一种提高会展项目成员绩

---

① 新时期会展产业创新发展的若干关键问题. 丁豆网 http：//www.docin.com/p-604894275.html.
② 付亚和,许玉林. 绩效考核与绩效管理[M]. 北京：电子工业出版社,2011：16-25.

效和开发团队、个体的潜能,并使团队组织不断获得成功的管理思想和具有战略意义的、整合的管理方法。

综上所述,会展项目管理的全面创新,要以绩效管理为其人力资源管理体系中的核心内容,将绩效考核作为绩效管理中的关键环节而不是绩效管理的全部。显然,这对于会展项目管理而言,可以有效弥补单纯绩效考核的不足;有效提高会展项目的质量管理,并通过员工内在动力的激发,节省项目经理的时间成本,提高管理绩效。同时,积极催促员工的自主发展,从而推动项目的创造发展。绩效管理是一个循环流程,需要通过绩效计划与指标体系建立、绩效管理过程控制、绩效考虑与评估、绩效反馈与面谈、绩效考核结果应用五个步骤实施。充分体现了人性化管理和项目全员创新的管理理念。

第五节 会展项目的集成管理

项目集成管理(project integration management)是一个全新的现代项目管理知识领域,它自 20 世纪 90 年代前后出现并逐步拓展和应用,是根据项目全过程各项活动、项目各专项管理(成本、时间、质量、范围等)和项目各相关利益主体的要求等方面的配置关系所开展的一项集成性的项目管理工作。人们必须根据这些项目各方面的配置关系对项目进行充分、积极和正确的集成管理,以便对项目的实施与管理活动和目标进行全面的协调与控制。[①]

一、项目集成管理的特性与内容

项目集成管理是项目管理中的一项综合性和全局性的管理职能,是针对项目各专项管理的综合协调所开展的一项系统性的管理工作,有别于项目管理的其他职能,具有自身的独特性和在项目管理中的特殊作用。

(一)项目集成管理的特性

1. 项目集成管理的定义

PMI 的 PMBOK 中有关项目集成管理的定义是"包括在项目的全过程中识别、界定、合成、统一、协调项目管理的各种过程与活动的管理工作","在整个项目管理中具有合成、统一、关联和集合等方面的特征","不仅对项目的成功实施至关重要,而且对满足项目相关利益主体的需要和管理他们的期望方面也很重要"[②]。据此,戚安邦认为,项目集成管理是一种基于具体项目各项活动、各专项管理和全体项目相关主体要求的科学配置关系所开展的一种全面性的项目管理工作。

本书将项目集成管理定义为,以项目整体利益优化和最大化为目标,基于特定的配置关系,对项目的进度、成本、质量等项目管理要素及其过程进行协同创新的一种综合性管

---

① 戚安邦. 项目管理学[M]. 北京:科学出版社,2008:109-110.
② PMI. A guide to the project management body of knowledge[M]. 3rd Edition. PMI,2004.

理活动,是利用项目管理的系统方法、模型、工具,充分考虑项目各个环节以及各参与方之间的动态关系,对项目发展实施整合优化,以期超越项目具体目标和投资效益的管理创新模式。

2．项目集成管理的特性

(1) 基于配置关系的管理

项目集成管理是基于项目特定配置关系(configuration relationship)的系统性和全局性的项目管理工作,这是其最为重要的特性。所谓"配置关系",是指每个具体项目自身独特的项目目标与要求、项目产出物与工作、项目资源与价值等各方面的相互匹配的客观存在的关系。[①]

(2) 全面优化的系统管理

按照具体项目的科学配置关系综合项目各项活动、各个方面和各个要素为实现项目的系统性最优而开展的一种项目管理工作。鉴于每个项目多目标、多要求、多活动、多要素的实际,项目集成管理就是要将多目标、多要求、多活动、多要素全面集成为有机系统,以便提高管理绩效及项目产出。

(3) 全面协调的管理

项目集成管理是一种从项目全局出发全面协调和控制项目活动、要求、目标和各专项(各要素)的一种项目管理工作。从全局角度出发统筹安排和协调整个项目的各个方面与各个要素,从而实现项目整体的最优和效益最大化。

(4) 统一管理

统一管理即项目各方面必须按照一定的授权系统统一管理项目各个方面的特性。统一管理项目内部与外部资源、统一计划安排项目的各项业务和管理工作、统一应对与控制项目实施中出现的各种项目自身和环境与条件的变化、统一考虑项目各相关利益主体提出的要求和变更请求等,特别是统一计划安排和统一审批变更请求。

(二) 项目集成管理的内容

1．项目集成管理的基本方面

项目集成管理的基本方面包括项目全过程活动的集成管理、项目全部要素的集成管理、项目全体相关利益主体要求与期望的集成管理。

2．项目集成管理的基本内容

项目集成管理的基本内容包括项目集成计划的编制、项目集成计划的实施与控制、项目终结的管理。

3．项目集成管理各阶段的具体内容

项目集成管理的具体内容如表9-2所示。

---

① 戚安邦.项目管理学[M].北京:科学出版社,2008:111.

表 9-2　项目集成管理的具体内容

项目管理阶段	项目集成管理工作内容		
起始阶段	项目章程的编制	初步范围说明书编制	项目集成计划编制
实施阶段	集成计划实施的指导	项目集成计划的监控	项目变更的总体控制
结束阶段	项目管理的终结	项目合同的终结	组织过程资产的更新

二、会展项目集成管理的应用与方法

（一）会展项目集成管理的主要应用

1. 会展项目两要素的集成管理

这是项目集成管理的首要应用，其运用主要包括会展项目要素时间、成本、质量、范围等之间的两两集成管理。主要是会展项目的时间和成本、项目时间和质量、项目成本和质量、项目成本和范围、项目成本和质量等两两之间的集成管理。此外，两要素的集成管理还包括项目工作与项目资源、项目目标与产出物、项目产出物与项目工作等的两两集成管理。

以会展项目时间和成本的集成管理为例。项目时间和项目成本必须统一考虑，集成管理和控制。成功的项目集成管理技术方法就是项目时间与成本的集成管理方法，它由20世纪60年代的项目成本和工期控制系统规范发展为今天的项目挣值管理方法。任何会展项目的时间的提前或拖后都会引起会展项目成本的上升或下降，而任何成本的增减也会造成会展项目时间的变化。例如，为了缩短会展项目筹备时间，就需要组织加班或增加人力，需要增加人力资源成本，支付双份工资和各种各样的赶工费，从而引起项目成本上升。反之，如果削弱会展项目的成本，会展项目投入的招商招展费用将减少，从而直接影响会展进度。因此，在项目管理中时间和成本是互相影响紧密联系，必须按照挣值管理方法进行两要素的集成管理的。再例如，会展项目产出物与项目工作的集成管理属于广义的项目两要素集成管理。因为会展项目产出物的质量、数量和交付时间都是靠会展项目工作范围、质量和数量保证的。会展项目实施过程中的项目产出物和项目工作是分别管理的，项目产出物采取产品质量控制方法管理，而项目工作采取过程质量控制的方法管理。如果不能按照集成管理的方法进行两者的综合管理，虽然各自均符合质量要求，但项目最终无法获得符合质量要求的产出物。

2. 会展项目三要素的集成管理

涉及会展项目三要素的集成管理，主要包括项目时间、成本、质量的三要素集成管理，项目范围、时间和成本的三要素集成管理以及项目时间、成本和资源三要素集成管理乃至项目目标、产出物和工作三要素的集成管理，等等。

三要素集成管理中以项目时间、成本、质量的集成管理最为重要。这三者中任何一个要素的变动都可能引起其他要素的互动。例如会展项目时间变动会导致会展项目质量和项目成本的变动，所以三者必须采取集成管理办法进行有效管理与控制。

3. 会展项目四要素的集成管理

对会展项目质量、范围、成本和时间四要素的集成管理，是最主要的四要素集成管理的应用。因为这四项要素在许多情况下是相互关联的，任何一个要素的变动，都会引起其他要素的互动。例如，项目工期的变动会要求资源的采购与供应时间和数量发生变动；而资源采购和供给的时间与数量变动又会使项目成本发生变动；如果资源的供给存在数量和时间方面的限制，项目的工期进度就必须调整，并且这种调整一定会造成项目成本的变化。所以在项目管理中，项目工期、质量、资源和成本这四大要素也需要按照集成管理方法进行综合的管理与控制。

4. 会展项目全要素的集成管理

全要素的集成管理是会展项目集成管理的最高应用层次，也是真正意义上的集成管理。要求做到会展项目的范围、时间、成本、质量、资源、风险等各个项目专项（要素）的全面集成管理。会展项目的任何一个要素的变动都会引起其他要素的变动。例如会展项目时间压缩会造成会展项目的资源减少、成本增高、质量下降以及范围缩小等。甚至这些变动还会使会展项目的不确定性和风险性增加，从而影响展会的价值和声誉。

（二）会展项目集成管理的技术方法

项目集成管理技术方法是现代项目管理研究的重要领域之一。至今尚未建立适合项目集成管理所有领域的全套方案和技术方法，多数停留于理论和设想阶段。现有技术方法主要有如下几种。[①]

1. 项目两要素集成的技术方法

项目集成管理技术方法中最为成熟的就是项目成本与时间的两要素集成管理技术方法。现即为项目挣值管理方法。详见本书第六章相关内容。

2. 项目三要素集成的技术方法

项目三要素集成的技术方法使用项目三角形法进行。如图9-3所示，设定项目质量为第一重要并要求确保的项目要素（如方案1和方案2的质量要素一样），然后变动其他两个要素并找出它们三者之间应有的配置关系，最终确定项目时间、成本和质量的三要素集成结果。其他某要素如项目时间固定，而改由另两个要素变动，以此类推。总之，根据这种项目三角形所示的具体项目三要素的配置关系，即可开展三要素的项目集成管理。

3. 项目四要素集成的技术方法

诚如三要素集成，项目四要素集成的技术方法也不是一种工程性的科学管理方法。该方法使用项目三角形及其内切圆所构成的模型去表示和配置项目的范围、时间、成本、质量要素中四个要素之间互相关联和影响关系，并以此对它们进行有效的集成计划与管理控制。与三要素集成不同的是，该方法的内切圆表示项目所需确保的核心要素。如

---

① 戚安邦.项目管理学[M].北京：科学出版社，2008：111.

图9-4所示内切圆就是项目范围例如会展项目的展会规模。而其他三要素由项目三角形的各边表示。如果项目范围变化(演变为虚线的内切圆),项目的其他要素也会变化,成为虚线的三边。

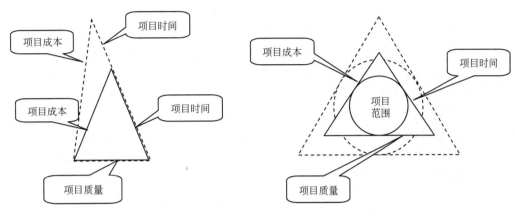

图9-3 项目时间、质量和成本三要素的集成方法模型

图9-4 项目范围、时间、质量和成本四要素的集成方法模型

4. 项目全要素集成的技术方法

实际上,任何项目都有很多个项目要素,只是人们难以做到全要素的集成管理,退而求其次而采取了两要素、三要素、四要素等集成管理方法。

同理,全要素集成管理方法采取项目多边形法。如图9-5所示,只要构成项目多边形的任何一边作出调整,另外的边及内切圆都会受到影响。项目多边形的集成管理方法是一种分步集成的方法。首先确定项目多边形的首要要素,然后通过逐步改变其他要素去分析和找出项目各要素的配置关系,最终根据这种关系集成计划、管理和控制这些项目要素。

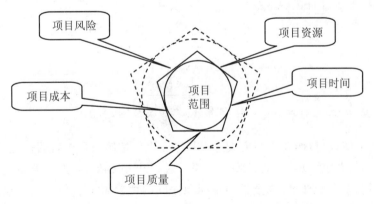

图9-5 项目范围、时间、质量、成本、资源和风险等要素的集成模型

5. 项目分步集成的技术方法

这是项目集成管理技术方法中最为重要的技术方法。以项目的范围、时间、质量、成

本四个要素集成管理为例,具体方法与步骤如下。①

第一,必须以项目目标为导向来开展项目集成管理,而这种目标导向性不但要体现在项目集成管理过程中的各个管理阶段,同时也要落实到管理方法和管理工具的应用中。

第二,项目要素两两集成。项目要素的配置关系都是建立在要素间两两关系之上的。换句话说,项目要素间的两两关系是构成项目四要素间科学配置关系的基本元素,这些关系不但能将不同的要素相联系,并且使得它们形成了一个能够满足既定目标的系统。同样地,这种两两集成管理不但需要有科学的方法和工具作为实现的手段,而且需要在整个管理过程中都加以落实。

第三,项目要素分步集成。项目作为一个系统,系统功能、结构和关系是其必要元素,而两两要素间的关系是构成项目系统结构和实现系统功能的基础,还必须通过要素间的相关关系才能使其构成一个系统,因此在以项目四要素间科学配置关系为依据进行项目要素集成管理时,不仅要开展要素间的两两集成管理,还要开展分步集成才能最终实现对项目系统全局性的管理,而要实现这种分步集成不但要考虑要素间存在的关系,还要考虑集成的顺序,而这种顺序正是由要素目标的优先性所决定的。与此同时,这种分步也同样需要贯穿于整个集成管理和项目实施过程当中,并且要有相应的方法和工具。

此外,还需要有适当的工具和技术支撑来完成这一管理活动。这些工具或技术包括目标分解(OB)、价值工程(VE)、项目工作分解、项目关键路径法、基于活动的项目成本核算(ABC)等。这些方法都可用于项目两要素间科学配置关系的建立,但根据项目要素目标优先性的不同,其所采用的具体步骤也不尽相同。其具体内容如图9-6所示。

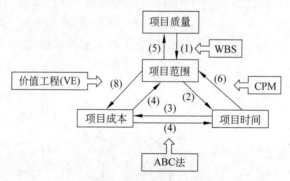

图 9-6 项目四要素分步集成技术方法示意图

由图9-6可知,项目四要素的集成过程和方法可以按照项目要素的优先序列,采用两两分步集成的模式去实现。这种四要素的集成过程和方法依据项目要素的优先序列不同而具有不同的分步集成步骤,需要按照不同顺序的两两要素分步集成的过程去实现。例如,对于项目质量优先的项目而言,就可以通过(1)→(2)→(3)→(4)这样的顺序对项目开展项目集成管理,其中包括对项目开展集成计划、控制和变更等一系列管理工作。

---

① 戚安邦,尤荻.项目四要素科学配置关系及分步集成方法初探[J].科学学与科学技术管理,2012,33(10):26-30.

会展项目管理创新是全方位的,除了信息化技术运用、项目创新、管理综合化之外,也包括组织创新和合作创新等。例如冬季模拟大会(WSC)的发展就是一个极好的案例。WSC 项目的发展,新曲目和小型曲目的迅速增加,以符合 WSC 与会者的兴趣;随着 1995 年 www.wintersim.org 的推出,该网站很快成为向与会者传播信息的主要工具。此外,它还开发了在线纸张管理系统,用于提交、审查、修订和最终交付会议进程中所有论文的出版商。该网站还对会议记录的发布和存档方式进行了重大改变。最后,WSC 项目管理创新,还涉及 WSC 董事会结构、会议融资、新的会议场所的国际化和合作创新等。由此促进了该项目从增长、巩固到创新的鲜明特征。[1]

案例

会展物流集成管理模式[2]

要实现完全意义的集成管理,必须经过三个过程,即物流功能集成、供应链管理和物流服务商的联盟。

(1) 物流功能集成。在会展物流管理的最初阶段,主要集中在物流各功能要素的整合上。今天,越来越多的组织认识到了集成的重要性,强调集成是组织降低成本,提高效率的主要方法。下图描述了会展物流功能集成结构。由图 9-7 可知,会展物流系统包括两方面。一方面是物流作业系统,即前述的运输、仓储、配送、装卸搬运、包装、进出口报关和清关等相关活动,其间,展品是各个活动的中心;另一方面是物流信息系统,即为保证各职能部门正常运转而提供相关信息的交互系统,其信息主要包括参展商的信息、主办方的信息、物流代理的信息等。只有将各功能要素有效整合,才能保证将恰当的展品在恰当的时候送到恰当的地方。

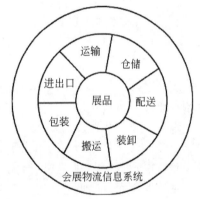

图 9-7 物流功能集成结构图

物流功能集成的第一步任务目标是实现各个功能内部的集成化管理。例如运输功能,由于空间的无限性,使得公路运输、铁路运输、水路运输及航空运输等多种方式并存,而这种并存又割裂了展品的顺畅流动。尽管各运输方式在运输量、运输质量、运输时间方面各有所长,但由于时间和空间的间断,加大了展品流转过程中的风险,如等待时间加长,损坏概率加大等。如果能将各种运输方式有机地整合起来,则能有效地缩短展品的在途时间,提高展品安全抵达的概率。目前,集装箱船的使用,国际联合运输均较好地体现了各功能内部集成的思想。

物流功能集成的第二步任务目标则是各个功能之间的集成化管理。即如何将不同的

---

[1] Barton R R, Joines J A. History of the winter simulation conference: Period of growth, consolidation, and innovation(1993—2007). W. K. V. Chan, A. D'Ambrogio, G. Zacharewicz, N. Mustafee, G. Wainer, and E. Page, eds. Proceedings of the 2017 Winter Simulation Conference: 87-99.

[2] 罗志洪. 会展物流:供应链体系与集成管理模式[J]. 江苏商论,2009(3):67-69.

功能主体形成一个总体物流过程,使得各个环节能够高效无缝地链接。在企业物流中,MRP(物资需求计划)Ⅱ和JIT(准时制)思想能够较好地解决这一问题。但是由于会展物流本身的特殊性,使得该阶段的集成,不仅需借鉴企业物流的集成思想,还有赖于参与会展活动各个相关主体的支持。因而,会展物流的集成不仅体现在各个功能主体的整合,还包括相关参与主体的集成。

(2) 供应链管理。市场竞争的实质已不是单个企业之间的较量,而是供应链与供应链之间的竞争。会展活动中涉及主办者、搭建商、会展物流服务商(运输商、货运代理)、展馆方、信息服务商、参展商等多个市场主体。他们之间相互作用,形成错综复杂的网络。在此网络中,又存在着多条供应链。例如以会展主办者作为核心企业,则搭建商、会展物流服务商、展馆方、信息服务商、参展商等都是其战略合作的伙伴。若以物流服务商作为核心企业,其供应链结构如图9-8所示。

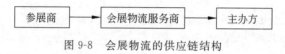

图9-8 会展物流的供应链结构

可见,尽管物流服务的主体是会展物流服务商,但是在展品的实体流动过程中,参展商和主办方中任一方的效率低下都会影响到整个物流服务效率。因而必须从整个供应链角度去研究、规划和管理。由于会展物流具有高度及时性、运送的稳定性和返回物流等特征,使得供应链管理思想(如准时制、快速反应等)在应用时,应考虑到会展物流的实际需求。

(3) 物流服务商的联盟。在会展物流中,物流服务商实际上提供的就是典型的第三方物流服务。他们是提供物流活动的实际主体。其主要优势是具有规模优势和专业化优势。但是随着会展业的国际化趋势,参展商也越来越倾向于选择完备而高效的"一站式"物流服务。这一趋势导致了物流服务商的横向联盟。一方面可以迅速高效地满足参展商的实际需求;另一方面也可进行优势互补,通过资源整合降低成本,达到多赢的局面。目前物流服务商联盟的典范是国际展览物流协会(IELA)。它是一个有着70多家展品物流货运代理的全球化协会。成为IELA的会员,可以相互制定合作协议,而且可以使用当地的货运资源,从而在服务水平和费用方面获得保障。此外,有助于解决当地化物流的问题。例如运输方面需熟悉当地的交通法规,海关方面需熟悉当地的法律,等等,此类问题均可通过与当地的物流服务商合作而得到解决。

案例分析

第三篇

会展项目的风险与评估管理

第十章

会展项目风险管理

关键术语

- 项目风险(project risk)
- 风险规划(risk planning)
- 风险控制(risk control)
- 风险转移(risk transfer)
- 风险评估(risk assessment)
- 风险监控(risk monitoring)
- 风险应对策略(risk response strategies)

学习目的

- 熟悉会展项目风险管理的主要过程和风险管理规划的主要内容。
- 了解会展项目风险的定义、特征及其分类,掌握常见会展项目的风险类型。
- 掌握会展项目风险识别的依据、过程、相关技术工具及其相关成果。
- 理解运用会展项目风险评价的内容、原则和方法,对相关会展项目进行风险评估。
- 熟悉会展项目风险控制及其应对策略。
- 结合典型案例分析,了解如何预防和应对会展项目中的风险,并理解风险管理的现实意义和作用。

第一节 会展项目风险管理概述

2010年5月30日,因获知韩国偶像团体要到上海世博会参演,大批粉丝从全国各地涌来购买门票。但是由于人数众多,最终粉丝和世博会方面的武警、保安、志愿者之间发生摩擦,并渐渐衍生至对骂甚至武力行为,这就是"5·30事件"。有学者统计,2000年至2006年,国内外大型活动中共发生85起踩踏事故,造成4 026人死亡、7 513人受伤,平均每起踩踏事故死亡人数约为47人,平均受伤人数约为88人,平均每起事故都达到了我国规定的特别重大伤亡事故级别。[①] 这些恶性公共事件的发生,不少源于会展项目管理人

---

① 王起全,王敏.大型活动拥挤踩踏事故人群疏散研究分析[J].三峡大学学报(人文社会科学版),2008(30):34-37.

员对行为风险的防范准备不足,同时也说明了会展项目风险管理的重要性。事实上,除了规避风险创造客观价值之外,项目风险管理可以通过各种形式创造价值,如规范标准等主观价值。①

会展期间,人流与物流高度密集、流动性大,人群和物资类型均十分复杂,不可控因素和易变性因素多,决定了会展活动属于高风险行业。风险管理对会展项目实施中的风险问题引入科学的管理技术,它以最小的成本使项目达到最大的安全保障。

一、风险与项目风险

(一)风险的定义

风险的基本含义是损失的不确定性。目前,关于风险的定义主要有以下几种观点。②

1901年,以研究风险问题著称的美国学者A. H. 威雷特认为,风险是关于不愿发生的事件发生的不确定性之客观体现。1921年,美国经济学家F. H. 奈特在威雷特的基础上,提出,风险是可测定的不确定性。

20世纪80年代初,日本学者武井勋在吸收前人研究成果的基础上对风险的含义重新进行了表述"风险是在特定的环境中和特定期间内自然存在的导致经济损失的变化"。

1992年,Yates和Stone进一步提出了风险结构的三因素模型,透彻地分析了风险的内涵。他们认为风险是由三种因素构成的,即潜在的损失、损失的大小、潜在损失发生的不确定性。

本书借用国际标准化组织(ISO 31000:2018)在风险管理标准中的规定,该规定认为,各种类型和规模的组织都面临内部和外部因素及影响,这些因素和影响使得组织实现其目标面临一定的不确定性。这种对一个组织的目标影响的不确定性即是风险。

对于风险的定义,可以从以下几个方面进行理解。

第一,风险的本质与核心是不确定性。风险事件的发生具有不确定性,影响的结果同样具有不确定性。

第二,影响是和预期的偏差,包括正偏离与负偏离。只是正偏离属于风险收益的范畴,它激励人们勇于承担风险,获得高风险收益。本书中重在讨论对风险负偏离的管理。

第三,风险是客观存在的。风险是不可避免的,并不取决于人们是否意识得到。

(二)会展项目风险的定义及特征

会展项目风险是指会展项目在其特定的约束条件下,项目的预期和实际收益之间发生偏离的可能性与可能带来的后果。会展项目风险具有以下特性。

1. 项目风险存在的客观性

物质因素和人为因素都构成潜在的风险因素,它不以人的意志为转移,人们可以规

---

① Willumsen P, Oehmen J, Stingl V, et al. Value creation through project risk management[J]. International Journal of Project Management,2019: 1-19.
② 汪忠,黄瑞华. 国外风险管理研究的理论、方法及其进展[J]. 外国经济与管理,2005,27(2): 25-31.

避、控制、转移风险,但是不能够从根本上消除风险。①

2. 项目风险存在的普遍性和系统交互性

没有无风险的项目。新技术的发展,带来了更多的潜在风险。技术越先进,事故损失越大;项目技术结构越复杂,总体越脆弱;项目技术收益越高,风险潜势越深。同时,独立风险在现实中很少存在,项目风险往往交织系统出现、相互影响。② 因此,风险具有系统交互性。

3. 某一具体风险发生的偶然性和必然性

项目风险是客观存在的,但对于具体的风险来说,并不是必然的,其具有偶然性。风险何时发生,以及发生的后果都无法准确预测。这意味着风险的发生在时间上具有突发性,在后果上具有灾难性。风险发生的偶然性程度可用概率来描述,如图10-1所示,概率在0~1/2时,随着概率的增加,偶然性也随着增加;概率为1/2时,偶然性最大;概率在1/2~1时,随着概率数值的增加,偶然性随之减少,当概率为0或1时,偶然性最小。

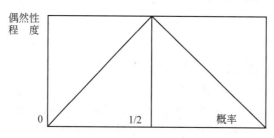

图 10-1 损失概率和偶然性程度

虽然个别项目的发生是偶然的、无序的、杂乱无章的,但是从大量同类风险事故资料的观察和统计分析,发现其呈现出明显规律性,加之风险是客观存在的,因此风险的发生有一定的必然性。

4. 项目风险的可变性和可测性

随着项目的进行,客观条件发生变化时,风险在质和量上也会发生一定的变化。在一定的空间和时间范围内,某种特定的风险被消除,同时也可能产生新的风险。③

尽管项目的一次性使其不确定性比其他经济活动大得多,使得项目风险的可预测性较差。但是,人们可以认识并掌握客观状态变化的规律性,利用现代的计量方法和技术,近似地勾勒出项目风险的动态规律,为项目风险识别和评估提供科学的依据。

(三)会展项目风险的分类及常见风险

1. 会展项目风险的分类

总体来说,会展项目风险的分类主要有:按阶段分类,项目风险可分为概念阶段、开

---

① 沈建明.项目风险管理[M].北京:机械工业出版社,2003:12.
② Zhang Y. Project risk management using fuzzy failure mode and effect analysis and fuzzy logic. Int[J]. Services and Operations Management,2015,20(2):819-830.
③ 甘华鸣.项目管理[M].北京:中国国际广播出版社,2002:482.

发阶段、实施阶段和收尾阶段;按表现形式分类,项目风险可分为信用风险、生产风险、市场风险、完工风险、金融风险、政治风险、环境风险;按项目的投入要素分类,项目风险可分为人员、时间、资金、技术等;按风险的可控制性分类,项目风险可分为项目的核心风险和环境风险。

2. 会展项目的常见风险

举办展会面临的常见风险有四种,即系统风险、经营风险、财务风险和合作风险,其中后三种风险为内生型风险,也称为企业风险,是指由于会展企业内部管理不善在经营中面临的风险。这意味着如果会展企业经营得当,可以在一定程度上避免这类风险。

(1) 系统风险

系统风险是指那些对所有企业都产生影响的风险,如战争、自然灾害、瘟疫、经济衰退、通货膨胀、恐怖袭击等。这类风险涉及所有企业,又称"不可分散风险"。系统风险一旦发生,就会给展会带来灾难性的影响。对于这类风险,办展机构仅靠自身的力量很难克服,也很难抵挡它们给展会带来的不利影响。办展机构只能采取一些措施对它们进行预防和规避,将它们对展会的不利影响降低到最低限度。

(2) 经营风险

经营风险是指因办展机构经营方面的原因给举办展会带来的不确定性,如展会定位不当、招展不力、招商不顺、宣传推广效果不佳、人力资源及人员结构不适合、出现新的竞争者、管理不善等。这些问题都会影响到展会实现其预期目标,如布展管理不善而引起现场发生火灾,或者管理不善而出现安全问题等对展会带来的损失。经营风险不像系统风险那样不可抗拒,如果提前预防,很多经营风险是可以克服或者控制和消除的。值得注意的是,经营风险一旦出现,很容易给相关会展和办展机构的市场声誉造成伤害,并严重影响它们的形象。另外,对筹备举办展会而言,经营风险很多时候集中表现为招展不理想,展会无法达到预期招展规模。比较常见的经营风险还有会展开幕期间的食品安全问题、与会公众的卫生健康问题、会展安保问题等。如果会展的主办机构组织不力,还可能出现参展商"闹展""罢展"等问题。所谓参展商"闹展"和"罢展",是指由于会展效果与会展主办单位对外宣称的不符,参展商因不满而在会展现场"闹事"或干脆不再继续展览的现象。参展商"闹展"和"罢展"是展会的严重经营危机,办展机构必须事先防范。

(3) 财务风险

财务风险包括举债筹措资金给办展机构在财务上带来的不确定性和办展机构资金投入所带来的不确定性。如果办展机构举债筹措办展资金,由于种种原因,办展机构息税前资金利润率和借入资金利息率之间具有很大的不确定性,这种不确定性会使办展机构自有资金的利润率变化无常。如果办展机构的税前利润还不够支付利息,展会就有发生亏损的风险。另外,办展机构投入筹办展会的各种资金能否按期如数收回,也有一定的风险,并不是所有的展会都能带来利润的。对于财务风险,办展机构可以通过维持一个合理的资金结构,或者慎重选择会展投资项目等措施来进行规避和降低。

(4) 合作风险

合作风险是指办展机构各单位之间、办展机构和展馆之间、办展机构和展会各服务商和各营销中介之间,在合作条件、合作目标和合作事务各环节上可能出现的不协调、不一致和其他不确定性。合作风险的出现,不仅会影响到办展各有关单位、机构、各展会服务商和各展会营销中介之间的合作,还会给展会本身、展会服务以及展会的展出效果等多方面造成不良影响。办展机构可以通过细化合作条件、明确各合作单位的责任权利、加强与各单位的沟通等多种方式来消除和降低合作风险。

二、会展项目风险管理

(一) 会展项目风险管理的定义和特性

1. 会展项目风险管理的定义

会展项目风险管理是指会展管理组织对风险的指挥和控制的一系列协调活动,主要包括对风险进行规划、识别、评估、应对、监控等过程,是以科学的管理方法实现项目最大安全保障的实践活动的总称。

项目风险管理的目标,不在于管理项目风险本身,而在于使项目成本最小化而目标最大化。[①] 项目风险管理目标通常分为两部分:一是损失发生前的目标,二是损失发生后的目标,两者构成了风险管理的系统目标。风险管理作为项目管理的重要组成部分,它贯穿于项目的整个生命周期,是在了解和掌握项目风险的来源、性质和发生规律的基础上,对其进行的有效管理。

2. 会展项目风险管理的特性

(1) 多主体性

明确并识别项目进展中属于自身承担的风险,是对风险进行管理的基础。不同的利益相关者,承担的风险是不同的。例如,从 2003 年的"非典"到 2020 年的新型冠状病毒肺炎,在这些突发性的公共卫生事件发生时,很多展会都停办或者延期举办,对于主办方来说,前期投入都无法收回,更谈不上利润;对于参展商来说,不仅损失了参展前期的准备支出,而且还会影响全年的销售利润。

(2) 前瞻性

项目风险管理是一种主动而不是被动反应的方法,它是一种预防性过程。会展项目主管,必须在潜在的问题发生前就能辨识并制定应对策略,提高其向有利方面转化的概率。实现这一原则的基本点是利用系统分析技术,从而进行前瞻性的评估。

(3) 动态性

风险存在于项目的进展之中。一旦项目的目标、时间和费用计划确定,该项目的风险计划就随之完成。但是,在会展项目执行过程中,其所处的主客观条件,如项目经理变更、上级要求的时间压缩、重大社会事件等发生变化时,相应的风险评估也要随之变化。

(4) 时段性

不同的风险可能只存在于项目的某一阶段。同样,风险的承担者也只在特定的时间内才承担这些风险。例如,延期或停办的风险只存在于展会的前期,而在展会的现场,风

---

① 邱菀华. 现代风险管理方法与实践[M]. 北京:科学出版社,2003:36-40.

险主要表现为火灾、疾病、意外伤害、安全等。

(5) 经济性

项目风险的计划编制、识别、分析、监控和处置都需要分配项目的资源。项目风险管理是预防和应对未来可能出现的问题,真正的价值并非能够体现,有可能用于风险管理的投入将来会抵消甚至多于风险造成的损失。因此,风险管理是项目管理中的一项成本。

(二) 会展项目风险管理的原则

会展项目风险管理的首要目标是避免或减少会展项目损失的发生,为了确保风险管理富有成效,会展组织的各个层面应该遵循以下原则。

1. 风险最小化原则

风险管理可以理解为会展项目中风险最小化的过程,风险管理的要旨是风险最小化,要实现风险最小化,必先"识别面临的风险",而后才能"选择最有效的方法"达到目标[①]。其中对于"最有效的方法"选择的过程,也要考虑成本,以最合理、经济的处置方式把控制损失的费用降到最低,通过尽可能低的成本,达到项目的安全保障目标。最佳的风险管理是消除风险于未形成之前。风险管理保护了价值,也相应创造了价值。

2. 本质化透视原则

风险存在于项目的整个环节中,作为一个高效率的管理者来说,必须时刻注视形势的变化,优先行动和作出明确决策,以免使自己因毫无准备而陷入被动状态。环境因素的许多变化都预示着是否面临决策,管理者还应对环境的变化进行认真分析,只有对各种预兆进行分析,才能透过表象看到环境变化的本质,才能找到造成问题的根本原因,对事物的发展作出正确的预计。

3. 不确定性判定原则

风险是不确定的,风险的不确定性是指发生与否不确定,发生的时间不确定,发生的状况不确定,发生的后果严重性程度不确定。风险管理者应基于有效信息实施的能动性、积极组织各利益相关者参与风险管理,彰显风险管理的透明性与包容性。明确以下风险管理内涵有助于理解并运用风险不确定性原则。

(1) 风险管理是系统的

制定和实施风险战略,有利于组织管理的改进。系统的、及时的和结构性的风险管理方法有助于提高效率并得到连贯一致的、可衡量的、可靠的结果。有学者甚至提出采取结构化的项目风险交互管理(PRIM)实施现代项目的风险管理,将这些相互作用的识别、评估和分析纳入经典的项目风险管理(PRM)过程中。[②]

---

① 齐宏志. 对风险管理原则的理解[J]. 认证技术,2011,7: 40-41.
② Franck Marle. Int. A structured process to managing complex interactions between project risks [J]. Project Organisation and Management,2014,6(1/2): 4-32.

（2）风险管理基于有效信息

风险管理流程是以有效信息为基础的,因此在各个过程中要收集大量的信息,如历史数据、经验、利益相关者的反馈等信息,并对这些信息进行观察、预测和专家判断,以便进行风险评估。然而,决策者应该了解并考虑到,数据或模型的局限性以及专家之间分歧的可能性,以便形成有效信息,从而成为判断风险程度的科学依据。

（3）风险管理是定制的

风险管理和该组织的外部与内部环境及风险状况是相互匹配的。任何一个会展组织都是在一定的环境中开展管理活动的,而这一环境存在的各种不确定的因素可能使组织不能实现其经营目标,这种有风险的经营环境就是组织的风险环境。[①] 项目风险管理计划和措施必须结合环境对该项目风险影响的要求,针对性地开展管理过程。

（三）会展项目风险管理的过程

项目风险管理的基本程序一般是由若干主要阶段组成的。对于风险管理过程的认识,不同的组织或个人是不一样的。最早编著企业风险管理书籍的研究专家,哈里·鲍姆（Boehm BW）认为风险管理过程包含两个最主要的阶段:首先是风险评估（reisk assessment）,主要包括识别、分析和确定风险的优先级;其次是风险控制（risk control）,主要包括风险管理计划、风险应对、风险监视计划、跟踪和纠错行动。

ISO 31000 风险管理标准把管理的过程主要分成若干个环节,主要包括规划内容（establishing the context）、风险识别（risk identification）、风险分析（risk analysis）、风险估计（risk evaluation）、风险应对（risk treatment）,如图 10-2 所示。

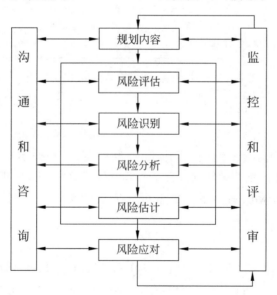

图 10-2　ISO 31000 的风险管理过程

[①] 齐宏志.对风险管理原则的理解[J].认证技术,2011(7):40-41.

对于风险管理过程的研究,虽然不同的企业风险管理侧重点不大相同,不过,其核心的内容是相似的。风险管理的核心内容是对风险的识别、评估和应对。显然,风险越早发现、越早干预,其管理的成本就越低。存在所谓的1∶10∶100的经验值,即将风险控制分为三个阶段的话,第一阶段的风险管理成本是1,但第二阶段、第三阶段分别达到10和100①。根据我国会展项目管理的实践,结合国外经典项目管理教程的理念,本书将项目风险管理的过程集中从三个方面展开分析,如图10-3所示,它们分别是风险识别、风险评估和风险控制。

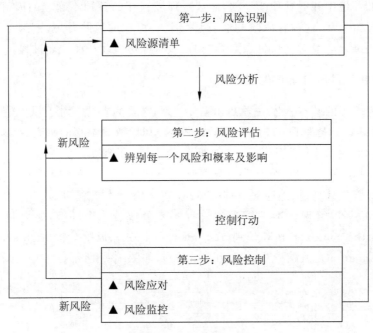

图10-3 风险管理过程

以下结合《孙子兵法》的相关内容,具体分析和理解项目风险管理的三大过程。②

1. 风险识别

知彼知己者,百战不殆;不知彼而知己,一胜一负;不知彼不知己,每战必殆。识别项目风险是风险管理的前提和基础,它是指运用一定的方法,分析项目找出已知风险和可能的风险源。风险识别不是一次就可以完成的事,应在项目的运作中定期多次进行。

2. 风险评估

"未战而庙算"对战争胜负起着决定性的作用,"庙算"策划得好,能胜战。对项目风险进行定性和定量分析是"庙算"的主要内容,也是项目风险管理中重要而复杂的一环。风险评估是在识别的基础上,对所收集的大量详细资料加以分析,通过运用概率和数理统计

---

① 彭青.大型会展活动中的紧急事件预防与应对[M].南宁:广西人民出版社,2004:18.
② 袁静.《孙子兵法》与项目风险管理[J].管理创新,2011(9):58-59.

来估计与预测风险发生的概率和损失幅度,在此基础上,衡量该风险对项目的影响程度和处理该风险所付出的成本,确定是否采取应对措施。

3. 风险控制

"水无常形,能因敌变化而取胜者,谓之神,故兵无常势",以变应变,以变制胜是孙子的一个重要战略思想,由于风险发生是在变化之中的,因此要求风险控制要有"变胜"思想。风险控制就是对不确定性进行应对和监控,是在识别和评估风险的基础之上,对可能发生的风险,采取回避、转移、自留等有效措施,除了应对已识别的风险,同时还要识别潜在风险并对风险的管理进行监控,以保证项目计划的顺利实施。

一定程度而言,项目的防患风险就是项目风险管理障碍的消除。新近研究指出,缺乏高层管理人员的支持、缺乏正规培训以及缺乏处理文化差异是许多项目风险障碍中最优先的障碍。[①] 因此,从项目风险管理的战略决策考虑,风险控制首先要消除自身的障碍,以取得风险控制的主动权。

案例分析

三、编制风险管理规划

(一) 风险管理规划的含义

风险管理规划(risk management planning,简称 RMP),作为项目风险管理系统外围支持系统的重点,它指的是规划和设计如何进行项目风险管理的过程,该过程包括定义项目组织及成员风险管理的行动方案与方式,选择适合的风险管理方法,确定风险判断的依据,等等。风险规划作为一个战略性策略,是展开风险识别的工作基础,也是整个项目风险管理的指导性纲领。

(二) 风险管理规划制定的依据和内容

1. 风险管理规划制定的依据

(1) 项目范围

项目范围是指项目的最终成果和产生该成果所需要做的全部工作。主要内容包括六个方面:项目目标、可交付成果、里程碑、技术要求、限制和排除条件、项目干系人的影响。

---

① Dandag R V, Mantha S S, Rane S B, et al. Analysis of interactions among barriers in project risk management [J]. Published online:26 June 2017.

(2) 组织管理知识

组织管理知识是指组织管理经验和知识数据库,是组织从已经完成的项目中所获得的教训和学习到的知识,其主要内容包括组织进行工作的过程和程序与组织中全部信息存储检索的知识库。

(3) 项目管理计划

由于项目计划与目标之间可能存在偏差,或者为防止项目在实施过程中实际工作与计划工作的偏差,因此在项目风险管理规划时,应该重新核对计划和目标可能出现偏差的原因与程度,并为此风险提供应对和持续管理的措施。可以按照分部计划管理风险,并落实到相关的负责人,但需要一个综合管理员来协调各分部计划的风险,及时向项目管理者提供管理方案。

(4) 项目干系人对风险容忍度

风险容忍度是指组织及个人承受风险的能力和水平。项目组及个人所经历的风险管理时间和积累的相应风险管理经验不同,项目干系人在风险规划会议中陈述其风险方针与愿意接受的行动也不同,其风险容忍度将决定项目的管理和应对策略,对容忍度的测量将有助于风险的合理分担与管理。

(5) 项目环境因素

项目环境因素可以为分析项目的风险来源提供途径,也可以为监测风险发展趋势提供依据,主要包括项目实施的内部组织因素和外部影响因素。

2. 风险管理规划的内容

会展项目风险管理规划一般通过规划会议的形式制定。会议参加人员应包括项目经理、团队领导者、办展中的管理风险规划和实施的人员、主要的利益相关者以及任何需要参与的人员。会议过程中应集思广益,力图编制一个严密可行的项目风险管理计划方案。风险管理规划除了明确风险管理目标之外,主要包括如下内容。

(1) 确定人员职责

风险管理规划中要明确风险所涉及的部门及人员的职责,如要明确承办商、参展商及其他参与者的角色定位、任务分工及其各自的责任、能力要求,并规定会展项目风险管理各过程中应汇报或沟通的内容、范围、渠道及方式。

(2) 确定风险管理部门的内部组织结构

对于一个小的参展商,可能负责风险管理的只有一个人,但是对于一个大型的办展机构则要设立专职的风险管理部门。

(3) 各部门之间的合作安排

风险管理部门一般要与其他相关部门合作,主要包括会计部门、数据处理部门、法律事务部门、人事部门、生产部门等,通过加强与各相关部门的协作更好地把握数据和项目的进展情况。

(4) 时间周期及类型的说明

界定展会生命周期中风险管理过程的各个运行阶段及过程评价制和变更的周期或频

率。定义并说明风险评估和风险量化的类型级别。明确的定义和说明对于防止决策滞后和保证过程连续是很重要的。

(5) 跟踪控制

规定如何以文档的方式记录会展项目实施过程中风险及风险管理的过程,风险管理文档可有效用于对当前项目的管理、监控、经验教训的总结及日后项目的指导等。

(三) 风险管理规划的技术和工具

1. 风险管理图表

风险管理图表是将输入转变为输出的过程中所用的技巧和工具,它包含在项目风险管理计划中,以帮助人们能清楚地看到风险信息的组织方式。[1] 风险管理的三个重要图表是风险核对表、风险管理表格和风险数据库模式。

(1) 风险核对表

风险核对表将各个侧重点进行分类以理解风险的特点。核对表可以包含多种内容,如以前项目成功或失败的原因、项目其他方面规划的结果、项目产品或服务的说明书、班子成员的技能及可用资源等。表中应列出所有类型的可能风险,务必要把核对表的审议作为每项项目收尾程序的一个正式步骤,以便对所有潜在风险清单以及风险描述进行改进。

(2) 风险管理表格

风险管理表格记录着管理风险的基本信息。风险管理表格是一种系统地记录风险信息并跟踪到底的方式。任何人在任何时候都可以用风险管理识别表,也可以匿名评阅。

(3) 风险数据库模式

风险数据库表明了识别风险和相关的信息组织方式,它将风险信息组织起来供人们查询、跟踪、排序和产生报告。一个简单的表格可作为风险数据库的一种实现,因为它能自动完成排序、报告等。风险数据库的实际内容不是计划的一部分,因为风险是动态的,并随着时间的变化而改变。

2. 项目工作分解结构

工作分解结构的基本原则是化大系统为小系统,将复杂事物分解为较简单、易被识别的事物。利用工作分解结构分析项目风险的具体步骤是:先将项目按类别和层次分解为若干个子项目,找出它们各自存在的风险因素,然后进一步分解子项目,层层分解,直到能基本确定全部风险因素为止。最后再进行综合,绘出项目风险分解结构图(RBS),一般可分为 6 级或更多级别,如图 10-4 所示。[2] 如某会展风险结构分解结构图如图 10-5 所示。

---

[1] 许谨良.风险管理[M].4 版.北京:金融出版社,2011:36-41.
[2] 杨顺勇,施谊.会展项目管理[M].上海:复旦大学出版社,2009:204.

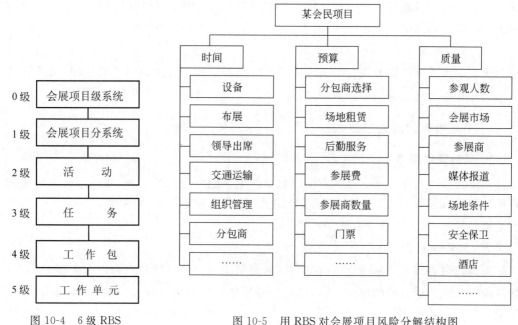

图 10-4　6 级 RBS　　　　图 10-5　用 RBS 对会展项目风险分解结构图

第二节　会展项目风险识别

一、会展项目风险识别的概念

风险识别(risk identification)是会展项目管理者识别风险来源、确定风险发生条件、描述风险特征并评价风险影响的过程。会展项目风险管理的首要问题就是对风险加以识别，识别的主要任务是找出项目风险事件，识别出引起项目风险事件的主要因素，并对项目风险事件和后果作一些初步的定性估计。

风险识别过程可以归纳为如图 10-6 所示的项目风险识别过程图。

二、风险识别的依据和过程

(一) 风险识别的依据

风险识别不是一次性的工作，它需要系统的、纵向和横向的思维。几乎所有关于项目的计划和信息都可能作为风险识别的依据，如项目进度及成本计划、工作分解结构、项目范围、类似项目的历史信息等。需要注意的是，风险识别只能发现已知风险，而某些风险，由于项目的独特性，不可能在其发生前预知，即未知风险。

要正确识别项目的风险因素，首先要具有与项目相关的全面真实的资料，并认真、细致地对这些资料进行分析研究。一般来说，项目风险识别的依据包括以下内容。

1. 风险管理规划

项目风险管理规划是项目组进行风险识别的首要依据，它规划和设计了项目风险管

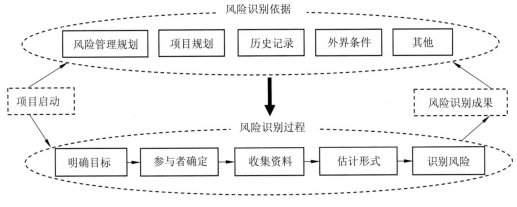

图 10-6　项目风险识别过程图

理的过程,定义了组织和成员风险管理的行动方案及方式。它向风险识别过程中提供了四个主要依据信息。[1]

① 角色和职责的分配。确定了风险管理中人员的分配并具体处理特定任务时的个人职责。

② 风险预算。获得风险管理的可用资金,以及跟踪风险管理过程中实际支出与预算之间的差距。

③ 风险管理时间表。该流程时间表应结合风险管理的进程和项目的生命周期。

④ 风险种类。在识别过程中,结合风险类别来组织和优先风险考虑次序。

明确合理的风险分类可以避免遗漏风险,并通过突出关键的因素,来发现那些对项目目标实现有严重影响的风险源。在项目启动和控制实施的各个阶段可能会出现各种风险,如上海滨江临海,世博园区又跨黄浦江,天气变化较大,而且世博会召开期间正值夏秋,易发生台风、梅雨、高温等异常天气情况,针对这些因素,要关注世博会开展过程中的系统风险。

2. 项目规划

项目规划中的项目目标、任务、范围、进度计划、费用计划、资源计划、采购计划及项目承包商、业主方和其他利益相关方对项目的期望值等都是项目风险识别的依据。也就是说除了要基于项目性质或产品来识别风险外,按照惯例管理知识领域来识别潜在的风险同样重要,如范围、时间、成本和质量等(见上一节相关图以及表 10-1)。[2]

---

[1] Barati S, Mohammadi S. Enhancing risk management with an efficient risk identification approach[J]. Management of Innovation and Technology,2008.

[2] Max W R. Project and program risk management:A guide to managing project risks and opportunities upper darty[M],PA:Project Management Institute,1992:Ⅱ-4.

表 10-1　与每一个项目知识领域相关的潜在风险

项目知识领域	风险情况
集成	计划部完善,资源分配没做好,集成管理不力,缺少项目后评审
范围	对范围或工作包的确定不清,定义不完善
时间	对时间或资源可用日期的估计错误,错误确定关键路径,对浮动时间或时差的分配管理不善,过早发布竞争性产品
成本	估算错误,生产力、成本、变更或应急费用不足
质量	质量重视不足,低标准设计、材料或做工,质量保证项目不足
人力资源	冲突管理不善,项目组织和职责划分不科学,缺乏指导
沟通	对计划或沟通重视不足,与主要利益相关者沟通不足
风险	忽略风险,对风险分析不清,保险管理不够
采购	不能执行的条件或合同条款,关系对立

3．历史记录

历史记录可以作为补充或者在没有正式的风险说明时使用,项目团队可以调查以前类似的项目来确定潜在的风险。具体来说,从组织的工作程序中,可以获得初步的风险识别,从组织全部信息存储检索知识库可以获得相关的类似的项目风险经验,同时也可以从公共信息渠道中获取对本项目有借鉴作用的风险信息。

4．制约因素与假设条件

项目建议书、可行性研究报告、设计和实施方案等项目规划与计划性文件,一般都是在若干假设的前提条件下估计或预测出来的。这些前提和假设在项目实施期间可能成立,也可能不成立,因此项目的前提和假设之中隐藏着可以识别的风险;项目环境必然受到国家的法律、法规和规章等项目主体无法控制的因素制约,这也隐藏着风险。因此项目计划和规划的前提、假设和限制因素,应当作为风险识别的依据。

（二）风险识别的过程

1．确定目标及关键参与者

在进行项目风险识别之前,必须明确项目风险识别的目标,并确定项目风险识别的关键参与者,这是进行项目风险识别前必不可少的组织工作。① 不同项目的性质不同,项目风险管理的侧重点就有所不同,风险识别的目标也不尽相同。依据项目管理规划,项目发起人项目组、设计项目组、实施项目组、审查项目组、承包商项目组要分别确定本项目组的项目风险管理的范围和重点。

根据项目组提供的项目风险管理范围和重点,再确定参与风险识别的关键人员。风

---

① 王敏,段云龙.项目风险管理的规范、方法及应用[M].昆明:云南科技出版社,2010:38-40.

险识别不应局限于核心团队,应该征求客户、赞助人、转包商、供应商和其他有关各方的意见,可以正式约见有关各方或纳入项目风险管理团队,以便确定训练有素的参与风险识别的关键人员。

2．收集资料和数据

为了识别项目的所有风险,首先要有目的地收集有关项目本身以及与项目有关环境的资料和数据。[①] 项目风险识别应该收集的资料大致有以下三类。

① 收集有关项目本身情况的资料,如项目的可行性分析报告、项目的需求建议书、设计文件、技术报告、项目计划、项目执行情况报告、变更报告等。

② 收集与项目所处的环境相关的一些信息资料,如相关的法律法规和规章制度、环保要求、原材料供应情况、国内外政治经济外交环境、水文气象信息等方面的资料。

③ 收集类似项目的有关管理资料,如同类项目的成败得失情况、遇到的风险及其主要症状、后果影响等。这些资料都能够为风险识别提供参考。

3．分析资料并估计风险形势

在收集足够的相关信息之后,就需要对这些信息进行分析,寻找潜在的风险源。在具体地分析资料、识别风险时,还可以利用一些具体的工具和技术。例如,可以用德尔菲法、头脑风暴法或专家面谈法等信息收集技术获取新的项目风险信息资源,或采取SWOT分析法、风险核对表、工作分解结构、故障树分析法、敏感性分析等,从已有的资料中识别出风险事件。例如,对场馆的实地考察报告,就是该会展项目风险评估的可用资料。

如果项目目标含糊不清,则无法测定项目目标是否达到或者何时达到,无法激励项目管理人员制定实现项目目标的战略。因此,通过项目风险形势估计,把项目目标量化,可以便于测量项目的进展,分析项目资源状况存在多大的不确定性,及时发现问题,正确处理冲突,必要时及时改变项目的方向或果断地终止项目。

4．识别潜在风险

风险识别需要对制订的项目计划、项目假设条件和约束条件、与本项目具有可比性的已有项目的文档及其他信息进行综合会审,识别出潜在的风险。风险的识别可以从原因查结果,也可以从结果反过来找原因,根据直接或间接的症状进行风险识别。

成功的风险识别的关键一点是态度。虽然相信并期待项目成功的态度在项目实施中是必需的,但项目经理要鼓励在风险识别阶段的关键性思考,目的是在问题发生前找出问题,运用科学的技术和工具对找到风险很有效,如果做得好,风险的数量可能会很多,最初的乐观会变成泄气,项目经理要设定风险识别过程中的正确基调,使成员保持对项目的信心。

---

① 王敏,段云龙.项目风险管理的规范、方法及应用[M].昆明:云南科技出版社,2010:38-41.

三、风险识别的技术和工具

借助一定的技术和工具有利于提高项目风险识别的成效,本文结合国内外的研究[①],介绍几种常用的有效的识别和评估风险工具,以下主要是识别风险的技术和工具。

1. 清单审查法

清单审查法的流行是基于电脑交流和数据库信息共享的便利。已有很多为各种项目建立好的商业数据库和清单表。清单的基本形式是对于给定项目预先列好其可能风险事件的列表,其特殊形式是,对于过去所从事过的某一类项目所发生过的风险事件列表。借助清单,对以往的经验和以前项目的风险管理计划进行审查,可以打开项目管理者的思路。但是,该方法对多个风险的来源描述不足,没有揭示出风险来源之间的互相依赖关系,对指明重要风险的指导力度不足,而且没有列入的风险容易发生遗漏。因此,在管理实践中,要结合具体的项目制作专业的项目风险清单表,并在后期管理中不断改进。

2. 流程图

流程图(flow chart)是用于给出项目的工作流程,可以帮助项目识别人员分析和了解项目风险所处的具体环节、项目各个环节之间存在的风险以及项目风险的起因和影响。[②]通过对项目流程的分析,可以发现和识别项目风险可能发生在哪个环节或哪个地方,以及风险发生对各个环节的影响程度。流程图是将项目的全部过程,按其内在的逻辑联系绘制成作业流程图,针对流程中的关键环节和薄弱环节调查与分析风险。流程图分析法是项目用于风险分析的常用方法之一,而且项目的规模越大,工艺越复杂,流程图分析越能体现其优越性。

3. 德尔菲法

采用德尔菲法(Delphi)的重要一环就是根据要函询的问题制定函询调查表。调查表制定的好坏将直接影响预测结果的质量。在制定调查表时,应该以封闭的访问为主,将问题的答案列出供专家选择。通常在问卷的最后,加入几个开放性的问题,让专家根据自己的知识和经验表述意见看法。在进行风险识别时,首先必须利用调查表确定项目的主要风险因素,然后可以设计更加详细的识别问卷,对专家进一步调查,重点调查可能发生的时间、影响范围、风险归属权等问题。其他内容请参见本书前面的相关章节。

4. 头脑风暴法

头脑风暴法(brain storming),又称集思广益法,它是通过营造一个无批评的自由的会议环境,使与会者畅所欲言,充分交流、互相启迪,产生出大量创造性意见的过程。它的目的是取得一份综合的风险清单。采用头脑风暴法组织群体决策时,要集中有关专家召开专题会议,主持者以明确的方式向所有参与者阐明问题,说明会议的规则,尽力创造融

---

① Raz T,Michael E. Use and benefits of tools for project risk management[J]. International Journal of Project Management,2001(19):9-17.

② 威安邦. 项目管理十大风险[M]. 北京:中国经济出版社,2004:24.

洽轻松的会议气氛。主持者一般不发表评论意见,以免影响会议的自由气氛,而由专家"自由"提出尽可能多的方案。

5. 假设情景分析法

假设情景分析法(what-if scenario analysis),也是最简单常用的评估技术,它是通过有关数字、图表和曲线等,在假定条件变化的前提下(如技术变化、需求变化等),对项目未来的某个状态或某种情况进行详细的描绘和分析,从而识别引起项目风险的关键因素及发生的后果等。

除此之外,还可以用风险倒推法、SWOT法、专家访谈法等来识别项目风险。

四、风险识别的成果

风险识别之后要把结果整理出来,写成书面文件,为风险评估和应对等管理过程做准备。风险识别的成果是项目管理计划中风险登记手册的最初内容。风险识别的成果主要有以下几个。

1. 风险记录手册

风险清单是风险记录手册的最初记录,内容包括风险编号、风险名称、风险类别、风险原因、发生的概率、对目标的影响、计划的应对措施、负责人和风险的实现状态。风险记录手册内容则包括风险分析和规划之后的所有已经识别风险的相关信息,主要有风险规划阶段已经识别的风险清单、风险征兆、风险类别等。对于每一种风险来源,都要有文字说明。T. M. Williams 提出了经典的风险登记表方法,用来进行风险的识别。在整个项目的风险记录手册中,每一个风险都有四部分内容:风险事件、风险影响、风险行为措施和合同。表10-2所示为对会议中设备不能正常使用的风险记录。

表10-2 某设备不能正常使用的风险记录

风险名称	风险识别者	风险责任人	风险事件驱动器	风险事件可能性	风险影响	风险影响驱动器	影响可能性	风险损失	期望损失值	拟采取的措施
设备不能正常使用	会务组	王×(会务组组长)	投影仪、话筒、屏幕、电脑等设备不正常	20%(根据以往承办会议的经验)	会议开始推迟或中断	没有调试设备、没有备用设备	100%			派专人负责调试设备并负责保管好设备

在风险管理过程中,风险记录手册随着风险管理过程不断更新,是后续每个风险管理过程(风险评估、风险应对及监控)的成果及依据。在风险管理过程中的不断更新充分反映了 PMI 关于逐步细化或渐进明细(progressive elaboration)的管理理念。[①] 风险登记手册具体进程参见表10-3。

---

① 中国石油天然气集团公司人事服务中心组织. 项目管理突破——最新项目管理(PMP)认证考试指南[M]. 北京:石油工业出版社,2006:283-286.

表 10-3　风险登记手册进程表

风险识别 （初始内容）	定性风险评估 （更新）	定量风险评估 （更新）	风险应对 （更新）	风险监控 （更新）
已识别风险清单	风险相对排序或者优先级清单	概率分析	风险负责人安排	风险再评估、风险审计和审核结果
潜在应对措施清单	分类过后的清单	实现费用和目标的概率	商定的应对策略及具体行动	风险及应对措施的实际结果
风险征兆	需近期应对的风险清单	量化风险优先级清单	实施应对策略所需要的预算和进度活动	
风险类别	需进一步分析应对的风险清单	定量风险分析结果的趋势	应变计划及其触发因素	
	低优先级风险观察清单		预留储备	
	定性风险分析结果的趋势			

2．风险的类别

在识别风险的过程中，可能识别出新的风险类别，进而将新风险类别纳入风险类别清单中。因此，风险识别之后，应该将风险进行重新分组或分类。分类结果应便于进行风险分析的其余步骤和风险管理。例如，会展项目在展馆的搭建及装饰期间，可将风险按项目建议书、可行性研究、融资、设计、材料采购和施工以及运营阶段分组；施工阶段的风险也可按管理者分为业主风险和承包商风险两类，每一组和每一类风险都可根据需要细分。

3．风险征兆

风险征兆就是风险事件已经发生或者还未发生的各种外在表现，如苗头和前兆等。例如在会展项目中，管理班子成员不及时交换彼此间的不同看法等，就是项目进度出现拖延的一种症状；展会现场混乱、垃圾随便乱丢、拥挤现象严重，无人及时疏通和管理就是项目质量与安全事故风险的预警。

4．对项目管理其他方面的完善

在风险识别的过程中可能会发现项目管理其他方面的问题需要完善和改进。例如，利用项目工作分解结构识别风险时，可能会发现工作分解结构做得不够详细。因此，应该要求负责工作分解结构的成员进一步完善。再例如，当发现项目有超支的风险，但是又无人制定防止超支的措施时，就必须向有关人员提出要求，让他们采取措施防止项目超支。

第三节　会展项目风险评估

一、会展项目风险评估概述

（一）会展项目风险评估的含义

对项目风险的识别，把项目可能涉及的风险加以列表，就可以对风险进行评估了。会展项目风险评估就是估计和量化项目中将会出现的各种不确定性及其可能造成的各种影响与影响程度的活动。其目的主要分为两种：评估风险发生概率和风险发生引起的影响程度。

风险识别只是找出潜在风险的名单的过程，风险评估则是对风险清单逐项检查，去掉无关紧要或者多余的，找出最值得关注的重要风险。风险评估过程会把风险事件按重要性分成不同的等级，为项目决策提供科学依据，在比较充分地了解项目风险的前提下，主动及时地作出安排，尽量减少或避免项目损失。因此评估过程是非常重要的。

（二）会展项目风险评估的活动

一般来讲，风险管理者要与会展项目策划人员、技术人员及其他管理人员一起执行以下四种风险评估活动。

1. 建立风险评价基准

风险评价基准就是项目主体对每一种风险后果确定的可接受水平。单个风险和整体风险都要确定评价基准，即确定单个评价基准和整体评价基准。① 风险的可接受水平可以是绝对的，也可以是相对的。例如对于奥运会，分析经济危机带来的影响，要确定是以近10年的情况还是近50年的情况为分析基准。

2. 估计风险发生概率

风险估计的首要工作就是确定风险事件的概率分布。一般来讲，风险事件的概率分布应当根据历史资料来确定。数理统计学家把根据大量重复的观察结果总结出来的统计规律用各种各样的理论概率分布来表示。一般情况下，当项目管理人员没有足够的历史资料来确定风险事件的概率分布时，可以利用概率的相关理论进行风险估计。

3. 估计风险影响后果

风险造成的损失大小要从三个方面来衡量：损失性质、损失范围和损失的时间分布。损失性质是指损失是属于政治性的、经济性的还是技术性的。

损失范围从三个方面来体现：严重程度、变化幅度和分布情况。严重程度和变化幅度分别用损失的数学期望与方差表示，而分布情况是指哪些项目参与者的损失。时间分布是指风险事件是突发的还是随着时间的推移逐渐致损的，损失的时间分布对于项目的成败关系极大。数额很大的损失如果一次就落到项目上，项目很有可能因为流动资金不足而破产；同样数额的损失如果是在较长的时间内分几次发生，则项目班子容易设法弥补，使项目能够坚持下去。这三个方面损失的不同组合使得损失情况千差万别。因此，任何单一的标度都无法准确地对风险影响进行估计，要综合考虑多方面的因素来进行有效评估。

4. 比较风险水平和评价基准

当项目整体风险小于或者等于评价基准时，风险是可以接受的，项目可以按计划继续进行，在这种情况下，如果有个别单个风险大于相应的风险评价基准时，则可以按盈亏平

---

① 孙继湖，彭建萍.投资项目定量风险评价的网络模型法[J].石家庄经济学院学报，2000(3)：227-234.

衡分析或其他方法进行权衡；而当项目整体风险大于整体评价基准不多时，则应修订项目整体方案，降低风险至可接受水平。

从风险管理的角度来看，风险影响和出现概率对于不同的项目起着不同的作用。一般来说，一个具有高影响但低概率的风险因素不应当占用人们太多的风险管理时间，而具有中到高概率、高影响的风险和具有高概率及低影响的风险，应该给予较多关注和分析。

二、会展项目风险评估的方法

风险管理的关键环节就是在辨识风险的基础上，建立解决问题的系统模型，对风险因素的影响进行定性和定量分析，并估算各种风险的发生概率及其可能导致的损失大小，从而找到该项目的关键风险，为重点处置这些风险提供科学依据。[①] 在评估风险时，经常采取的方式主要有定性风险分析和定量风险分析。

1. 定性风险分析

定性风险分析是对风险发生的概率和影响进行评估与汇总，进而对风险进行排序，以便随后采取应对措施。风险定性分析主要是一种主观评价的方法，其步骤一般可以归为以下几点。

① 列出所有的风险因素。

② 将风险因素出现的可能性按照从小到大的顺序分为"极小""较小""中等""较大""极大"五个等级。

③ 将风险因素一旦出现对项目产生的影响程度按照从小到大的顺序分为"极小""较小""中等""较大""极大"五个等级。

④ 将各识别的风险因素的可能性、影响程度进行归类，以确定风险的等级。表 10-4 就是简单的定性风险分析表。

表 10-4　主观估计风险的可能性

可能发生的风险因素	权数(W)	风险因素发生的可能性 C					$W \cdot C$
		极大 1.0	较大 0.8	中等 0.6	较小 0.4	极小 0.2	

最简单的定性风险评价方法是在项目的所有风险中找出后果最严重者并与项目整体评价基准相比较。例如，从成本风险的角度看一个会展项目失败时所造成的损失是否低于 30 万元人民币，若是低于就可以接受。这种方法不需要收集很多资料，也不用估计风险发生的概率，是一种最简单、最保守的方法。对于没有成熟会展项目管理经验的组织

---

① 汪忠，黄瑞华. 国外风险管理研究的理论、方法及其进展[J]. 外国经济与管理，2005(2)：25-31.

者,以及简单、规模较小的会展项目来讲,适合采用该方法。

2. 定量风险分析

具有较成熟的会展项目管理经验的组织者,以及复杂、规模较大的会展活动,则适合采用定量风险分析。在定性分析的基础上,采用定量分析方法来确定会展项目风险发生及影响的程度,并尽量以量化的形式来体现风险对会展项目的影响,计算每一个风险的期望损失值,找出比较重要的风险。数据挖掘(data mining)是风险管理的一种有效工具[①],通过对数据分析来对风险进行定量分析和管理。风险量化是数据挖掘的一种形式,其方法主要有盈亏平衡分析、敏感性分析、概率分析、决策树分析、蒙特卡洛模拟法、模糊综合评价法、等风险图法等。

(1) 盈亏平衡分析

盈亏平衡分析(break-even analysis)研究项目产品或服务数量、成本和利润三者之间的关系,以收益与成本平衡,即利润为零时的情况为基础,测算项目的生产负荷状况,计量项目的风险承受能力。盈亏平衡点越低,表明项目适应市场变化的能力越强,承受风险的能力越大。通过盈亏平衡点确定的盈亏平衡规模可以来评估一个展会的经营安全。

展会"盈亏平衡规模"是举办展会的最低规模要求,如果展会达不到这个规模,展会就会出现亏损。也可以通过展会"盈亏平衡规模"计算出举办展会的"经营安全系数",用这个系数来对展会的经营风险进行预测和评估判断。展会经营安全系数可以通过以下公式计算出来。

展会经营安全系数 = 1 − 展会盈亏平衡规模/展会预期(实际)规模

如果展会经营安全系数大于或等于 40%,则举办该展会将非常安全;如果该系数在 29%~39%,举办该展会将是安全的;该系数在 16%~20%,举办该展会将是较安全的;该系数在 10%~15%,举办该展会有一定的风险,需要注意;该系数在 9% 以下,举办该展会的风险较大,要倍加关注。

(2) 敏感性分析

敏感性分析(sensitivity analysis)是指在假定其他风险因素不变的情况下,考察与会展项目有关的一个或多个重要因素发生变化时对该会展项目投资价值指标的影响程度[②],确定它的变动幅度和临界值,计算出敏感系数,据此对风险因素进行敏感性排序,供决策者参考。这种方法应用广泛,常用于项目的可行性研究阶段,有助于发现重要的风险因素,具体又可分为单因素敏感性分析和多因素敏感性分析。其缺点在于只能体现风险因素的强度而不能反映发生概率,也不能反映众多风险因素同时变化时对项目的综合影响。

敏感性分析的程序:①确定分析指标,如净现值、投资回收期等;②选择不确定因素,设定变化幅度,不确定因素包括销售价格、参展销售量等,设定变化幅度为±5%;③计算影响程度,即计算影响因素对指标的变动幅度;④寻找敏感因素 β,敏感因素是指

[①] Johnson T. Conceptual mapping of risk management to data mining[J]. Third International Conference on Emerging Trends in Engineering and Technology, 2010: 98.

[②] 陈德强,潘高. 几种项目风险评估方法比较[J]. 合作经济与科技, 2011(9): 50-51.

使评价指标变动幅度最大的因素。

$$\beta = 评价指标的变化幅度(\%) / 影响因素的变化幅度(\%)$$

（3）概率分析

敏感性分析只能使项目管理者了解某种因素变动对经济指标的影响，并不能使之了解发生这种影响的可能性究竟有多大。从某种意义上来讲，概率分析（probability analysis）是对敏感性分析的继续和补充。其步骤如下。①任选一个不确定性因素为随机变量，将这个不确定性因素的各种可能结果一一列出，并分别计算各种可能结果的效益；②分别计算各种可能结果出现的概率，概率的计算要在过去的统计资料上进行，也可根据项目管理人员的经验得到主观概率；③根据以上资料，计算在不确定性因素下的效益期望值；④计算方差和标准差；⑤综合期望值、方差、标准差，确定项目在一定的客观条件下顺利完成的可能性。总的来说，概率分析是通过分析各种不确定因素在一定范围内随机变动的概率分布和对项目的影响，从而对风险情况作出比较准确的判断，为管理提供依据。

（4）决策树分析

决策树分析（decision tree analysis）是决策分析的有效方法，它是指利用图解的形式，将风险因素层层分解，绘制成树状图，逐项计算其概率和期望值，进行风险评估和方案的比较与选择。数量有限的结果和给定概率的出现被称为"随机概率"，决策树被用于描述上述过程并计算出现的概率。一棵简单的决策树包括决策节点、状态节点和结果节点，如图10-7所示。

（5）蒙特卡洛模拟法

蒙特卡洛模拟法（Monte Carlo simulation）又称统计试验法或随机模拟法，是指随机地从某个不确定因素中抽取样本，进行一次关于整个项目的计算，重复进行成百上千次，模拟各种情况下的不确定性组合，获得各种组合下的大量数据，并对数据进行处理。[①] 例如，把这些结果值从大到小进行排列，统计出各个值可能出现的次数，用这些次数的值形成频率分布曲线，就能够知道每种结果出现的概率是多大。根据统计学原理，还可以进一步确定最大值、最小值、标准差、方差、偏度等，更深入地对项目风险进行定量分析，为决策提供依据。如图10-8所示就是一个用蒙特卡洛模拟法分析出来的会展项目进度日程。

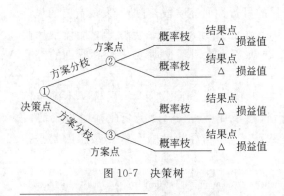

图10-7 决策树

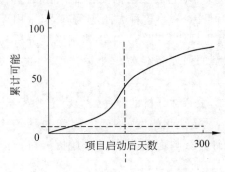

图10-8 一个会展项目进度日程的蒙特卡洛模拟法

---

① 王起静.会展项目管理[M].北京：中国商务出版社，2011：234.

(6) 模糊综合评价法

在项目风险评价中,有些现象或活动的界限是清晰的,而有些则是不分明的即具有模糊性,模糊综合评价法(fuzzy analysis)是实际工作中的一种常见的应用方法,它是基于某些事物类属标准不明确,而不能确切归类的模糊现象的假设,利用隶属度及模糊推理的概念对风险事件进行排序,以改进的模糊综合评价法为基础,采用层次分析法(analytic hierarchy process,AHP)构建风险因素递阶层次结构,并据其确定各风险因素指标的权重,同时综合专家经验对各风险因素影响程度进行打分评价,然后从计算最末级层次的模糊评判结果开始,根据最初确定的风险因素递阶层次结构进行逐级模糊运算,如此反复直至计算出总目标层的模糊评判结果,最终可获得项目各个层级风险的大小以及整体风险水平。[①] 它是一种能将难以量化的诸如政局稳定性、法规变化等风险因素定量化分析的有效方法,而这正是其他方法无可比拟的优点。

(7) 等风险图法

等风险图法(equal-risk mapping)是一种较新的项目风险管理的定量分析方法。它主要包括两个因素:失败的概率和失败的后果。这种方法把已识别的风险分为低、中、高三类。低风险指对项目目标仅有轻微不利影响、发生概率小(小于 0.3)的风险。中等风险指发生概率大(从 0.3 到 0.7),且影响项目目标实现的风险。高风险指发生概率很大(0.7 以上),对项目目标的实现有非常不利影响的风险。

用 P_f 和 P_s 分别表示项目失败与成功的概率。于是有 $P_s=1-P_f$。再用 C_f 和 C_s 分别表示项目失败的后果非效用值与成功的后果效用值。根据效用理论,$C_f+C_s=1, 0<C_f<1, 0<C_s<1$。等风险图法用风险系数评价项目风险水平。项目风险系数用 $R(0<R<1)$ 表示,其定义为

$$R = 1 - P_s \cdot C_s = 1 - (1-P_f)(1-C_f) = P_f + C_f - P_f \cdot C_f$$

绘制等风险图时,先让 R 取 0~1 的一个数,随之得到 P_f 和 C_f 在 0~1 的多种不同组合。然后把不同的组合点画在以 C_f 为横轴,以 P_f 为纵轴的平面坐标图上。把各点连起来就可以得到一条曲线。以此类推可以得到多条曲线,就画出了等风险图,如图 10-9 所示。

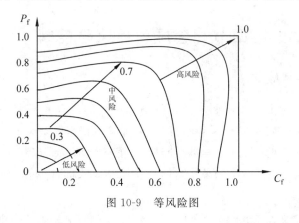

图 10-9 等风险图

---

① 廖诗娜. PPP 项目定量风险评估方法比较[J]. 合作经济与科技,2010(11):30-31.

每种风险评估方法都有优缺点,有不同的适用范围。只有在准确认识它们使用特性的基础上,才能更好地应用这些方法。常用风险评估方法优劣分析如表10-5所示。

表 10-5 常用风险评估方法优劣分析[1][2]

常用风险评估方法	优 点	缺 点
盈亏平衡分析	基于客观数据,易操作、易理解、成熟度高	获得风险量小
敏感性分析	应用范围广,计算简单、可用Excel等软件支持,有利于发现重要的风险	只能体现风险因素的强度,却不能体现其发生的概率;不能反应众多因素一起变化时对项目的影响程度
概率分析	对敏感性分析的补充	不能体现风险的强度
决策树分析	层次清晰;不同节点的风险及概率一目了然,不易遗漏;能够适应多阶段情形下的风险分析	用于大型复杂项目时工作量较大,不适用于缺乏类似客观数据的项目
蒙特卡洛模拟法	产生的大量情景,比历史估计方法更精确和可靠;可以处理非线性、大幅波动问题	依赖于特定的随机过程和选择的历史数据,不能反映风险因素相互之间的关系,需要有可靠的模型支持
模糊综合评价法	基于专家打分,结合AHP评价法,能将难以量化的风险素定量化评估,是一种有效的综合评价方法;适宜于评价因素多、结构层次多的系统	对隶属度变化时评价结果改变的波动性利用不够,模糊方法应用还有争议
等风险图法	定性准确地将风险分类,方便管理;涵盖了概率和后果,分析全面	概率和后果评估的准确性,直接影响到风险图的可信度,对风险的认识度要求较高

关于会展项目风险的其他技术如风险评审技术(VERT)、概率风险评估方法(PRA)、项目风险辅助分析系统等内容,建议参考更为专业的文献,如《项目风险分析理论方法及应用》一书。[3]

第四节 会展项目风险控制

一、项目风险控制概述

风险控制是会展项目组对项目中的风险施加影响的过程和行为。具体来说,就是根据项目风险识别和评估的基本结果,在对项目风险综合权衡的基础上,较合理地制定恰当的风险应对方案,并对风险管理过程进行监控,以有效地消除或控制项目风险的过程。

风险被识别和量化之后,组织必须制订一项控制风险的计划。控制风险的基本措施

---

[1] 张玮炜,尹志军,陈立文.基于全生命周期的项目风险分析方法比较研究[J].科技管理研究,2007(9):104-106.
[2] 廖诗娜.PPP项目定量风险评估方法比较[J].合作经济与科技,2010(6):30-31.
[3] 徐培德,祝江汉.项目风险分析理论方法及应用[M].长沙:国防科技大学出版社,2007:102.

分别为回避、降低、转移、自留风险。应变计划是风险控制计划制订过程的重要输出内容，主要包括应急计划和预留储备。

二、风险控制策略

(一)风险应对策略

通过对项目风险评估,项目整体风险的表现主要有两种情况。一种是项目的整体风险超过评价基准,此时,项目负责人可针对风险超出程度作出相应的决策,可以选择回避风险,放弃项目;也可以采取挽救措施,降低风险评价基准,重新评价或者改变项目计划。另外一种情况是项目整体风险水平可以被接受。此时,则不必改变项目原定计划,而应集中注意力监视已识别出的风险,并查找尚未显露的新风险,努力提高项目取得成功的可能性。对于各具体风险应该进行严格检查,必要时采取措施加以应对。

总体来说,应对风险可从改变风险后果的性质、风险发生的概率或风险后果的大小这三个方面进行着手。本书介绍回避、降低、转移、保留和应变计划五种。每一种都有侧重点,具体采取哪一种或几种,取决于项目的风险形势。

1. 回避风险

回避风险是指通过改变会展项目计划,以排除风险以及其产生条件,或者保护项目目标不受影响,避免风险事件的一种风险应对技术。

回避风险包括先期回避和中途放弃。先期回避是指预测到风险后而风险尚未发生时作出的应对措施;中途放弃是指风险发生后作出改变项目目标或计划的风险应对措施。两种方法的运用要根据实际情况来定,一般来说,先期回避是最完全彻底的回避,而中途放弃更显示其灵活性。例如风险发生前,放弃风险较大的会展材料供应商即属于先行回避。

回避风险是最彻底的消除风险或威胁的应对策略,但应该认识到这是一种消极的策略,因为在选择拒绝风险的同时,也选择了放弃风险可能带来的利益。例如,参展商在放弃一种服务产品参展的同时,也就失去了扩大市场或增强市场竞争力的机会。因此,在采取回避策略之前,必须对风险有充分的认识,对威胁出现的可能性和后果的严重性有足够的把握。采取回避策略,最好是在展会活动尚未实施之时,放弃或改变正在进行的会展项目,一般都要付出高昂的代价,该策略适合损失可能性大,损失程度大的风险。

2. 降低风险

降低风险是指将风险的负面影响降低至可接受的程度或指设法把不利的风险事件的概率与后果降低至一个可接受的临界值。风险降低的主要目的是降低风险发生的可能性或减少后果的不利影响。

通常采取损失预防和损失抑制两种手段从风险损失发生概率与范围两个方面来降低风险。这两种方法和回避风险的方法类似:损失预防是指在风险发生前为了消除或减少可能引起损失的各项因素所采取的具体措施,如减少风险影响因素以降低风险发生概率,加强团队沟通以减少团队冲突风险,会议室安装烟雾报警装置预防火灾,等等;损失抑制是指在风险发生时或风险发生后,采取积极措施减少损失影响范围或损失程度,如室内自动喷淋系统可有效减少火灾的损失，地毯的使用降低滑倒风险的损伤程度，等等。损失抑制的一种特殊形态是割离，它是将风险单位割离成许多独立的小单位而达到减少损失程度的一种方法。有时候损失预防的措施也可以起到损失抑制的作用。事实上，这两个方面在风险管理中往往同时使用并综合考虑。

在会展项目活动中，可以采用工程法、教育法和程序法等常用方法来预防损失。[①]

3. 转移风险

转移风险又称合伙分担风险，其目的不是降低风险发生的概率和不利后果的大小，而是借用合同或协议，将风险及其对应权力转移给第三方。风险转移在本质上并没有减轻或排除风险，实际只是把风险管理责任推给另一方，值得注意的是，在风险转移的同时也转移了部分利益，这是风险转移应对策略存在的基础。[②]

实行这种策略要遵循两个原则：第一个原则，必须让承担风险者得到相应的回报；第二个原则，对于各具体风险，谁最有能力管理就让谁分担。采用这种策略所付出的代价大小取决于风险大小。当项目的资源有限，不能实行减轻和预防策略，或风险发生频率不高，但潜在的损失或损害很大时，可采用此策略。

转移风险常用于办展工程承包中的分包、技术转让或财产出租。通过分包工程、转让技术或合同、出租设备或房屋等手段将应由其自身承担的全部风险部分或全部转移至他人，从而减轻自身的风险压力。转移风险主要有四种方式：出售、发包、开脱责任合同和保险与担保。

在国外，会展行业依托保险行业来降低自己的办展风险，这也已经成为我国会展行业风险管理的发展趋势。在风险管理中，会有很多风险无法由参与会展活动的关系人去承担，特别是很多的纯风险是不能被组织者和参与者有效控制的，这种风险一旦发生往往就会给会展活动带来很大的损失。应对这种风险最好的办法是，通过保险来分担这些风险发生引发的损失。如通过保险公司分担群众可能遭受伤害的风险。一些规模较大、实力较强的旅行社，如国旅、中旅、中青旅、春秋国旅、康辉国旅等都设有会展旅游部，经营会展旅游业务。这些会展企业一方面可以通过投保"旅行社责任险"转移风险；另一方面也可以积极和保险公司沟通，根据会展项目的经营特点提供适宜的风险保障计划。

4. 保留风险

风险自保是当前流行的风险管理形式。会展行业希望通过合同关系和保险手段将所有的风险转移出去往往是不现实的，而企业自留风险是对安全事故风险处理的一种重要方法，建立安全及意外保障基金，有时甚至是一种满意的决策，建立自保基金有利于会展各相关方共享资源，共担风险，增强抵御事故风险的能力。

保留风险即对风险不采取任何措施。对那些对活动的举办影响比较小的风险事件，可以采取这种策略，但是，需要在会展项目成本中计划出应急储备，如果风险发生，就可以利用应急储备管理风险引起的损失。例如，事故发生时，及时组织人员疏散；对

[①] 王起静.会展项目管理[M].北京：中国商务出版社，2011：237-238.
[②] 孙裕君，尤勤，刘玉国.现代项目管理学[M].北京：科学出版社，2005：308-309.

参会人数预估,并评估风险,做好紧急突发事件的处理;配备医疗急救、火灾扑灭等保障设施。

5．应变计划

应变计划主要包括为某一类特殊的风险制订的应急计划和针对整个项目风险的预留储备。应急计划应用于项目进行期间发生的已识别的风险。事先制订应急计划可以大大降低风险发生时采取行动的成本。在制订应急计划之前还要科学识别应急计划实施的触发条件,同时此类特殊的风险也可成为项目组织新的应急风险。如表10-6所示为规避会展场馆风险而制定的风险应急方案,它可以有效避免风险前期阶段出现的混乱及可能性损失。

表10-6　会展场馆风险应急计划方案

填报人员			
活动描述			
序　号	影响/事故的性质及出现的地点	拟采取的控制措施	备　注
1	管理现场内参加活动的人士	主办机构需就有关活动安排保安。保安需在活动开始前由公安部门负责。派公安干警驻守场馆外围以监察情况,如有需要,提供协助	至少需要100名保安
2	人口极度挤迫	派遣公安干警驻守通往场馆的路及闸口,以监察情况,并在有需要时管理、控制人群	至少派遣4名人员驻守在各个入口及其附近地方
3	在主出入口发生冲突	将主出入口改为单向,只作入口使用	至少派遣8名公安干警驻守主出入口,亦需在附近加设额外的指示牌
4	可能有滋事分子出现	必要时,要求公安部门派遣快速应变部队到现场驻守场馆及附近地方;摄影队候命随时出动	保持与公安部门的紧密联系
5	有太多参加活动的人士,致使场馆周边人流阻塞	将原来场馆周围的道路改为单行线;加宽人行道路;临时安排公交车和出租车候车点;人流量过高时,可临时封闭面对正门的道路,不让机动车通行	指示标志清晰,每隔10米安排一个保卫人员疏导人流
6	改道等措施可能会引起混乱	通过传媒发布消息;在显眼处设置改道指示牌	
其　他			

预留储备是应变计划中最常见的接受风险的应急应对措施,包括为风险留出时间、资金或者资源。为所接受的风险所预留的储备的多少取决于按可接受风险水平计算的风险影响的大小。

降低风险概率和减少风险影响都属于风险减轻。如表10-7所示为针对以下不同情景制定的风险应对策略,有助于更好地理解和运用上面所述的几种策略。

表 10-7 不同情景下的风险应对策略

序号	情景描述	策略
1	从会展项目中去除一项任务	回避
2	安排负责人经常与相关的参展商了解情况,以尽早发现前期准备工作中的问题	降低
3	向展会的管理层通报:由于没有采取任何预防措施,如果出现风险事故会增加成本	保留
4	从会展项目中去除导致风险产生的根源	回避
5	投入更多资金,进一步促进参展中畅销产品的市场份额	降低
6	培训项目团队解决参展期间冲突的策略	降低
7	请参展商参与解决一些问题	转移
8	把办展中困难的工作交给更有经验的公司去做	转移
9	预留出一定的资金来处理突发的变化	应变计划

(二)项目风险监控

风险监控是指跟踪所有已识别风险,并且当新的风险出现时识别新的风险,并处理风险管理计划执行后的残留风险的过程。

项目风险监控是在项目整个生命周期中的一种持续进行的过程。随着项目的成长,风险会不断变化,可能会有新的风险出现,也可能预期的风险会消失。① 项目经理和团队所关心的目标是对风险的反应按照计划进行,即风险管理是否有效。良好的项目风险监控过程能提供信息,帮助在风险发生前作出有效的决策。

当每个风险发生时,处理和规避后都要进行记录。良好的记录保证了再遇到此类风险时可以更有效地对其加以处理,并且下一个项目将会从中得到经验教训。

案例分析

---

① 屠梅曾,刘欣,胡昊.项目管理[M].上海:上海人民出版社,2006:265-269.

第十一章

会展项目的评估

关键术语

- 会展项目评估(project assessment of MICE)
- 会展项目的效益评估(project benefit assessment of MICE)
- 会展项目的影响评估(project impact assessment of MICE)
- 跟踪反馈评估法(follow-up and feedback assessment of MICE project)
- 会展项目评估报告(assessment report of MICE project)

学习目的

- 熟悉会展项目评估的定义,了解会展项目评估的目的与意义。
- 明确会展项目评估的分类及其主要类型,掌握会展项目评估的基本原则,了解我国会展项目评估的现状。
- 掌握会展项目评估的主体与客体、评估时间及其方法。
- 了解会展项目评估的整体内容以及会议、展览、节事等分类评估内容,深入领悟评价指标体系架构,并能够运用案例进行实证分析。
- 熟悉会展项目评估的过程及其各阶段的主要工作内容。
- 深入领会会展项目评估报告的要求、内容及其运用。

第一节 会展项目评估概述

会展项目评估是会展项目管理工作的重要环节,可为主办方(或承办方)、参与者(与会者、参展商、观众等)、会展行业主管机构(包括对会展行业实施行政管理的政府主管部门以及会展行业组织)提供有益的信息,并为进一步运作好会展项目提供参考依据。评估所得的成果不仅适用于单个会展项目,还适用于整个会展行业,从单个会展项目中总结出来的经验教训有助于整个会展行业的改进。实践表明,开展会展项目评估是会展项目提升质量、建设品牌的一个重要途径。

一、会展项目评估的含义

顾名思义,"评估"就是对一事物进行"评定"和"估价",以确定其质量、水平、等级和价值等方面的情况。[①] 会展项目评估是指根据一定的目的和评估标准,遵循一定的原则,运用科学合理的技术方法,对会展项目的策划、目标、执行过程、项目环境、财务实施、工作效果、风险管理、服务质量等各项要素及其带来的直接和间接的社会经济效益等方面进行系统、客观、真实、深入的分析与评价,并判断其价值和效果的综合性活动。

二、会展项目评估的目的

会展项目评估的目的具体而言包括以下几点。

一是客观分析所采集的样本数据,作出定量与定性的分析,展示会展项目的优势与不足,对会展项目的整体运作及其相关成果作出既客观又真实的评价,为会展项目的招商引资以及可持续发展提供基础数据的支撑,为参与者提供数据参考。

二是对会展项目的历届(年)数据进行纵向比较,分析其市场发展趋势与未来的发展对策;对类似的相关会展项目进行横向比较,分析其存在的问题并借鉴优势会展项目。通过对会展项目进行纵、横向分析与跟踪对比,发现其规律与特征,有利于不断提高运作会展项目的水平,建设和发展会展项目的品牌,创新发展会展项目,提高经济效益。

三是达到传播、宣传、提升会展项目以及会展场馆形象的目的。

四是为会展行业主管机构提供行业管理的基础数据。

总的来说,对会展项目进行科学评估,其最终目就是提高会展项目的价值与服务质量,为企业会展项目今后的发展提供有益参考,为今后会展项目提高绩效提供借鉴。

三、会展项目评估的意义

世界上会展经济发达的国家不仅非常重视会展项目评估,也将其发展得相当成熟。在这些国家里,通常是全国性统一的会展行业机构从事会展项目的评估工作,它们负责对各类数据进行审核并定期公布结果,为会展业内和其他相关机构提供参考依据。其中,德国、法国的会展项目评估较为成熟、规范,其会展项目评估的过程和结果已成为参与者做参与决策的重要依据。

会展项目评估的根本意义就是,通过对会展项目决策、策划与执行的信息进行反馈,对会展项目管理的对象实施反馈控制,是会展项目管理工作的重要内容及必要环节,为以后会展项目的管理工作提高效率和效益提供必需的经验与建议。

具体而言,会展项目评估主要具有以下意义。

(一) 对会展行业主管机构的意义

会展项目评估是会展行业主管机构实施宏观会展管理的重要手段。[②] 会展行业主管机构可以根据会展项目评估的标准、结论与建议来制定会展行业的规章与制度,以促进会展行业的健康发展;对一些评估良好的会展项目重点扶持,以形成区域会展项目品牌优

[①] 陈泽炎.关于会展项目评估的若干问题[C].2007年中国会展经济研究会学术年会论文集,2007:75-85.
[②] 龚维刚.会展实务[M].上海:华东师范大学出版社,2007:301.

势,使其发挥示范带动作用;而对一些评估较差、缺乏市场前景或同类化严重的会展项目,则予以严格控制,以达到建立优胜劣汰的竞争机制、规范会展项目市场秩序的目的;还可以通过发布评估信息,有效引导参与者正确选择会展项目,以保护地区经济并保障弱势群体的利益。

(二) 对会展项目主办方、承办方的意义

会展项目的主办方、承办方可以根据评估结果进行客观理性的分析,评价会展项目的优点与问题,找出影响会展项目顺利执行的各项因素,分析原因,以便有针对性地、更有效地加强和改进对会展项目的管理,不断提高会展项目的质量和整体竞争力,创建并完善会展项目的品牌,进一步展示会展项目的优势,以争取会展行业主管机构的政策支持;同时,还可评价当前会展项目发展的市场环境与未来方向,为今后会展项目的立项、开发、运营等管理活动作出合理建议。

(三) 对会展项目参与者的意义

会展项目的参与者可以根据评估的结果了解会展项目的实际成果,系统、合理地分析、评价与总结其经验教训、投入产出、项目质量,可以及时发现问题、采取措施,为今后是否继续参与该会展项目提供决策依据。

总之,会展业健康稳步的发展离不开会展项目评估。如果说会展是一个城市或地区经济发展的晴雨表,那么,会展项目评估就是"表"的指针。① 作为一种会展项目鉴定的技术手段,会展项目评估将引导会展产业品牌化、高端化方向发展。

案例

德国展览会评估与认证②

德国在有全国性的行业机构从事展会的评估与认证工作,这类认证对展会而言不是强制性要求的,但通过认证对于展会推广运作,有着极其重要的影响。该机构对有关申请评估的展览会的各类统计数据通过不同手段进行审核认证,定期公布认证结果,为业内和经济界提供一个展览会的横向比较。

德国权威的展会评估机构是 FKM(Gesellschaft zur Freiwilligen Kontrolle von Messe-und Ausstellungszahlen)。FKM 是德语展览会统计资料自愿审核协会的缩写,F 的意思就是自愿,强调自愿原则,该机构总部设在柏林,于 1965 年由六家德国会展公司共同创建,创建的目的就是定制统一的展览会相关指标统计审核标准,促进会展数据的透明度和真实性。FKM 与德国展览与博览会协会(AUMA)在同一个地址办公,隶属于

---

① 许传宏.论会展评估的 5W 问题[J].中国会展,2008(17):49-51.
② 杨斌.德国展览会评估与认证初探.2006 首届中国会展经济研究会学术年会论文集[C].北京,2006:235-237.

AUMA，2003年该机构为293个展会进行了展会审核，重点就是物理层面的审核，目前有74个德国展会主办者和3个外国展会主办者为其成员，3个外国展会主办者分别来自意大利的维洛纳、莫斯科和中国香港。该公司只为成员单位申报并主办的展会开展审核，每年4月发布对上年展会的审核结果，并公布当年申报展会的名单。一般德国展会推广方面都会有标记该展会是否经过FKM审核。在奥地利和瑞士都有完全类似的机构，因为都是德语系国家，所以都简称为FKM，但这两个国家的FKM与德国的互不隶属。

FKM的工作任务是制定展览会数据统计的标准和规则，并聘请专业经济审计机构对展会主办者填报的展览会统计数据进行审核。FKM机构的成员要按照FKM的规则和标准申报展览会统计数据，接受FKM组织的专门机构对统计数据进行的审计，并保证在任何场合与情况下所使用和发布的展览会统计数据均与FKM公布的统计数据相一致。FKM的相关数据和规则由独立的经济审核机构负责审计。授权的经济审计机构通过随机抽查的方式对各成员申报的展会数据开展审计，包括派员到展览会现场了解情况和展会结束后对展会财务进行审计或者通过问卷调查的方式进行，然后出具审计报告。

FKM通过其网站（www.fkm.de）使用德英两种文字版本提供完整及时的审核资料可供参展商和观众免费下载。观众可以通过FKM编制的使用手册，比较查看各类展会经过审核后的统计数据，使自身更好地安排参展计划。网站上还介绍了FKM的组织机构、工作任务和程序，以及重要指标的定义和更好地使用FKM统计数据的方法。

德国展会评估主要是进行三个指标的量化分析：横向对比（包括展览面积）、参展商数量和观众数量，其中最为重要的分析指标为观众的结构分析，首先将观众分为专业观众和普通观众，其次对观众的来源地、职业、所属行业、职务、年龄、参观频率等各个指标细化分析。

FKM的指标体系详见其相关网站。

FKM展览会数据审核近50年来，已经把FKM做成德国会展界品牌和质量的象征，受到了参展商和展览主办者青睐。除德国展会外，越来越多的德国展会主办者在德国以外主办的展会将走进FKM的审核范围，很多非德国展会主办者也申请成为FKM的海外成员。FKM的审核不是通过行政审批的方式进行，而是以其公正、透明和权威性来吸引展览会主办者者自愿参加，是用市场经济的手段对展览市场进行规范和监督的。

德国的这套体系虽然不可能也不应该完全被国内照搬，但对其进行研究对于今后建立符合中国国情及会展业状况的认证体系是大有裨益的。

四、会展项目评估的特点

（一）现实性

会展项目评估是根据所开展的会展实际活动的基本情况与其所产生的实际数据为基础进行的科学评价，所以具有现实性的特点。

(二) 公正性

会展项目的评估主体应本着实事求是、认真负责的态度,遵循职业道德的规范,客观公正地对会展项目进行分析与评价,避免出现避重就轻的情况。会展项目评估的全过程必须保证公正性,评估结果才具备可信度与说服力。

(三) 全面性

会展项目评估是对会展项目开展的全方位考察,它不仅对会展项目立项决策、会展项目实施、会展项目运作等全过程进行系统评价,还对会展项目社会经济效益、环境影响及会展项目综合管理等全方位进行系统评价。这种评价不仅涉及会展项目的各个阶段,还涉及项目的方方面面,因而具有全面性。

(四) 专业性

由其全面性可知,会展项目评估从会展项目中的各项基本要素展开,涉及会展项目管理的各项业务,因此会展项目评估具有很强的专业性。

(五) 系统性

会展项目的评估标准是反映会展项目的基本要素和本质特征的数量体系。[①] 为使评估能够反映会展项目的基本要素和本质特征,保证其应有的意义,各项评估指标之间必须存在整体的联系。

(六) 针对性

具备全面性的会展项目评估还需要作出具备针对性的分项评估。以展览为例,如展览协调组织工作的评估、展览展台的效果评估等。

(七) 科学性

会展项目评估需要运用发展的眼光、数理统计等一系列科学的方法对各项评估指标进行分析和评价,这样才能保证会展项目评估结果的科学性。

(八) 反馈性

会展项目评估的结果需要反馈到决策部门,作为新会展项目立项和评估的基础以及调整策划与政策的依据,这是会展项目评估的最终目标。因此,会展项目评估成败的其中一个关键环节便是会展项目评估结论的反馈与运用。

---

① 龚维刚.会展实务[M].上海:华东师范大学出版社,2007:300.

五、会展项目评估的种类

（一）按评估的主体分类

按评估的主体分类，会展项目评估可分为由会展行业主管机构实施的评估、由会展项目主办方（或承办方）实施的评估、由会展项目参与者实施的评估、由中介机构实施的评估。其中，会展行业主管机构可以对一段时期内会展行业的整体实施宏观评估，也可以对某个会展项目进行微观评估，评估的结果一般应当向社会公开；会展项目主办方（或承办方）实施的评估一般由主办方（或承办方）自愿进行、自行组织；会展项目参与者实施评估的主体较多，评估内容和标准也各不相同；中介机构评估属于授权评估，能避免上述三种评估主体由于立场和角度各异所导致的评估差异，其评估的结果可以公开，也可以不公开。

（二）按评估对象的性质分类

按评估对象的性质分类，会展项目评估可分为对会议的评估、对展览的评估、对节事的评估。其中，会议是指通过市场化运作和社会化服务，由会展企业举办的会议；展览（尤其是商业性展览）在会展中发生的频率最高，对会展经济的贡献最大，因而对其的评估活动也最受重视；节事是对各种文化、艺术、体育、旅游等方面的节庆、赛事、评选、典礼活动的统称，涉及范围广泛，评估标准相当复杂，这种类型的评估工作需要逐步积累经验。需要说明的是，会展的综合性特征日益强化，往往是会、展、节两三者相互交融，因此上述三种评估也常常是你中有我，我中有你，相互包容。

（三）按评估参照的标准分类

按评估参照的标准分类，会展项目评估可分为相对会展项目评估和绝对会展项目评估。其中，相对会展项目评估是以评估对象群体的平均水平为参照点，确定特定的评估对象在这一群体中的相对位置的一种评估方式，一些会展项目的评选和评比活动，常常采用相对会展项目评估的方式，如上海市会展行业协会于2005年推出的国际展览会项目评估标准；绝对会展项目评估是在评估对象之外，先设定一个评估目标为客观参照点，再把各个会展项目评估的对象与之比较，以评定每个评估对象是否达到或超过客观标准，进而确定评估对象的绝对位置，如国家商务部于2013年初发布的《专业性展览会等级的划分及评定》（SB/T 10358—2012）文件。

（四）按评估的时间分类

按评估的时间分类，会展项目评估可分为会展项目前评估、会展项目中评估、会展项目后评估。会展项目前评估就是会展项目的论证，或者说是论证性评估；会展项目中评估就是在会展项目运作期间进行分析、评估，是会展项目同步控制的重要环节，也就是控制性评估；会展项目后评估就是在会展项目结束后进行的评估，具有全面性、系统性、反馈性等特点,是会展项目评估工作的重点。尽管会展项目后评估是会展项目评估的主体,但完整的会展项目评估应该是会展项目前评估、会展项目中评估和会展项目后评估三者的有机统一。

六、会展项目评估的原则

(一)客观性原则

客观性原则是会展项目评估的首要原则,其要求会展项目评估能够客观地反映当前会展项目管理的实际情况,材料数据要准确可靠,所评估的项目过程真实可信,项目评估机构和评估人员要实事求是。

(二)导向性原则

通过会展项目评估,使会展项目的主办方、承办方和参与者确立法制意识;使会展项目的主办方、承办方树立正确的会展项目运作理念和竞争意识;使会展项目参与者选择更优秀的会展项目,进而不断改善会展业的发展环境。

(三)动态性原则

会展项目往往具有连续性和系列性,由于每届(年)会展项目所处的社会和自然环境总会存在一定的差异,有时还会受到一些不可抗因素或突发公共事件的影响。因此,对被评估的会展项目要进行动态评估,且一般以近3年的数据作为评估依据。

(四)同一性原则

同一性原则是指同一评估主体在对同一性质和类型的会展项目进行评估时,评估的标准、方法和程序应当一致,这样评估的结果才会客观、公平、合理。由于会展项目的性质和类型繁多,用一种指标体系去评估所有的会展项目是不科学的。因此,同一性原则还具有相对性,即要求在制定和选择评估标准前,先确定评估的适用范围,在同一适用范围内寻找具有共性的指标系统和标准系统。

(五)可行性原则

可行性原则是指会展项目评估的方案以及指标体系要切实可行、能够操作。只有当会展项目评估的指标设置、技术方法、操作流程既能体现科学性,又简单易行,具有实践可操作性时,被评估的对象才会乐于接受并能积极参与。

(六)合作性原则

合作性原则是指在实施会展项目评估的过程中,评估主体自始至终要与评估对象密切合作,自始至终要与会展项目密切联系,揭示会展项目的实际问题,这是会展项目评估顺利开展的重要保证。

七、我国会展项目评估的现状

(一) 理论研究十分薄弱

长期以来,在我国会展产业理论整体研究滞后的大环境下,我国会展项目的评估研究依然十分薄弱,多停留于国外相关标准的推介、评估指标体系的初步构建阶段。署名周娟的《会展项目的评价与管理》是国内会展业界较早提出有关会展项目评估的论文,但未提出具体的评估标准和评估办法。陈泽炎充分论述欧美先进评估方法,回顾了我国相关研究及评估实践的历程,提出如何树立会展项目评估的权威性等问题。[①] 有学者基于借鉴 UFI(全球展览业协会)论证模式,探索了建立我国会展评估体系。[②] 借鉴美国学者 H.拉斯维尔传播过程的"5W 模式"理论,提出我国会展评估的 5W 问题,分别从构建多元的会展评估机制、切实可行的评估标准,以及重视展会项目评估等方面论述了中国展会评估中的几个主要问题。[③] 近年来,结合具体的会展项目的评估日益增多。[④] 但总体而言,至今为止,我国会展项目评估的理论研究还远远不能满足会展项目实际发展的需要。

(二) 会展项目发展迅速但评估严重滞后

近年来,我国会展行业发展速度不断加快,成为各地经济发展的助推器和新亮点,但在高速发展的背后却存在许多隐患。我国会展行业缺乏知名品牌展会,展会项目大都大同小异,低水平重复办展比比皆是,骗展、展会侵权等诸多不规范问题无不与评估系统的缺乏有关。[⑤]

会展业发达的国家相当重视会展项目评估,但在我国会展项目评估仍处于起步阶段,至今还没有形成比较权威的、在全国会展行业中被普遍应用的会展项目评估指标体系,这是造成我国会展行业目前管理服务水平低下,市场秩序混乱的一个重要原因。会展项目评估标准和会展业的行业标准已成为业界的迫切需要,建立我国会展项目评估体系迫在眉睫。

(三) 会展项目评估实践的积极探索

目前国家已出台官方的评估文件——《专业性展览会等级的划分及评定》商业行业标准。该标准在 2002 年版的基础上,于 2013 年进行了修订完善。包括修改了参展商、境外参展商等的定义,修订了专业性展览会等级及其表示方法,增加了评定机构,修订了等级评定条件,修订了评定标准,等等。

---

① 陈泽炎.关于会展项目评估的若干问题[C].2007 年中国会展经济研究会学术年会论文集,2007:75-85.
② 李智玲.借鉴 UFI 论证模式建立我国展会评估体系[J].集团经济研究,2007(10):109-110.
③ 许传宏.论会展评估的问题[J].中国会展,2008(9):49-51.
④ 蔡礼彬,唐园园.会展评估研究——以义乌国际小商品博览会为例[J].旅游论坛,2009,2(6):901-906.
⑤ 赵鸿涛.展会评估将有效规范会展业发展[N].国际商报,2006-03-15(6).

各地方也陆续出台或正在酝酿会展业的行业标准。[①] 例如温州较早开展了会展项目评估的尝试,早于2004年即制定会展评估工作细则。《宁波市会展评估细则》则明确了会展项目的基本标准,但其条款文字尚有不够严谨之处,评估体系及结构还不系统。《上海国际展览会项目评估细则(试行)》,要求凡是在上海地区举办的国际展览会项目必须接受综合评估,规定了统一的评估程序、评审标准等,并对评估入围的国际展览会项目授予品牌展会、优质展会、重点培育展会等称号,引起业内较大反响。

各级政府也开始着手制定相关的政策法规,以整顿规范会展业市场秩序。商务部条约法律司对外公布了《中国境内对外经济技术展览会评估认证办法(试行)》,对评估认证的组织机构、评估认证的程序、评估认证的推广及评估认证的处罚都有明细且量化的规定。[②]

案例

国家《专业性展览会等级的划分及评定》行业标准(SB/T 10358—2012代替 SB/T 10358—2002)Rating standard for professional exhibition

前言

本标准按照 GB/T 1.1—2009 给出的规则起草。

本标准是对 SB/T 10358—2002《专业性展览会等级的划分及评定》的修订。

本标准与原标准相比主要变化如下。

——修改了参展商的定义;

——取消了境外参展商的定义;

——修订了等级的表示方法;

——修订了专业性展览会的等级及表示方法;

——增加了评定机构;

——修订了专业性展览会等级评定条件;

——修订了附录 A 专业性展览会等级的划分及评定标准。

本标准由全国城市工业品贸易中心联合会提出。

本标准由中华人民共和国商务部归口。

本标准起草单位:全国城市工业品贸易中心联合会、国家会议中心、宁波市人民政府会展工作办公室、长沙市人民政府会展工作管理办公室。

本标准主要起草人:赵闯、刘海莹、杜中塔、张幸迩、常大磊、张颖。

本标准于2002年12月2日首次发布,本次为第一次修订。

1. 范围

本标准规定了对专业性展览会等级划分和评定的原则、要求和方法。

本标准适用于在中国境内举办的以经济贸易活动为目的的专业性展览会的等级划分及评定。

2. 规范性引用文件

下列文件对于本文件的应用是必不可少的。凡是注日期的引用文件,仅注日期的版

---

① 唐圆圆.国内会展项目评估研究综述[J].山西青年,2016,(19):58-60.
② 王艳平.关于展会评估指标体系的初探[J].北方经贸,2010(11):51-52.

本适用于本文件。凡是不注日期的引用文件,其最新版本(包括所有的修改单)适用于本文件。

GB/T 19001 质量管理体系 要求

GB/T 28001 职业健康安全管理体系 要求

3. 术语和定义

下列术语和定义适用于本文件。

3.1 专业性展览会 professional exhibition(show, fair, exposition)

在固定或规定的地点、规定的日期和期限内,由主办者组织、若干参展商参与的通过展示促进产品、服务的推广和信息、技术交流的社会活动。

3.2 特殊装修展位比 raw space with special decoration

由参展商自行或委托专业机构专门设计并特别装修的展览位置及其所覆盖的面积。

3.3 展出净面积 exhibition net area

专业性展览会用于展出的展位面积总和。以平方米(m^2)表示。

3.4 特殊装修展位面积 ratio of area for special booth

特殊装修展位面积总和与展出净面积的比值。以百分比(%)表示。

3.5 参展商 exhibitor

参加展览并租用展位的组织或个人。

3.6 专业观众 professional visitor

从事专业性展览会上所展示产品的设计、开发、生产、销售、服务的观众,以及用户观众。

注:这里所指的产品可以是有形的产品(如机械零件),也可以是无形的产品(如软件、服务等)。

3.7 等级 grade

用于划分专业性展览会质量差异的级别设定。用英文大写字母 AAA、AA、A 表示。

4. 等级的划分、依据和评定方式

4.1 专业性展览会的等级评定分为三个级别,由高到低依次为 AAA 级、AA 级、A 级。

4.2 等级的划分是以专业性展览会的主要构成要素为依据,包括:展览面积、参展商、观众、展览的连续性、参展商满意率和相关活动等方面。

4.3 专业性展览会等级的具体评定标准,按照附录 A 执行。

4.4 专业性展览会的等级是由评定机构依据统一的评定标准及方法评定产生,其评定结果表示该专业性展览会当前的等级状况,有效期为 3 年。具体的评定方式按专业性展览会评定机构制定的评定程序和评定实施细则执行。

4.5 评定机构以文本的形式提出专业性展览会的等级,并出具由评定机构签章的专业性展览会等级证明文书。

4.6 专业性展览会等级证明文书应清晰列明专业性展览会的等级、专业性展览会的名称,专业性展览会主办(承办)方、连续举办届数、有效期限等。

4.7 专业性展览会等级的评定采取自愿的原则,主办(承办)方按有关程序向评定机构提出申请,由评定机构予以评定。

5. 安全、卫生、环境和建筑的要求

专业性展览会举办场馆的建筑、附属设施和管理应符合现行的国家、行业和地方的消

防、安全、卫生、环境保护等有关法规和标准。

6. 专业性展览会等级评定条件

6.1 AAA级

6.1.1 展览面积

6.1.1.1 展出净面积不少于10 000平方米。

6.1.1.2 特殊装修展位面积比至少达到50%。

6.1.2 参展商

行业内骨干企业参展展位面积与展出净面积的比值不少于20%。

6.1.3 观众

展览期间专业观众人次与观众总人次的比值不少于60%。

6.1.4 展览的连续性

同一个专业性展览会连续举办不少于6次。

6.1.5 参展商满意率

参展商满意率的评价按"参展商满意率调查表"的调查结果进行,其中总体评价结论为"很满意"和"满意"的数量总和,应不低于参展商总数的80%。

6.1.6 相关活动

专业性展览会期间组织与专业性展览会主题相关的活动。

6.2 AA级

6.2.1 展览面积

6.2.1.1 展出净面积不少于8 000平方米。

6.2.1.2 特殊装修展位面积比至少达到40%。

6.2.2 参展商

行业内骨干企业参展展位面积与展出净面积的比值不少于10%。

6.2.3 观众

展览期间专业观众人次与观众总人次的比值不少于50%。

6.2.4 展览的连续性

同一个专业性展览会连续举办不少于4次。

6.2.5 参展商满意率

参展商满意率的评价按"参展商满意率调查表"的调查结果进行,其中总体评价结论为"很满意"和"满意"的数量总和,应不低于参展商总数的75%。

6.2.6 相关活动

专业性展览会期间组织与专业性展览会主题相关的活动。

6.3 A级

6.3.1 展览面积

6.2.1.1 展出净面积不少于5 000平方米。

6.2.1.2 特殊装修展位面积比至少达到30%。

6.3.2 参展商

行业内骨干企业参展展位面积与展出净面积的比值不少于5%。

6.3.3 观众

展览期间专业观众人次与观众总人次的比值不少于40%。

6.3.4 展览的连续性

同一个专业性展览会连续举办不少于3次。

6.3.5 参展商满意率

参展商满意率的评价按"参展商满意率调查表"的调查结果进行,其中总体评价结论为"很满意"和"满意"的数量总和,应不低于参展商总数的70%。

6.3.6 相关活动

专业性展览会期间组织与专业性展览会主题相关的活动。

7. 专业性展览会等级评定附加项

7.1 负责专业性展览会具体组织管理工作的主办(承办)方通过 GB/T 19001 质量管理体系认证。

7.2 展馆方通过 GB/T 19001 质量管理体系认证、GB/T 28001 职业健康安全管理体系认证。

7.3 装修和搭建的主要承办方通过 GB/T 19001 质量管理体系认证、GB/T 28001 职业健康安全管理体系认证。

7.4 展览运输的主要承办方通过 GB/T 19001 质量管理体系认证、GB/T 28001 职业健康安全管理体系认证。

注: 专业性展览会等级评定附加项不作为专业性展览会等级评定的必要条件,达到的项目在评定时可以加分。

第二节 会展项目评估方法

一、会展项目评估的主体和客体

(一)会展项目评估的主体

1. 成熟的会展项目评估多由第三方评估

会展项目评估的主体指的是谁对会展项目进行评估。一般说来,会展项目评估的主体主要有会展行业主管机构、会展项目的主办方(或承办方)、会展项目的参与者和中介机构。

会展项目评估在国外已有成熟的运作经验。会展项目的评估工作大多委托一些独立的中介组织或行业协会来进行,这就保证了评估过程和结论的真实性与客观公正性。例如英国会展业联合会要求会员对其会展项目进行第三方审计,即聘请一家独立的审计公司对会展项目的整体效果进行评估[1];德国会展项目的官方评价则由德国会展业的最高协会 AUMA 组织进行,隶属于其的德国会展评估机构 FKM 已成为德国会展界品牌和质

---

[1] 张丽娜.展会评估:会展行业的"洗牌机"[N].消费日报,2004-12-01(T00).

量的象征[①]，其成员都自觉遵守相关规定，按照规则和标准申报展览会统计数据，接受FKM组织的专门数据审计，保证在任何场合与情况下所使用和发布的展览会统计数据均与FKM公布的统计数据相一致，并包括派员到展会现场实地调研和会后的财务审计或者发放问卷调查。[②]

2．我国会展项目评估多由主办方进行

由于会展项目评估的工作才刚刚起步，我国当前对会展项目进行的评估大多由会展项目主办方（或承办方）自己进行，难以保证应有的客观性、公正性，严重制约着我国会展行业的健康发展。

作为今后市场化评估的基础，在我国目前情况下，会展项目主办方（或承办方）自身应对自己所举办的会展项目进行客观公正的评估，以此作为自评，以提高自己的运作水平，更重要的是各地会展协会应积极介入，出台公开、公平的指标体系，对当地所举办的会展项目进行调查、统计分析和客观评价，条件成熟时公开评估结果，便于市场举行展会时参考与选择。除此之外，还应积极培育客观中立的专业会展项目评估机构，建议现阶段先由政府支持组织，以保证会展项目评估的权威性和公信力，但从长远来说，完全独立的第三方作为会展项目的评估机构才是最佳选择，中国的会展项目评估市场才能真正成熟起来。

（二）会展项目评估的客体

会展项目评估的客体即其评估的对象，主要有会展城市、会展项目主办方（或承办方）与单个会展项目。对会展城市的评估侧重于该城市在规定时间内所运作会展项目的数量、规模、质量、效益、影响等；对会展项目主办方（或承办方）的评估侧重于其在规定时间内所运作会展项目的业绩与效益[③]；对单个会展项目的评估则重在会展项目的规模、参与者的数量与档次、所带来的社会经济效益等方面的评估。

显然，对单个会展项目的评估最为基本，对会展项目主办方（或承办方）以及会展城市的评估都以其为基础。城市是会展业发展的载体，也是时下会展热的始作俑者，对城市会展情况进行综合评判，使政府能够客观地把握一个城市会展业的整体发展状况及其成效和影响，并对国内不同城市的会展业发展进行横向对比，进而提出并采取相应的调控手段[④]。目前，会展项目评估的对象几乎都为单个会展项目或会展项目主办方（或承办方），对会展城市的评估应得到相应的重视。

二、会展项目评估的时间

（一）会展项目评估贯穿于会展项目的全过程

会展项目的评估虽然是整个会展项目管理的最后环节，但从时间上来说却不只是在最后才进行的，因为除了会展项目后评估，还有会展项目前评估以及会展项目中评估。而

---

① 魏振豪.会展评估何时走出"雾"区[N].国际商报，2006-02-22(006).
② 刘宏伟.展会评估要确保公正、权威[N].中国经营报，2006-03-06(A32).
③ 杨芳平.关于品牌会展评估指标体系的初探[J].上海应用技术学院学报（自然科学版），2009(1)：46-49.
④ 陈靖.关于构建城市会展评估体系的探讨[J].市场研究，2009(4)：25-26.

且，对会展项目的评估需要收集相应的数据。因此，会展项目的评估工作应该是贯穿整个会展项目执行的全过程，甚至从会展项目的准备阶段就需要开始进行。也就是说，会展项目评估是和整个会展项目同步进行的，是一个贯彻会展项目前、中、后期的由专门研究会展项目绩效评价的组织负责的整体工作[1]，即会展项目评估的时间比执行会展项目实施过程要早，比会展项目实际过程结束得要晚。

（二）会展项目后评估是整个评估的最后环节

只有会展项目后评估才是在会展项目实际过程结束后进行的，它是会展项目整体评估中的最后环节，因此，会展项目后评估绝非会展项目评估的全部内容。但是，这个环节与会展项目前评估和会展项目中评估具有十分密切的关系，不仅需要参照前面两项评估的结果，也是前评估和中评估的分阶段性的必然结果。所以，做好三个时段评估的协调衔接工作十分重要，唯有如此，才构成会展项目评估的整体。

案例

会议评估如何避免非科学的"光环效应"[2]

在单场会议后，与会者还没有离开会场前立即进行的评估可能会受到"光环效应"的影响，数据反映出的更多是与会者对会议的感觉，而不是从会议中得到的收获。发言人可能在会议上讲了有趣的故事或使用了具有戏剧性的视听设备，从而使与会者受到热烈气氛的感染。虽然评估表格可以用比较慎重的措辞来尽量减少这种影响，但是与会者的回答还是更倾向于他们当时的主观感觉。在某场会议后一天或几天再进行评估时，与会者可能作出完全不同的回答。这时与会者感觉将在某种程度上被对会议主题的客观看法所取代，他们的反馈可能仍然是正面的，但其中的原因已经不同了。

三、会展项目评估的方法

（一）定性评估法

定性评估法是指会展项目的评估主体在会展项目开始、进行与结束时，分别对会展项目的准备情况、会展项目的进行情况和会展项目的完成情况，提出一种结论性的看法。通过对会展项目的准备、会展项目的要求、会展项目的日程安排、参与者的状况、形成的决定、决议、制定通过的文件、提出的意见或建议等的定性分析，最后对会展项目作出综合性的评价。这个评价往往出自评估主体的主观判断，由此可以说这个评价是主观的。定性评估法是进行会展项目评估的一种常用、简单的传统方法，一般作为对定量评估的补充，尽量不单独使用，也不利于普遍推广。

---

[1] 展会效果的评估方法[J].中国安防产品信息.2005(5)：21-22.

[2] 伦纳德·纳德勒，泽西·纳德勒.成功的会议管理：从策划到评估[M].刘祥亚，周晶，译.北京：机械工业出版社，2003：405-406.

（二）定量评估法

定量评估法是指运用数理统计的方法得出最终的评估结果,包括统计资料的收集、整理、分析三项工作,一般有两种形式。

1. 问卷获取数据

问卷获取数据即采用问卷形式,分别列出问题,让受访者以匿名的方式填写,获得原始数据,最后通过对该问卷中各项内容的统计分析,得出对会展项目评估的定量结论。这种方法一般分三个步骤进行:一是设计问卷。按会展项目的性质、种类、规模、功能、主题等不同要求,选定评估的内容,设计问题并拟定相应的答案。二是发放问卷。在会展项目结束前,组织参与者以匿名的方式填写问卷,必要时派送一些小礼品。三是统计结果。统计出问卷各项答案的百分比,得出对会展项目评估的调查结果。这种形式主要用于评估规模较大、周期较长的重要会展项目,所得的统计结果也一般比较可靠。

2. 借助评估指标体系

借助评估指标体系就是建立会展项目评估指标体系,即分层次列出关于会展项目的各项指标,如会展项目的规模(包括会展项目举办时长、参与者的数量等子指标)、主办方(或承办方)的收入等,并用德尔菲法确定各项指标的权重,然后通过收集数据材料等计算出最终数值(表11-1)。但需要注意的一点是,最终数值并不能全面评价会展项目的成果,因为会展项目还受到许多非计量因素的影响。

表11-1　展览会项目评估指标体系及其计算方法[①]

目标层 O	指标层 A_i	因素层 B_i	因子层 C_i	因子权重 W_i	因子评分 P_i	因子得分 W_i,P_i
展览会项目评估值 O	展览会项目的历史和影响 A1	展览会的届数 B1	展览会的届数 C1			
		参展商代表性 B2	参展商代表性 C2			
	展览会的主题 A2	展会主题是否明确 B3	展会主题是否明确 C3			
		能否服务于地方经济 B4	能否服务于地方经济 C4			
	展览会的规模 A3	参展商的数量 B5	参展商的总数 C5			
			海外参展商的比例 C6			
		观众和专业观众的数量 B6	观众的总数 C7			
			专业观众的数量 C8			
		展览场馆的规模 B7	展馆的面积 C9			
			展位的数量 C10			

[①] 王起静.会展项目管理[M].北京:中国商务出版社,2011:257-258.

续表

目标层 O	指标层 Ai	因素层 Bi	因子层 Ci	因子权重 Wi	因子评分 Pi	因子得分 Wi,Pi
展览会项目评估值 O	展品的质量和品牌 A4	展品的质量 B8	观众的意见 C11			
			新闻媒体的意见 C12			
			承办商的意见 C13			
		展品的品牌 B9	观众的意见 C14			
			新闻媒体的意见 C15			
			承包商的意见 C16			
	广告宣传的力度 A5	广告投入的数量 B10	广告投入的数量 C17			
		广告投入的金额 B11	广告投入的金额 C18			
	参展商的收益 A6	直接交易金额 B12	直接交易金额 C19			
		签订协议金额 B13	签订协议金额 C20			
	承办商的收益 A7	展费收入 B14	展费收入 C21			
		门票收入 B15	门票收入 C22			
		广告收入 B16	广告收入 C23			
		其他收入 B17	其他收入 C24			
	展馆提供商的收益 A8	展馆提供商的收益 B18	展馆提供商的收益 C25			
	服务商的收益 A9	交通服务商的收益 B19	交通服务商的收益 C26			
		饮食服务商的收益 B20	饮食服务商的收益 C27			
		住宿服务商的收益 B21	住宿服务商的收益 C28			
		其他服务商的收益 B22	其他服务商的收益 C29			
	展览会的组织与服务 A10	展览会的组织水平 B23	参展商的意见 C30			
			观众的意见 C31			
			新闻媒体的意见 C32			
		展览会的服务水平 B24	参展商的意见 C33			
			观众的意见 C34			
			新闻媒体的意见 C35			
	观众的满意度 A11	所有观众的满意度 B25	所有观众的满意度 C36			
		专业观众的满意度 B26	专业观众的满意度 C37			
	新闻媒体的报道 A12	媒体报道的次数 B27	媒体报道的次数 C38			
		媒体报道的评价 B28	媒体报道的评价 C39			

（三）主客观相结合评估法

主客观相结合评估法，顾名思义就是结合定性与定量的方法对会展项目进行评估。基于此方法，会展项目的评估工作可分为两个部分。第一部分为客观衡量，即数量的计算与比较，必须有作为衡量标准的共同单位，这是定量分析；第二部分为主观判断，即对一切非计量因素所可能采取的研究判断手段，无法用某种计量单位来直接统计衡量，这是定性分析。对于需要借助业内专家进行评分等主观性的软性指标项目（如服务水平、项目质量等），建议运用层次分析法和模糊综合评价法等数学方法进行处理，从而淡化主观色彩，使对会展项目模糊的、非精确定量的评价结果转变为可定量计算的计量指标，进而实现对会展项目质量及价值的综合评估。[①] 这种评估方法，将客观的衡量与主观的判断结合在一起，从而对会展项目作出比较符合实际的评价。

（四）跟踪反馈评估法

跟踪反馈评估法，是指会展项目结束以后，对该会展项目产生的影响、所起的作用和带来的效益，进行跟踪反馈调查。这种调查一般要求参与者在会展项目结束之后的既定时间内以书面形式进行汇报或在会展项目结束后一定时期内，请参与者座谈汇报；也可以组织参与者进行抽样调查。有后续工作任务的会展项目尤其重视跟踪反馈评估法。此方法既可使其通过评估了解会展项目的情况，还可以起到督促检查的推动作用。

第三节 会展项目评估的内容

一、会展项目整体评估的内容

（一）会展项目的策划评估

会展项目的策划评估就是对于会展项目策划方案的评估，包括会展项目策划涉及的时间、地点、规模、定位、人员分工、营销策划等，从可行性、前瞻性、预期效益等角度，力图发现策划方案中的优点与不足，从中学习经验、吸取教训，以助于提高以后会展项目的策划水平。

（二）会展项目的目标评估

会展项目的目标评估要对照原定目标的主要指标，检查会展项目实际完成指标的情况和变化，评判完成指标的实际情况与差距，并对发生变化的原因进行分析；同时对原定目标的正确性、合理性、科学性、实践性进行分析，以期对会展项目的日后发展产生促进作用。

[①] 隋鑫.模糊综合评价技术在展会评估中的应用初探[C].2006首届中国会展经济研究会学术年会论文集. 2006：192-206.

(三) 会展项目的实施过程评估

会展项目的实施过程评估是对会展项目执行中各方落实的组织与管理工作的质量和水平进行评估，如会展项目的筹备工作、宣传推广、现场管理、财务实施、安全状况、交通等配套设施及服务条件等。将会展项目实际实施情况与预计内容进行比较，找出差距，分析原因。

(四) 会展项目的效益评估

会展项目的效益评估是以会展项目实施后实际取得的经济效益为基础，计算会展项目所产生的各项经济数据，并与前期预测值相对比，分析存在的偏差及产生偏差的原因。此类评估在会展项目评估中运用十分广泛，尤其是那些市场化的会展项目，效益评估几乎成为必须评估的内容之一。较多的会展项目此类评估以绩效评估方式出现，如第十届北京国际科技产业博览会，从业务指标(权重60%)和财务指标(权重40%)综合进行此类评估。

评估的主要内容是资金收益率、投入产出率、成本核算、净现值、净利润等反映会展项目盈利水平的指标。广义的效益评估，其指标体系还包括社会效益，甚至社会影响力。例如第十届北京国际科技产业博览会的绩效评估。①

(五) 会展项目的影响评估

会展是对国民经济产生较大连带作用的新兴产业，因此，关注会展项目实施后产生的影响是会展项目评估的重要方面，这种连带或影响主要包括经济影响、环境影响和社会影响。经济影响评估主要分析评估会展项目对所在国家、区域、相关行业以及所属行业产生的经济方面的影响，如就业、技术进步等。环境影响评估则包括对会展项目的污染控制、自然资源的利用、区域的环境质量、区域的生态平衡和环境管理能力、能源再生的影响等的评估分析，如在新的基础设施的兴建方面，带来了环境的改善，但也会因为其派生的危害行为或发出的刺耳噪声对环境造成负面影响。社会影响评估是分析会展项目对周围地区带来的社会性效益等，如增强声誉、降低失业率等，通过评估会展项目对举办地政治、文化、生活等的影响，分析会展项目对地方发展和行业发展目标的贡献度。

鉴于不少会展项目是各级政府公共行为，会展项目的影响评估尤其是其社会影响评估就显得十分重要。社会评估一般包括初级社会评估（项目识别）、详细社会分析（项目准备）、建立监控和评估机制（项目实施）等层次。其中详细社会分析主要描述影响发展项目诸方面的社会形式和过程，通过弱势群体和广泛利益主体的参与，交流信息，为项目实施做准备。贯彻以人为本的原则，社会评估的内容包括项目的社会影响分析、项目与所在地的互适性分析以及社会风险分析。②

---

① 马旭晨.项目管理成功案例精选[M].北京：机械工业出版社,2013：294-298.
② 简德三.项目评估与可行性研究[M].上海：上海财经大学出版社,2009：249.

(六)会展项目的商誉评估[①]

会展项目的商誉从其目标上看,属于影响评估的一种,但其目标更为集中,评估也更加专业。会展项目的商誉评估是指某个会展项目由于各种有利条件,或历史悠久积累了良好的市场声誉和公众声誉,或组织得当、服务周到等原因而形成的无形价值。会展项目商誉具有非实体性、效益性、排他性、动态性等特点,可分为内在表现形态的商誉和外在表现形态的商誉。前者是后者的基础和前提,后者是前者的反映和表现。

(七)会展项目的可持续发展评估

会展项目的可持续发展评估是指对会展项目是否可以持续地运作下去,是否具有可重复性,是否可以在未来以同样的方式举办同类活动所进行的评估活动。一个优质的会展项目必须有可持续发展的能力。[②] 评估的内容包括会展项目主办方及承办方的管理水平、维持会展项目正常运作的资金来源、资金投入所带来的持续效益、技术装备与当地条件的适用性、会展项目的社会认可度、政府为实现会展项目目标所承诺提供的政策措施是否得力、防止环境质量下降的管理措施和控制手段、对会展项目不利因素防范的对策措施等。此类评估十分综合,但可逐项开展。例如可借助访问者偏好的陈述选择数据与实际访问者数据结合起来了解项目当前和未来的经济影响的潜力。[③]

二、会展项目分类评估的内容

(一)会议项目评估的内容

伦纳德·纳德勒和泽西·纳德勒在《成功的会议管理:从策划到评估》一书中,列出了会议评估的 21 项相关要素和每个要素应该提供数据的相关人员,如表 11-2 所示。不同类别的回答者能从不同的角度对同一个要素提出各自的意见,且回答者并不需要对所有的要素均发表意见。显然,会议更具有智慧和思维展示的内涵,除了带动举办地的经济发展之外,更具有社会影响、精神财富影响以及作为未来产业的引擎价值。[④]

表 11-2 会议项目评估表[⑤]

评估项目 \ 回答者	策划委员会	指导委员会	与会者	发言人	参展商	秘书处	承办方	会议地点工作人员	服务供应商
承办方	√	√		√	√	√	√	√	√
策划委员会			√	√	√	√	√		

---

① 李智玲.会展商誉评估刍议[J].南北桥,2010,3:63-64.
② 杨顺勇,施谊.会展项目管理[M].上海:复旦大学出版社,2009:224.
③ Heldt T, Mortazavi R. Estimating and comparing demand for a music event using stated choice and actual visitor behaviour data[J]. Scandinavian Journal of Hospitality and Tourism. Published online: 30 Dec 2015: 1502-2269.
④ Rpgers T.会议业:一个全球化产业[M].王小石,译.北京:中国旅游出版社,2015:232-236.
⑤ 伦纳德·纳德勒,泽西·纳德勒.成功的会议管理:从策划到评估[M].刘祥亚,周晶,译.北京:机械工业出版社,2003:404.

续表

评估项目＼回答者	策划委员会	指导委员会	与会者	发言人	参展商	秘书处	承办方	会议地点工作人员	服务供应商
指导委员会			✓	✓	✓	✓	✓	✓	
秘书处	✓	✓		✓		✓	✓	✓	✓
主题相关性				✓					
目标明确性				✓					
整体策划			✓	✓	✓	✓			
相关活动			✓	✓					
会议地点	✓		✓		✓	✓	✓		
市场宣传	✓		✓	✓	✓	✓			
公共关系	✓	✓		✓		✓			
预算	✓					✓	✓		
发言人	✓		✓	✓		✓	✓		✓
交通	✓	✓	✓			✓			
展览								✓	
注册	✓	✓	✓			✓	✓		
与会者手册	✓	✓	✓			✓	✓		✓
娱乐活动	✓	✓	✓			✓	✓		
休息						✓	✓		
招待会	✓	✓				✓	✓		
陪同人员	✓	✓	✓	✓		✓	✓		

参考上述文献，现整理会议项目评估内容如表11-3所示。

表 11-3 会议项目的评估内容

评估对象	评估内容
承办方	承办方是否达到会议的基本要求，承办方是否发挥了领导作用，承办方与其他会议项目关系人的合作情况如何等。对承办方进行评估可以得到关于其表现的有价值的反馈信息等
策划委员会	策划委员会是否清楚自己的职能，是否有效地发挥作用，其工作结果是否令人满意等。也可以让他们提交一份报告，说明他们对会议发挥的作用，以及对下一届(年)策划委员会的建议
指导委员会	指导委员会是否清楚自己的职责，指导委员会在会议过程中做出了哪些决定，是否得到了来自与会者的推荐，和承办方合作得如何等
秘书处	评估的重点是考察整个团队的表现，看他们是否安排足够的工作人员，哪些需求未被满足，哪些问题未被解决，所提供的服务是否齐全，秘书处的职能如何得到改进，等等

续表

评估对象	评估内容
主题相关性	主题是否和与会者紧密相关,会前行动是如何传达会议主题信息的,会议主题在会议策划中是如何体现的,等等。这些反馈意见将对以后会议主题的策划很有帮助
目标明确性	与会者对会议的理解程度如何,会议目的向与会者传达得如何,等等
整体策划	举办时间是否适宜,会议时间的长度是否合适,会议的流程是否合理等
相关活动	以会议实际安排的活动来评估相关活动安排的合理性及适宜性
会议地点	会议地点的选择是否恰当,会议地点工作人员对与会人员是否有所帮助,会议地点的住宿条件、餐饮水平如何,会议地点是否适宜开展旅游活动,等等
市场宣传	与会者的实际数量如何,宣传材料的质量与合适程度,广告的效果如何,等等
公共关系	媒体人员是否参加了会议,新闻媒体对会议的接受程度如何,公关活动中是否有发言人和与会者参加,等等。也可以根据会议期间采访的次数和新闻的数量与评价来判断
预算	支出与预算间差距如何,预算编制的完整性如何,等等
发言人	评估表格,以发言人发言的具体会议为依据,由与会者在每场会议结束后立即填写
交通	会议的交通如何,会议的交通服务安排与会议议程是否紧密衔接,会议过程中的短途交通服务是否令人满意,是否还有其他必要的交通服务没有被提供,等等
展览	对以会带展的展览,要评估展览主题与会议是否符合,展览的时间、地点是否合理,展览与会议的整体策划联系度如何,与会者对展览的关注度与参与度如何,人们是否可以自由参观展览
注册	注册的时间、地点是否合理,注册的程序是否有序、简单、快捷,与会者在需要的时候是否能够得到帮助,等等
与会者手册	信息的完整性,手册质量如何,手册的形式是否可以进一步完善,等等
娱乐活动	活动与会议是否适宜,娱乐活动的次数是否得当,下一次会议还可以安排哪些娱乐活动,等等
休息	休息的时间、次数是否适宜,提供的茶歇是否令与会者满意,等等
招待会	招待会的时间、地点是否事先有效地通知到与会者,招待会的效果、作用如何,招待会的饮食是否够量,等等
陪同人员	提供的安排是否周到,是否以后的会议还将为陪同人员安排活动,接待陪同人员的计划是否能够改进,是否应该鼓励陪同人员参加会议,等等

(二)展览项目评估的内容

1. 展览的历史和影响

展览的历史和影响包括展览举办过的届(年)数,历届(年)有哪些参展商,其在行业中的代表性如何,等等。

2. 展览主题

展览主题包括主题的明确性以及能否服务于地方经济等。通过问卷调查的方式分别向观众和新闻媒体询问"展览主题是否明确"以及"展览主题是否能较好地服务于展览举办城市的地方经济"的意见。

3. 展览目标

根据展览的总体情况(参展企业的经营目标、市场环境、展出情况),评估是否达到预期的展出目标,目标是否合理。

4. 展览规模

评估展览的规模主要看参展商和观众的数量以及展出面积的大小。参展商的数量包括参展商的总数、海外参展商的比例等,观众的数量包括观众总数、专业观众的数量等,展览场地的规模包括展览的面积、展位的数量等。

5. 展览举办的时间、频率、地点

展览举办的时间、频率、地点包括展览举办的时间和频率是否合适,展览举办的城市和场地选择是否符合展品要求,还有展览是否符合展览主题所在行业特征,等等。

6. 广告宣传

一个运作成功的展览与其成功的宣传是分不开的,这一指标是参展商较为关注的。对广告宣传的评估内容具体包括广告投入的数量和金额、资料散发数量和涵盖范围、宣传的效率和效果、新闻媒体对展览项目的反应及关注程度、新闻媒体对展览项目的报道效果等。

7. 展览展台

对展览展台的评估主要考察展台设计和施工的成本效率、展台突出程度、展览资料制作水平、展台人员表现、展台效果等。其中,展台效果是重点评估指标,常用的有两种评估方法:一是展台人员实际接待目标观众的数量在目标观众总数中的比例;二是展台总开支除以实际接待的目标观众数量之商,即接触参观者平均成本。

8. 展览展品

对展览展品评估的主要内容包括展品的选择是否适应市场需求、展品的质量如何、展品的品牌如何、展品的市场效果如何、展品的保存是否妥当、展品的运输是否顺畅等。对此可分别由观众、新闻媒体和展览主办方(或承办方)加以评定。观众和新闻媒体可通过问卷调查的方式,展览主办方(或承办方)则由专门成立的展览项目评估小组进行评估。

9. 参展商效益

参展商效益可用成本效益、成本利润、成交情况等指标进行评估。此外,评估参展商效益时,还要与往届(年)及同类展览作比较,发现差距,分析原因。

10. 展览主办方(或承办方)收益

展览主办方(或承办方)的收益包括向参展商收取的参展费、向观众收取的门票收入、广告收入以及其他方面的收入。但并不是每个展览都一定具备这四个收入来源,还需要根据各个展览的具体情况来确定。

11. 场地提供方收益

如果展览场地属于展览主办方(或承办方)自身所有,则不需此项;如果展览场地是由展览主办方(或承办方)承租,则租金即为场地提供方的收益。

12. 展览服务商收益

展览服务商,指展览主办方(或承办方)之外的为展览提供服务的专业服务商,主要包括交通、饮食、住宿、设计搭建等方面,可根据实际情况进行取舍。展览服务商的收益包括交通服务商的收益、饮食服务商的收益、住宿服务商的收益、设计搭建服务商的收益以及其他服务商的收益。

13. 展览现场管理

对展览现场管理的评估可以从三个方面进行:一是展览的管理工作,主要包括展览工作人员分工是否合理,展览执行情况是否达到要求,展览进度安排是否合理,整个展览环节有无错漏,安保情况如何,由此得出的经验教训是什么,等等;二是展览的组织水平,包括主办方(或承办方)对整个展览的组织协调能力、维持良好秩序的能力、处理紧急或突发事件的能力等;三是展览的服务水平,包括主办方(或承办方)提供的场地设施、展台设施等基本服务,也包括专业服务商提供的交通、饮食、住宿、设计搭建以及其他服务,侧重评估服务项目的设置和服务质量的水准。可分别以问卷的方式对参展商、观众、新闻媒体进行调查来获取评估结果。

14. 展览印象

展览印象的评估包括观众满意度、是否参加下届(年)展览的态度以及展览记忆率等。展览记忆率是反映参展效果的专业评估指数,该指数所反映的是参观者在参观某一展览8周后,仍能记住展览情况者所占的比例。展览记忆率与展出效果成正比,反映出参展企业留给参观者的印象和影响。

15. 新闻媒体的报道

新闻媒体的报道是对展览项目进行评估的一个重要方面。对新闻媒体报道的分析可以从两个方面进行:一是新闻媒体报道的次数,包括展览举办当地的新闻媒体、高一级行政区域单位乃至国家级的新闻媒体、展览专业媒体;二是新闻媒体报道的评价,报道的内容是正面还是负面,以及正负的程度,都能反映展览的效果和对社会的影响。

案例

品牌展览会的评估指标体系[①]

不同类别和行业的展会,具有不同的评估重点和内容,故应采取不同的指标体系。在此方面的探索是今后我国会展项目评估的主要工作。例如对于品牌展览会的评估,就需要重点突出市场认可度及其影响力、展览会的产品尤其是其产品质量、展览会的配套服务等(表11-4)。

---

① 杨芳平,余明阳.基于AHP的品牌展览会项目评估指标研究[J].现代管理科学,2010,4:62-64.

表 11-4　品牌展览会评价指标体系[①]

总目标 A	子目标 B	具体指标 C	指标含义
品牌展览会项目综合评价 A	展览会的认可度与影响力 B1	主承办单位的权威性 C1	主承办单位的级别，在参展商和专业观众中的影响力
		参展商的满意度 C2	参展商对展览会整体的评价和满意程度
		专业观众的满意度 C3	专业观众对展览会的整体满意程度
		相关媒体的满意度 C4	大众媒体和专业媒体对展览会的评价和满意程度
		展览业协会的满意度 C5	展览业协会对展览会的满意程度
	展览会产品 B2	展览会面积 C6	展览会的总面积和净展览面积
		展览会场馆基础设施 C7	展览会场馆的水、电、搭展空间等硬件设施
		参展商的数量和质量 C8	参展商的数量；参展商中大规模企业、国外参展商所占的比例
		专业观众的数量和质量 C9	专业观众的人数，以及专业观众中高职级、高职位的人数比例
		展览会的主题 C10	展览会的主题是否反映行业未来趋势
		展览会的推新性 C11	展览会上推出新产品和新技术
		展览会期间系列活动的安排 C12	开幕式、闭幕式、专家评点、评选及论坛等
	展览会配套服务 B3	展位搭建服务 C13	主办方为参展商搭展时提供的各项便利
		展品运输服务 C14	主办方为参展商展品运输时提供的各项便利
		展馆交通便利程度 C15	展馆所处位置的内外交通便捷程度
		展馆周边配套设施 C16	展馆周边包括停车、银行、邮局、餐饮和娱乐等配套服务
		展览会现场运营管理 C17	主办方提供的注册、报到、安全和投诉处理等运营管理的水准

注：此体系缺少了成交额等经济效益指标

（三）节事项目评估的内容

在大会展的概念中，节事是重要的组成部分，因此，对于节事项目也应进行评估，以获得更好的发展。

对于节庆活动，国际上尚无公认的权威标准。[②] 国内对于节事项目评估的研究目前主要集中在对其经济效益的评估上，停留在统计如参与人数、直接花费、经济影响、满意度等指标的层面上，缺乏系统性。澳大利亚的约翰·艾伦在《大型活动项目管理》一书中，列

[①] 杨芳平，余明阳. 基于 AHP 的品牌展览会项目评估指标研究[M]. 现代管理科学，2010，4：62-64.
[②] 王楠. 大型综合性博览会中节庆活动的评估标准研究[J]. 哈尔滨商业大学学报(社会科学版)，2009(3)：107-110.

出了 21 项对节事项目进行评估的相关要素表,如表 11-5 所示。

表 11-5　节事项目评估的内容①

评 估 要 素	满 意 程 度	需注意的问题	评　　价
活动的时间选择			
会议地点			
票务和入场			
筹备			
性能标准			
工作人员水平和职务表现			
人群控制			
安全			
通信			
信息和信号			
运输			
停车			
饮食设施			
旅馆			
急救			
小孩失踪			
感谢资助者			
集会安排			
广告			
宣传			
媒体联络			

需要注意的是,节事项目的特点是人员多,因此在评估时要特别注意对其安全、急救方面的评估,特别是评估对应急事件的快速反应和处理紧急事件的能力。②

第四节　会展项目评估的过程

开展会展项目评估,需遵循一定的程序与步骤。不同类型的会展项目评估,其评估的程序有所不同,但会展项目评估的程序一般如图 11-1 所示。

---

① 约翰·艾伦,威廉·欧图. 大型活动项目管理[M].王增东,杨磊,译.北京:机械工业出版社,2002.
② 杨顺勇,施谊.会展项目管理[M].上海:复旦大学出版社,2009:229.

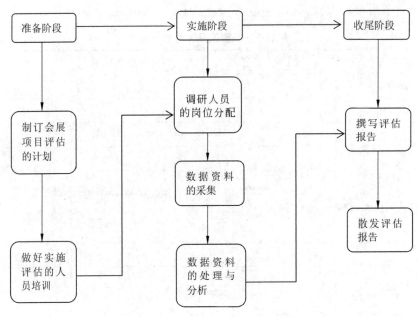

图 11-1　会展项目评估的程序

一、会展项目评估准备阶段

在准备阶段的主要工作包括以下两个方面。

（一）制订会展项目评估的计划

会展项目评估无论由哪一个主体进行,都应先制订详细的会展项目评估计划,明确会展项目评估的目的,指明评估的对象,确定评估的范围、内容,规定评估实施的时间范围,等等。尤其是,评估前要制定评估标准,而评估的标准必须明确、客观、协调、具体、统一。[①]

除了上述这几个必要的部分以外,有的会展项目评估计划还需指出评估结果的发布程序(包括什么样的受众、在什么时间、接受什么信息)以及除了评估主办方之外,可以在多大范围内公布评估结果等内容[②]。

（二）做好评估人员的培训

做好参与会展项目评估有关人员的培训是很重要的,要使所有人了解评估的目的和任务,熟知评估对象的基本情况,掌握收集数据和调研的基本方法与手段,以求高质量完成数据采集这一重要的基础工作。

---

① 许传宏.论会展评估的 5W 问题[J].中国会展,2008(17)：49-51.
② 彼得·罗希.项目评估方法与技术[M].邱泽奇,译.北京：华夏出版社,2002：24.

二、会展项目评估实施阶段

会展项目评估实施阶段是核心阶段，评估报告的质量如何完全取决于本阶段工作的质量。本阶段主要进行如下工作。

（一）调研人员的岗位分配

会展项目有时候是繁杂而又细致的活动，大多数会展项目的评估是全方位的，因此要收集全面的数据就必须对人员进行周密的组织安排，使评估工作人员明确各自的分工和要求，确保每一环节都能做到人员落实到位，各司其职，收集各类有效信息。

（二）数据资料的采集

会展项目的评估过程需要根据所需的信息运用不同的数据资料采集手段，主要有收集资料法、观察法、问卷调查法、访谈法等。

以展览为例，展览的举办次数、场地面积的大小、参展商的数量、场地提供方的收入等数据在展览正式开始之前即可获得；参展商、展览主办方（或承办方）、展览服务商的收益可以在展览结束后从相关单位处获得。观众的数量有几种情况：如果该展览出售门票，观众的总数即等于出售的门票数；如果不出售门票，可根据经验估算观众总数；如果需要统计其中专业观众的数量，可通过对现场观众的抽样问卷调查估算得出。新闻媒体报道次数的数据需派专门人员加以监控统计。关于满意度的数据以及其他一些需要作出主观判断的数据，可通过问卷调查或访谈法等手段获得。

（三）数据资料的处理与分析

将收集到的各项数据资料汇总后，要先审查有无遗漏、是否足够、是否客观真实，进而进行分类整理，将收集到的数据资料整理成系统化的、条例清晰的材料。再按照事先确定下来的方法进行数据资料的处理与分析。将相关的数据录入系统，再根据目标要求运用公式加以计算，最终可得出反映客观现实的数据结果。

三、会展项目评估收尾阶段

（一）撰写评估报告

会展项目评估收尾阶段的工作主要是撰写评估报告。会展项目评估报告是评估结果的书面载体。以调查数据为基础，结合专家访谈、文献资料及新闻媒体信息，汇总分析。在分析的基础上，作出总体的评价和结论，进而用能够反映会展项目情况的一系列数字、比例和陈述写出评估报告，最终提交符合要求的标准评估报告。

（二）散发评估报告

在报告完成之后要散发评估报告，将评估结果反馈到决策、策划、立项管理、评估、监督和项目实施等机构与部门，确保这些成果在新建或已有会展项目中得到采纳和应用。

此评估结果还可在主要的会展专业网站以及会展行业媒体上公布、宣传。

在这里需要强调的是,会展项目评估结果报告的散发是一个公布和传达评估结果信息的动态过程,是评估过程中起着决定性作用的重要环节,却最容易被忽视。评估结果反馈的好坏是会展项目评估是否能达到其最终目的的关键。

第五节 会展项目评估报告

一、会展项目评估报告的撰写

会展项目评估报告是开展会展项目评估的最终成果,是对会展项目评价结果的汇总,用以指导会展项目今后工作的一种常用文书。

(一)会展项目评估报告的撰写要求

会展项目评估报告一般具有固定的格式,其撰写应满足以下几点要求。

一是报告的结构要清晰、完整。标题处要写明评估会展项目的名称和"评估报告"。要有摘要。正文一般是采用文字叙述与表格、数据相结合的文章形式,最后要标上提交日期。

二是报告的措辞必须严谨,语言要精练得体,尽可能使用通用词汇。

三是报告要充分使用调查结果,客观地分析存在的问题,结论要与问题和分析相对应,最后应该对会展项目评估活动所要解决的问题提出明确且针对性强的结论及建议,总结的经验教训和给出的建议要把评估的结果与将来策划和政策的制定与修改联系起来。

(二)会展项目评估报告的主要内容

1. 会展项目的概述

会展项目包括该会展项目的历史,迄今为止共举办的届(年)数,本届(年)会展项目举办的时间、地点、主办(或承办)单位名称等。

2. 会展项目评估的背景

会展项目评估的背景包括会展项目评估的具体原因以及主要目标,评估计划的实施过程。

3. 会展项目的评估方法

会展项目的评估方法说明评估的对象(从什么样的对象中进行样本的抽取)、样本的容量、样本的结构、资料采集方法、实施过程及问题处理、资料处理方法及工具、访问完成情况等。

4. 会展项目主要客观数据

会展项目主要客观数据包括参与者的数量、获得的收入金额等。用统计表和统计图来表现,同时必须对图表中的数据资料表现的趋势、关系和规律进行客观描述。

5. 会展项目的评估结果

通过充分的数据或者详细的评估指标体系,分析会展项目达到的实际结果,评价会展项目的实施成果。其中,应该对一些不宜或无法用定量方法作出评估的因素进行定性评估。同时,还需对历届(年)会展项目进行纵向的比较,分析本届(年)会展项目所取得的进步;对相近主题的会展项目进行横向的比较,分析该会展项目的特点、优势与不足。如果评估的内容涵盖太多,可列出分项评估的结果。会展项目的评估结果是报告的核心部分。

6. 结论以及建议

在评估结果的基础上,以简洁明晰的语言作出最终的评估结论,如阐述评估结果说明了什么问题,得到了什么实际意义。在客观揭示该会展项目的现状,评判会展项目价值的基础上,为存在的问题提供有针对性的处理方案,对会展项目之后持续发展的可能性进行评价,并预测会展项目的未来走向,针对评估结论提出可行性措施,对会展项目的发展趋势、完善方式和品牌建设作出合理的建议,为今后的决策提供参考和借鉴,以获得更好的效果。

二、会展项目评估报告的应用

从根本上讲,会展项目评估的价值一定要用它们的实用性来判定。因此,撰写好会展项目评估报告之后,必须考虑会展项目评估报告的应用,使需要的人得到会展项目评估报告,发挥出其应有的作用。

（一）为主办方、承办方以及实施单位提供借鉴

会展项目的主办方、承办方应最先得到会展项目评估报告。要将会展项目评估的结果反馈到决策、策划、立项管理、评估、监督和项目实施等机构与部门,作为新会展项目立项和评估的基础以及调整策划与政策的依据。

（二）服务于行业主管部门的决策参考

地方会展行业主管机构也应该得到一份会展项目评估报告,以便能对本次会展项目的质量、效益与影响等方面作出判断,并为今后会展项目主办方(或承办方)再次申办会展项目提供审批依据。

（三）应用于会展项目的参与者

参与者通过评估报告,可以得出对本次会展项目的全面评价,以决定今后是否继续参加此会展项目。当然,由于参与者数量众多,会展项目评估报告的给出情况可根据参与者的实际需求来决定。

（四）提供给场馆及服务商

为了便于今后的继续合作，会展项目主办方、承办方也可根据实际情况决定是否将评估报告提供给会展场馆及服务商。

案例分析

附录 A

项目管理过程组与十大知识领域

项目管理十大知识领域	项目管理五大过程组				
	启动(2)	计划(24)	执行(8)	监控(11)	收尾(2)
项目整合管理	制定项目章程	制订项目管理计划	指导与管理项目执行	监控项目工作 实施整体变更控制	结束项目或阶段
项目范围管理		规划范围管理 收集需求 定义范围 创建 WBS		核实范围 控制范围	
项目时间管理		规划进度管理 定义活动 排列活动顺序 估算活动资源 估算活动持续时间 制订进度计划		控制进度	
项目成本管理		规划成本管理 估算成本 制定预算		控制成本	
项目质量管理		规划质量	实施质量保证	实施质量控制	
项目人力资源管理		制订人力资源计划	组建项目团队 建设项目团队 管理项目团队		
项目沟通管理		规划沟通管理	管理沟通	控制沟通	
项目风险管理		规划风险管理 识别风险 实施定性风险分析 实施定量风险分析 规划风险应对		监控风险	
项目采购管理		规划采购	实施采购	管理采购	结束采购
项目干系人管理	识别干系人	规划干系人管理	管理干系人参与	控制干系人参与	

(PMBOK 指南[M].5 版.北京：电子工业出版社,2013：60.)

附录 B

我国项目管理师职业资格认证简介

概述

项目管理师国家职业资格认证是中华人民共和国人力资源和社会保障部在全国范围内推行的项目管理专业人员资质认证体系的总称。具有广泛的代表性和权威性，代表了当今国内项目管理专业资质认证的最高水平，得到了国家和社会各界的广泛认可。项目管理师证书已成为我国各企事业机构组织对项目管理专业人员素质考核的主要参考因素，对项目管理专业人员执业、求职、任职的基本要求。拥有项目管理师证书将会为个人执业、求职、任职和发展带来更多的机遇。

职业定义

项目管理师是指掌握项目管理的原理、技术、方法和工具，参与或领导项目的启动、计划、组织、执行、控制和收尾过程的活动，确保项目能在规定的范围、时间、质量与成本等约束条件下完成既定目标的人员。

职业能力特征

身体健康，具有一定的观察、理解、计算、判断、应变、表达、交流、协调及自主学习的能力。

基本文化程度

高中毕业（或具有同等学力）。

项目管理师职业等级

本职业共设四个等级，分别为：项目管理员（国家职业资格四级）、助理项目管理师（国家职业资格三级）、项目管理师（国家职业资格二级）、高级项目管理师（国家职业资格一级）。

项目管理师申报条件

（一）项目管理员（具备以下条件之一者）

1. 具有高中以上学历（或同等学力），连续从事本职业工作3年以上，经项目管理员正规培训达规定标准学时数，并取得毕（结）业证书。

2. 具有大专以上学历，从事项目管理工作1年以上。

（二）助理项目管理师（具备以下条件之一者）

1. 取得本职业项目管理员职业资格证书后，连续从事本职业工作2年以上，经助理项目管理师正规培训达规定标准学时数，并取得毕（结）业证书。

2. 具有大专以上学历，连续从事本职业工作5年以上，经助理项目管理师正规培训达规定标准学时数，并取得毕（结）业证书。

3. 具有大学本科学历,连续从事本职业工作3年以上,经助理项目管理师正规培训达规定标准学时数,并取得毕(结)业证书。

4. 取得硕士学位,连续从事本职业工作1年以上。

(三)项目管理师(具备以下条件之一者)

1. 取得本职业助理项目管理师职业资格证书后,连续从事本职业工作3年以上,经项目管理师正规培训达规定标准学时数,并取得毕(结)业证书。

2. 具有大学本科以上学历(或同等学力),申报前从事本职业工作5年以上,担任项目管理领导2年以上,经项目管理师正规培训达规定标准学时数,并取得毕(结)业证书。

3. 具有研究生学历,申报前从事本职业工作3年以上,担任项目管理领导1年以上,能够管理一般复杂项目,经项目管理师正规培训达规定标准学时数,并取得毕(结)业证书。

(四)高级项目管理师(具备以下条件之一者)

1. 取得本职业项目管理师职业资格证书后,连续从事本职业工作3年以上,经高级项目管理师正规培训达到规定标准学时数,并取得毕(结)业证书。

2. 取得博士学位,连续从事本职业工作3年以上,并担任项目管理领导工作1年以上,负责过2～4项以上复杂项目管理工作,取得一定的工作成果(含研究成果、奖励成果、论文著作),经高级项目管理师正规培训达规定标准学时数,并取得毕(结)业证书。

3. 具有大学本科以上学历,连续从事本职业工作8年以上,并担任项目管理领导工作3年以上,负责过3～5项大型复杂项目管理工作,并取得一定的工作成果(含研究成果、奖励成果、论文著作),经高级项目管理师正规培训达规定标准学时数,并取得毕(结)业证书。

项目管理师考核方案

职业	等级	鉴定内容	题型	题量	答题方式	分值	权重/%
项目管理师	4～3级	职业道德	选择题	125	上机考试	25	10
		理论知识				100	90
		专业能力	案例选择题等			100	100
	2级	职业道德	选择题	125	题卡作答	25	10
		理论知识				100	90
		专业能力	计算、绘图、案例分析等		纸笔作答	100	100
		综合评审	专题论文		纸笔作答	100	100
	1级	职业道德	选择题	125	题卡作答	25	10
		理论知识				100	90
		专业能力	计算、绘图、综合案例题等		纸笔作答	100	100
		综合评审	论文撰写		口头答辩	100	100

项目管理师报名时间

各地报名时间略有不同,具体时间请参看当年当地相关政府部门公告。

项目管理师考试时间

鉴定考试:一年两次,上半年5月考试,下半年11月考试。

项目管理师报名材料

身份证复印件2份,学历证复印件2份,二寸彩色照片4张,单位开具的工作证明。

不同年份不同地区,所需报名材料会略有不同,具体情况请参看当年当地相关政府部门公告。

项目管理师鉴定方式

分为理论知识考试和专业能力考核。理论知识考试和专业能力考核均采用上机考试的方式,实行百分制,成绩皆达60分以上者为合格。

其中,项目管理师、高级项目管理师还需进行综合评审,综合评审采取撰写专题论文,纸笔作答形式,并根据专业的不同相应增加专业知识与专业能力考核。

项目管理师资格认证

由人力资源和社会保障部统一鉴定,鉴定合格者按照有关规定统一核发相应等级的《中华人民共和国职业资格证书》,此证书全国通用。

项目管理员颁发国家四级职业资格证书,助理项目管理师颁发国家三级职业资格证书,项目管理师颁发国家二级职业资格证书。高级项目管理师颁发国家一级职业资格证书。

教师服务

感谢您选用清华大学出版社的教材！为了更好地服务教学，我们为授课教师提供本书的教学辅助资源，以及本学科重点教材信息。请您扫码获取。

▶▶ 教辅获取

本书教辅资源，授课教师扫码获取

▶▶ 样书赠送

旅游管理类重点教材，教师扫码获取样书

 清华大学出版社

E-mail: tupfuwu@163.com　　网址: http://www.tup.com.cn/
电话: 010-83470332 / 83470142　　传真: 8610-83470107
地址: 北京市海淀区双清路学研大厦 B 座 509　　邮编: 100084